रख्माबाई : स्त्री अधिकार और कानून

रख्माबाई : स्त्री अधिकार और कानून

सुधीर चन्द्र

अनुवाद

युगांक धीर

राजकमल प्रकाशन
नयी दिल्ली पटना इलाहाबाद

ISBN : 978-81-267-2337-9

मूल्य : ₹ 400

पहला संस्करण : 2012

प्रकाशक : राजकमल प्रकाशन प्रा. लि.
1-बी, नेताजी सुभाष मार्ग
नई दिल्ली-110 002

शाखाएँ : अशोक राजपथ, साइंस कॉलेज के सामने, पटना-800 006
पहली मंजिल, दरबारी बिल्डिंग, महात्मा गांधी मार्ग, इलाहाबाद-211 001

वेबसाइट : www.rajkamalprakashan.com
ई-मेल : info@rajkamalprakashan.com

आवरण : भूपेन खख्खर

मुद्रक : बी.के. ऑफसेट
नवीन शाहदरा, दिल्ली-110 032

Rakhmabai : Stree Adhikar Aur Kanoon
Enslaved Daughters by Sudhir Chandra
Translation by Yugank Dhir

गीतांजलि के लिए

हिन्दी अनुवाद की भूमिका

गहरे दुख और गहरी विडम्बना से घिरकर लिख रहा हूँ मैं यह भूमिका। जिस अंग्रेज़ी पुस्तक–*ऍन्स्लेव्ड डॉटर्ज़ : कोलोनिजलिज़्म, लॉ एंड विमैन्ज़ राइट्स*–के प्रथम संस्करण का यह अनुवाद है, उस पुस्तक की भूमिका का अनुवाद आगे है ही। उस भूमिका में पुस्तक के बारे में जो कुछ शुरू में कहना जरूरी लगा, वह सब कह दिया गया है। तो फिर यह अतिरिक्त भूमिका क्यों?

मैं हिन्दी-भाषी हूँ। एक हिन्दी-भाषी की पुस्तक का हिन्दी में अनुवाद आए, और वह भी उसका अपना किया हुआ नहीं, तो यह कोई सामान्य स्वस्थ स्थिति तो नहीं कही जा सकती। कम से कम कही जानी नहीं चाहिए। पर सामान्य तो यही स्थिति है। असामान्य है गम्भीर ऐतिहासिक और समाज शास्त्रीय शोध का मूल रूप से हिन्दी में आना। और जब असामान्य ही सामान्य हो जाए तो वह अस्वस्थ भी नहीं दिखता।

बात एक या दो पुस्तकों की नहीं है। सारा जीवन निहायत स्वाभाविक तरीके से, अपनी भाषा के बजाय, अंगेजी में अध्ययन, शोध, चिन्तन और लेखन में बीत जाता है। ज़रा भी तो एहसास नहीं हो पाता कि चिन्तन और अभिव्यक्ति की कैसी मारक अपाहिजता अन्दर आ विराजती है।

काहिली और स्वार्थ का अजीब, पर कारगर, मेल हमें सही विकल्प पर अमल करने से अकसर रोक लेता है। जिस दुख और विडम्बना के एहसास से मैंने शुरू की अपनी बात, उसका तकाज़ा था कि भले ही मैंने यह किताब पहले अंग्रेज़ी में लिख दी हो, अब तो मैं इसे बजाय अनुवाद कराने के, नए सिरे से हिन्दी में लिख देता। नहीं किया वैसा।

फिर भी, पाठकों से थोड़ी-बहुत पुनरावृत्ति के लिए माफी माँगते हुए, इस भूमिका के सहारे कुछ बातें सीधे हिन्दी में कहना चाहता हूँ।

चालीस साल होने को आए, पर लगता है बात कल ही हुई थी। अपनी किसी रिसर्च के सिलसिले में 1887 के अखबार देख रहा था। उस दिन प्रसिद्ध समाज सुधारक बहरामजी मलबारी के सम्पादकत्व में निकलनेवाला *इंडियन स्पैक्टेटर* पढ़ रहा था। जनवरी से शुरू कर मार्च तक ही पहुँचा था कि एक सम्पादकीय ने पूरी तरह

अपनी गिरफ्त में ले लिया मुझे। जिस विषय की वजह से मैं 1887 के अखबार देख रहा था उसको भूल गया और इस सम्पादकीय में जिस अद्भुत, पर इतिहास में अजान, युवती का ज़िक्र था उसकी कहानी जानने में लग गया।

रख्माबाई नामक इस युवती ने 1884 में, जब वह केवल 22 साल की थी, अपने पति के साथ रहने से इसलिए इनकार कर दिया था कि वह नापसन्द करती थी उसे। 'नापसन्द', जो आज भी कहीं कानूनी आधार नहीं है वैवाहिक सहवास से इनकार का। ज़ाहिर है बड़ा ही क्रान्तिकारी कदम उठा रही थी रख्माबाई।

एक लम्बी खोज में फँसा दिया इस युवती के पति द्वारा अपने वैवाहिक अधिकारों की पुनःस्थापना के लिए बम्बई हाई कोर्ट में दायर किए गए मुकदमे ने मुझे। दिल्ली, बम्बई, कलकत्ता, पूना, लन्दन इत्यादि शहरों में तरह-तरह की सामग्री जुटाई। देश-विदेश में इस महत्त्वपूर्ण कानूनी-नैतिक विषय के जानकारों से बातें कीं। इनमें से कुछ अच्छे मित्र बन गए। जाना कि शोध कितना सुखदायी हो सकता है। यह भी कि कैसे ऐसा शोध आपको बदल सकता है।

शोध के ही दौरान एक ऐसा अनुभव हुआ जिसने एक बिलकुल नया ऐतिहासिक परिप्रेक्ष्य दे दिया इस मुकदमे को। दिल्ली के नेहरू स्मारक संग्रहालय एवं पुस्तकालय में हो रहे एक सैमिनार में मैंने रख्माबाई के मुकदमे से जुड़े प्रश्नों पर परचा पढ़ा। जब परचे पर बातचीत हुई तो एक विचित्र तथ्य उभरकर आया। कुछ फ़ैमिनिस्टों ने हाल में हुए तीन महत्त्वपूर्ण मुकदमों का ज़िक्र किया जो वैवाहिक अधिकारों की पुनः स्थापना से सम्बन्धित थे। पर उन लोगों को रख्माबाई के बारे में नहीं मालूम था। लेकिन सौ साल पहले किए गए इस अद्भुत प्रतिरोध ने उन्हें एक नया ऐतिहासिक परिप्रेक्ष्य दे दिया।

दूसरी तरफ मैं, अपने ही समय में हो रहे इन महत्त्वपूर्ण कानूनी फैसलों से अनभिज्ञ, नहीं जानता था कि जिस ऐतिहासिक 'क्षण' को मैं समझना चाह रहा था वह अभी तक चल रहा है।

रख्माबाई ने जिस कहानी को शुरू किया वह अभी पूरी नहीं हुई हे। सतत प्रतिरोध चाहिए होता है व्यवस्था को बदलने के लिए। नहीं तो बीच-बीच में झटके खाती व्यवस्था वादे करती है, विवश कर दिए जाने की स्थिति में, अनिवार्य न्यूनतम बदलाव ले आती है, और चिपकी रहती है यथास्थिति से। रख्माबाई को–22 वर्षीय असहाय अकेली लड़की को–एक साथ संगठित रूढ़िवाद और औपनिवेशिक कानून के खिलाफ लड़ना पड़ा था। हिलाकर रख दिया था उसने दोनों को अपने नैतिक साहस से। 'ना' कहने का साहस। जब निश्चित था कि हाई कोर्ट उसके खिलाफ फैसला देगा, तो उसने जज से भरी अदालत में कहा था कि 'माननीय न्यायमूर्ति' का फैसला मानने के बजाय वह जो भी बड़ी से बड़ी सज़ा कानून में ऐसी अवज्ञा के लिए

है उसे भोगना पसन्द करेगी, पर अपने पति के पास नहीं जाएगी।

1887 में किया था निस्सहाय रख्माबाई ने यह प्रतिरोध। गांधी तब केवल 18 वर्ष के थे। सत्याग्रह से पहले सत्याग्रह तक पहुँच गई थी रख्माबाई।

खुली अवज्ञा की थी उसने औपनिवेशिक सत्ता और संगठित रूढ़िवाद की। और दोनों ही—अपनी इज़्ज़त बचाते रहते हुए—इस कोशिश में लग गए थे कि कहीं सज़ा तक न पहुँच जाए यह मामला।

संकट टलते ही दोनो—औपनिवेशिक सत्ता और हिन्दू रूढ़िवाद—वापस वहीं के वहीं थे।

एक और पहलू है रख्माबाई की कहानी का जो इसे अभी भी अधूरा रखे हुए है। स्त्री के अपने बदन पर अधिकार की ऐसी क्रान्तिकारी घोषणा करनेवाली इस अद्‌भुत महिला ने कुछ ऐसा भी किया जिसमें उसके मानस पर पारिवारिक संस्कार का अजेय अधिकार भी दिखाई देता है। उसका ज़िक्र आगे अनुवादित पाठ में आएगा।

मूल पाठ को इस अनुवाद में, बहुत ही कम, कहीं-कहीं काट-छाँट दिया है, और टिप्पणियाँ घटा दी हैं।

आभारी हूँ श्री अशोक महेश्वरी का जिन्होंने इस अनुवाद की व्यवस्था की, विशेष रूप से उनके असीम धीरज के लिए कि साल-दर-साल मेरी तरफ से हुई देरी को बर्दाश्त करते रहे। आभार अनुवादक श्री युगांक धीर का भी।

7 जुलाई 2012

—सुधीर चन्द्र

भूमिका

किसी भी किताब की रचना उसके लेखक के लिए एक रूपान्तरकारी अनुभव होती है। इस किताब का लेखन मेरे लिए कुछ ज्यादा ही रूपान्तरकारी रहा है। इस विषय से मेरा परिचय कोई बीस वर्ष पहले हुआ था। भारतीय राष्ट्रीय सामाजिक सम्मेलन पर एक लेख के सिलसिले में बहरामजी मालाबारी के 'इंडियन स्पेक्टेटर' के पन्ने पलटते हुए मुझे एक पच्चीस वर्षीय युवती से सम्बन्धित एक रिपोर्ट नजर आई। उसने 1887 में ब्रिटिश भारत के एक उच्च न्यायालय से कहा था कि जिस पति को वह नापसन्द करती है, उसके साथ रहने के आदेश का पालन करने की बजाय वह अदालत द्वारा दी जाने वाली बड़ी से बड़ी सजा भुगतना पसन्द करेगी। ये पंक्तियाँ पढ़कर मैं सामाजिक सम्मेलन के बारे में बिल्कुल भूल गया। 'इंडियन स्पेक्टेटर' ने रख्माबाई को–यही नाम था उस स्त्री का–भारतीय स्त्रियों के लिए शहीद हो जाने वाली स्त्री के रूप में चित्रित किया था। उसके अद्‌भुत विद्रोह की इस आकस्मिक खोज से मेरे मन में एक खलबली-सी मच गई और इस पुस्तक की रचना मेरे लिए एक अकादमिक और भावनात्मक आवश्यकता बन गई।

इस खोज से उत्पन्न प्रारम्भिक आश्चर्य और मुग्धता से लेकर इस पुस्तक के पूरी होने तक मैंने बहुत कुछ सीखा है, और शायद स्त्रियों के परिपेक्ष्य (परिपेक्ष्यों) को लेकर थोड़ी-बहुत समझ भी हासिल की है। हो सकता है कि इस पुस्तक से यह पता न चले कि इस अनुभव ने मेरे दृष्टिकोण को किस हद तक प्रभावित किया है। फिर भी मुझे उम्मीद है कि इसमें उस संघर्ष के कुछ चिह्न अवश्य मिलेंगे जो मुझे अपने पूर्वग्रहों और सरल समाधानों से मुक्त होने के लिए करना पड़ा। अपने सहकर्मियों के प्रश्नों और इस क्षेत्र में हुए बहुत सारे लेखन से मुझे अपने पुनर्विचार के प्रयासों में काफी मदद मिली है। विरासत में मिले मेरे पुरुषवादी दृष्टिकोण को (भले ही वह एक 'उदारवादी' दृष्टिकोण था) रख्माबाई की व्यथा-कथा ने झकझोर कर रख दिया, और मुझे उस दुनिया में भी उसी की तरह की कथाएँ दिखाई देने लगीं जिसमें मेरा जन्म हुआ था। इस पुस्तक पर काम करने के विभिन्न चरणों में मुझे अपने आसपास की इन कथाओं का बहुत गहराई से अहसास होने लगा।

इस पूरी प्रक्रिया के दौरान मैंने अपने समय के बारे में जो कुछ जाना है, उसमें से बहुत कुछ इस ऐतिहासिक प्रबन्ध का विषय न होने के कारण अलिखित ही रह जाएगा। पर मैं उन ऋणों का उल्लेख अवश्य करना चाहता हूँ जो मैं इस पुस्तक के लिए सामग्री जुटाने और इसके लिखने के विभिन्न चरणों में मुझे नैतिक और बौद्धिक सहयोग प्रदान करने के लिए अनेक संस्थाओं और व्यक्तियों के प्रति महसूस करता हूँ। इस पुस्तक के लिए अधिकांश सामग्री दिल्ली के नेहरू स्मृति संग्रहालय और पुस्तकालय, राष्ट्रीय अभिलेखागार, और लन्दन स्थित इंडिया ऑफिस के पुस्तकालय, ब्रिटिश संग्रहालय और कोलिंडेल पुस्तकालय से जुटाई गई। मैं इन पुस्तकालयों के अधिकारियों और कर्मचारियों के प्रति अपना आभार व्यक्त करते हुए श्री रिचर्ड बिंग्ले, के.एस. तलवार, श्री शर्मा और मीना को निजी रूप से धन्यवाद देता हूँ। मैं भारत के सर्वोच्च न्यायालय के पुस्तकालय, मुम्बई के एशियाटिक सोसाइटी पुस्तकालय, मुम्बई विश्वविद्यालय पुस्तकालय, महाराष्ट्र राज्य अभिलेखागार, 'केसरी' कार्यालय, और इस पुस्तक के लिए कुछ अतिरिक्त और उपयोगी सामग्री जुटाने के लिए शिकागो विश्वविद्यालय के रेगेंस्टाइन पुस्तकालय के अधिकारियों और कर्मचारियों के प्रति भी अपना आभार व्यक्त करता हूँ। महाराष्ट्र राज्य अभिलेखागार के श्री खुदुलकर और रशीद वाडिया का मैं निजी तौर पर धन्यवाद करना चाहूँगा, जिन्होंने कागज की खस्ता हालत के बावजूद मुझे रख्माबाई के 'जवाब' की प्रतिलिपि निकालकर दी, जो इस पुस्तक में 'परिशिष्ट-4' के रूप में शामिल है।

भारत और इंग्लैंड में इस पुस्तक पर शोध-कार्य के लिए अधिकांश धन भारतीय इतिहास अनुसन्धान परिषद और चार्ल्स वालेस (भारत) ट्रस्ट ने उपलब्ध करवाया। मैं इन संस्थाओं और प्रोफेसर इरफान हबीब और श्री आर.ई. केवेलिएरो का कृतज्ञ हूँ।

हमेशा की तरह मेज़ाँ द सेयंस द लोम, पैरिस ने मुझे अपने समृद्ध पुस्तकालय का लाभ उठाने, फ्रांसीसी विद्वानों से मिलने और इस प्रबन्ध के क्रमिक प्रारूपों पर काम करने का अवसर प्रदान किया। मैं अपने शोध-प्रयासों में इस महान संस्थान और इसके प्रमुख प्रोफेसर मॉरिस ऍमार के तत्पर सहयोग के लिए हार्दिक आभार व्यक्त करता हूँ।

मैं रॉकफेलर फाउंडेशन का भी ऋणी हूँ। एक तो इसलिए कि उन्होंने मुझे बेल्लाजो स्टडी एंड कॉन्फ्रेंस सेन्टर जैसे अद्वितीय संस्थान में चौथे अध्याय का प्रारूप तैयार करने का सुअवसर प्रदान किया; दूसरे इसलिए कि उन्होंने मुझे शिकागो विश्वविद्यालय के दक्षिण एशियाई संस्कृति एवं चेतना संस्थान में रॉकफेलर फाउंडेशन की फेलोशिप प्रदान की। इससे मुझे दो महीने से भी अधिक समय तक निर्बाध लेखन का अवसर मिला।

भारतीय उच्च शिक्षा संस्थान ने मुझे इस काम को व्याख्यानों की एक शृंखला के रूप में प्रस्तुत करने का अवसर दिया। मैं इस संस्थान और इसके निर्देशक प्रो. मृणाल मीरी का हार्दिक आभारी हूँ। साथ ही मैं प्रो. सुजाता मीरी, प्रो. सुन्दरराजन और ज्योतिर्मय शर्मा को उनकी समीक्षात्मक टिप्पणियों के लिए भी धन्यवाद देना चाहूँगा। मुझे कई अन्य शैक्षणिक संस्थानों में आयोजित चर्चाओं का भी लाभ मिला, जहाँ इस प्रबन्ध के आरम्भिक चरण में मैंने इसके कुछ अंश प्रस्तुत किए। इन संस्थानों में जवाहरलाल नेहरू विश्वविद्यालय का ऐतिहासिक अध्ययन केन्द्र, मुम्बई विश्वविद्यालय के इतिहास एवं समाजशास्त्र के विभाग, पुणे का इंडियन लॉ स्कूल, शिकागो विश्वविद्यालय का दक्षिण एशियाई संस्कृति एवं चेतना संस्थान, ऍम्सटर्डम विश्वविद्यालय का धर्म एवं समाज अनुसंधान केन्द्र, और हाइडैलबर्ग विश्वविद्यालय का दक्षिण एशिया संस्थान शामिल हैं। मैं इन संस्थानों और विशेषकर के.एन. पणिकर, जे.वी. नायक, ए.आर. मोमिन, गेल मीनो, पेट्रिक ओलिवेल, सुजैन रूडोल्फ, पीटर फॉन डर फिअर, डीटमार रोटरमुंड और डीटर कॉनराड के प्रति अपना आभार व्यक्त करता हूँ।

प्रबन्ध के अन्तिम प्रारूप का काम 'जापान सोसाइटी फॉर द प्रोमोशन ऑव साइंस' और टोकियो यूनिवर्सिटी फॉर फॉरेन स्टडीज के 'इंस्टीट्यूट फॉर द स्टडी ऑव लैंग्वेजिज एंड कल्चर्स ऑव एशिया एंड अफ्रीका' के संयुक्त और उदात्त सहयोग से सम्भव हो सका। मैं इन दोनों संस्थानों और खासकर प्रो. मसाओ नाइतो का आभारी हूँ, जो एक उत्कृष्ट मेजबान साबित हुए। मैं सुश्री के तानीकावा को भी उनकी सौजन्यता और दक्षता के लिए धन्यवाद देना चाहूँगा।

मैं कई अन्य व्यक्तियों के योगदान का भी उल्लेख करना चाहूँगा। इनमें गैब्रिएल का नाम सबसे पहले स्थान पर होना चाहिए। उन्होंने एक दिन अचानक मुझसे पूछा कि रख्माबाई पर मेरी पुस्तक की क्या स्थिति थी। मैं उनका प्रश्न सुनकर चकरा गया, क्योंकि तब तक इस विषय पर मैंने सिर्फ एक छोटा-सा लेख लिखा था। उन्होंने उस संकलन का कॉपी-सम्पादन किया था जिसमें वह लेख शामिल था। उनका ख्याल था कि यह विषय एक पूरी पुस्तक की माँग करता था। इस पुस्तक का बीज सच ही मैंने नहीं रोपा। इस काम का श्रेय उन्हें दिया जाना चाहिए।

ज्ञान पांडे में स्थूल जानकारियों में निहित वृहत्तर सत्यों को खोज निकालने की अद्भुत क्षमता है और वे निरन्तर मुझे अपनी अमूल्य सलाह और सहयोग देते रहे हैं। पुस्तक की भाषा को उनकी सम्पादकीय प्रतिभा का भी लाभ मिला है। इस सबके लिए मुझ पर उनका एक और जाम उधार है।

दिल्ली में अनुराधा कपूर, सुरेश और दीपा शर्मा और मुम्बई में जयन्ती और अतुल मेरे प्रिय मित्र, मेजबान और समालोचक रहे हैं।

लन्दन में डेविड पेज और संजय सूरी से मुझे बिल्कुल ऐसा ही गर्मजोशी भरा आतिथ्य-सत्कार मिला। इतना ही नहीं, डेविड ने एक इतिहासकार के रूप में मुझे अपनी प्रतिदिन की 'खोजों' पर उनके साथ चर्चा करने के लिए प्रोत्साहित किया, और अपने उत्साह भरे प्रश्नों और टिप्पणियों से मेरी दृष्टि को साफ करने का काम किया।

राजीव धवन उदारतापूर्वक अपना समय देते हुए मेरे साथ मेरे अध्ययन और उसकी योजना पर चर्चा करते रहे। उन्होंने वैवाहिक अधिकारों की पुनर्स्थापना के मुकदमों को लेकर ब्रिटिश भारतीय अदालतों के महत्त्वपूर्ण फैसलों की फोटो-प्रतिलिपियाँ जुटाने का भी काम किया। उनके साथ मेरी मित्रता इस अध्ययन की एक और उपलब्धि है।

राम बापट ने मुझे 'केसरी' द्वारा रख्माबाई की तीखी आलोचना और उस पर लगाए गए लांछनों की बारीकियों से परिचित करवाया। उन्होंने मुझे बापूजी कनितकर के रख्माबाई-विरोधी नाटक 'तरुणीशिक्षण नाटिका' के बारे में भी बताया। यह मराठी नाटक उन्हीं दिनों प्रकाशित हुआ था जब अदालत में रख्माबाई का मुकदमा चल रहा था। इसके अलावा, बापट की विद्वत्ता और संवेदनशीलता ने कई अन्य रूपों में भी इस पुस्तक को प्रभावित किया है, जिसे अपनी उदारता के कारण वे भले ही स्वीकार न करें।

आलोक भल्ला ने अन्तिम प्रारूप तैयार होने से पहले प्रबन्ध का सम्पादन किया और विस्तृत टिप्पणियाँ कीं। उन्होंने पहले अध्याय के प्रारम्भिक प्रारूप को 'यात्रा' में छापकर मुझे अतिरिक्त प्रोत्साहन दिया। रुस्तम भरूचा और तनिका सरकार ने भी एक आरम्भिक प्रारूप पढ़ा और कई मूल्यवान सुझाव दिए। कपिल राज ने भी पुस्तक के कुछ अंश पढ़े और उन्हीं के जोर देने पर पहला अध्याय काफी हद तक फिर से लिखा गया। प्रो. टी.एन. मदन ने 'प्राक्कथन' के पुनर्लेखन के लिए कई अत्यन्त महत्त्वपूर्ण सुझाव दिए। वसुधा डालमिया ने, जिन्होंने इस शोध के कुछ अंश हेनरी स्टीटेनक्रोन के साथ संयुक्त रूप से सम्पादित अपनी पुस्तक *रेप्रेजेंटिंग हिन्दुइज़्म* में शामिल किए हैं, मुझे वर्णन में कुछ अस्पष्टताओं के प्रति सचेत किया। कई अन्य लोगों की टिप्पणियों और समालोचनाओं से भी मुझे काफी मदद मिली। इनमें अमृता शोधन, न्यायमूर्ति डी.ए. देसाई, उमा चक्रवर्ती, फ्लेविया एग्निस, परमजीत सिंह जज, अच्युत याग्निक, स्वर्गीय भगीरथ शाह, अर्जुन पटेल, ई.वी. रामकृष्णन, प्रो. लतिका सरकार, प्रो. नामवर सिंह, प्रो. एन.एन. पांडेय और प्रो. रामस्वरूप चतुर्वेदी शामिल हैं।

धीरू भाई शेठ और रविन्दर कुमार की मदद के बिना इस पुस्तक के लेखन में बहुत बड़ी अड़चन आ जाती, या शायद यह काम अधूरा ही रह जाता। मैं इन दोनों के साथ-साथ प्रो. एन.आर. शेठ का भी आभारी हूँ।

पुस्तक के अन्तिम प्रारूप को तैयार करने में मुझे ऑक्सफोर्ड यूनिवर्सिटी प्रेस के गुमनाम रीडर की समालोचना और सुझावों से भरपूर मदद मिली; साथ ही ऑक्सफोर्ड यूनिवर्सिटी प्रेस के सम्पादन से भी।

मार्टिन फुक्स ने उन्नीसवीं सदी के जर्मनी में वैवाहिक अधिकारों की पुनर्स्थापना के कानून के बदलते स्वरूपों को लेकर मेरे लिए एक लम्बा नोट तैयार करने की कृपा की। क्रिस्टोफ जाफरलो ने भी ऐसी ही उदारता दिखाई। उन्होंने पेरिस में मुझे उन विद्वानों से मिलाया जो इस सम्बन्ध में फ्रांसीसी कानून पर काम कर चुके थे। साथ ही उन्होंने कुछ महत्त्वपूर्ण सामग्री का अनुवाद करके भी मेरी मदद की। अनिकेत जावड़े और उर्मिला भिर्डीकर ने मराठी भाषा में मुझे बहुत मूल्यवान सामग्री पढ़कर सुनाई और उसका अनुवाद भी किया। इसी तरह विश्वरूप दास ने बंगाली मासिक *प्रचार* में छपे एक लम्बे लेख का अनुवाद किया, जिसे इन्दिरा चौधरी सेनगुप्ता ने मुझ तक पहुँचाने की कृपा की। वीना नरेगल, गोपाल गुरु, लक्ष्मण देवानी और शृंगी शाह ने भी अत्यन्त आवश्यक सामग्री जुटाने में मेरी मदद की।

विमल त्रिवेदी, मारगित फॉन वेसेल, राकेश और हिरोशी कोबायाशी सान ने अपने तकनीकी कौशल और साधनों से मेरी मदद की।

सूरत के समाजशास्त्रीय अध्ययन केन्द्र के पुस्तकालय, टाइपिंग और फोटोस्टेट विभागों में कार्यरत श्रीमती मैक, के.एम. भावसार, दयानन्दन, नितिन पटेल, निखिल व्यास, हिना जरदोश, वी.पी. बेटकर और अशोक पवार बड़ी कर्मठता से मेरी मदद करने में जुटे रहे। उन सबकी मदद के बिना इस पुस्तक का काम मेरे लिए इतना सुगम न होता। मैं यहाँ बड़े गहरे दुख के साथ एक सड़क दुर्घटना में श्रीमती मैक के असामयिक निधन का स्मरण करना चाहूँगा। उनके लाइब्रेरियन के पद पर न रहने से सूरत का यह केन्द्र एक रिक्तता महसूस करता रहेगा।

पाठक इस बात को आसानी से समझ सकेंगे कि रख्माबाई के मुकदमे से पैदा होनेवाले प्रश्नों जैसे विषय पर लिखना कितना नाजुक काम है। ऐतिहासिक विवादों के केन्द्र में जीने वाले व्यक्ति या व्यक्तियों के साथ कैसे न्याय किया जाए? इस सम्बन्ध में मेरे ऊपर एक अनूठा ऋण डॉ. बिमला चतुर्वेदी–बिम्मो मौसी–का है, जिन्होंने जीवन भर रख्माबाई जैसे साहस का परिचय देते हुए मुझे ऐसे व्यक्तियों, खासकर स्त्रियों, की कमजोरियों को सहानुभूति से समझना सिखाया जो वैसे बड़ी से बड़ी सत्ता के खिलाफ विद्रोह करने का हौसला रखते हैं।

अन्त में, किसी पुस्तक की 'भूमिका' मन में बसी भावनाओं का एक अंश भी व्यक्त कर पाती है क्या?

4 फरवरी 1997

–सु. चं.

अनुक्रम

प्राक्कथन

In terms roughly understood, misunderstood, and beyond my comprehension, the world continuously imagines new versions of itself in my head...

–Tony Connor

कुछ-कुछ समझे गए अर्थों में, गलत समझे गए अर्थों में, और उन अर्थों में जो मेरी समझ से परे हैं, यह दुनिया मेरे मस्तिष्क में निरन्तर अपने नए-नए रूपों की कल्पना करती रहती है...

–टॉनी कॉनर

यह पुस्तक उपनिवेशीय भारत की एक अनूठी घटना पर आधारित है। बाईस वर्ष की एक युवती ने असाधारण विद्रोह करते हुए उस विवाह को मानने से इनकार कर दिया जिसमें उसे मात्र ग्यारह वर्ष की उम्र में झोंक दिया गया था। उसका कहना था कि वह एक ऐसे व्यक्ति को अपना तन-मन नहीं सौंप सकती जिसके प्रति, ग्यारह वर्षों के अपरिणित विवाह और अलग-अलग वास के दौरान, उसके मन में गहरी वितृष्णा पैदा हो गई थी। उसका कहना था कि विवाह के समय वह सोच-समझकर कोई निर्णय ले पाने की उम्र में नहीं थी, इसलिए उसे उस आदमी के साथ रहने के लिए बाध्य नहीं किया जा सकता था। अपने तन-मन पर अपने खुद के अधिकार की खातिर उसे एक लम्बे और मुश्किल मुकदमे (1884-88) का सामना करना पड़ा। उसके पति ने अपने वैवाहिक अधिकारों की प्राप्ति के लिए बम्बई उच्च न्यायालय का दरवाजा खटखटा दिया। उसके इस कदम ने रख्माबाई के संकल्प को और भी दृढ़ कर दिया—देशी परम्पराओं और उपनिवेशीय कानून-व्यवस्था के संयुक्त दमन के विरोध का संकल्प।

यह सिर्फ उपनिवेशीय भारत के लिए ही नहीं, बल्कि उस समय के लिए एक अनूठा उदाहरण था, जिसने देखते-ही-देखते एक 'सामाजिक नाटक' का रूप ले लिया। इस नाटक में आधुनिक भारतीय सामाजिक व्यवस्था के पुनर्गठन को लेकर आक्रामक और महत्त्वपूर्ण बहसें थीं जिनमें व्यक्ति, विचार और संस्थाएँ एक-दूसरे के साथ उलझे हुए थे। उनके आपसी समझौते और द्वन्द्व और एक-दूसरे के साथ जटिल सम्बन्ध भी इस व्यापक बहस में अपनी-अपनी भूमिका निभा रहे थे। पूरे समाज के

भविष्य का प्रश्न जुड़ा हुआ था इस नाटक से।

मुकदमा 1884 के शुरू में दायर किया गया। अगले वर्ष इसमें हुए पहले फैसले के आते ही इसने एक सामाजिक नाटक का रूप धारण कर लिया। रख्माबाई रातों-रात चर्चा का विषय बन गई और समाज के विभिन्न वर्गों द्वारा परस्पर विरोधी और भिन्न-भिन्न दृष्टिकोणों से देखी जाने लगी। कुछ लोग उसे एक देवी और लाखों-करोड़ों भारतीय अबला नारियों की प्रतिनिधि के रूप में देखने लगे, तो कुछ अन्य लोगों को उसमें परिवार और समाज को तोड़ने वाली एक खतरनाक 'आधुनिक स्त्री' दिखने लगी। उसका विद्रोह एक आदर्श सामाजिक व्यवस्था को लेकर दो परस्पर विरोधी धारणाओं में एक साथ भय और आशा का संचार कर रहा था। इसने स्त्री के प्रश्न और सामाजिक सुधारों से जुड़ी बहस को एक तात्कालिक और आक्रामक स्वरूप दे दिया। एक जीती-जागती स्त्री के भाग्य से जुड़ी होने के कारण यह बहस और भी अधिक मुखर हो उठी।

इस युवा विद्रोहिणी की विजय या पराजय पर एक विकृत पारिवारिक-सामाजिक व्यवस्था का भविष्य टिका हुआ था। एक ऐसी व्यवस्था जो अभिभावकों द्वारा तय किए गए बाल-विवाहों पर आधारित थी, और जिसे हिन्दू समाज का एक बड़ा वर्ग एक संस्कार के रूप में देखता था। एक पवित्र और अटूट संस्कार जिसके लिए सम्बन्धित बालक-बालिका की सहमति आवश्यक नहीं थी—खासकर दुल्हन की, जिसे एक स्वतन्त्र पक्ष की बजाय मात्र दान की वस्तु समझा जाता था।

चूँकि विवाह कई अन्य सामाजिक बन्धनों के साथ-साथ स्त्री की आधीनता का एक सशक्त माध्यम भी था, रख्माबाई का विद्रोह, एक स्त्री का विद्रोह होने के कारण, विशेष चिन्ता का विषय बन गया। विवाह और परिवार की संस्था को चुनौती देने के साथ इसने समाज में पुरुष की प्रधानता पर भी एक प्रश्नचिह्न लगा दिया। जैसाकि उन दिनों के एक टिप्पणीकार ने लिखा, रख्माबाई का विद्रोह 'स्त्री की हीनता की पूर्व-निर्धारित धारणा' का अस्वीकार था। वह इस धारणा का प्रतिकार तो कर ही रही थी, स्त्री द्वारा अपनी नैसर्गिक इच्छाओं की अभिव्यक्ति का विध्वंसक उदाहरण भी प्रस्तुत कर रही थी।

यह सच है कि वह सिर्फ एक ऐसे पुरुष को अपना तन-मन सौंपने से इनकार करने का अधिकार माँग रही थी जिसे वह नापसन्द करती थी। वह अपने लिए पुनर्विवाह का अधिकार नहीं माँग रही थी (वह अधिकार सिर्फ पुरुषों को प्राप्त था)। फिर भी स्त्री की हीनता की सर्वमान्य सामाजिक धारणा को चुनौती देकर वह एक ऐसा वातावरण तैयार कर रही थी जिसमें आज नहीं तो कल रख्माबाई से प्रेरणा पाकर कोई अन्य स्त्री पुनर्विवाह का अधिकार भी माँग सकती थी।

रख्माबाई का मामला स्त्री, विवाह और परिवार की नाजुक और पेचीदा दुनिया से जुड़ा हुआ था। इसलिए इसे लेकर सांस्कृतिक से मनोवैज्ञानिक स्तर तक सामाजिक

भावनाओं का भड़कना स्वाभाविक था। यह एक ऐसी 'निजी' दुनिया थी जिसकी स्वायत्तता बहुत-से लोग बनाए रखना चाहते थे। दूसरी तरफ यह एक 'सार्वजनिक' दुनिया भी थी, जिसके आधार पर इस मुकदमे की आड़ में एक लाक्षणिक लड़ाई लड़ी जा रही थी। विडम्बना यह थी कि जो लोग सामाजिक-धार्मिक मामलों में उपनिवेशीय सत्ता के हस्तक्षेप का सर्वाधिक विरोध कर रहे थे, वे ही इस लड़ाई में उपनिवेशीय कानून व्यवस्था और उसकी विदेशी मान्यताओं का खुलकर उपयोग करना चाहते थे।

यह लड़ाई भारतीय समाज के विभिन्न समूहों के बीच मात्र एक 'गृहयुद्ध' तक सीमित नहीं थी। इसका दायरा कहीं विस्तृत था, जिसमें उपनिवेशीय पृष्ठभूमि की बहुत महत्त्वपूर्ण भूमिका थी। एक तरह से यह लड़ाई शासकों और शासितों के बीच भी थी जिसमें, कुछ अपवादों को छोड़कर, शासक और शासित दोनों ही विवाह और परिवार को लेकर अपनी-अपनी संस्थाओं, आदर्शों और मूल्यों को दूसरे से श्रेष्ठ सिद्ध करना चाहते थे।

क्योंकि यह लड़ाई एक वैवाहिक मुकदमे के कारण शुरू हुई थी, इसके साथ कानून और न्याय के मुद्दे भी जुड़े हुए थे। इस युवती की व्यथा के लिए कौन जिम्मेदार था? वे लोग जो अपने श्रद्धेय नियमों और परम्पराओं में किसी तरह के हस्तक्षेप के विरुद्ध थे? या वे उपनिवेशीय शासक जो विदेशी कानूनी धारणाओं और प्रथाओं को श्रेष्ठतर मानते हुए शासितों के पारिवारिक मामलों में हस्तक्षेप करने पर तुले हुए थे? व्यक्ति की हैसियत से स्त्रियों की स्थिति को लेकर और विवाह, परिवार और समाज में उनकी भूमिका को लेकर इन दोनों सामाजिक-कानूनी धारणाओं में क्या अन्तर था?

इन वृहत प्रश्नों ने सामाजिक और सांस्कृतिक मूल्यों को लेकर शासकों और शासितों के द्वन्द्व को उजागर कर दिया। भावनाएँ भड़कने लगीं और लोग इस बहस को पक्षपातपूर्ण दृष्टिकोण से देखने लगे। शासकों और शासितों के विभिन्न वर्गों के विचार, भ्रम और विरोधाभास स्पष्ट होने लगे। सामाजिक जीवन की गहरी परतों में दबी-छिपी रहने वाली भावनाएँ उभरकर सामने आने लगीं। एक व्यापक समस्या एक छोटे से प्रश्न में सिमट आई।

इस लड़ाई में कोई स्पष्ट विभाजन-रेखा नहीं थी। इसमें विभिन्न पक्षों के आपसी सम्बन्ध, सहमति और संघर्ष के बीच झूलते, निरन्तर बदलते रहते थे। परिणामतः हर पक्ष के आन्तरिक मतभेद और अन्तर्द्वन्द्व भी खुलकर सामने आ रहे थे। इस लड़ाई में मुख्य रूप से तीन विचारधाराएँ शामिल थीं— रूढ़िवादी/प्रतिक्रियावादी, साम्राज्यवादी, और सुधारवादी। पहली दो धाराएँ सत्तासीन और स्थापित धाराएँ थीं, जबकि तीसरी धारा एक वैकल्पिक धारा के रूप में अपनी जगह बनाने की कोशिश में थी।

जिन तीन धाराओं को नाम देकर यहाँ स्पष्ट रूप से अलग कर दिया गया है, वे दरअसल सामाजिक चेतना में निरन्तर बनते-बदलते रूपों को परिलक्षित नहीं करतीं।

सामाजिक-ऐतिहासिक धाराओं को स्पष्ट नाम देने की विवशता अकादमिक गद्य की एक बुनियादी असमर्थता है। यह गद्य किसी प्रक्रिया को एक विशेष नाम से बुलाते समय यह नहीं देख और दिखा पाता कि वही प्रक्रिया विरुद्ध दिशा में भी चलती रहती है। मैंने अपने वर्णन में सिर्फ आसानी के लिए इन तीन धाराओं या श्रेणियों का उल्लेख किया है। ये तीन श्रेणियाँ विचारों, दृष्टिकोणों और विश्वासों के तीन निश्चित और स्पष्ट समूहों का प्रतिनिधित्व नहीं करतीं। वे अपनी विशिष्ट और परस्पर प्रतिद्वन्द्वी स्थितियों के बावजूद आपस में बहुत-सी समानताएँ भी लिए हुए थीं।

उदाहरण के लिए, मैंने समाजशास्त्रीय परम्पराओं को ध्यान में रखते हुए दो परस्पर विरोधी धाराओं को रूढ़िवादी/प्रतिक्रियावादी धारा और सुधारवादी धारा के रूप में प्रस्तुत किया है। परन्तु, जैसाकि हम देखेंगे, कई ऐसे रूढ़िवादी हिन्दू भी थे जिन्होंने रूढ़िवादी विचारधारा में क्रान्तिकारी परिवर्तन लाने के साथ-साथ सुधारवाद के आन्दोलन में बहुत महत्त्वपूर्ण योगदान दिया। दूसरी तरफ, कई ऐसे हिन्दू भी थे जो सुधारवादी होने के बावजूद अन्ततः अपने तर्कों में सुधारवाद के विरोध की झलक देते थे।

वैसे कुल मिलाकर, कुछ समझौतावादी रुझानों के बावजूद, सुधारवादी धारा में एक आन्तरिक स्थायित्व बना रहा। साम्राज्यवादी धारा लगभग हमेशा ही एक उग्र मानवतावादी दृष्टिकोण का प्रदर्शन, और स्त्रियों की स्वतंत्रता की हिमायत का दावा करती रही। परन्तु इसी के साथ, स्त्रियों की हीनता को स्वाभाविक मानते हुए, यह विक्टोरिया-युगीन इंग्लैंड के सैद्धान्तिक और संस्थागत पुरुषवाद को भी अनजाने में रेखांकित करती रही।

रूढ़िवादी और साम्राज्यवादी दोनों ही धाराएँ स्त्रियों के प्रति श्रद्धा और उनके हितों की चिन्ता का दिखावा कर रही थीं। साथ ही इस श्रद्धा और हित-चिन्ता को कोई व्यावहारिक रूप देने से बचने के लिए वे तरह-तरह के हथकंडों का भी प्रयोग कर रही थीं। इन हथकंडों में बलि के बकरे ढूँढ़ने—अगर ऐसा या वैसा न होता तो स्थितियों को बदला जा सकता था—से लेकर परिणामवाद—बदलाव का समय अभी नहीं आया था—और स्थितियों की विचित्र व्याख्याएँ करने और प्रस्थापनाओं के गलत अर्थ निकालने जैसे प्रयास शामिल थे।

दोनों धाराएँ एक ऐसे विरोधाभास पर टिकी हुई थीं जिसने उन्हें आकर्षक लफ़्फाजी करने और अपने कथनों से ठीक उलटा व्यवहार करने की छूट दे रखी थी। कई सीधे-सादे लोग इस लफ्फाजी में ही फँसकर रह जाते थे, और कथनी और करनी के अन्तर को नहीं समझ पाते थे। परन्तु बहुत-से लोगों को यह विरोधाभास सम्मोहित भी कर रहा था, क्योंकि उनकी अपनी अन्तश्चेतना भी दो भागों में बँटी हुई थी। साम्राज्यवादियों के लिए दूसरों को सभ्यता सिखाने का दावा करना और प्रतिक्रियावादियों के लिए सुधारवादी दिखना बहुत उन्मादकारी अनुभव होता था।

सामाजिक नियंत्रण के अन्य साधनों ने शब्दों की ताकत को एक नया आयाम

दे दिया था। नई उग रही सुधारवादी धारा की तुलना में रूढ़िवादी और साम्राज्यवादी धाराओं को अपनी दृढ़स्थापित संस्थाओं और सत्ता-केन्द्रों से भरपूर मदद मिलती थी। अपने मतभेदों के बावजूद ये दोनों धाराएँ सुविधानुसार मिल-जुलकर और आपस में ताल-मेल बिठाकर बहती रहती थीं। रख्माबाई के मामले में यही हुआ। सामाजिक नियंत्रण के पारम्परिक उपायों में अब उपनिवेशीय कानून-व्यवस्था और कारावास की शक्ति भी जुड़ गई थी।

रख्माबाई के मुकदमे से स्तब्ध रह जाने के बावजूद ये दोनों धाराएँ दावा कर रही थीं कि इस मामले से हिन्दू समाज या उपनिवेशीय कानून की कोई भी कमजोरी उजागर नहीं होती। उलटे ये लोग एक प्रचलित कानूनी जुमले का हवाला देते हुए कह रहे थे कि 'मुश्किल मुकदमे बुरे कानूनों को जन्म देते हैं।' उनका मानना था कि रख्माबाई का मुकदमा एक अपवाद या भटकाव भर था। इसके कारण कानूनी या सामाजिक व्यवस्था में कोई बदलाव लाने की ज़रूरत नहीं थी।

देखा जाए तो यह सचमुच ही एक कठिन मुकदमा था। रख्माबाई का विद्रोह एक असाधारण घटना थी। इससे पहले कभी किसी स्त्री ने ऐसे क्रान्तिकारी साहस और संघर्ष-शक्ति का परिचय नहीं दिया था। इस बात की पूरी सम्भावना थी कि भविष्य में भी यह मुकदमा एक अपवाद बनकर रह जाए। हिन्दू और भारतीय समाज की स्थिति को देखते हुए मुश्किल था कि रख्माबाई से प्रेरणा लेकर और औरतें भी विद्रोह पर उतर आएँ, भले ही वे उससे कहीं ज्यादा बदतर स्थितियों में जी रही हों।

इस मुकदमे की अपवाद-प्रकृति स्त्रियों के दमन की व्यापकता का पैमाना भी थी। परन्तु हिन्दू विवाह और उपनिवेशीय कानून को दोषरहित ठहराने वाले लोग मामले के इस पहलू को नजरअन्दाज कर रहे थे। स्त्रियों के अधिकारों के लिए आवाज उठाने वाली महान समाज-सुधारक पंडिता रमाबाई ने मुकदमे के इसी पहलू पर कटु टिप्पणी करते हुए कहा था :[1]

अपने सांसारिक दुखों का अन्त करने के लिए बहुत-सी स्त्रियाँ आत्महत्या कर लेती हैं। (फिर भी) भारत की ब्रिटिश अदालतों में पतियों और पत्नियों के बीच मुकदमों की दुर्लभता एक उल्लेखनीय तथ्य है। इसका कारण सिर्फ यह है कि अपने दुखों को सर झुकाकर सहती चली जाने वाली स्त्रियाँ भली-भाँति जानती हैं कि देवता और न्याय हमेशा पुरुषों का साथ देते हैं।

रमाबाई जैसी रैडिकल समझ तक पहुँचना इस पुस्तक का उद्देश्य है। स्थितियों को रमाबाई के दृष्टिकोण से देखने से–स्त्रियों की दृष्टि से देखने से–हमें बहुत मदद मिल सकती है। स्त्रियों की भलाई और उनके हितों की चिन्ता का स्वाँग करने वाली रूढ़िवादी और साम्राज्यवादी धाराओं के दावों का झूठ खुलकर सामने आ जाता है।

ध्यान में वैसे यह भी रखना होगा कि अपने प्रतिरोधात्मक स्वर के बावजूद, न तो रमाबाई और रख्माबाई जैसी विद्रोही स्त्रियों के माध्यम से अभिव्यक्त होने वाला

नारीवादी दृष्टिकोण, और न ही विकल्प के रूप में उभरने वाली सुधारवादी धारा सत्तारूढ़ धाराओं के प्रभाव से पूरी तरह मुक्त थे। यह उपनिवेशीय धारा के मामले में विशेष रूप से सत्य था जो तब–जैसाकि आज भी है–अपने-आपको एक मुक्तिदायिनी शक्ति के रूप में देख रही थी। न्याय-व्यवस्था के खिलाफ रख्माबाई की पुकार में भी कहीं-न-कहीं यह बात झलकती है। यह उसी ब्रिटिश न्याय के लिए पुकार थी जिसने उसे कटघरे में ला खड़ा किया था। एक विद्रोही स्त्री के रूप में वह हिन्दू देवी-देवताओं के बारे में भले ही कुछ भी सोचती रही हो, परन्तु जहाँ तक न्याय का सम्बन्ध था उसे 'ईश्वर प्रदत्त' ब्रिटिश न्याय व्यवस्था पर पूरा भरोसा था। यह विरोधाभास उन दिनों इतनी गहरी जड़ें जमाए हुए था कि अपने मुकदमे के दौरान, और उसके बाद भी, रख्माबाई को उपनिवेशीय सरकार द्वारा बनाए जाने वाले कानून में भारतीय स्त्रियों के लिए आशा की एकमात्र किरण दिखाई दे रही थी।

रख्माबाई के मुकदमे के दौरान यह बात पूरी तरह स्पष्ट हो गई कि सर्वोच्च उपनिवेशीय न्यायपालिका की प्रवृत्ति स्त्रियों के साथ भेदभाव करने वाली सामाजिक परम्पराओं और सम्बन्धों को बनाए रखने की थी। अपने सर्वोच्च स्तरों पर भी न्यायपालिका ऐसे सिद्धान्तों के आधार पर और ऐसे व्यक्तियों द्वारा चलाई जा रही थी जो स्त्री की हीनता को एक सनातन सत्य मानते थे। रख्माबाई के पक्ष में दिए गए न्यायमूर्ति पिनी के विलक्षण किन्तु जल्दी ही निरस्त कर दिए जाने वाले फैसले से यह बात बिल्कुल साफ हो जाती है।

ब्रिटिश न्याय-शास्त्र के उदार और मानवतावादी चरित्र में लोगों की आस्था को बनाए रखना सम्भवतः उपनिवेशीय सत्ता की सबसे प्रभावशाली और स्थायी उपलब्धि थी। अधिकांश सुधारवादियों का हृदय जीत लेने वाली इस न्याय-व्यवस्था ने एक अखंड न्याय-प्रणाली और सबके लिए समान कानूनों की स्थापना की थी। परम्परागत कानूनों के एक श्रेष्ठतर विकल्प के रूप में प्रस्तुत की जाने वाली यह न्याय-व्यवस्था न्याय की भावना का सच्चा प्रतिनिधित्व करने और किसी तरह के वैयक्तिक पूर्वग्रहों के हस्तक्षेप से स्वतंत्र होने का दावा करती थी। इसका मानना था कि न्यायकर्ता का वैयक्तिक हस्तक्षेप न्याय-प्रक्रिया को मनमाने ढंग से काम करने की छूट दे देता है, जैसाकि परम्परागत न्याय-प्रणालियों में देखा जाता है।

उन्नीसवीं सदी के तीसरे चतुर्थांश के आसपास उपनिवेशीय अवधारणा में न्याय अंग्रेजी शासकों के कानून की सर्वोच्च कसौटी बन चुका था। इसे एक सार्वभौमिक परिपेक्ष्य देते हुए, और न्याय की एक आदर्शवादी धारणा के अन्तर्गत, साम्राज्यवादी अपनी सत्ता को एक कर्त्तव्य के रूप में परिभाषित करके न्यायोचित ठहराने लगे थे। उन्हें सत्ता के प्रलोभनों से भ्रष्ट हुए बिना अपने इस कर्त्तव्य का पालन करना था। कार्डिनल मैनिंग ने इसी विचार को रेखांकित करते हुए यह प्रसिद्ध वाक्य कहा था–'हमारी सत्ता हमारी कर्त्तव्य-भावना का मापदंड है।' यह वाक्य खासतौर से भारत में

प्रचलित सामाजिक बुराइयों के उन्मूलन के सन्दर्भ में कहा गया था। परन्तु जैसाकि रख्माबाई के मुकदमे और उसके बाद की स्थितियों से स्पष्ट हुआ, वे अपने इस कर्त्तव्य से आँखें चुराना चाहते थे, पर इस तरह से कि उनकी साम्राज्यवादी नैतिकता पर कोई आँच न आए।

साम्राज्यवाद अपने शासितों के सामने न्याय, समानता और शुद्ध अन्तरात्मा का आदर्श रखता था। परन्तु 1860 के दशक में ही इस आदर्श को लेकर आशंकाएँ उठने लगी थीं। प्रिवी काउंसिल को भारतीय अदालतों को इस त्रिमूर्ति से सावधान रहने का निर्देश देना पड़ा था, ताकि अंग्रेज न्यायाधीश अपने खुद के सांस्कृतिक मूल्यों को सार्वभौमिक मानकर भारतीयों पर थोपने का प्रयास न करें। ये आशंकाएँ निराधार नहीं थीं।

न्याय की सार्वभौमिक धारणा ने साम्राज्यवादियों को एक नई नैतिक शक्ति प्रदान कर दी थी। उनके कानून अगर अपने-आपमें ही न्याय नहीं थे तो इस न्याय के उपकरण अवश्य थे। परन्तु, जैसाकि रख्माबाई के मामले में देखा गया, इस बात की कोई गारंटी नहीं थी कि ये कानून अन्याय के साधन नहीं बन जाएँगे। ऐसे अवसरों पर 'मुश्किल मुकदमे बुरे कानूनों को जन्म देते हैं' वाली सूक्ति काम में आती थी। फिर भी वे न्याय और कानून के बीच एक अनसुलझे द्वन्द्व को उजागर करते थे। एक ऐसा कानून जिसे न्याय का उपकरण माना जाता हो, परन्तु जिसके माध्यम से अन्याय हो जाने की भी सम्भावना हो, न्याय का सच्चा प्रतिनिधि होने का दावा नहीं कर सकता। यह बात उन मामलों में और भी ज्यादा उजागर होती है जहाँ न्यायाधीश न्याय की माँग को भली-भाँति पहचानते हुए भी सिर्फ कुछ तकनीकी आधारों पर अपने-आपको अन्याय का पक्ष लेने के लिए बाध्य महसूस करते हैं। रख्माबाई का मुकदमा इसी तरह के अन्याय का एक ज्वलंत उदाहरण था, जहाँ न्याय की जगह कानून को वरीयता दी गई थी।

परन्तु साम्राज्यवादी इस बात को स्वीकार करने के लिए तैयार नहीं थे कि इस प्रणाली में न्याय कानून के आगे लाचार होकर रह गया था। वे नहीं समझ पा रहे थे कि न्याय को सर्वोच्च मूल्य के रूप में देखने और किसी तरह के वैयक्तिक हस्तक्षेप पर सन्देह करने वाली कोई भी न्याय प्रणाली हमेशा शंका की स्थिति में रहती है। न्याय की माँग है कि प्रत्येक मामले को एक अद्वितीय मामले के रूप में देखा जाए और न्यायाधीशों को कोई ऐसा निर्णय न देना पड़े जिसके बारे में उन्हें पता हो कि वह अन्यायपूर्ण है।

ब्रिटिश न्याय प्रणाली के केन्द्र में स्थित इस शंका की तरफ उन सुधारवादियों और रूढ़िवादियों का भी ध्यान नहीं गया जो कानून की प्रकृत्ति और इसके सामाजिक दायित्वों को लेकर भारतीय जनमानस का निर्माण करने में लगे हुए थे। पश्चिम की उदारवादी और तर्कपूर्ण छवि से अभिभूत होने के कारण न्याय और कानून के बीच

इस उल्टी वरीयता की तरफ सुधारवादी ध्यान ही नहीं दे पा रहे थे। साथ ही रूढ़िवादियों ने भी साम्राज्यवादी न्याय व्यवस्था की इस कमजोरी को नजरअन्दाज कर दिया। यह इस बात का प्रमाण था कि भारतीय जनमानस सार्वभौमिक न्याय और एकसमान कानूनों की पश्चिमी अवधारणा से किस हद तक प्रभावित हो चुका था। परम्परागत कानूनों और प्रथाओं के पक्ष में उनके तर्क और उपनिवेशीय कानूनी हस्तक्षेप को लेकर उनकी चीख-पुकार साम्राज्यवादी धारा के आगे उनके समर्पण के ही परिचायक थे। उन्होंने उपनिवेशीय न्याय व्यवस्था की अच्छाइयों और बुराइयों की सटीक समीक्षा करने की आवश्यकता ही नहीं समझी। परम्परागत कानूनों और पंचायती अदालतों के लचीलेपन का राग अलापने के बावजूद सुधारवादी और रूढ़िवादी दोनों ही पारम्परिक कानूनों को एक कठोर समरूपता प्रदान करना चाहते थे। पश्चिमी अवधारणा का आकर्षण इतना गहरा था कि कुछ श्रेष्ठतम हिन्दू मस्तिष्क अपने वैचारिक मतभेदों के बावजूद हिन्दू कानूनों में परिवर्तन करके उन्हें कठोर और समरूप बनाने के सुझाव देने लगे थे। इसमें कोई सन्देह नहीं कि इस प्रक्रिया में साम्प्रदायिक ध्रुवीकरण का भी हाथ था। परन्तु उस कारण से साम्राज्यवादी धारा के आगे समर्पण करने की आवश्यकता नहीं थी।

यह समर्पण अब सम्पूर्ण हो चुका है। अब न्याय को सर्वोच्च आदर्श के रूप में देखे जाने का विचार हमें उद्वेलित नहीं करता। हम राज्य को सर्वोच्च मध्यस्थ के रूप में देखने लगे हैं। कानूनों की विविधता एक त्याज्य बुराई है और उनकी एकरूपता एक आदर्श स्थिति। हमारे मन में मानवीय हस्तक्षेप की अनिश्चितता और मनमानेपन को लेकर बहुत गहरे सन्देह बैठ चुके हैं। एक अवैयक्तिक तंत्र के माध्यम से न्याय पाने की हमारी आस्था को भले ही आघात पहुँचते रहे हों, परन्तु यह सिर्फ दिन-प्रतिदिन के हमारे अनुभवों तक सीमित है। सिद्धान्त अब भी अलंघनीय है। विडम्बना यह है कि इसमें वे लोग भी विश्वास रखते हैं जो अन्य मामलों में विकेन्द्रीकरण और सर्वशक्तिमान आधुनिक राज्य पर आवश्यक अंकुश के रूप में समुदाय को अधिक महत्त्व दिए जाने की बात करते हैं।

इन आकलनों को आज पुरातनपन्थी सोच कहकर ठुकराया जा सकता है, और इनके पक्ष में गांधी के *हिन्द स्वराज* का सन्दर्भ देने से मामला और ज्यादा बिगड़ सकता है। परन्तु 1860 के दशक में प्रिवी काउंसिल की चिन्ता के पीछे पुरातनपन्थियों का हाथ नहीं था, जिसका मानना था कि न्याय और समानता की आड़ में अंग्रेज न्यायाधीशों को एक विदेशी आबादी पर अपने प्रादेशिक विचार और मूल्य नहीं थोपने चाहिए। जैसाकि देरिदा हमें याद दिलाते हैं, न्याय से जुड़े इस यथार्थवाद में यूरोप के बहुत-से लोग विश्वास करते थे। मोंतेन के बाद पास्काल भी इस निष्कर्ष पर पहुँचे थे कि सिर्फ प्रथा ही न्याय को 'अपनी सत्ता की रहस्यमय नींव' प्रदान कर सकती है; 'जो भी इसकी जड़ें ढूँढ़ लेगा, वह इसे नष्ट कर देगा।'[2] परन्तु साम्राज्यवाद के ऊँचे और

दंभपूर्ण सोपानों पर इस तरह के यथार्थवाद के लिए कोई जगह नहीं थी। आज भी इसी संवेग से प्रेरित होकर हम प्रथाओं के बचे-खुचे अवशेषों को कानून के साम्राज्य से पूरी तरह निष्कासित कर देना चाहते हैं, और न्याय की रहस्यमय शक्ति की समालोचना करने से घबराते हैं।

तो फिर इन आकलनों का यहाँ क्या अर्थ है? इस पुस्तक का आरम्भिक उद्देश्य हमारे समाज की निर्माण-प्रक्रिया के एक महत्त्वपूर्ण क्षण पर ध्यान केन्द्रित करना था। परन्तु कहीं बीच में मुझे यह अहसास हुआ कि वह क्षण पिछले सौ वर्षों से भी अधिक समय से हमारे बीच चला आ रहा है। स्त्रियों के प्रश्न को लेकर पूरी एक सदी के, और कई मायनों में नाटकीय, परिवर्तनों के बावजूद दृष्टिकोण और संस्थागत स्तर पर एक गुपचुप-सी निरन्तरता बनी रही है। रख्माबाई के विद्रोह से शुरू हुई यह बहस अभी अप्रासंगिक नहीं हुई है, जैसाकि हम इस पुस्तक के उपसंहार में देखेंगे। इस तरह के विद्रोह को आज भी मर्यादाओं के उल्लंघन के रूप में देखा जाता है। उस समय के कटु जनमत और न्यायाधीशों द्वारा प्रयुक्त शब्दावली 'सिर्फ नापसंदगी'–जिसके पीछे के कारणों को समझने की कोई कोशिश नहीं की जाती–आज भी न्यायाधीशों से उन पतियों के पक्ष में फैसला करवा देती है जिनकी पत्नियाँ उन्हें *पसन्द नहीं करतीं*।

1880 के दशक के बाद से नारीवाद ने एक आन्दोलन और वैचारिक अभियान के रूप में काफी विकास किया है। इसने तर्क और विचार से लेकर खुलेआम क्रूरता और बल-प्रयोग के स्तरों तक सत्ता के कई आयामों को बेपर्दा किया है। शायद इसमें कानून के रहस्यमय आधारों को उधेड़कर उन्हें नष्ट करने की भी क्षमता है। तो फिर हम कहाँ पहुँचेंगे? यह एक चिरन्तन प्रश्न है, क्योंकि ऐतिहासिक दृष्टि से वास्तव में कोई निश्चित पहुँचना होता ही नहीं।

इस तरह के क्रान्तिकारी नारीवादी दृष्टिकोण की आकांक्षा करना उसको पा लेना नहीं है। सिर्फ इसलिए नहीं कि कभी भी कोई मत स्थायी नहीं होता, बल्कि इसलिए भी कि इसे लेकर हम कभी भी पूरी तरह सचेत नहीं होते। आज हम पीछे मुड़कर देख पाने की स्थिति में हैं और उन सीमाओं को अधिक आसानी से पहचान सकते हैं जिनके भीतर रमाबाई और रख्माबाई जैसे हमारे पथ-प्रदर्शकों की चेतना काम करती थी। क्या उनकी तरह हम भी आज वैसी ही अदृश्य सीमाओं में नहीं बँधे हैं? क्या हम इन सीमाओं को पहचानकर अपनी स्थितियों की पूर्ण सम्भावनाओं को समझ सकते हैं? अपनी सारी सीमाओं और तत्जनित विफलताओं के बावजूद–जिनमें से कुछ से मैं भली-भाँति परिचित हूँ–मैं इस पुस्तक को किसी दूसरे परिप्रेक्ष्य से नहीं लिख सकता था। इसलिए भी कि रख्माबाई के साथ होने का मेरे लिए विशेष अर्थ रहा है।

डाइड्र डेविड की पुस्तक *इंटलेक्चुअल विमेन एंड विक्टोरियन पेट्रिआर्की* के अन्त में दिए गए इस मर्मस्पर्शी आकलन ने मुझे बड़ी प्रेरणा दी है। वे लिखती हैं :[3]
मुझे यह सोचना अच्छा लगेगा कि यह पुस्तक एक पुरुष समीक्षक लिख पाता, या

शायद यह कि वह इसे लिखना चाहता। महिला और पुरुष समीक्षकों के मन में दोनों लिंगों के लेखकों के बारे में नारीवादी दृष्टिकोण से लिखने की इच्छा होना, मेरी दृष्टि में, उन पितृसत्तात्मक रवैयों के अन्त का प्रतीक है, जिनका मार्तिनो, बैरेट ब्राउनिंग और ईलियट जैसी स्त्रियाँ अपने-अपने तरीके से विरोध करती रही हैं।

एक बात और। एक औपचारिक डिनर के अवसर पर शिष्टाचार के रूप में शुरू हुई हल्की-फुल्की बातचीत के दौरान एक अश्वेत अमरीकी नारीवादी महिला रख्माबाई की कहानी में बहुत ज्यादा दिलचस्पी लेने लगीं। उन्होंने उसके बारे में कुरेद-कुरेदकर प्रश्न पूछे। उन्हें रख्माबाई में दुनिया भर के समकालीन नारीवाद की 'शीरो' (हीरोइन/नायिका) दिखाई दे रही थीं। अन्त में उन्होंने कहा, 'भाई, क्या तुम उसकी कहानी के महत्त्व को साफ समझ पा रहे हो?' याद नहीं आता कि उस समय मैंने रख्माबाई की कहानी के महत्त्व को समझने की अपनी सामर्थ्य के बारे में कोई सन्देह जताया था। परन्तु इस प्राक्कथन में–जहाँ मेरे वृत्तान्त के आरम्भ और अन्त का समागम होता है–मैं यह सन्देह व्यक्त करना चाहूँगा।

इस कहानी में उससे कहीं ज्यादा व्याख्यात्मक सम्भावनाएँ हैं जितनी मैं खँगाल पाया हूँ, या शायद जिनका मुझे बोध भी है। एक उल्लेखनीय दोष यह भी हो सकता है कि इस पुस्तक में रख्माबाई की उपस्थिति और अधिक प्रभावपूर्ण और प्रत्यक्ष हो सकती थी। उसके निजी जीवन का अधिक अन्तरंग परिचय उन मनोवैज्ञानिक-सामाजिक कारणों से पर्दा हटा सकता था, जिन्होंने उसे अन्य स्त्रियों की तरह अपने दुखों को चुपचाप सहते चले जाने या उनसे मुक्ति के अपेक्षाकृत आसान रास्ते चुनने की बजाय विद्रोह की शक्ति दी। इस तरह के अन्तरंग आकलन से हमें महत्त्वपूर्ण अन्तर्दृष्टियाँ मिल सकती हैं। परन्तु मेरे अपने प्रयोजन के लिए यह तथ्य महत्त्वपूर्ण है कि उन्नीसवीं सदी के अन्तिम वर्षों में जहाँ रख्माबाई जैसा महान विद्रोह सम्भव था, वहीं यह एक साझी लड़ाई का रूप नहीं ले सका।

अन्य सम्भावनाओं को खारिज नहीं किया जा सकता। मेरी विफलता उन्हें खँगालने के लिए एक प्रेरणा-स्रोत साबित हो सकती है।

सन्दर्भ टिप्पणी

1. पंडित रमाबाई सरस्वती, *द हाई कास्ट हिन्दू वुमेन,* फिलाडैल्फिया, 1888 (1984 में पुनर्मुद्रित), पृ. 64
2. जाक देरीदा, 'फोर्स ऑव लॉ : द मिस्टिकल फाउंडेशन ऑव ॲथॉरिटी', *कार्डोज़ो लॉ रिव्यू,* जुलाई-अगस्त 1990
3. डाइड्र डेविड, *इंटलैक्चुअल विमेन एंड विक्टोरियन पेट्रिआर्की : हैरिएट मार्टिनो, एलिज़ाबैथ बैरेट ब्राउनिंग, जॉर्ज ऍलिअट,* लंदन, 1987, पृ. 231

अध्याय-1

रख्माबाई और उसका मुकदमा

रख्माबाई जयन्तीबाई की बेटी थी। वह उसके पहले पति जनार्दन पांडुरंग से पैदा हुई थी। जब जयन्तीबाई सिर्फ सत्रह वर्ष की थी और रख्माबाई ढाई वर्ष की तो जनार्दन का निधन हो गया। वह अपनी कुछ सम्पत्ति अपनी युवा विधवा के नाम छोड़ गया। अपने पहले पति की मृत्यु के छह वर्ष बाद जयन्तीबाई ने सखाराम अर्जुन नामक एक विधुर से विवाह कर लिया। वे लोग सुतार (बढ़ई) जाति के थे, जिसमें विधवाओं के पुनर्विवाह की अनुमति थी। सखाराम से विवाह करने से पहले जयन्तीबाई ने अपनी सम्पत्ति अपनी बेटी के नाम कर दी, जो तब साढ़े आठ वर्ष की नाबालिग बच्ची थी।

ढाई वर्ष बाद जब रख्माबाई ग्यारह वर्ष की हुई तो उसका विवाह सखाराम अर्जुन के एक निर्धन सम्बन्धी दादाजी भीकाजी से कर दिया गया। पितृसत्तात्मक समाज की परम्पराओं के विपरीत दादाजी को रख्माबाई के परिवार के साथ घरजमाई के रूप में रखने का फैसला किया गया। परिवार उसका पूरा खर्च उठाने के लिए तैयार था। रख्माबाई के अनुसार, परिवार को उम्मीद थी कि समय के साथ वह उचित शिक्षा प्राप्त कर लेगा और 'एक अच्छा इन्सान बनेगा।'

विवाह के सात महीने बाद ही रख्माबाई रजस्वला हो गई। परम्परा के अनुसार इस घटना को 'गर्भाधान' अर्थात् गर्भ-धारण की आयु के प्रारम्भ के रूप में देखा जाता था, जो विवाह के बाद शारीरिक सहवास के आरम्भ की भी सूचक थी। परन्तु सखाराम अर्जुन न सिर्फ जाने-माने चिकित्सक थे, बल्कि समाज-सुधारक भी थे। उन्होंने इस उम्र में विवाह की परिणति की अनुमति नहीं दी। यह बात दादाजी को अच्छी नहीं लगी। वह उस वक्त बीस वर्ष का था और विवाह का आनन्द उठाना चाहता था। वह उन पाबन्दियों से भी तंग हो गया था जो एक 'अच्छा इन्सान' बनाने के लिए ससुराल में उस पर लगा दी गई थीं। उसे सबसे ज्यादा चिढ़ इस बात से थी कि पढ़ाई में कोई दिलचस्पी न होने के बावजूद न सिर्फ उसे स्कूल जाना पड़ता था, बल्कि विश्वविद्यालय में जाने की उम्र में छठी जमात में बैठना पड़ता था।

इस बीच दादाजी की माँ चल बसी, जो अपने नालायक बेटे की जिन्दगी सँवारने के लिए उसे घर-जमाई बनाने को तैयार हो गई थी। माँ की तरफ से रोकटोक का डर नहीं रहा तो दादाजी की मनमानियाँ बढ़ने लगीं। उसने स्कूल जाना छोड़ दिया, बुरी संगति में पड़ गया, सखाराम की आज्ञा का उल्लंघन करने लगा, और ससुराल छोड़ अपने मामा नारायण धर्माजी के साथ रहने लगा। ये मामा अच्छे-खासे सम्पन्न व्यक्ति थे और स्त्रियों, विशेषकर पत्नी, को घरेलू कामकाज और यौन-सुख का साधन मात्र मानते थे। उन्होंने एक रखैल भी रखी हुई थी। चिनम्मा नाम की यह रखैल एक कमाटी मजदूरिन थी, जिसे वे एक चूना-भट्‌टी से ले आए थे। उन दिनों इस तरह के व्यवहार को पुरुषोचित माना जाता था। परन्तु वे एक कदम और आगे बढ़ गए। वे अपनी रखैल को उसी घर में ले आए जहाँ उनका अपना परिवार रहता था। इस व्यवस्था से उनकी पत्नी इतनी दुखी हो गई कि उसने एक बार कुएँ में छलाँग लगाकर आत्महत्या करने की भी कोशिश की।

नारायण धर्माजी के घर का यह माहौल दादाजी को खूब रास आ रहा था। इसके बाद उसके जीवन का एक ऐसा दौर शुरू हुआ जो, रख्माबाई के शब्दों में, 'बर्बादी के हर रास्ते' की तरफ जाता था। दादाजी ऐसे कुकर्मों में फँस गया जिनका कोई स्त्री 'अपनी जुबान से जिक्र तक नहीं कर सकती।' 'वह टीबी का शिकार हो गया और तीन वर्ष तक बिस्तर में ऐसी हालत में पड़ा रहा कि उसके ज्यादा दिनों तक जीने की उम्मीद नहीं रहीं।' परन्तु, रख्माबाई के शब्दों में, 'ईश्वर की कृपा से दिन-प्रति-दिन उसकी हालत में थोड़ा-थोड़ा सुधार होने लगा।'

दादाजी ठीक तो हो गया, लेकिन सिर्फ शारीरिक बीमारी से। अपने निकम्मेपन, दायित्वहीनता और मुफ्तखोरी के कारण वह अपना आत्म-सम्मान खोकर गर्त में धँसता चला गया। वह उधार लेने लगा। नारायण धर्माजी की नजर उस सम्पत्ति पर थी जो रख्माबाई के साथ आने वाली थी। वे अपने भानजे की कर्जखोरी को बढ़ावा देते रहे और उसे अपने ऊपर और ज्यादा आश्रित बनाते रहे, ताकि आगे चलकर इसका भरपूर लाभ उठा सकें। रख्माबाई के मुकदमे के प्रमुख प्रेरक वही थे।

जहाँ दादाजी बर्वादी की राह पर अग्रसर था वहीं रख्माबाई एक सुसंस्कृत और प्रबुद्ध युवती के रूप में विकसित हो रही थी। उसके सौतेले पिता सखाराम अर्जुन उस समय के सामाजिक और धार्मिक सुधारकों के साथ बहुत नजदीक से जुड़े हुए थे। इनमें विष्णु शास्त्री पंडित भी शामिल थे, जो स्त्रियों के उत्थान और अधिकारों के प्रबल समर्थक थे। रख्माबाई को इन समाज-सुधारकों के साथ-साथ यूरोपीय स्त्री-पुरुषों के सम्पर्क में आने का भी अवसर मिला और वह उदार सुधारवादी विचारधारा की तरफ आकर्षित होती चली गई।

परन्तु ऐसे परिवारों में भी लड़कियों के विवाह का अर्थ होता था उनकी शिक्षा

का अन्त। भले ही लड़की शादी के बाद अपने मायके में रह रही हो, उसकी पढ़ाई उसके ससुरालवालों की अनुमति से ही हो सकती थी। दादाजी और नारायण धर्माजी से इस तरह की अनुमति मिलने की उम्मीद नहीं थी, क्योंकि वे दोनों ही विवाह की शीघ्र परिणति की आस लगाए बैठे थे। उलटे, यदि रख्माबाई की शिक्षा जारी रखी जाती तो उसे दादाजी के पास उसके ससुराल भेजने के लिए जोर डाला जा सकता था। रख्माबाई के विवाह की शीघ्र परिणति को टालने के लिए समझदारी का रास्ता यही था कि शिक्षा के मामले को अधिक तूल न दी जाए।

विवाह के बाद स्कूल से निकाल लिया जाना रख्माबाई को वर्षों तक सालता रहा। अपने 'असीम शिक्षा प्रेम' की एकाएक समाप्ति के बारे में उसने लिखा :[1]

> *मैं उन अभागी हिन्दू स्त्रियों में हूँ जो बाल विवाह की प्रथा से जुड़े अवर्णनीय कष्टों को चुपचाप झेलते रहने के लिए विवश हैं। इस दुष्ट प्रथा ने मेरे जीवन की ख़ुशियों को बर्बाद कर दिया है। यह मेरे और उन चीजों के बीच में आ खड़ी हुई है जिन्हें मैं सबसे ज्यादा मूल्यवान मानती हूँ—अध्ययन और मानसिक विकास। मेरा कोई दोष न होते हुए भी मुझे अलग-थलग जीने का अभिशाप भोगना पड़ रहा है। अपनी अज्ञानी बहनों से ऊपर उठने की मेरी हर आकांक्षा को सन्देह की दृष्टि से देखा जाता है।*

यह व्यथा भरी कराह उस लम्बे पत्र में आत्म-स्वीकृति का एकमात्र अंश थी, जो रख्माबाई ने छद्मनाम से *टाइम्स ऑव इंडिया* को भेजा था। यह पत्र बाल-विवाह की बुराइयों के बारे में था। इसे बहुत गहरी अनुभूति के साथ लिखा गया था। उसके पत्र के इस एकमात्र आत्म-कथात्मक अंश से पता चलता है कि वह बाल-विवाह और स्त्रियों को शिक्षा से वंचित रखने के बीच सीधा सम्बन्ध देख रही थी।

फिर भी रख्माबाई ने हिम्मत नहीं हारी। उसने स्वाध्याय का मार्ग अपनाया। परन्तु जल्दी ही उसे इस बात का अहसास हो गया कि उस जमाने में 'स्त्रियों का घर पर शिक्षा प्राप्त करना' भी अत्यन्त कठिन काम था। उसे सबसे बड़ा झटका तब लगा जब स्त्री-शिक्षा के समर्थक उसके सौतेले पिता ने भी उसका साथ देने से इनकार कर दिया। उसकी शिक्षा बहुत धीमी गति और कष्टदायक तरीके से आगे बढ़ती रही। कई बार उसकी मदद करने वाले लोग भी उससे परेशान हो जाते थे। उसके अपने शब्दों में, 'जब भी मेरी यूरोपीय सहेलियाँ मुझसे मिलने आती थीं तो मैं उनसे ढेर सारे अंग्रेजी शब्दों के उच्चारण और उनके अर्थ पूछने लगती थी।' वह एक शब्द से दूसरे शब्द की तरफ बढ़ती रही। उनके अर्थों को समझते हुए, उन्हें अपने अनुभवों के सन्दर्भ में और अपने अनुभवों को इन शब्दों के सन्दर्भ में देखते हुए। इस तरह धीरे-धीरे एक व्यापक दृष्टिकोण विकसित होने लगा :[2]

> *शिक्षा और समाज सुधार के प्रति मेरा प्रेम दिनोदिन बढ़ता चला गया...मैं हमारी हिन्दू*

स्त्रियों की पूर्व और वर्तमान स्थिति पर गम्भीरतापूर्वक विचार करने लगी, और हमारे कष्टों को दूर करने के लिए अपने सामर्थ्य के अनुसार कुछ न कुछ करने की कामना करने लगी।

वह समाज सुधार से जुड़े विषयों पर लिखने भी लगी। अपनी विपदाओं के अन्याय के प्रति जागरूकता के कारण यह भावी विद्रोहिणी अपनी व्यक्तिगत त्रासदी में अपनी सभी हिन्दू बहनों की व्यथा देख पा रही थी। निजी दुख आनन्दरहित स्त्रीत्व का बोध पैदा करने लगा–हिन्दू/भारतीय स्त्रीत्व। (आगे चलकर, इंग्लैंड में, उसे एक वृहत्तर अन्तर-सांस्कृतिक नारीवादी पहचान का भी पता चला।) इस बोध ने उसे अपने-आप पर तरस खाने और अन्दर-ही-अन्दर घुटते रहने से बचा लिया। उसे चारों ओर अपने जैसी ही पीड़ित स्त्रियाँ दिखाई देने लगीं। व्यक्तिगत और सर्वसाधारण–अस्तित्व-मूलक और राजनीतिक–एकाकार हो गए। वह 'भारत की बेटियों' की बात करने लगी। यह कोई नारेबाजी नहीं थी, एक दुखद वास्तविकता थी। उसके दुख 'भारत की बेटियों' के दुख थे, उसकी लड़ाई एक वृहत्तर लड़ाई थी।

यही वह लड़की थी जिसने अपने पति को बद से बदतर होते देखा। पाँच-छह वर्षों के दौरान, जैसे-जैसे दादाजी आवारगी में डूबता गया, उसके प्रति रख्माबाई की वितृष्णा और भी गहरी होने लगी। आखिर यह अहसास हो जाने के बाद कि 'वह हमेशा के लिए बर्बाद हो चुका है', रख्माबाई ने उससे पूरी तरह 'पीछा छुड़ा लेने' का फैसला कर लिया।

कुछ हद तक इस फैसले में नारायण धर्माजी के घृणित व्यक्तित्व का भी हाथ था। विवाह के बाद एक वर्ष तक रख्माबाई कभी-कभार नारायण के घर जाती रही थी। परन्तु उसके बाद वह कभी भी वहाँ नहीं गई। तब वह बारह (दादाजी के अनुसार चौदह) वर्ष की थी। उसने डर जैसी किसी अस्पष्ट-सी भावना के साथ उस घर में होते विचित्र दुष्कृत्य देखे होंगे। परन्तु वहाँ दोबारा कदम न रखने के संकल्प के पीछे केवल इतना ही काफी नहीं रहा होगा। वहाँ उसके साथ, लगता है, इससे ज्यादा यंत्रणादायक कुछ घटा होगा।

सम्भवतः रख्माबाई के ही साथ नारायण धर्माजी ने कोई वासनात्मक कोशिश की होगी। कमउम्र बालकों की पत्नियों के साथ उनके संरक्षकों द्वारा व्यभिचार कोई अनोखी बात नहीं थी। बल्कि उस जमाने में कई बार कमउम्र बालकों का विवाह बड़ी उम्र की लड़कियों के साथ सिर्फ इसलिए कर दिया जाता था कि संरक्षक अपनी अनैतिक यौन-तुष्टि के लिए उन लड़कियों का उपयोग कर सकें। यह बुराई इतनी फैल गई थी कि मलबारी जैसे सुधारकों को इसके खिलाफ अभियान छेड़ना पड़ा। स्वयं रख्माबाई का भी कहना था कि 'किसी भी हालत में' किसी लड़की का विवाह अपने से कम उम्र के लड़के के साथ नहीं होना चाहिए। नारायण धर्माजी ऐसे जीव

नहीं थे कि उनमें यह बुराई न रही हो। यह सही है कि दादाजी कोई बच्चा नहीं था। परन्तु धर्माजी पर उसकी निर्भरता को देखते हुए उसके धूर्त मामा की नजर रख्माबाई की सम्पत्ति के साथ-साथ उसके यौवन पर भी गड़ी हो सकती थी।

इस तरह ग्यारह वर्ष बीत गए और पति-पत्नी के बीच शारीरिक सम्बन्ध स्थापित नहीं हो पाए। बाईस वर्षीय रख्माबाई अब कोई बच्ची नहीं रह गई थी, और दादाजी तीस वर्ष का हो चला था। कभी इस तो कभी उस बहाने से रख्माबाई को उसके पति के पास भेजने की माँग टाली जाती रही थी। दादाजी का धीरज टूट रहा था। खासकर रख्माबाई की पच्चीस हजार रुपए की सम्पत्ति के कारण। उस जमाने में यह एक अच्छी-खासी रकम थी। अपने सम्बन्धियों और मित्रों की कृपा पर निर्भर और कर्ज में डूब रहे दादाजी को इस सम्पत्ति का गहरा प्रलोभन था। वह मान बैठा था कि 'कानूनी पति' होने के कारण उसका रख्माबाई और उसकी सम्पत्ति पर पूरा-पूरा 'अधिकार' था। इसलिए जब वर्षों के अनौपचारिक प्रयासों से टालमटोल के सिवा कुछ हाथ न लगा तो मार्च 1884 में दादाजी ने अदालत का दरवाजा खटखटा दिया।

19 मार्च को उसने अपने वकीलों—मैसर्स चॉक एंड वॉकर—के माध्यम से सखाराम अर्जुन को एक पत्र भेजकर माँग की कि 'मेरी पत्नी को मेरे पास आकर रहने की अनुमति दी जाए, क्योंकि मेरा ख्याल है कि परीक्षण की अवधि काफी लम्बी खिंच गई है।' कानूनी कार्रवाई की धमकी को सामाजिक दबाव से और अधिक गम्भीर बनाने के लिए सखाराम को बहुत-से गुमनाम पत्र भी भेजे गए, जिनमें रख्माबाई को उसके पति की इच्छा के विरुद्ध 'शरण देने' के लिए सखाराम की भर्त्सना की गई।

सखाराम दादाजी के हितैषी रह चुके थे। अनेक बार लम्बी बीमारियों के दौरान उन्होंने उसका इलाज किया था। एक बीमारी ने तो उसकी जान ही ले ली होती। इसके अलावा उन्होंने दादाजी और उसके भाइयों को अपने घर में रखा भी था। सखाराम को विश्वास था कि आमना-सामना होने पर दादाजी उनसे आँख नहीं मिला पाएगा। उन्होंने उसे अपने घर बुलावाया और इस आशय के पत्र पर हस्ताक्षर करने के लिए कहा कि इन गुमनाम पत्रों में कोई सच्चाई नहीं थी। यह भेंट दोनों तरफ से गर्मागर्मी के साथ खत्म हुई।

यह अहसास हो जाने के बाद कि मुकदमेबाजी शायद टाली न जा सके, सखाराम ने कोई निश्चित रणनीति तय करने से पहले वकीलों के पत्र का उत्तर दे देना ठीक समझा। उन्होंने 22 मार्च के अपने उत्तर में कहा :[3]

> *सज्जनो, आपके 19 तारीख के पत्र के उत्तर में मैं आपको सूचित करना चाहता हूँ कि आपके पत्र में उल्लेखित रख्माबाई को मैंने आपके मुवक्किल की इच्छा या माँग के विरुद्ध अपने घर में नहीं रखा हुआ है। आपके मुवक्किल की दुर्भाग्यपूर्ण परिस्थितियों*

के कारण वह दोनों तरफ के सम्बन्धियों की रजामन्दी से मेरे घर में रह रही है।

उसे अपने घर में रखने की मेरी अब भी कोई इच्छा नहीं है। मुझे खुशी होगी अगर आपका मुवक्किल उसके लिए एक उपयुक्त घर की व्यवस्था करके उसे अपने साथ ले जाए। यूँ यह पूरी तरह से उसका अपना मामला है। जहाँ तक मेरा सम्बन्ध है, वह उसे किसी भी समय ले जाने के लिए स्वतंत्र है।

यह उत्तर कानूनी लड़ाई की तैयारी भी थी और उसे टालने का प्रयास भी। अगर कानूनी पचड़े से बचने का फैसला करना पड़े तो रख्माबाई को उसके पति के घर भेजने भर की जरूरत थी। साथ ही यह भी गुंजाइश थी कि ज़रूरी लगे तो मुकदमे की चुनौती स्वीकार कर ली जाए। जो भी अन्त में करना पड़े, फिलहाल कोई फैसला लेने की बाध्यता तो आगे सरक ही गई थी।

दादाजी के पक्ष ने इस उत्तर को रख्माबाई को वापस भेजने के प्रस्ताव के रूप में देखना ही ठीक समझा। एक दिन बाद, 25 मार्च को, उसे दादाजी के पास लाने के लिए कुछ लोगों का दल भेजा गया। इस दल में नारायण धर्माजी के साथ-साथ दादाजी का बड़ा भाई दामोदर भीकाजी, और दादाजी के वकीलों की फर्म का मुंशी, गणपतराव रावजी, भी शामिल थे। लेकिन रख्माबाई ने यह कहकर उनके साथ चलने से इनकार कर दिया कि दादाजी उसके लिए एक उपयुक्त घर और भरण-पोषण की व्यवस्था करने की स्थिति में नहीं था। अगले दिन दादाजी की तरफ से एक पत्र भेजा गया। इसमें रख्माबाई को 'तुरन्त उसके पास आकर रहने' के लिए कहा गया, और साथ ही गोलमोल-सा यह भरोसा भी दिलाया गया कि वह *'अपने पद और प्रतिष्ठा के अनुसार उसके रहने और भरण-पोषण की व्यवस्था करेगा।'*

कानूनी लड़ाई की भूमिका तैयार हो चुकी थी। उपनिवेशी कानून के मध्यस्थों ने दोनों तरफ से मोर्चा सँभाल लिया था। अपने वकीलों—मैसर्स पेन, गिल्बर्ट एवं सयानी—के माध्यम से रख्माबाई ने दादाजी के साथ रहने से इनकार करने में इस बीच एक नया कारण और जोड़ दिया। अपनी इस बात को दोहराते हुए कि दादाजी 'उसके रहने, भरण-पोषण और कपड़े-लत्ते का खर्च उठाने' में असमर्थ था, उसने अपने उत्तर में यह भी जोड़ दिया कि दादाजी के 'स्वास्थ्य की ऐसी स्थिति' नहीं थी कि वह 'उसके साथ सुरक्षित जीवन' जी सके।

आरोपों और प्रत्यारोपों की उस बौछार की यह शुरुआत थी जो कानूनी विवादों में अक्सर देखने में आती है। दादाजी ने भी वास्तविक मुकदमा दायर करते समय अपने आरोपों का दायरा बढ़ा दिया और रख्माबाई की माँ और नाना को भी इसमें लपेट लिया। उसने अब आरोप लगाया कि रख्माबाई द्वारा 'उसके साथ रहने से इनकार करने' का असली कारण 'उसकी माँ जयन्तीबाई और नाना हरिचन्द यादवजी' का दबाव था। इन दोनों को डर था कि अगर रख्माबाई अपने पति के साथ रहने

चली गई तो 'वह अपने स्वर्गवासी पिता जनार्दन पांडुरंग की सम्पत्ति पर अपने अधिकार का दावा करेगी।'[4]

यह बात उच्च न्यायालय में दायर याचिका में कही गई थी। बाद में, अप्रैल 1887 में, इस मुकदमे के बारे में अपने विचार व्यक्त करते हुए दादाजी ने अधिक ईमानदारी से काम लिया। सम्पत्ति का मूल्य '25000 रुपए से अधिक' आँकते हुए उसने कहा कि 'दादाजी बनाम रख्माबाई के विश्वप्रसिद्ध मुकदमे का समूचा रहस्य सम्पत्ति के इस छोटे-से इतिहास में छिपा हुआ है'। इस बार हरिचन्द यादवजी को इस नाटक का एकमात्र धनलोलुप खलनायक ठहराते हुए उसने कहा : '...अगर इस मुकदमे में रख्माबाई की जगह हरिचन्द का नाम लिख दिया जाए तो इसकी सच्चाई को ज्यादा अच्छे ढंग से समझा जा सकता है, हालाँकि तब इसकी काव्यात्मकता लुप्त हो जाएगी।'[5]

दादाजी का आरोप इतना अविश्सनीय भी नहीं लगता। फिर भी, रख्माबाई ने इसे 'पूर्णतः झूठ' और 'मामले के असली मुद्दों से जनता का ध्यान बँटाने' का प्रयास कहकर खारिज कर दिया। उसने कहा कि सम्पत्ति का मूल्य दादाजी द्वारा बताई गई रकम का 'आधा भी नहीं था'; कि उसकी माँ ने लोभ-लालच तो दूर, सिर्फ स्नेह के कारण' अपनी सम्पत्ति उसके नाम कर दी थी; कि हालाँकि हरिचन्द यादवजी 'लम्बे समय तक किराया वसूल करते रहे थे...वे हिसाब की किताब मुझे सौंप दिया करते थे, जिसकी मैं खुद जाँच करती थी', और 1882 के बाद से, दादाजी द्वारा वर्तमान मुकदमा दायर करने से बहुत पहले से, उसने बैंक ऑव बॉम्बे में खुद अपने नाम से एक खाता खुलवा रखा था। उसने यह आरोप भी लगाया कि उसके पिता की वसीयत में से कुछ शब्द दादाजी ने इस तरह हटा दिए थे कि जनता को गुमराह किया जा सके।[6]

सम्पत्ति से जुड़े आरोप आमतौर से बहुत उलझन भरी स्थिति पैदा कर देते हैं, और दोनों पक्षों के परस्पर विरोधी साक्ष्यों में से सच और झूठ को अलग करना बहुत मुश्किल हो जाता है। फिर भी यह देखते हुए कि हिन्दू विधवा पुनर्विवाह कानून (1856) ने पुनर्विवाह करने वाली विधवा को मृत पति की सम्पत्ति पर किसी तरह के अधिकार से वंचित कर दिया था--भले ही परम्परागत कानून ऐसे अधिकार को स्वीकार करता हो--रख्माबाई ने अपने पिता की सम्पत्ति के अपने नाम किए जाने के पीछे अपनी माँ के ममता का हाथ बताकर सम्भवतः अतिशयोक्ति से काम लिया था। चूँकि अगर पुनर्विवाह करने के बाद भी उसकी माँ अपने पहले पति से मिली सम्पत्ति अपने पास रखती तो खतरा था कि उसकी पहली ससुराल वाले इस सम्पत्ति पर अपना दावा कर बैठें।

दरअसल, दादाजी के साथ रख्माबाई का विवाह कर उसे घर जमाई बनाने के

पीछे भी सम्पत्ति का ही ख्याल था। रख्माबाई के मुकदमे में हुए पहले फैसले–जो उसके पक्ष में जाने वाला इकलौता फैसला था–के खिलाफ अपील की सुनवाई करते हुए मुख्य न्यायाधीश सार्जेंट ने आश्चर्य जताया था कि 'इस अत्यन्त आकर्षक महिला का विवाह इस आदमी के साथ' हो कैसे गया।

जवाब में रख्माबाई के वकील लैथम ने बतलाया था कि सखाराम अर्जुन ने 'लड़के को शिक्षा दिलाने की उम्मीद' की थी, पर वह 'ऐसा गोबरगणेश निकला जिसका आप कुछ भी नहीं कर सकते'। परिणामतः सखाराम अपनी मृत्यु से पहले इस विवाह के पूरी तरह खिलाफ हो चुके थे। परन्तु खुद लैथम भी ऐसा महसूस कर रहे थे कि सखाराम ने 'लड़की की बजाय अपने परिवार के हितों पर ज्यादा ध्यान दिया था'।[7] जब खुद लैथम इतना बोल गए तो कोई हैरानी की बात नहीं कि डॉ. के.आर. कीर्तिकर नामक एक वादाखिलाफ गवाह–जो कभी सखाराम के आश्रितों में रह चुके थे–ने बहुत जोर देकर कहा कि इस युवा महिला की बर्बादी का नाटक 'इसके नए पिता द्वारा...इसकी सम्पत्ति को अपने घर में रखने के इरादे से' रचा गया था।[8]

रख्माबाई का अपना कथन भी इस शंका को दूर करने की बजाय पुष्ट करता है कि उसके संरक्षकों का व्यवहार पूर्णतया दोषरहित नहीं था। उसमें अपनी असहाय बच्ची के प्रति स्नेह और चिन्ता की भावना के साथ-साथ क्षुद्र भौतिक समीकरण भी जुड़े हुए थे। वे, लगता है, अपनी नैतिकता के साथ कोई भारी समझौता किए बिना उसकी सम्पत्ति पर नियंत्रण बनाए रखना चाहते थे। सम्भव है कि वे उसकी भलाई के लिए इस नियंत्रण को आवश्यक मान रहे हों। इतना जरूर है कि सम्पत्ति के लिए उन्होंने पति-पत्नी को एक-दूसरे से अलग रखने की साजिश नहीं की।

लोभ और भौतिक परिस्थितियों के बीच कोई अनिवार्य सम्बन्ध नहीं होता। फिर भी रख्माबाई के संरक्षकों की समृद्धि ने उन्हें किसी प्रत्यक्ष षड्यंत्र के आरोपों से बचाए रखा। हरिचन्द यादवजी एक खाते-पीते व्यक्ति थे, जिन्हें वर्षों की सेवा के बदले में सरकार की तरफ से एक उपाधि भी मिली थी। उन्हें पेंशन के साथ निजी भत्ते के रूप में भी कुछ रकम मिलती थी। डॉ. सखाराम अर्जुन एक स्वनिर्मित व्यक्ति थे, जो अप्रैल 1885 में अपनी मृत्यु तक इतना कमा चुके थे कि जयन्तीबाई के लिए और उससे उत्पन्न अपने बच्चों के लिए रख्माबाई की सम्पत्ति की तुलना में कहीं अधिक छोड़कर जा सकें।

दादाजी के अपने आचरण और उसके मामा के आचरण से ज़रूर ऐसा लगता है कि वैवाहिक अधिकारों के इस मुकदमे में सम्पत्ति उनके लिए बड़ी महत्त्वपूर्ण थी। हम इसे न्यायमूर्ति सर जे. हैनन के इस सामान्य निष्कर्ष के सन्दर्भ में भी देख सकते हैं कि 'इस तरह के मामले सैद्धान्तिक तौर पर' भले ही किसी दूसरे उद्देश्य के लिए

दायर किए गए हों—अर्थात 'दो वैवाहिक व्यक्तियों द्वारा एक-दूसरे के साथ रहने के दायित्व का निर्वाह'—उनका असली उद्देश्य कुछ और होता है। 'मार्शल बनाम मार्शल' मुकदमे (1879) में एक महत्त्वपूर्ण फैसला सुनाते हुए वैवाहिक मामलों के इस विक्टोरियाई विशेषज्ञ ने टिप्पणी की थी, 'मैं एक भी ऐसा उदाहरण नहीं जानता जिसमें इस तरह का मुकदमा पैसे की माँग की बजाय किसी अन्य उद्देश्य से दायर किया गया हो।'[9]

परन्तु हैनन ने यह बात मुकदमा दायर करने के कारणों के सम्बन्ध में कही थी, न कि उनसे जुड़ी दलीलों के बारे में। रख्माबाई को इसका पूरा ध्यान था कि सम्पत्ति के कारण उसके मुकदमे के केन्द्र से वह चीज न गायब हो जाए जिसे दादाजी ने 'काव्यात्मकता' कहा था। रख्माबाई की दलीलों ने, और उनमें निहित सिद्धान्तों के लिए शहीद हो जाने के उसके संकल्प ने, इस मुकदमे को भारतीय स्त्री की एक नई धारणा और उसके अधिकारों की एक नई परिभाषा का ऐतिहासिक मुकदमा बना दिया। वह ऐसी मिशनरी भावना के साथ यह लड़ाई लड़ रही थी कि उसने अपने मुकदमे के लिए जनता द्वारा चन्दा इकट्ठा किए जाने के प्रस्ताव को भी ठुकरा दिया। जब 1886 में *बॉम्बे गजेट* ने उसके कानूनी खर्चों के लिए एक चन्दा-अभियान की शुरुआत की तो उसने तुरन्त ही इसे बन्द करवा दिया।

स्त्रियों की सामान्य दशा को लेकर ऊँचे सिद्धान्तों की पहली झलक रख्माबाई के उस लिखित बयान में मिलती है जो उसने दादाजी की अर्जी के जवाब में उच्च न्यायालय में दाखिल किया था। इससे पहले जब दादाजी के लोग उसे लिवाने गए थे तो उसका सीधा-सा जवाब था कि 'जब तक वह कोई दूसरा घर किराए पर नहीं ले लेता, वह उसके साथ नहीं रहेगी'। इसके बाद ही असुरक्षित स्वास्थ्य की बात जोड़ दी गई थी। ये सभी सांयोगिक आपत्तियाँ थीं, जिनके दूर होने पर वह दादाजी के साथ रहने के लिए तैयार थी।

परन्तु दादाजी की अर्जी के जवाब में रख्माबाई ने एक सैद्धान्तिक आपत्ति उठाई। उसने कहा कि क्योंकि वह विवाह के समय 'सोचने-समझने की उम्र तक नहीं पहुँची थी', इसलिए वह उस विवाह को मानने के लिए बाध्य नहीं है। यह एक आधारभूत प्रस्थापना थी। कोई विवाह—भले ही वह हिन्दू विवाह हो—उस पक्ष के लिए बाध्य नहीं हो सकता था जिसने इसके लिए अपनी सहमति न दी हो। आगे चलकर यही प्रस्थापना इस मुकदमे का केन्द्र-बिन्दु बन गई और अदालत में और बाहर भी इस पर जमकर बहसें हुईं। जैसे-जैसे यह मुकदमा आगे बढ़ता रहा, रख्माबाई की दलीलें इसी तरह के मूलभूत सिद्धान्तों पर आधारित होती चली गईं।

यदि सिद्धान्तों से हटकर मुकदमे के विशिष्ट गुण-दोषों पर जाएँ तो रख्माबाई के बयान ने उन परिस्थितियों को स्पष्ट कर दिया था जिन्हें दादाजी के वकीलों के

नाम अपने पत्र में सखाराम ने 'दुर्भाग्यपूर्ण परिस्थितियाँ' कहा था, और जिनके कारण रख्माबाई दादाजी के साथ नहीं रह सकती थी। ये परिस्थितियाँ उन व्यक्तियों के चरित्र से जुड़ी हुई थीं जिनके संरक्षण में वह रहता था और रख्माबाई को भी रखने की अपेक्षा कर रहा था।

यहाँ हिन्दू स्त्री के अधिकारों का एक बड़ा प्रश्न दाँव पर लगा हुआ था। प्रश्न था कि क्या हिन्दू स्त्री उस संयुक्त परिवार में रहने से इनकार कर सकती है जिसका वह, अपने पति की पत्नी होने के नाते, एक अनिवार्य अंग बनने जा रही है? यह प्रश्न संयुक्त परिवार की मर्यादा और अखंडता के लिए एक चुनौती की तरह था, जो हिन्दू सामाजिक संगठन की एक आधारभूत इकाई थी।

परन्तु, फिलहाल, दादाजी के लिए खतरे की बात यह थी कि नारायण धर्माजी और उनकी कमाटी रखैल चिनम्मा के अवैध सम्बन्धों की तरफ भी संकेत किया गया था। मुकदमे के दौरान इन सम्बन्धों से थोड़ा परदा भी उठा।

सिद्धान्तों पर आधारित अपने बयान के अन्त में रख्माबाई ने कहा कि ये परिस्थितियाँ 'वादी के साथ रहने से उसके इनकार' का असली कारण थीं। उसने अदालत से इस मुकदमे को खारिज करने और उसे अदालती कार्रवाई पर हुआ खर्च दिलवाने की प्रार्थना की।[10]

2

रख्माबाई और सखाराम ने आखिरकार कानूनी लड़ाई लड़ने का फैसला कर लिया। 17 फरवरी 1887 को लिखे गए रख्माबाई के एक निजी पत्र और चार महीने बाद दादाजी की सार्वजनिक बयानबाजी के जवाब में उसकी प्रतिक्रिया से पता चलता है कि रख्माबाई ने दादाजी द्वारा इस मामले को उलझाए जाने से पहले ही 'उससे हमेशा के लिए अपना पीछा छुड़ाने' का फैसला कर लिया था। उसने यह दावा भी किया कि बचपन से ही उसके मन में वैवाहिक जीवन के प्रति वितृष्णा की भावना रही थी।

बचपन से ही विवाह के प्रति वितृष्णा का दावा, लगता है, रख्माबाई को विवाह का जो वास्तविक अनुभ हुआ उससे प्रभावित था। वर्तमान के इस त्रासद अनुभव ने उसके पूरे अतीत को मानो एक अलग रंग–एक भावनात्मक यथार्थ–दे दिया। इसी ने उसके अन्दर पनपती बलिदान की भावना को सहारा दिया। वह मान सकी कि एक महत उद्देश्य के लिए बलिदान करना उसकी नियति है। इसी विश्वास से प्रेरित हो वह, जैसा कि हम देखेंगे, उच्च न्यायालय में कह सकी कि अपने विरुद्ध फैसला लेने पर भी पति के पास वापस जाने की बजाय कानून द्वारा दिया जाने वाला बड़े-से-बड़ा दंड भुगतना पसन्द करेगी।

मानना मुश्किल है कि पैदायशी विवाह-द्वेष ने रख्माबाई को दादाजी के विरुद्ध कर दिया। उसे दादाजी के न सुधरने का अहसास होने में कई वर्ष लगे थे और उससे हमेशा के लिए पीछा छुड़ाने का उसका संकल्प धीरे-धीरे अंकुरित हुआ था। इसके बाद उसके मन में विवाह के प्रति जो वितृष्णा पैदा हुई वह भारतीय विवाह-संस्था में स्त्रियों की गैर-बराबरी के अहसास के बाद और भी प्रखर हो गई। इस विवाह से पीछा छुड़ाने का संकल्प कर लेने और कानूनी लड़ाई शुरू हो जाने के बाद रख्माबाई के लिए अपने बचपन से लेकर सार्वजनिक कानूनी तमाशे तक की घटनाओं को एक शृंखलाबद्ध रूप देना काफी आसान हो गया।

रख्माबाई के विचारों की विकास-प्रक्रिया को जान पाना बहुत मुश्किल है। यह अनुमान लगा पाना भी मुश्किल है कि इन विचारों में विध्वंसक धार कब आई। अपने पति से दूर रहने की इच्छा और इस इच्छा को साकार करने का संकल्प एक लम्बी और पीड़ाजनक 'मानसिक उधेड़बुन' का परिणाम रहा होगा। इस मानसिक उधेड़बुन के कुछ चिह्न *टाइम्स ऑव इंडिया* में छपे उसके पत्रों और कुछ छिटपुट निजी बयानों में देखे जा सकते हैं। एक अकेले और उदास बचपन के अलावा हमें उसके आरम्भिक जीवन का कोई ऐसा वर्णन नहीं मिलता जिससे उसके आन्तरिक आतंकों और दिवास्पप्नों का अन्दाजा लगाया जा सके, या उसके यथार्थ की विषादपूर्ण स्थिति और इससे पलायन और मुक्ति के उसके संघर्ष को समझा जा सके।

उसने प्रतिरोध का फैसला कभी भी किया हो, वह उसका अपना फैसला था। अपने सौतेले पिता के साथ उसकी अधिक बातचीत नहीं होती थी। एक वही थे जो उसके इस फैसले को उसका पागलपन नहीं समझते थे। उनके सहयोग के बिना वह शायद ही ऐसा भगीरथ कदम उठा पाती। वह सौभाग्यशाली थी कि उसके सौतेले पिता को उसे उसके पति के पास भेजने से जुड़ी दुखद संभावनाओं का अहसास हो चुका था। उसने कृतज्ञतापूर्वक याद करते हुए कहा कि उसके 'पिता' दादाजी की 'प्रवृत्ति, आदतों और कोई भी काम करने की उसकी अयोग्यता को देख खुद ही उसे उसके पास न भेजने का फैसला कर चुके थे।'[11]

सखाराम के लिए यह कोई आसान निर्णय नहीं था। उन्हें अपनी पत्नी और ससुर के कटु विरोध का सामना करना पड़ा, जो रख्माबाई को उसकी ससुराल भेजने पर अड़े हुए थे। मुकदमा दायर होने के बाद भी वे अप्रैल 1885 में सखाराम की मृत्यु तक मामले को अदालत के बाहर सुलझाने के लिए जोर डालते रहे। सखाराम को यह चिन्ता भी थी कि रख्माबाई को उसके पति के पास न भेजने के निर्णय से कहीं इस सन्देह को बल न मिले कि वे उसकी सम्पत्ति को हड़पना चाहते हैं। सखाराम को ब्लैकमेल करके उन्हें झुकने के लिए बाध्य करने की नीयत भी थी इस मुकदमे को दायर करने के पीछे। जैसाकि रख्माबाई ने लिखा था, 'इस तरह के मुकदमे को

हिन्दू समाज में एक कलंक की तरह देखा जाता है।' सखाराम इस कलंक का खतरा उठाने के लिए तैयार थे क्योंकि वे रख्माबाई का दादाजी से विवाह कराने की अपनी मूल भूल के लिए प्रायश्चित करना चाहते थे।

मुकदमा शुरू हो जाने के बाद रख्माबाई अपनी माँ और नाना की इस धारणा को बदलने में जुट गई कि धर्म और पारिवारिक मर्यादा की माँग थी कि उसे अपने पति के पास भेज दिया जाए। यह एक कठिन काम था। उनको बदलने में उसके अपने तर्कों की बजाय दादाजी के साथ बातचीत के विफल प्रयास ज्यादा कारगर साबित हुए। इन्हीं के ज़ोर देने पर सखाराम ने दादाजी को मनाने की कोशिशें की थीं। इनकी नाकामी देख उन्हें लगा कि ऐसे कृतघ्न व्यक्ति का क्या भरोसा जो अपना भला करने वाले को खुलेआम ठेंगा दिखा रहा हो—भले ही दूसरों के बहकावे में आकर? मुकदमे की सुनवाई शुरू होने से कुछ ही महीने पहले जब सखाराम की मृत्यु हो गई तो रख्माबाई की माँ और उसके नाना दोनों ने उसके साथ खड़े होने का फैसला कर लिया। इससे रख्माबाई को बहुत मदद मिली।

उसे बहरामजी ऍम. मलबारी (1853-1912) से भी सशक्त समर्थन और प्रोत्साहन मिल रहा था। मलबारी युवा होने के बावजूद एक विद्वान व्यक्ति थे और उन्होंने अपने-आपको राष्ट्र-सेवा और सामाजिक पुनरोद्धार में लगा दिया था। वे *इंडियन स्पेक्टेटर* नामक अंग्रेजी साप्ताहिक निकालते थे, जो राष्ट्रीय हितों और समाज-सुधार से जुड़े मुद्दे सतत उठाता रहता था।

मलबारी की एक अनूठी विशिष्टता का उल्लेख करना जरूरी है। वे विचारों और व्यवहार में समानता को लेकर बहुत ज्यादा संवेदनशील थे और पवित्र लक्ष्यों के लिए पवित्र साधनों की अनिवार्यता में विश्वास करते थे। वे उपनिवेशीय भारत के उन अगुवाओं में थे जिन्होंने व्यक्तिगत त्याग—बलिदान—को सामाजिक कार्य के महत साधन के रूप में देखा। उन्होंने रख्माबाई के मामले को मात्र वैवाहिक विवाद की सीमाओं से ऊपर उठा एक सैद्धान्तिक प्रश्न बना दिया। जब प्रिवी काउंसिल में अपील करना अनिवार्य प्रतीत हुआ तो इस खर्चीली कानूनी लड़ाई में रख्माबाई की मदद करने के लिए मलबारी ने एक कोष की स्थापना करने का प्रस्ताव रखा। इतना ही नहीं, धनवान न होने के बावजूद वे इस कोष में सबसे पहले और सबसे अधिक योगदान देने वाले व्यक्तियों में थे।

जिन दिनों दादाजी ने अपना मुकदमा दायर किया, मलबारी 'भारत में बाल विवाह और बलात वैधव्य' पर अपने ऐतिहासिक लेखों के आधार पर कानून में आवश्यक सुधार करवाने की कोशिश में लगे हुए थे। 1884 की गर्मियों में वे शिमला गए, जहाँ उन्होंने वायसराय रिपन और उनके कानून सदस्य इल्बर्ट समेत आला पदाधिकारियों से अपने लेखों पर चर्चा की। शिमला से लौटकर मलबारी ने बहुत सारे

सरकारी अधिकारियों और विभिन्न क्षेत्रों में काम कर रहे महत्त्वपूर्ण भारतीयों को इन लेखों की प्रतियाँ भेजीं। इसके पीछे एक सार्वजनिक बहस को जन्म देने का उद्देश्य था, ताकि सरकार की तरफ से उपयुक्त कार्रवाई के लिए वातावरण तैयार किया जा सके।

जल्दी ही मलबारी को वित्त सदस्य ऑकलैंड कॉल्विन की तरफ से सुझाव मिला कि लेखों में उठाए गए मामलों पर अदालतों से 'परीक्षण निर्णय' हासिल हो जाएँ तो तय करना आसान हो जाएगा कि इस विषय में किस तरह की कानूनी फेरबदल की जरूरत है। इसी तरह का सुझाव झाँसी के कलेक्टर जी.ई. वार्ड की तरफ से भी आया। अपने सामाजिक महत्त्व के कारण रख्माबाई का मुकदमा मलाबारी के लिए दैवी अवसर से कम न था। इसकी भनक पाते ही वह रख्माबाई के साथ हो गए।[12]

रख्माबाई ने मलबारी के लेखों को उस समय देखा जब वह निराशा से घिरने लगी थी। सखाराम अर्जुन की मृत्यु हो चुकी थी। उसके मुकदमे ने अभी एक सार्वजनिक बहस और एक सैद्धान्तिक लड़ाई का रूप नहीं लिया था, जिससे उसे नैतिक शक्ति मिल पाती। यह सब अभी भविष्य के गर्भ में था। वह एक कानूनी अनिश्चितता की यातना के दौर से गुजर रही थी। मलबारी के लेखों ने उसमें एक नई उमंग का संचार करने का काम किया : 'मुझे ऐसा लगा मानो भारत की दुखी बेटियों के भाग्य के द्वार खुलने वाले हों।'[13]

इस कठिन दौर में रख्माबाई को एक अन्य स्रोत से भी अनपेक्षित मदद मिली। यह *टाइम्स ऑव इंडिया* के सम्पादक हेनरी करवेन (1845-92) के समर्थन और प्रोत्साहन के रूप में आई। करवेन वर्ड्ज़्वर्थ के नाती थे और 1876 में भारत आने से पहले एक उपन्यासकार के रूप में कुछ नाम कमा चुके थे। उन्हें रख्माबाई के मुकदमे के व्यक्तिगत और सार्वजनिक आयामों को पहचानने में देर न लगी। उन्होंने इस युवती का साथ देने का फैसला कर लिया। परन्तु यह सोचकर कि कहीं समय से पहले ही रूढ़िवादी ताकतें हरकत में न आ जाएँ, उन्होंने बहुत होशियारी से काम लिया और इस चरण में रख्माबाई को सुर्खियों में लाना ठीक नहीं समझा। इसकी बजाय उन्होंने बहुत सूझबूझ भरी रणनीति अपनाते हुए रख्माबाई को एक रहस्यमयी स्त्री के रूप में प्रस्तुत किया। यह रहस्य-कथा इंग्लैंड तक जा पहुँची और लन्दन के *टाइम्स* के पृष्ठों के माध्यम से उन पुरुषों और स्त्रियों के बीच चर्चा का विषय बन गई जो भारतीय मामलों और स्त्रियों की स्वतंत्रता में खास दिलचस्पी रखते थे।

टाइम्स ऑव इंडिया में 'ए हिन्दू लेडी' के छद्मनाम से रख्माबाई के दो पत्र प्रकाशित हुए। उस दौर में जब मध्य और उच्च वर्ग की हिन्दू स्त्रियाँ शायद ही कभी घरों से बाहर निकलती थीं, इस छद्मनाम का जादुई प्रभाव पड़ा। पत्रों की सशक्त और मर्मस्पर्शी भाषा ने रही-सही कसर भी पूरी कर दी। ऐसे लगता था जैसे पत्रों

की लेखिका आपके सामने बैठकर आपको अपने मन की व्यथा सुना रही हो। इस रहस्यमयी 'लेडी' की वास्तविकता को लेकर पाठकों में बहुत ज्यादा उत्सुकता पैदा हो गई। कौन थी यह स्त्री? कुछ लोग ऐसी अटकलें भी लगा रहे थे कि दरअसल इस छद्मनाम के पीछे कोई पुरुष छिपा हुआ था। इस भ्रान्ति को दूर करने के लिए *टाइम्स ऑव इंडिया* ने दूसरा पत्र प्रकाशित करते समय यह घोषणा की कि 'यह पत्र बिल्कुल असली है और एक हिन्दू महिला ने इसे खुद लिखकर हमें भेजा है'। जो भी हो, इस रहस्यमयी महिला को लेकर लोगों में बहुत ज्यादा जिज्ञासा पैदा हो गई। समय आने पर इस छद्मनाम से पर्दा हटाया जा सकता था और रख्माबाई के पक्ष में समर्थन जुटाने के लिए इन जनभावनाओं का उपयोग किया जा सकता था।

दोनों पत्रों के प्रकाशन का समय बड़ी चतुराई से चुना गया था। पहला पत्र 26 जून 1885 को प्रकाशित किया गया और इसने मुकदमे से पैदा होने वाले विवाद को एक नारीवादी परिपेक्ष्य प्रदान कर दिया। दूसरा पत्र जस्टिस पिनी की अदालत में मुकदमे की पहली सुनवाई के दिन 19 सितम्बर 1885 को प्रकाशित हुआ। जैसीकि उन दिनों एंग्लो-इंडियन अधिकारियों की दिनचर्या हुआ करती थी, न्यायाधीश ने सुबह की चाय या नाश्ते के दौरान इस पत्र को पढ़ा होगा और कुछ घंटे बाद ही अपनी अदालत में रख्माबाई के मुकदमे की सुनवाई के दौरान उन पर अवश्य ही इस पत्र का प्रभाव रहा होगा। कोई आश्चर्य नहीं कि हिन्दू रूढ़िवादियों ने बाद में आरोप लगाते हुए कहा कि 'एक हिन्दू लेडी' के नाम से छपे ये पत्र उच्च न्यायालय पर दबाव बनाने की साजिश थे।

टाइम्स ऑव इंडिया के एक असाधारण कदम ने इन पत्रों के प्रभाव और इन्हें पढ़ने वालों की संख्या को और भी बढ़ा दिया। दोनों अवसरों पर इन पत्रों के साथ-साथ एक सम्पादकीय भी छापा गया, जिसमें पाठकों से इन पत्रों को पढ़ने का आग्रह किया गया। 26 जून को प्रकाशित सम्पादकीय के अनुसार, ये पत्र हिन्दू स्त्रियों के सामाजिक दर्जे और पुरुषों के साथ उनके सम्बन्धों पर मलबारी के लेखों के बाद शुरू हुई बहस को एक 'नारीवादी दृष्टिकोण' प्रदान करते थे। सम्पादकीय ने भारतीय पाठकों से 'एक हिन्दू महिला' के सच्चे और स्वाभाविक विद्रोह में उसका साथ देने और पुरुषों द्वारा स्त्रियों के लिए बनाए गए अन्यायपूर्ण कानूनों के विरुद्ध उसकी लड़ाई को सही निष्कर्ष तक पहुँचाने का अनुरोध किया।

मुकदमे की सुनवाई वाले दिन *टाइम्स ऑव इंडिया* ने अपने सम्पादकीय में 'इस हिन्दू महिला' की असाधारण शैक्षणिक योग्यताओं का उल्लेख किया। वह ऊँचे आदर्शों वाली भद्र, सुसंस्कृत और बौद्धिक महिला थी। उसने पश्चिमी और भारतीय साहित्य का गहरा अध्ययन किया था और यूरोप में अपनी बहनों की दशा से वह भली-भाँति परिचित थी। वह धर्मशास्त्रियों के उन घिसे-पिटे तर्कों से मुक्त हो चुकी

थी जिन्होंने भारतीय नारी को सदियों से गुलामी में जकड़ रखा था। जल्दी ही ये योग्यताएँ उसके निकम्मे पति के साथ उसकी तुलना का मापदंड बन जाने वाली थीं।

छद्मनाम से *टाइम्स ऑव इंडिया* में प्रकाशित रख्माबाई के पत्र बाल-विवाह और बलात वैधव्य के बारे में थे। मलबारी ने भी अपने लेखों में यही विषय उठाए थे। रख्माबाई ने उनके प्रति अपनी कृतज्ञता व्यक्त करते हुए लिखा कि 'सभी भारतीय नारियाँ' उनकी ऋणी थीं। साथ ही उसने विनम्र शब्दों में यह भी स्वीकार किया कि अंग्रेजी में लेखन का अभ्यास न होने के कारण उसने अपनी एक ऐसी मित्र से इन पत्रों को संशोधित कराया था जिसे भारतीय स्त्रियों के साथ 'सच्ची सहानुभूति' थी। यह अच्छा ही हुआ। इससे उसके पत्रों की विश्वसनीयता को बल मिला। बाद में उसकी शैक्षणिक योग्यता को लेकर उठाए जाने वाले प्रश्नों का सामना करना भी आसान हो गया।

रख्माबाई ने इन पत्रों में कहा कि हिन्दू सामाजिक प्रथाएँ स्त्रियों के लिए अत्यधिक कष्टदायक हैं। पुरुषों को बाल-विवाह और बलात वैधव्य जैसी प्रथाओं के कारण 'स्त्रियों की तुलना में आधी कठिनाइयाँ भी नहीं झेलनी पड़तीं' :

> *विवाह उनकी [पुरुषों की] शिक्षा के रास्ते में कोई अलंघनीय बाधा खड़ी नहीं करता। वे न सिर्फ पहली पत्नी की मृत्यु के बाद दूसरा विवाह कर सकते हैं, बल्कि उन्हें एक साथ कई पत्नियाँ रखने या अपनी इच्छानुसार कभी भी विवाह करने का अधिकार है। कम उम्र में विवाह होने के बाद उन्हें अपनी ससुराल जाकर अपनी सास की दया पर निर्भर होकर नहीं जीना पड़ता; और न विवाह के कारण उनकी गतिविधियों में कोई बाधा उत्पन्न होती है।*

स्त्रियों के मामले में ठीक उलटा होता था। अगर किसी लड़की का आठ वर्ष की उम्र में विवाह हो जाए (जैसाकि अधिकांश लड़कियों के साथ होता था), और अगर सौभाग्यवश उसके अभिभावक खुले विचारों के हों, तो भी वह सिर्फ दस वर्ष की उम्र तक स्कूल जा सकती थी। इसके बाद उसकी शिक्षा उसकी सास की अनुमति पर निर्भर करती थी। परन्तु बम्बई जैसे बड़े शहर में भी, जिसे 'सभ्यता का मुख्य केन्द्र' माना जाता था, अधिकांश सासें अपनी बहुओं को आगे पढ़ने की अनुमति नहीं देती थीं। इस तरह, शिक्षा का महत्त्व समझ में आने की उम्र तक पहुँचते-पहुँचते अधिकांश लड़कियों का स्कूल छूट जाता था। जिन थोड़ी-बहुत सौभाग्यशाली लड़कियों को आगे पढ़ने की अनुमति मिलती थी, वे भी अधिक समय तक अपनी पढ़ाई जारी नहीं रख पाती थीं। कम उम्र में ही मातृत्व का बोझ लद जाने के कारण (अधिकांश लड़कियाँ तेरह-चौदह वर्ष की उम्र में ही गर्भवती हो जाती थीं, जैसाकि रख्माबाई की माँ जयन्तीबाई के साथ भी हुआ था) इन लड़कियों को 'मानसिक विकास के सपने तज जीवन की कठोर सच्चाइयों को स्वीकार कर लेना पड़ता था।'

शिशु या बाल-विवाह के रहते स्त्रियों के लिए उच्च शिक्षा सम्भव ही नहीं थी।

बाल विवाह और अपेक्षाकृत कम उम्र में किए गए विवाह पर रख्माबाई का प्रहार अपने समय के लिए सचमुच क्रान्तिकारी था। समाज सुधार से जुड़ी समकालीन बहस इन दो तरह के विवाहों के अन्तर पर केन्द्रित थी। ऐसे बहुत-से लोग थे जो बाल-विवाह का विरोध करते थे, परन्तु कम उम्र में विवाह के पक्ष में थे और इसे शास्त्रों और हिन्दू पारिवारिक अर्थ-व्यवस्था के अनुकूल मानते थे। मलबारी ने भी विवाह के लिए कन्या की सहमति की उम्र कम-से-कम बारह वर्ष रखे जाने का सुझाव दिया था। इसके विपरीत, रख्माबाई विवाह के लिए 'कन्या की उम्र पन्द्रह वर्ष और वर की उम्र बीस वर्ष' निर्धारित किए जाने की बात कह रही थी। यूँ तो पन्द्रह वर्ष की न्यूनतम सीमा भी अच्छी शिक्षा के लिए काफी नहीं थी, परन्तु बारह की बात बिल्कुल बेमानी थी। इसलिए रख्माबाई ने पन्द्रह वर्ष पर समझौता कर लिया था। उसका यह सुझाव अपनी हिन्दू बहनों के कष्टों को दूर करने के लिए दिए गए उसके अन्य सुझावों का हिस्सा था।

इसके बाद रख्माबाई ने एक कम उम्र वधू के साथ उसके ससुराल में किए जाने वाले व्यवहार का वर्णन किया। उसके साथ इतना अमानवीय व्यवहार किया जाता था कि उसकी स्थिति घर के नौकरों से भी बदतर हो जाती थी (उन्हें कम-से-कम नौकरी छोड़कर जाने की छूट तो थी)। हर तरह की 'मानसिक या शारीरिक स्वतंत्रता' से वह पूरी तरह वंचित हो जाती थी। ससुराल वालों की निरन्तर डाँट-फटकार—जिसके साथ अक्सर मारपीट भी जुड़ी होती—जल्दी ही उसे 'पालतू-पशु की तरह आज्ञाकारी' बना देती। ऐसा न हो पाने की स्थिति में सास अपने 'अन्तिम शस्त्र' का उपयोग करते हुए 'बहू को घर से बाहर निकाल सकती थी।' कोई भी समझदार बहू ऐसी नौबत नहीं आने देना चाहती थी। विवाह के बाद वह अपने मायके में शरण पाने की अपेक्षा नहीं कर सकती थी। उसे बता दिया जाता था—जैसाकि अब भी बताया जाता है—कि विवाह के बाद उस घर की दहलीज उसके लिए पराई हो गई। अपने पति से भी वह किसी मदद की उम्मीद नहीं कर सकती थी :

> *वह बेचारा मुश्किल से अभी अपनी किशोरावस्था से निकला ही होता है कि उस पर एक पत्नी और दो-तीन बच्चों का बोझ लद चुका होता है। वह अपनी छोटी-छोटी जरूरतों के लिए भी पूरी तरह अपने माता-पिता पर आश्रित होता है, और अपनी पत्नी का साथ देने से उसके लिए गुजर-बसर का संकट पैदा हो सकता है...वह अपनी पत्नी की मदद करना भी चाहे तो उसमें उसका साथ देने का सामर्थ्य नहीं होता...अपने बालक पति के पढ़े-लिखे होने की स्थिति में भी बालिका पत्नी एक सुखी जीवन की अपेक्षा नहीं कर सकती...अगर वह अपनी पत्नी के प्रति अपने माता-पिता के कठोर व्यवहार को नापसन्द करता है, तो वह अपनी पत्नी को भी उसकी अज्ञानता के कारण नापसन्द करता है।*

रख्माबाई के मर्मस्पर्शी विवरण के अनुसार, इन परिस्थितियों में स्त्रियाँ 'दब्बू, सुस्त, उदास, अस्वस्थ और हँसी-खुशी से वंचित होती चली जाती हैं, और परिणामस्वरूप दूसरों के साथ घुलने-मिलने में अक्षम हो जाती हैं।' उनमें बचपन से ही यह भावना भर दी जाती है कि वे पुरुषों से हीन हैं, इसलिए 'हम स्वाभाविक रूप से स्वयं को तुच्छ मानने लगी हैं।'

रख्माबाई ने आगे लिखा कि स्त्रियों की यह अन्धकारपूर्ण नियति उन शास्त्रकारों की देन थी जिन्होंने :

> *स्वयं को पुरुष के रूप में...भला और पवित्र चित्रित किया है और सभी तरह के पाप और अशुद्धियाँ हमारे माथे मढ़ दी हैं। यदि इन महानुभावों की बात पर विश्वास किया जाए तो हम मैले-कुचेले पशुओं का एक झुंड भर हैं, जिन्हें ईश्वर ने सिर्फ पुरुषों की विशिष्ट सेवा करने और उनकी काम-वासना को शान्त करने के लिए पैदा किया है, और पुरुषों को हमारे साथ मनमाना व्यवहार या दुर्व्यवहार करने का ईश्वरीय अधिकार प्राप्त है।*

एक मराठी मुहावरे का प्रयोग करते हुए रख्माबाई ने कहा कि 'हम अपने पड़ोसियों के दुखों को एक दार्शनिक की तरह (अर्थात् सहज भाव से) बर्दाश्त कर सकते हैं।' और फिर व्यथित मन से जोड़ा, 'पुरुष हम हिन्दू स्त्रियों के कष्टों का अन्दाजा लगा पाने में असमर्थ हैं।' परन्तु इससे इन स्त्रियों की भीतरी इच्छाएँ खत्म नहीं हो जाती थीं :

> *क्योंकि आप हमारे दिलों के भीतर नहीं झाँक सकते, इसलिए यह न सोचें कि हम इस दुखी जीवन से सन्तुष्ट हैं, या हममें श्रेष्ठ जीवन की समझ या आकांक्षाएँ नहीं हैं।*

स्त्रियों की स्त्रियों के रूप में अपनी पहचान उनके प्रति पुरुषों के अन्याय पर आधारित थी। रख्माबाई ने चेतावनी तो दे डाली थी कि पुरुष 'यह न सोचें', पर वह यह नहीं समझ पा रही थी कि चेतावनी बेअसर रह जाए तो क्या किया जाए। विद्रोह की भावना कितनी ही प्रबल क्यों न रही हो, स्त्रियों की चेतना और संगठनात्मक शक्ति की तत्कालीन स्थिति को देखते हुए वह मात्र एक आकांक्षा के दायरे में सिमटी हुई थी, और अधिक से अधिक प्रतीकात्मक विद्रोह भर कर सकती थी। पुरुषों के अन्याय के आगे समर्पण की बेबसी—यानी रख्माबाई और उसकी मूक भारतीय बहनों की जिन्दगी के सबसे कड़ुवे सच—को वाणी देते 'ए हिन्दू लेडी' ने आगे लिखा :

> *मैं अपने देशवासियों से विनती करती हूँ कि स्त्रियों की जगह पर पुरुषों को रखकर विधवाओं के कष्टों की कल्पना करें...मैं पूछना चाहती हूँ कि क्या मेरे पुरुष, देशवासियों ने ऐसे अमानवीय व्यवहार के विरुद्ध बहुत पहले ही विद्रोह न कर दिया होता?...एक विधवा की स्थिति कितनी ही दुखद क्यों न हो, यदि यह समानता या न्याय के सिद्धान्त पर आधारित होती तो इसका बचाव किया जा सकता था। परन्तु हमारे कानून-निर्माताओं की दृष्टि में पुरुष और स्त्रियाँ दो अलग मानव प्रजातियाँ हैं...*

बलवान से निर्बल को इस हताश विनती में देशवासियों से कोई उम्मीद न थी। जो उम्मीद थी अंग्रज़ों से थी। उनके आने के बाद समाज सुधार की दिशा में कुछ प्रगति हुई थी। लेकिन यह अभी वैयक्तिक स्तर तक सीमित थी और पारिवारिक दायरे में नहीं पहुँच पाई थी। इससे परिवारों में एक नई तरह का तनाव पैदा हो गया था, क्योंकि शिक्षित पति अपनी 'अशिक्षित और अन्धविश्वासी' पत्नियों से दूरी महसूस करते थे।

परन्तु रख्माबाई के मामले में स्थिति ठीक उल्टी थी। उसके और उसके पति के पालन-पोषण में बहुत अन्तर रहा था। वह एक सुसंस्कृत वातावरण में पली-बढ़ी थी जो आमतौर से पुरुषों के लिए सुरक्षित था। परन्तु इसके बावजूद उसे इन पुरुषों जैसा सामाजिक दर्जा प्राप्त नहीं था। उस समय की सामाजिक-कानूनी मान्यताओं को देखते हुए वह अब भी उतनी ही अबला और अशक्त थी। उलटे उसकी श्रेष्ठता को एक दोष की तरह देखा जा रहा था, मानो उसे पढ़ा-लिखाकर उसके माता-पिता कोई अपराध कर बैठे हों। और तो और, बम्बई उच्च न्यायालय के मुख्य न्यायाधीश ने उसके शुभचिन्तकों को उसके विवाह के बाद उसे पढ़ाने-लिखाने और वैवाहिक सम्बन्धों को लेकर उसके मस्तिष्क में अंग्रेजी विचार भरने के लिए दोषी ठहराते हुए कह दिया कि उनके इस कदम ने उसे 'अपने वैवाहिक दायित्वों के निर्वाह के लिए पूरी तरह अयोग्य बना दिया है।' न्यायाधीश ने हिदायत दी कि कोई अन्य लड़की अपनी शिक्षा के कारण इस तरह पंगु नहीं होनी चाहिए।[14]

अपनी स्थिति की क्रूर विडम्बना को रेखांकित करते हुए ही रख्माबाई ने टिप्पणी की थी कि सामाजिक सुधारों में प्रगति के लिए सिर्फ व्यक्तियों की शिक्षा काफी नहीं, परिवारों और समाज को शिक्षित करना भी जरूरी है। वर्तमान व्यवस्था पुरुषों को कितनी भी चोट क्यों न पहुँचा दे, उन्हें वैसे नहीं तोड़ देती थी जैसे औरतों को।

रख्माबाई के अपने अनुभवों ने उसे सिखा दिया था कि अंग्रेजी में शिक्षित लोग भी उसकी मदद के लिए आगे नहीं आएँगे। उसने पूछा कि यदि शिक्षित पुरुष भी :

> *जो इन बुराइयों के अस्तित्व को स्वीकार करते हैं, इनसे लड़ने का साहस या इच्छा नहीं दिखा पाते, तो हम अशिक्षित जनसमूह की उदासीनता पर क्योंकर आश्चर्य करें? क्या एक ऐसे समाज में जहाँ शिक्षित या 'ऊपरी दस' उदासीन हों और अशिक्षित, अज्ञानता के शिकार, इन ज्वलंत समस्याओं को दूर करने के लिए सरकार से मदद की गुहार करना गलत है?*

रख्माबाई ने दुख जताया कि देश का जनमानस कानून में सुधार के खिलाफ था, जैसाकि मलबारी के लेखों को लेकर उठाई जा रही खोखली आपत्तियों से प्रकट होता था। परन्तु उसे आशा थी कि ईश्वरीय विधान से इस देश पर राज कर रहे अंग्रेज

इस विरोध के आगे झुकेंगे नहीं। ब्रिटिश सत्ता को ईश्वरीय विधान के रूप में देखना एक घरेलू युवती की राजनीतिक अज्ञानता नहीं थी। ईश्वरीय विधान का यह मिथक उन्नीसवीं सदी के अन्तिम दशकों की सामाजिक चेतना का अंग था। इसी तरह, कानून को समाज-सुधार के एक उपकरण के रूप में देखना न सिर्फ सामाजिक-दार्शनिक दृष्टि से सम्मानजनक था, बल्कि उस समय के कई अग्रणी समाज-सुधारक भी इसमें विश्वास रखते थे।

सामाजिक अन्याय के अनुचित होने के बावजूद रख्माबाई संस्कृति और परम्परा के बारे में खुले दिमाग से सोचने को तैयार थी। उदाहरण के लिए, 'ए हिन्दू लेडी' के रूप में उसने विधवाओं को 'एक सामाजिक कोढ़ी', 'ईश्वर के प्रेम से वंचित और मनुष्यों की घृणा की पात्र'—एक सामाजिक अछूत और एक पारिवारिक बोझ—बनाने के लिए शास्त्रों की आलोचना की थी। परन्तु जब उसके कुछ समर्थकों ने शास्त्रों की उसकी समझ को लेकर उँगली उठाई तो उसने उनकी आलोचनाओं को दरकिनार नहीं किया।

इन समर्थकों में हिन्दू रूढ़िवाद के कुछ क्रान्तिकारी प्रवर्तक भी शामिल थे। ये लोग शास्त्रों का गूढ़ ज्ञान रखने के बावजूद पश्चिमी विचारों से भी अनभिज्ञ नहीं थे। इसलिए, यह न जानते हुए कि 'ए हिन्दू लेडी' और 'रख्माबाई' एक ही स्त्री है, दीवान राय बहादुर रघुनाथ राव ने बारी-बारी से इन दोनों को अपनी ज्ञान-दीक्षा देते हुए 'ए हिन्दू लेडी' से अनुरोध किया कि उन्हें पता लगाना चाहिए कि :[15]

> *क्या हमारे ऋषि सचमुच उतने ही क्रूर थे जितना कि उन्हें दिखाया जा रहा है...वे आपसे पूरी सहानुभूति रखते थे और आपके सभी विचारों से सहमत थे। उनका कथन है कि जिस परिवार में स्त्रियाँ सुखी न हों उसका देर-सवेर विनाश हो जाता है। यह कथन खरा सिद्ध हो चुका है।*

कुछ 'प्रगतिशील' सुधारकों का भी ऐसा ही सहानुभूतिपूर्ण परन्तु आलोचनात्मक दृष्टिकोण था। बम्बई से प्रकाशित एक एंग्लो-मराठी साप्ताहिक *इन्दु प्रकाश* ने लिखा कि हमारे प्राचीन और पूजनीय ऋषियों के प्रति 'ए हिन्दू लेडी' के विषैले और व्यंग्यात्मक प्रहार के कारणों को समझा जा सकता था। आखिर हमारी दमनकारी व्यवस्था को अक्सर प्राचीन शास्त्रों के नाम पर सही ठहराया जाता था। परन्तु, साप्ताहिक ने अपना विरोध जताते हुए कहा, 'हमारे प्राचीन ऋषियों को आधुनिक हिन्दू विधवा के कष्टों के लिए उतना ही दोष दिया जा सकता है जितनी कि स्वयं उस बेचारी विधवा स्त्री को।'[16]

रख्माबाई ने भी बाद में अपने दृष्टिकोण में कुछ संशोधन किया। तीन वर्ष बाद उसने 'ए हिन्दू लेडी' के रूप में अपनी अधिकांश बातों को दरकिनार करते हुए शास्त्रों के बारे में लिखा :[17]

...इन अच्छे विधानों को छोड़ दिया गया है और इनकी जगह कुत्सित प्रथाओं को अपना लिया गया है, जिसका परिणाम कई भयानक शक्लों में हमारे सामने है।

'ए हिन्दू लेडी' के लेखन की ताकत उसके अपने दुखों से पैदा हुई समझ से जुड़ी हुई थी। परन्तु बलात वैधव्य के मामले में वह शायद मलबारी के प्रवाह में बह गई थी। इसीलिए वह वैधव्य को एक सर्वव्यापी हिन्दू प्रथा के रूप में देखने लगी थी। रख्माबाई के प्रबल समर्थक एंग्लो-इंडियन दैनिक *बॉम्बे गजेट* ने 'ए हिन्दू लेडी' पर अतिशयोक्ति का आरोप लगाते हुए लिखा : 'क्या वह भाषायी अखबारों को पलटकर देखती है?' इस प्रश्न के साथ भाषायी अखबारों में छपने वाले विज्ञापनों का हवाला दिया गया था, 'जो न तो संख्या में कम होते थे और न यदा-कदा ही छपते थे।' इन विज्ञापनों में पत्नियाँ अपने अनुपस्थित या भटके हुए पतियों को चेतावनी देते हुए कहती थीं कि यदि उन्होंने निर्दिष्ट तिथि तक अपने-आपको सुधारने का वचन नहीं दिया तो उनके साथ हुए विवाह को भंग मान लिया जाएगा और वे दूसरा विवाह करने के लिए स्वतंत्र होंगीं।' यह सच है कि इन नोटिसों की कोई कानूनी वैधता नहीं होती थी। परन्तु इन्हें छोटी जातियों में, अर्थात् मुफस्सिल निवासियों के एक बड़े हिस्से में, मान्यता प्राप्त थी। *गजेट* के अनुसार, पंचायतें ऐसे पतियों का परित्याग करने की अनुमति दे देती थीं जो पति की भूमिका निभाने के योग्य नहीं होते थे। इतना ही नहीं, ऐसी स्त्री के साथ किसी दूसरे पुरुष के विवाह को पूरी तरह से वैध माना जाता था।

इस तरह की स्त्रियों से रोती-सिसकती विधवा की जिन्दगी जीने की उम्मीद नहीं की जा सकती थी। इसलिए 'एक औसत भारतीय स्त्री को एक ऐसी निरीह और अबला स्त्री के रूप में चित्रित करना जो अपने अधिकारों और हितों की स्वयं रक्षा करने में असमर्थ थी, बहुत बड़ी भूल थी।' 'ए हिन्दू लेडी' पर अतिशयोक्ति का आरोप लगाने के बाद *बॉम्बे गजेट* ने खुद खासी अतिशयोक्ति बरतते हुए लिखा :[18]

जनता-जनार्दन को परिस्थितियों ने ही स्त्रियों के अधिकारों को व्यावहारिक मान्यता देने के लिए बाध्य किया है, जिसमें स्त्रियों के अपने दृढ़ आग्रह की भी महत्त्वपूर्ण भूमिका रही है। अपने अधिकारों को लेकर भारतीय स्त्रियों की यह दृढ़ता कुछ मामलों में नए और अधिक स्वतंत्र राज्यों की किसी अमरीकी महिला को ईर्ष्या से भर सकती है।

अगर *गजेट* को 'ए हिन्दू लेडी' की असलियत का पता होता, तो वह रख्माबाई को उसकी अपनी ही माँ के पुनर्विवाह की याद दिलाना न भूलता।

स्त्रियों पर हो रहे अन्याय के खिलाफ रख्माबाई की पुकार में जो सच्चाई थी वह अतिशयोक्ति के बीच से भी उभरकर आ रही थी। बल्कि, जैसा कि मलबारी ने कहा, अतिशयोक्ति उसी सच्चाई की उपज थी :[19]

अपने साथ हुए घोर अन्याय के कारण भावावेश की शिकार हो जाने वाली स्त्री पर अतिशयोक्ति का आरोप लगाना बहुत बड़ा पाप है। वह बहुत शिद्दत से लिखती है क्योंकि वह बहुत शिद्दत से महसूस करती है। उसकी भाषा अतिशयोक्तिपूर्ण है क्योंकि यह भयंकर पीड़ा की भाषा है।

'ए हिन्दू लेडी' के इन पत्रों में विक्टोरिया युग की लच्छेदार शैली का पुट भी था जो उस 'मित्र' की देन थी जिसने इन पत्रों में 'संशोधन' किए थे। मलबारी ने भी इस बात को स्वीकार किया था कि इन पत्रों में 'कुछ-न-कुछ बनावटी' प्रतीत होता था। परन्तु यह बनावटीपना सिर्फ इनके 'बाहरी स्वरूप' तक सीमित था। इन पत्रों में व्यक्त भावना 'बिल्कुल सच्ची और विश्वसनीय' थी। यह भावना रख्माबाई की अपनी भावना थी और, उसके माध्यम से, यह अपने अधिकारों के लिए स्त्रियों के संघर्ष की भावना थी।

दादाजी इस तरह की स्त्री को झुकाने पर तुला हुआ था। एक शालीन परन्तु उत्साही स्त्री, जो अपनी और अपने जैसी अन्य स्त्रियों की दुर्बलताओं से ऊपर उठने के लिए दृढ़-संकल्प थी। एक स्त्री जिसे अपनी व्यक्तिगत व्यथा और तत्कालीन सामाजिक-राजनीतिक व्यवस्था के साथ उसके गहरे सम्बन्धों का अहसास हो चुका था। वह अपनी लड़ाई को एक मुहिम के रूप में देखने लगी थी। उसे मलबारी और करवेन जैसी हस्तियों का समर्थन मिल गया था और ऐसे समर्थकों की संख्या धीरे-धीरे बढ़ रही थी।

इसी कारण कानून के क्षेत्र की तीन प्रमुख हस्तियाँ उसका प्रतिनिधित्व कर रही थीं। उनके नाम थे–एफ.एल. लैथम, के.टी. तैलंग और जे.डी. इनवेरेरिटी। ये तीनों कानून के ऊँचे उद्देश्यों और सिद्धान्तों में विश्वास रखते थे। उदारवादी राजनीतिक विचारधारा में विश्वास रखने वाले लैथम तब बम्बई के एडवोकेट जनरल थे। राष्ट्रवादी नेता डी.ई. वाचा ने उनके बारे में कहा था : 'किसी भी वकील में उनसे ज्यादा अन्तश्चेतना नहीं है।' इनवेरेरिटी के बारे में वाचा का कहना था, 'वे वकीलों के राजा हैं, उनके बारे में कुछ कहना सोने पर मुलम्मा चढ़ाने जैसी बात होगी। वे आजकल के वकीलों से कहीं ऊँचे कद के व्यक्ति हैं।'[20]

तैलंग (1850-93) एक राष्ट्रवादी, समाज-सुधारक और जॉर्ज ईलियट के साहित्य के प्रशंसक थे। रख्माबाई का बचाव करना उनके लिए एक चुनौती की तरह था। वे अंग्रेजी न्याय-प्रक्रिया से भली-भाँति परिचित थे और अपने वरिष्ठ प्रतिस्पर्द्धी वी. एन. मांडलिक (1833-89) की तरह पश्चिमी भारत में हिन्दू कानूनों के विशेषज्ञ माने जाते थे। पहले एक वकील के रूप में और बाद में बम्बई उच्च न्यायालय के न्यायाधीश के रूप में उन्होंने शास्त्रीय और पारम्परिक दोनों ही कानूनों का सामाजिक परिवर्तन के हथियारों के रूप में इस्तेमाल करने का प्रयास किया। पारम्परिक

शास्त्रकारों की ही भाँति तैलंग भी मानते थे कि प्रथा जिसे बना सकती है उसे बदल भी सकती है। उनकी दृष्टि में कानूनी व्याख्याओं का उद्देश्य हिन्दू कानूनों को आधुनिक जीवन की जटिलताओं और जरूरतों के अनुकूल बनाना था। बम्बई उच्च न्यायालय के एक अंग्रेजी न्यायाधीश ने तैलंग के बारे में कहा था :[21]

> *...उन्हें ऐसे अवसरों पर 'आधुनिकीकरण' के पक्ष में बोलते सुनना बहुत अच्छा लगता था जब विपक्ष का कोई अंग्रेज वकील—जिसे समूची हिन्दू प्रणाली बहुत बेढंगी प्रतीत होती होगी—बड़े जोरदार शब्दों में किसी पुरातन कानून की निहायत पोंगापंथी व्याख्या कर रहा होता था।*

इसीलिए तय किया गया था कि तैलंग मुकदमे के उस हिस्से की पैरवी करेंगे जो वैवाहिक अधिकारों को लेकर हिन्दू कानून की मान्यताओं से जुड़ा हुआ था। अदालत के बाहर भी रख्माबाई से जुड़े विवाद को लेकर उनका हस्तक्षेप बहुत प्रभावशाली और एक प्राचीन किन्तु पराधीन समाज की राजनीतिक-सांस्कृतिक जटिलताओं के प्रति पूरी तरह संवेदनशील था।

बचाव पक्ष के वकीलों के लिए यह एक आम मुकदमा नहीं था। उन्हें इसके व्यापक और दूरगामी महत्त्व का अहसास था। परिणामस्वरूप, यह अहसास हो जाने के बाद भी कि मुकदमे का फैसला सिर्फ उसके गुण-दोषों पर आधारित होगा, वे अपने सिद्धान्तों पर टिके रहे। उन्हें उम्मीद थी कि अन्ततः प्रिवी काउंसिल में इन सिद्धान्तों पर ध्यान दिया जाएगा। जैसाकि हम देखेंगे, ऐसा नहीं हुआ। पर उससे पहले हम जस्टिस पिनी के 'क्रान्तिकारी फैसले' पर नजर दौड़ाएँगे।

3

19 सितम्बर 1885 को मुकदमे की सुनवाई शुरू हुई। रख्माबाई के वकीलों ने तीन मुद्दे उठाए। इनमें सबसे पहला मुद्दा था : 'क्या वादी को मुकदमा दायर करने का अधिकार था?' यह मुद्दा रख्माबाई के जुलाई 1884 के इस लिखित वक्तव्य से जुड़ा हुआ था कि विवाह के समय वह विवेकपूर्वक निर्णय लेने की आयु तक नहीं पहुँची थी। जुलाई 1884 में यह बात कही तो गई थी, लेकिन इसे एक सैद्धान्तिक मुद्दे के रूप में नहीं उठाया गया था। दूसरा मुद्दा मुकदमे के गुण-दोष से सम्बन्धित था : 'क्या वादी प्रतिवादी को रहने के लिए घर और गुजर-बसर के लिए खर्च दे पाने की स्थिति में था?' लैथम ने दादाजी के स्वास्थ्य या उसके संरक्षक के चरित्र को फिलहाल मुद्दा नहीं बनाया, पर यह जरूर कहा कि इनसे सम्बन्धित आरोप यदि सिद्ध हो गए तो यह मुद्दे भी उठाए जा सकते हैं। इन मुद्दों से जो एक तीसरा मुद्दा भी निकलता था वह था : 'क्या वादी जिस राहत का दावा कर रहा है उस राहत या उसके किसी

अंश का अधिकारी है?'

दादाजी के वकीलों–वीकाजी और मांकड़–ने उस पर लगाए गए आरोपों की सत्यता को चुनौती दी। साथ ही उन्होंने एक जवाबी मुद्दा उठाते हुए कहा कि इन आरोपों के सत्य होने की स्थिति में भी क्या हिन्दू कानून में उसे वैवाहिक अधिकारों से वंचित किए जाने का प्रावधान था? उन्होंने आगे कहा कि क्योंकि दोनों पक्षों ने विवाह की बात स्वीकार की थी, इसलिए प्रतिवादी को यह साबित करना चाहिए कि 'वैवाहिक अधिकारों को लेकर अपने पति के मुकदमे का विरोध करना उसके लिए कानूनी तौर पर न्यायसंगत था।' जहाँ तक इस विवाह के सम्बन्ध में उसकी सहमति का प्रश्न था, उन्होंने मेन की पुस्तक *हिन्दू लॉ* का हवाला देते हुए कहा कि शैशव-काल के कारण सहमति के अभाव का कोई महत्त्व नहीं था। हिन्दू विवाह सटीक अर्थों में एक 'अनुबन्ध' न होकर एक 'धार्मिक कर्त्तव्य' था।

दादाजी के वकीलों को 'पुनर्स्थापना' (रेस्टीट्यूशन) शब्द से जुड़ी सम्भावित कठिनाइयों का अहसास था। इसलिए उन्होंने पहले से ही एक सुरक्षित विकल्प के रूप में वैवाहिक अधिकारों की 'पुनर्स्थापना या स्थापना' (रेस्टीट्यूशन या इंस्टीट्यूशन) की माँग की। यदि रख्माबाई और दादाजी के साथ-साथ रहने और उनके बीच सहवास पर जोर दिया जाता, तो यह मुकदमा सटीक अर्थों में 'वैवाहिक सम्बन्धों की स्थापना' का मामला बन जाता। हमें यह बात याद रखनी चाहिए कि रख्माबाई और दादाजी कभी भी साथ-साथ नहीं रहे थे। लेकिन अगर इसे इस दृष्टि से देखा जाता कि वयस्क होने के बाद रख्माबाई अपने पति की इच्छा से ही अपने पिता के घर में रह रही थी, तो यह मुकदमा 'वैवाहिक सम्बन्धों की पुनर्स्थापना' का मामला बन जाता। दादाजी के वकीलों ने इस बात पर विशेष रूप से जोर दिया कि 'मुकदमा दायर होने से एक महीने पहले तक वैवाहिक अधिकारों को लेकर कभी भी कोई विवाद नहीं रहा था।'

मेन की पुस्तक को आधार बनाते हुए उन्होंने आगे कहा :

> *विवाह सम्पन्न होते ही हिन्दू पति अपनी पत्नी का कानूनी संरक्षक बन जाता है, भले ही उसकी पत्नी अभी अपने शैशव-काल में हो। पत्नी के वयः-सन्धि की उम्र तक पहुँचते ही पति को उसे अपने साथ अपने घर में रखने का अधिकार प्राप्त हो जाता है, और पति का घर ही अनिवार्य रूप से पत्नी का घर भी बन जाता है...डॉ. सखाराम का घर, जहाँ वादी अक्सर अपनी पत्नी से मिलने जाता रहता था, एक तरह से उसके पति का निवास-स्थान था, या कम-से-कम एक ऐसा स्थान था जो उसके पति ने उसके रहने के लिए नियत किया था।*

'पुनर्स्थापना' और 'स्थापना' के अन्तर के ही सन्दर्भ में दादाजी के वकीलों ने विवेकपूर्ण निर्णय की आयु के उस प्रश्न को भी लपेट लिया जिसके आधार पर मुकदमे

के औचित्य को चुनौती दी गई थी। उन्होंने समझ लिया कि इस प्रश्न को, बहस के दौरान अगर जरूरत हुई तो, यह तर्क भी दिया जा सकेगा कि यदि दोनों पक्ष हिन्दू हों तो उनके बीच वैवाहिक अधिकारों की पुनर्स्थापना का मामला अदालतों को स्वीकार ही नहीं करना चाहिए। उस संभावित तर्क को शुरू में ही निबटा देने के इरादे से उन्होंने कहा कि 'कानून की पुस्तकों और अदालतों के फैसलों के आधार पर निश्चित रूप से यह कहा जा सकता है कि हिन्दुओं में वैवाहिक अधिकारों की पुनर्स्थापना के मुकदमे सम्भव हैं। उन्होंने इस तथ्य की तरफ भी अदालत का ध्यान खींचा कि अपने मूल वक्तव्य में प्रतिवादी ने मुकदमे के औचित्य का मुद्दा नहीं उठाया था।

अपने आरोपों को साबित करने की जिम्मेदारी प्रतिवादी पर छोड़ते हुए दादाजी के वकीलों ने पत्नी के भरण-पोषण के मुद्दे से भी पल्ला झाड़ने का प्रयास किया :

> *पति की निर्धनता को वैवाहिक अपराध नहीं माना जा सकता, और इसे अपनी पत्नी का साथ और सहयोग पाने के पति के अधिकार में कानूनी बाधा के रूप में नहीं देखा जा सकता।*

लेकिन जस्टिस पिनी ने इस दलील और इसके आधार के रूप में उपरोक्त पुस्तक के सन्दर्भ को अस्वीकार करते हुए कहा :

> *मैं श्री मेन की धारणा से सहमत नहीं हूँ। मुझे लगता है कि उन्होंने इसे बहुत व्यापक सन्दर्भों में प्रस्तुत किया है, जो अदालत की सीमा से बाहर है...वादी को अपना पक्ष साबित करना होगा, जिसे अब शुरू किया जाना चाहिए।*

इसके बाद वादी की तरफ से गवाही शुरू हुई। गवाहों में स्वयं दादाजी, उसका भाई, उसका मामा नारायण और दो डॉक्टर शामिल थे। डॉक्टरों ने इस बात की पुष्टि की कि उन्होंने दादाजी में दमे या टीबी का कोई लक्षण नहीं देखा। अन्य गवाहों ने यह जानकारी दी कि दादाजी अपने मामा की मदद से हर महीने तीस-चालीस रुपए कमाता था, हालाँकि बीच-बीच में ऐसा समय भी आता था जब उसे कुछ भी कमाई नहीं होती थी। चिनम्मा के साथ नारायण धर्माजी के अनैतिक सम्बन्धों की शंकाओं को मिटाने के लिए इस बात पर जोर दिया गया कि नारायण की पत्नी और बेटियाँ उन्हीं के साथ रहती थीं।

अब बारी थी रख्माबाई के वकीलों की। सोमवार का दिन था। शनिवार को हुई लम्बी सुनवाई के बाद आगे की कार्यवाही शुरू हो गई थी। लैथम पैरवी के लिए खड़े हुए। पर वह एक शब्द भी बोल सकें इससे पहले ही न्यायाधीश ने कहा :

> *श्रीमान एडवोकेट-जनरल, अगर आप अदालत की मदद के लिए कुछ टिप्पणी करने के लिए विशेष उत्सुक न हों तो आपको कष्ट करने की जरूरत नहीं है। मैं इस मुकदमे का तुरन्त निपटारा करने के लिए तैयार हूँ।*

यह बहुत अप्रत्याशित था। इसलिए भी कि जस्टिस पिनी एक कमजोर जज समझे जाते थे। वह तीन सप्ताह बाद सेवा-निवृत्त हो रहे थे। वे इस मुकदमे में अपने फैसले को एक यादगार तोहफा बना देना चाहते थे। उस शहर के लिए जो उनकी जन्म-स्थली भी था।

उन्होंने शनिवार की सुबह 'ए हिन्दू लेडी' का पत्र पढ़ा था, और फिर अदालत में गवाही के दौरान इन लोगों की असलियत देख ली थी जो रख्माबाई जैसी महिला को जबरन अपने घर में ले जाना चाह रहे थे। रविवार का दिन उन्होंने बहुत बेचैनी और उधेड़-बुन में गुजारा था। पूरा मामला बिल्कुल स्पष्ट था। वादी खुद ही अपनी पोल खोल चुका था। उसके पक्ष में फैसला देना घृणित कृत्य होगा। परेशानी यह थी कि रख्माबाई के पक्ष में फैसला देने का कानूनी आधार कैसे बने। असल में पिनी इस मुकदमे से इतने गहरे में प्रभावित हो गए कि रिटायर होकर इंग्लैंड चले जाने के बाद और वहाँ शान्तिवाद के आन्दोलन में व्यस्त हो जाने के बावजूद जब बाद के फैसले रख्माबाई के खिलाफ हुए तो उन्होंने सार्वजनिक रूप से उसके पक्ष को सही ठहराया।

जैसाकि स्वाभाविक था, एडवोकेट-जनरल ने कोई विशेष टिप्पणी करने की इच्छा नहीं जताई। पिनी ने अपना फैसला सुनाना शुरू किया। उन्होंने बताया कि जब से यह मुकदमा शनिवार को उनके सामने आया वह इसी के बारे में सोचते और संबद्ध कानूनी प्रमाणों को खँगालते रहे थे। अन्त में वह 'इस निष्कर्ष पर पहुँचे थे कि वादी इस कार्रवाई को जारी नहीं रख सकता।' इस तरह दो-टूक फैसला सुना देने के बाद उन्होंने इस फैसले के आधारों को स्पष्ट करना शुरू किया।

उन्होंने कहा कि 'इस मुकदमे को वैवाहिक अधिकारों की पुनर्स्थापना का मुकदमा कहना भ्रान्तिपूर्ण था।' इंग्लैंड और ब्रिटिश भारत में व्याप्त प्रचलन को देखते हुए सिर्फ उन मामलों को वैवाहिक समागम के अधिकारों की पुनर्स्थापना का मामला कहा जा सकता था, जहाँ सहवास के बाद दोनों पक्ष अलग हो गए हों और किसी एक पक्ष ने दूसरे पक्ष के खिलाफ इस तरह का मुकदमा दायर किया हो। दादाजी द्वारा दाखिल किया गया मुकदमा इस श्रेणी का मुकदमा नहीं था। क्योंकि रख्माबाई के साथ उनका सहवास कभी हुआ ही नहीं था।

पिनी ने आगे कहा :

> *मौजूदा मामले में दोनों पक्षों के बीच ग्यारह वर्ष पहले विवाह की धार्मिक रस्म सम्पन्न हुई थी जब प्रतिवादी ग्यारह वर्ष की बालिका थी। पति-पत्नी के बीच कभी सहवास नहीं हुआ। और अब जब प्रतिवादी बाईस वर्ष की स्त्री है तो वादी चाहता है कि अदालत उसे उसके घर जाकर रहने के लिए बाध्य करे, ताकि वादी वैवाहिक समागम करके उसके साथ अपना अनुबन्ध पूरा कर सके। प्रतिवादी, जो अब अपनी पूरी उम्र में पहुँच*

चुकी है, उसे वैवाहिक समागम की अनुमति देना नहीं चाहती, और उस अनुबन्ध की पुष्टि करने या उसे पूरा करने से इनकार कर रही है जो उसकी तरफ से उसके अभिभावकों ने उस समय किया था जब वह ग्यारह वर्ष की अबोध उम्र में थी।

अपनी सहानुभूति प्रदर्शित करने के बाद पिनी ने अपनी आहत संवेदनाओं को उजागर करते हुए, और एक नैतिक दृष्टिकोण अपनाते हुए, बहुत मर्मस्पर्शी शब्दों में कहा :

मुझे ऐसा लगता है कि इन परिस्थितियों में एक युवा महिला को उस पुरुष के पास जाने के लिए बाध्य करना जिसे वह नापसन्द करती हो—ताकि वह पुरुष उसकी इच्छा के खिलाफ उसके साथ सहवास कर सके—एक बर्बर, क्रूर और घृणित कृत्य होगा...

पिनी ने ऐसा बर्बर, क्रूर और घृणित आदेश न देने के पीछे कानूनी कारण बताए। उन्होंने कहा कि किसी भी अदालत ने विवाह की धार्मिक रस्म के बाद किसी स्त्री को अपनी इच्छा के खिलाफ उस पुरुष को अपने साथ समागम की अनुमति देने का आदेश नहीं दिया था। इसलिए न तो कानून और न इंग्लैंड और भारत की अदालतों का प्रचलन इस तरह के आदेश को न्यायसंगत ठहरा सकता था, या दादाजी को यह मुकदमा जारी रखने की अनुमति दे सकता था।

पिनी जानते थे कि इंग्लैंड की अदालतों में इस तरह के मुकदमे का उदाहरण खोजना अत्यंत कठिन होगा। इंग्लैंड में भारत की तरह बाल-विवाह नहीं होते थे, और वर और कन्या दोनों के वयस्क होने के कारण उनके विवाह और वैवाहिक समागम में समय का अधिक अन्तराल नहीं होता था। उन्होंने इंग्लैंड की तर्ज पर भारत में भी 'वैवाहिक अधिकारों की पुनर्स्थापना' के मुकदमों की अनुमति दिए जाने पर खेद प्रकट किया। इंग्लैंड में इस तरह के मुकदमे कुछ 'विशिष्ट परिस्थितियों की उपज' थे। उनका हिन्दू कानूनों में कोई आधार नहीं था। उन्होंने जोर देते हुए कहा कि हिन्दू कानून के अन्तर्गत दीवानी अदालतों में 'इस तरह का मुकदमा स्वीकार ही नहीं किया जाएगा।' 1851 में उनके भारत आने के बाद से, 'कई वर्षों तक' अदालतों ने सचमुच ही इस तरह के मुकदमे स्वीकार नहीं किए थे। 1857 के बाद न्याय और कानून-व्यवस्था का पुनर्गठन किया गया, और सर्वोच्च और सदर अदालतों को मिलाकर उच्च न्यायालयों का रूप दे दिया गया। उसके बाद ही इस तरह के मुकदमे स्वीकार किए जाने लगे थे।

पिनी ने खेद व्यक्त किया कि इंग्लैंड में बदनाम हो चुकी कानूनी प्रथाओं को भारत में लागू करने का प्रयास किया जा रहा था। उनके इस खेद के पीछे 'वेल्डन बनाम वेल्डन'[65] नामक मुकदमे का उदाहरण था। इस मुकदमे में न्यायाधीश सर जेम्स हेनन ने तत्कालीन अंग्रेजी कानून की कड़ी आलोचना की थी और इसके तुरन्त बाद अगस्त 1884 में वैवाहिक मामलों सम्बन्धी एक नया कानून (Matrimonial Causes

Act—Stat.47 & 48 Vic., Cap.68) लाया गया था। इस कानून ने पति या पत्नी द्वारा अदालत के निर्देश का पालन न किए जाने की स्थिति में उसे कैद की सजा देने और या उसकी सम्पत्ति जब्त कर लिए जाने के प्रावधान को खत्म कर दिया था। बल्कि इस कानून के बाद इस तरह के मुकदमों को दायर करना ही कठिन हो गया था।

पर पिनी उसी पुराने कानून से बँधे थे जो इंग्लैंड से हिन्दुस्तान में आया था, न कि उससे जो इंग्लैंड में सुधारा जा चुका था। वे सिर्फ इतना कर सकते थे कि वैवाहिक अधिकारों की 'स्थापना' को 'पुनर्स्थापना' के दायरे में समेटने से इनकार कर दें। पुनर्स्थापना का दायरा बढ़ाना न तो कानूनी दृष्टि से अनिवार्य था और न नैतिक दृष्टि से न्याय-संगत।

उन्होंने घोषणा की :

> *अंग्रेजी कानून के प्रावधानों से आगे जाकर इस परम्परा को और ज्यादा विस्तार देने के लिए मैं बाध्य नहीं हूँ, खासकर यह देखते हुए कि इस मामले में जो राहत माँगी जा रही है उसको देने के ऐसे परिणाम होंगे जो न सिर्फ सभ्य लोगों को बल्कि सामान्य संवेदनाओं वाले अनपढ़ लोगों को भी घृणास्पद प्रतीत होंगे...मैं निश्चित रूप से ऐसा कोई उदाहरण स्थापित नहीं करना चाहता; और न ही इस तरह के मामलों में अदालत के अधिकार को उस सीमा से आगे ले जाना चाहता हूँ जितने का कानूनी प्रावधान है।*

न तो कोई ऐसा उदाहरण था और न कोई ऐसा कानून, जिसके कारण वे 'स्थापना' शब्द को 'पुनर्स्थापना' के दायरे में समेटने के लिए बाध्य हों। इसलिए जस्टिस पिनी ने दादाजी के वकील की उस व्याख्या को स्वीकार करने से इनकार कर दिया जिसमें 'स्थापना या पुनर्स्थापना' के विकल्पों का प्रयोग किया गया था। पिनी प्रसन्न थे कि उन्होंने अपनी नैतिक दुविधा में से निकलने का कानूनी रास्ता ढूँढ़ निकाला था :

> *कानून के अनुसार, मैं वादी को उसके द्वारा माँगी गई राहत प्रदान करने के लिए, और इस बाईस वर्षीय युवा महिला को उसके साथ उसके घर में रहने का आदेश देने के लिए–ताकि वादी उक्त महिला के साथ उसके मासूम बचपन में हुए अपने विवाह को परिणति तक पहुँचा सके–बाध्य नहीं हूँ।*

पिनी के इन शब्दों में उसी नैतिक उत्साह की झलक थी जो 'रेगिना बनाम हॉल' (1845) के मुकदमे में जस्टिस मॉल के उद्गारों में देखा गया था।[22] उस मुकदमे के बाद वैवाहिक मामलों से जुड़े अंग्रेजी कानून की कमजोरियाँ सामने आ गई थीं।[68] जस्टिस मॉल के भावनापूर्ण शब्दों ने विक्टोरिया-युगीन इंग्लैंड की अन्तर्चेतना को झकझोर डाला था, और परिणामस्वरूप वैवाहिक मामलों से जुड़े कानून में कई महत्त्वपूर्ण संशोधन किए गए थे।

लेकिन पिनी अपने नैतिक फैसले को एक कानूनी आवरण देना जरूरी समझते थे। इसलिए उन्होंने अपने फैसले के कारणों को स्पष्ट करते हुए 'क्यों' के साथ-साथ 'क्यों नहीं' पर भी प्रकाश डाला। वे नहीं चाहते थे कि उस 'प्रबुद्ध और सुसंस्कृत' महिला के प्रति उनकी सहानुभूति को गलत ढंग से देखा जाए, इसलिए उन्होंने स्पष्ट किया कि उन्होंने बचाव पक्ष की सभी दलीलों को स्वीकार नहीं किया था। उदाहरण के लिए, उन्हें दादाजी की निर्धनता को लेकर कोई सन्देह नहीं था। उसने अपनी आर्थिक स्थिति को लेकर 'बहुत-से झूठे सबूत' पेश किए थे और इस मामले में उसके मामा की गवाही 'और भी ज्यादा अविश्वसनीय' थी। फिर भी दादाजी के दावे को ठुकराने के पीछे उसकी निर्धनता 'कारण' नहीं थी। पिनी के अनुसार, 'एक निर्धन व्यक्ति को अपनी पत्नी को पाने का उतना ही अधिकार है जितना कि एक धनवान व्यक्ति को।'

पिनी ने काफी सावधानी बरती थी कि उनके फैसले का कानूनी आधार पक्का हो और उसे नैतिक या भावनात्मक अतिरेक पर आधारित बता करके दरकिनार न कर दिया जाए। पर अपनी तरफ से पूरी सावधानी बरतने के बावजूद भी वह आखिर में कुछ ऐसा कर बैठे कि इस फैलसे के पीछे उनके चिन्तन की नैतिक-भावनात्मक प्रेरणा बड़े नाटकीय ढंग से उजागर हो गई। हुआ यह कि दादाजी के वकील ने रख्माबाई को मुकदमे की लागत दिलवाए जाने पर आपत्ति उठाते हुए कहा :

योर लॉर्डशिप, मेरा निवेदन है कि यह ऐसा मुकदमा नहीं है जिसमें वादी को मुकदमे की लागत देने के लिए कहा जाए। वादी वकीलों की सलाह के अनुसार चलता रहा है, जिनका मानना था कि इस तरह का मुकदमा बनता है।

पिनी यह सुनते ही भड़क उठे। यह आखिरी तिनका था उनके लिए। सुनवाई के दौरान दादाजी की तरफ से ढेरों झूठे सबूत और गलत-सलत दलीलें सुनते रहे थे वह। इस सबसे उत्पन्न क्रोध को अपने फैसले में भी खासा दबाए रहे थे। लेकिन वादी की मासूमियत जताती इस दलील को सुनते ही पिछले तीन दिनों से उनके मन में उमड़ता उफान एकाएक छलककर बाहर आ गया। उन्होंने कहा :[23]

जब वादी को पता चल गया कि यह युवती उसके साथ गृहस्थी नहीं बसाना चाहती तो उसे किसी घोड़े या बैल की तरह हासिल करने की कोशिश ही नहीं करनी चाहिए थी।

पिनी का यह विस्फोट लील-सा गया उनके फैसले के पूरे तर्क को। पर्याय बन गया यह उनके फैसले का। इसकी बात ऐसे होने लगी मानो बस यही था पिनी का फैसला। बड़ा बल मिला इससे उस आरोप को कि उनका फैसला कानून की बजाय

भावनाओं से प्रभावित था। यह आरोप उनके सहकर्मियों से लेकर हिन्दू प्रतिक्रियावादी तत्त्वों तक सभी ने लगाया।

'रेगिना बनाम हॉल' मामले में मॉल के फैसले–जिसके परिणामस्वरूप इंग्लैंड में तलाक का कानून बना–या 'वेल्डन बनाम वेल्डन' मामले में हेनन के फैसले–जिसके परिणामस्वरूप 1884 का वैवाहिक मामलों सम्बन्धी कानून सामने आया–की तुलना में पिनी का क्रान्तिकारी फैसला कोई नई पहल करने में विफल रहा। छह महीने के भीतर ही उनके फैसले को पलट दिया गया। इसके साथ ही उपनिवेशीय कानून और न्याय-प्रक्रिया की एक वैकल्पिक और कम आक्रामक सांस्कृतिक अवधारणा भी समाप्त हो गई।

फिर भी, पिनी नैतिकता और कानून के आपसी सम्बन्धों से जुड़े जटिल प्रश्न की तरफ ध्यान खींचने में सफल रहे। उनके फैसले ने इस मुकदमे को हमेशा के लिए स्त्री-मुक्ति के प्रश्न से जोड़ दिया। विफल हो गए वे जो इस मामले को मात्र एक निजी वैवाहिक विवाद बनाए रखना चाहते थे।

सन्दर्भ टिप्पणी

1. 'ए हिन्दू लेडी' का पत्र, *टाइम्स ऑव इंडिया,* 26 जून 1885
2. टाइम्स, 9 अप्रैल 1887
3. दादाजी भीकाजी, *ऍन ऍक्सपोज़ीशन ऑव द फैक्ट्स ऑव द केस ऑव दादाजी वर्सज़ रख्माबाई,* बंबई, 1887, पृ. 3
4. *टाइम्स ऑव इंडिया,* 4 मार्च 1887
5. दादाजी भीकाजी, *ऍक्सपोज़ीशन,* पृ. 2, 8
6. दादाजी के *ऍक्सपोज़ीशन* का रख्माबाई का 'जवाब', *बॉम्बे गैज़ट,* 29 जून 1887
7. *टाइम्स ऑव इंडिया,* 13, 19 मार्च 1886
8. *केसरी,* 19 अप्रैल 1887
9. प्रोबेट डिवीज़न, V, 23। भारतीय सन्दर्भ के लिए देखें जे.डी. ऍम. डैरिट, *रिलीजन, लॉ एंड द स्टेट इन इंडिया,* लंदन, 1968, पृ. 352-99
10. *टाइम्स ऑव इंडिया,* 4 मार्च 1887
11. रख्माबाई का 17 फरवरी का पत्र, *टाइम्स,* 9 अप्रैल 1887
12. *इंडियन स्पैक्टेटर,* 20 मार्च 1887
13. 'ए हिन्दू लेडी' का पत्र, *टाइम्स ऑव इंडिया,* 26 जून 1885
14. *होम डिपार्टमेंट, जुडीशल प्रोसीडिंग्ज, मई 1890,* संख्या 410-715 (नैशनल आर्काइव्ज़ ऑव इंडिया)
15. *टाइम्स ऑव इंडिया,* 3 अक्टूबर 1885
16. इंदु *प्रकाश,* 21 सितंबर 1885
17. *टाइम्स,* 9 अप्रैल 1887 में रख्माबाई का पत्र
18. *बौम्बे गैज़ट,* 24 सितंबर 1885, 29 सितंबर, 7 नवम्बर 1885 भी

19. *इंडियन स्पैक्टेटर,* 1 नवंबर 1885, 4 अक्टूबर 1885 भी
20. डी.ई. वाचा, *शैल्ज़ फ्रॉम द सैन्ड्ज़ ऑव बौम्बे : माई रैकलैक्शन्ज़ एंड रैमिनिसैंसज़,* बंबई, 1920, पृ. 736-37, 739
21. सर रेमन्ड वैस्ट, 'के.टी. तैलंग', वी. ऍन. नायक, सं., *सिलैक्ट राइटिंग्ज़ एंड स्पीचेज़* (ऑव तैलंग) में, बंबई, प्रकाशन वर्ष नहीं, खंड-II, परिशिष्ट 'ए', पृ. 536
22. देखें लॉरिन्स स्टोन, *रोड टू डिवोर्स : इंग्लैंड 1530-1987,* ऑक्सफोर्ड, 1992, पृ. 366-69
23. पिनी के फैसले और अदालती कार्यवाही के लिए, *द इंडियन लॉ रिपोर्ट्स,* बंबई सीरीज़, खंड-IX, पृ. 529-35

अध्याय-2

एक विवादास्पद फैसला

पिनी के फैसले ने देश में एक हलचल-सी मचा दी और परस्पर विरोधी प्रतिक्रियाएँ सामने आने लगीं। कुछ लोगों के लिए यह भारतीय स्त्री की व्यक्तिगत स्वतंत्रता और अस्मिता की एक साहसी घोषणा थी। वहीं दूसरी तरफ कुछ लोग इसे हिन्दू विवाह और परिवार की पवित्रता और अखंडता पर ऐसे प्रहार के रूप में देख रहे थे जिससे पूरे समाज के छिन्न-भिन्न हो जाने का खतरा पैदा हो गया था। ये लोग इस फैसले को चुनौती देकर इसे तुरन्त उलटवाने के फेर में थे। इससे फैसले के समर्थक चिन्तित हो उठे थे कि कहीं स्त्रियों की स्वतंत्रता की दिशा में पिनी का क्रान्तिकारी घोषणा-पत्र निरस्त न कर दिया जाए।

'दादाजी भीकाजी बनाम रख्माबाई' मुकदमा अब गरमागरम बहसों का विषय बन चुका था। अब यह एक गुमनाम पति-पत्नी का आपसी झगड़ा नहीं रह गया था। इसने दो परस्पर विरोधी सामाजिक-सांस्कृतिक शक्तियों के टकराव का रूप ले लिया था। इसके बाद इन दोनों ही शक्तियों को—और इस मुकदमे में उलझे पति-पत्नी को भी—अदालत में अपने पक्ष को सही साबित करने के लिए पूरा जोर लगा देना था। भले ही मुकदमा कितना ही लम्बा खिंचे या कितना ही खर्चीला क्यों न साबित हो।

1

पिनी के फैसले पर सबसे पहले प्रतिक्रिया व्यक्त करने वालों में *टाइम्स ऑव इंडिया* भी शामिल था। उसके अनुसार यह एक 'सही और सूझबूझ भरा' फैसला था। अखबार ने अपने सम्पादकीय में पिनी की जमकर प्रशंसा की और उन्हें एक ऐसा न्यायाधीश बताया 'जिनकी प्रतिष्ठा में दिनोंदिन वृद्धि होती रही थी' और जिन्हें 'भारतीय जनजीवन और जनमानस की बहुत गहरी समझ' थी। अखबार के अनुसार, भारत में उनकी मिसाल मिलनी मुश्किल थी। न्यायाधीश की साख स्थापित करने के बाद सम्पादकीय ने बहुत मर्मस्पर्शी शब्दों में रख्माबाई के करुण जीवन का बखान

किया। यह जानते हुए कि पाठक 'ए हिन्दू लेडी' के पत्र में व्यक्त व्यथा को नहीं भूले होंगे–जो सिर्फ तीन दिन पहले छपा था–और उसकी पहचान के रहस्य को बरकरार रखते हुए अखबार ने आगे लिखा :

> *'द हिन्दू लेडी'–जिनके पत्रों ने दुनिया भर के पाठकों की सहानुभूति अर्जित की है–ने जब बाल-विवाह की कुप्रथा के कारण अपने जीवन की सभी खुशियाँ छिन जाने की व्यथा-कथा सुनाई थी, तो उन्होंने इससे ज्यादा मुश्किल मुकदमे की कल्पना भी नहीं की होगी।*

जस्टिस पिनी ने 'कानून को यातना का यंत्र बनाने की अनुमति देने' से इनकार कर दिया था। 'उन्होंने दिखा दिया था कि इस तरह का मुकदमा अंग्रेजी कानून की उपज था, जो सिर्फ वयस्क आयु के उन स्त्री-पुरुषों के लिए था जो सोच-समझकर और खुली आँखों से विवाह की जिम्मेदारी स्वीकार करते हैं।' और फिर 'अंग्रेजी कानून में इस तरह के मुकदमे का कोई प्रावधान भी नहीं था और न्यायमूर्ति कानून का दायरा बढ़ाने के पक्ष में नहीं थे।' उन्होंने यह भी कहा कि 'एक युवा स्त्री को एक ऐसे पुरुष के पास जाने के लिए बाध्य करना जिसे वह नापसन्द करती हो, बहुत क्रूरतापूर्ण होगा'।

अखबार के अनुसार, 'अदालत का यह फैसला बाल-विवाह की समूची व्यवस्था पर एक करारी चोट था, जिसका समाज-सुधार की दिशा में बहुत अच्छा प्रभाव पड़ेगा :

> *दृढ़ता के साथ-साथ सूझबूझ भी दिखाकर जस्टिस पिनी ने सिर्फ एक सुबह में सम्भवतः वह काम कर दिखाया है जो भारतीय स्त्रियों की दुर्दशा में सुधार लाने के मामले में आज तक नहीं हुआ है।*

इस प्रशंसा में फैसले के नैतिक पहलू पर बहुत ज्यादा जोर दिया गया था। इससे समझा जा सकता है कि क्यों पिनी ने इतनी सतर्कता बरती थी कि उनके फैसले का कानूनी आधार गौण न हो जाए। ज़ाहिर है कि वे सफल नहीं हुए अपने प्रयास में। *टाइम्स ऑव इंडिया* जैसा रख्माबाई का समर्थक भी गलती कर बैठा पिनी के फैसले की नैतिकता, न कि उसकी कानूनी असन्दिग्धता पर ज़ोर देने की।

टाइम्स ऑव इंडिया ने एक और गलती की जो उस सांस्कृतिक दम्भ का परिणाम थी जिससे भारत और इंग्लैंड में रहनेवाले सारे औसत अंग्रेज पुरुष और महिला ग्रसित थे। उस दम्भ के कारण *टाइम्स ऑव इंडिया* पिनी के फैसले के उस हिस्से पर ध्यान ही न दे सका जिसमें वैवाहिक अधिकारों की पुनर्स्थापना के अंग्रेजी कानून की आलोचना की गई थी, खेद जताया गया था कि यह कानून भारत में भी लागू कर दिया गया, और बताया गया था कि 'पुनर्स्थापना के मामले हिन्दू कानून के लिए एक अनजानी वस्तु थे'। यह सब नजरअन्दाज करके अखबार ने हिन्दू वैवाहिक कानूनों को 'जितने अन्यायपूर्ण उतने ही अस्वाभाविक' ठहरा दिया।

आयातित अंग्रेजी कानून की प्रशंसा और हिन्दू कानून की आलोचना जस्टिस पिनी की घोषणाओं से ठीक उलट थी। इस तरह की मानसिकता से पिनी के फैसले की ऐसी समझ बनी जिसने उस फैसले की वैधता को कमज़ोर कर दिया। मसलन *टाइम्स ऑव इंडिया* ने लिखा :[1]

> *न्यायमूर्ति पिनी के अनुसार जो लड़की अपनी बारहवीं साल में बगैर अपनी सहमति के ऐसे आदमी से ब्याह दी जाए जो उसका भरण-पोषण नहीं कर सकता और जिसका स्वास्थ्य कमज़ोर है, वह दस साल बाद, जब वह सोच-समझ कर निर्णय करने की स्थिति में है, उस पुरुष के साथ रहने के लिए बाध्य नहीं की जा सकती।*

टाइम्स ऑव इंडिया की यह समझ दरअसल इस मुकदमे और अदालत के फैसले को लेकर एंग्लो-इंडियन समझ का प्रतिनिधित्व करती थी। इस समझ में रख्माबाई–एक भारतीय लड़की–की भरपूर प्रशंसा थी, किन्तु वहाँ भी निर्णायक तत्त्व यह था कि उस पर अंग्रेजी विचारों और उदाहरणों का प्रभाव था। नहीं तो अन्य भारतीय स्त्रियों की तरह वह भी अपने भाग्य के साथ समझौता करने के लिए विवश हो गई होती।

अब जब 'भारतीय स्त्रियों के अधिकारों' को लेकर उसने यह कदम उठा लिया था, तो सभी समाज-सुधारकों की जिम्मेदारी थी कि वे इस मुकदमे से पैदा हुए अवसर का लाभ उठाते हुए इस दिशा में 'दूरगामी परिणाम' हासिल करने का प्रयत्न करें। दादाजी द्वारा अपील किए जाने की अफवाहों को देखते हुए उनकी यह जिम्मेदारी और भी बढ़ गई थी।[2]

टाइम्स ऑव इंडिया की इन रिपोर्टों को देश भर के दूसरे एंग्लो-इंडियन अखबारों ने भी छापाा। इसलिए उनके दृष्टिकोण में एक समानता दिखाई देती थी। *बॉम्बे गार्डियन* की प्रतिक्रिया *टाइम्स ऑव इंडिया* की प्रतिक्रिया से जरा भी भिन्न नहीं थी। अखबार ने यह दावा भी किया कि वह वर्षों से इस बात की वकालत करता रहा था कि 'सरकार को ऐसे किसी भी विवाह को मान्यता नहीं देनी चाहिए जिसमें वर और वधू विवाह योग्य उम्र के न हों और जिसमें उनकी अपनी सहमति शामिल न हो।' किसी न किसी को इस सम्बन्ध में पहल करनी थी और पिनी ने यह काम कर दिखाया था। परन्तु यह इसीलिए सम्भव हुआ क्योंकि रख्माबाई ने 'अपनी बलि देने से इनकार' कर दिया था। वह 'न सिर्फ अपने लिए बल्कि अपनी लाखों-करोड़ों बहनों के लिए बहुत दृढ़तापूर्वक लड़ी थी।[3]

इलाहाबाद से छपने वाले *पायनियर* का मानना था कि इस समस्या की जड़ें 'अंग्रेजी वैवाहिक कानूनों को हिन्दू विवाह व्यवस्था के साँचे में बिठाने से जुड़ी हुई थीं, जिसके लिए वे कतई नहीं बने थे।' अन्य सभी एंग्लो-इंडियन अखबारों की तरह इस तथ्य को नजरअन्दाज करते हुए कि पिनी ने हिन्दू कानून की बजाय

आयातित अंग्रेजी कानून पर प्रहार किया था, *पायनियर* ने खेद व्यक्त किया कि इस दुर्भाग्यपूर्ण स्थिति के कारण अंग्रेज न्यायाधीश 'कई अन्यायपूर्ण हिन्दू प्रथाओं को कानूनी मान्यता देने' के लिए बाध्य थे। पिनी के 'दूरगामी और अत्यन्त सराहनीय फैसले' के कारण आशा की एक किरण दिखाई दे रही थी। अब कानूनी तौर पर स्थापित हो चुका था कि 'एक लड़की जिसका विवाह बचपन की एक औपचारिक रस्म मात्र रहा हो, वयस्क होने के बाद अपनी इच्छा के खिलाफ उस पुरुष की पत्नी का दर्जा स्वीकार करने के लिए बाध्य नहीं की जा सकती।'

समाज-सुधारकों को इस अवसर का लाभ उठाने की सलाह देते हुए *पायनियर* ने उनके लिए एक रणनीति भी तैयार कर दी :

> *अगला कदम इस तर्क को स्थापित करना होगा कि जब किसी स्त्री को कानूनी तौर पर पत्नी का दर्जा स्वीकार करने के लिए बाध्य नहीं किया जा सकता, तो वह कानूनी रूप से पत्नी नहीं है; इसलिए तथाकथित पति की मृत्यु के बाद उसे विधवा नहीं माना जा सकता। कानून द्वारा स्थापित हो जाने के बाद, इस स्थापनाका हिन्दू स्त्रियों की दुर्दशा से जुड़ी बुराइयों को दूर करने पर बहुत ज्यादा प्रभाव पड़ेगा। बाल-विवाह की हानिकारक प्रथा की शक्ति लगभग पूरी तरह इससे जुड़े सम्पत्ति के दावों में निहित है। परन्तु अगर कानून इस विवाह को मान्यता नहीं देता तो इससे जुड़े सम्पत्ति के दावों का भी कोई अर्थ नहीं रह जाएगा; और इस तरह बाल-विवाह की कुप्रथा से जुड़ा एक बड़ा प्रलोभन हमेशा के लिए खत्म हो जाएगा।*

पायनियर ने विश्वास जताया कि भारतीय समाज-सुधारक 'इस सरल तर्क के महत्त्व को नजरअन्दाज' नहीं करेंगे। हम जल्दी ही इस तर्क की सरलता पर भी बात करेंगे। अखबार ने इसी तर्क के आधार पर सुधारकों को 'ऐसा हर सम्भव प्रयास करने' की सलाह दी जिससे 'न्यायमूर्ति पिनी के इस फैसले को ऊपरी अदालतों की स्वीकृति मिल सके और इसे इसके स्वाभाविक परिणाम तक पहुँचाया जा सके।'[4]

एंग्लो-इंडियन अखबारों, खासकर सत्ता के गलियारों में गहरी पैठ रखने वाले *पायनियर,* की यह सलाह एक तरह से नैतिक-सांस्कृतिक श्रेष्ठता का प्रदर्शन थी। इस सलाह में इस सरल तथ्य का कोई बोध नहीं था कि बेचारे समाज-सुधारक पिनी के फैसले का लाभ उठाने के लिए कितने ही उत्सुक हों, इस फैसले पर ऊपरी अदालत की मोहर लगवाने के लिए बहुत ज्यादा कुछ कर पाना उनके बस में नहीं था। जैसाकि मलबारी ने लिखा :[5]

> *रख्माबाई सौभाग्यशाली है कि उसके पास सर्वश्री इनवेरेरिटी और तैलंग जैसे वकील हैं। तैलंग पूरी तरह से इस मुकदमे में डूबे हुए हैं और हर किसी को भरोसा है कि रख्माबाई की जीत के लिए वे हर सम्भव प्रयास करेंगे। लेकिन समझ में नहीं आता कि क्या किया*

जा सकता है—जब तक कि अन्तिम अदालत अपरिणित बाल-विवाहों को मान्यता देने से ही इनकार न कर दे।

सुदूर लाहौर में भी, साम्राज्यवादी गर्व में मत्त *सिविल एंड मिलिट्री गेजेट* ने नकल मारने की हद तक *टाइम्स ऑव इंडिया* के दृष्टिकोण को अपनाते हुए लगभग वैसी ही प्रतिक्रिया व्यक्त की। अंग्रेजी हास्य के एक दूसरे पहलू को उजागर करते हुए—जो भारत और भारतीयों की भर्त्सना करते समय विशेष आनन्द से प्रकट होता था—लाहौर के इस दैनिक ने अल्पोक्ति के बजाय अतिशयोक्ति का प्रयोग किया :

न्यायमूर्ति पिनी में भले ही कुछ दूसरी कमजोरियाँ रही हों, लेकिन अपनी रखैलों की नाक काट लेने वाले ईर्ष्यालु हिन्दुओं के मामले में मानना पड़ेगा कि उन्होंने—पिनी ने—समाज-सुधार को उल्लेखनीय बढ़ावा दिया है।

विस्तार से बताते हुए कि कैसे बम्बई के एक जाने-माने देशी डॉक्टर की सौतेली बेटी को ग्यारह वर्ष की उम्र में एक ऐसे व्यक्ति से ब्याह दिया गया था जो टीबी का मरीज था और अपनी पत्नी का भरण-पोषण तक नहीं कर सकता था, अखबार ने लिखा :[6]

वयस्क आयु के अंग्रेज पुरुषों और स्त्रियों के विवाह से उन्नीस और ग्यारह वर्ष के देशी बच्चों के विवाह की तुलना करने का विचार बहुत-से लोगों को हास्यास्पद लगेगा।

लाहौर के *गजेट* और कलकत्ता के *इंडियन डेली न्यूज* के बीच लम्बी भौगोलिक दूरी थी। इसके अलावा एक अन्ध-राष्ट्रवाद का समर्थक था तो दूसरा सन्तुलित विचारों में विश्वास रखता था। पर इस अन्तर के बावजूद कलकत्ता के दैनिक को भी पिनी का फैसला पूरी तरह से 'न्याय और समानता की यूरोपीय अवधारणा के अनुरूप' प्रतीत हुआ। हालाँकि एंग्लो-इंडियन अखबारों के विपरीत *इंडियन डेली न्यूज* को पति की शिकायत भी उचित लगी :[7]

वह एक ऐसी पत्नी से बँधा हुआ है जो पत्नी नहीं है...इन अर्थों में नहीं कि वह उस पर एक बोझ है...बल्कि इन अर्थों में कि वह अब भी कानूनी तौर पर उसकी पत्नी है। न्यायमूर्ति के फैसले ने भले ही उसे अपनी पत्नी का साथ पाने से रोक दिया हो, लेकिन इससे यह विवाह भंग नहीं हुआ है। इसलिए अगर यह युवा पत्नी हमारे देश में प्रचलित दुर्भाग्यपूर्ण विवाह प्रथा की शिकार हुई है, तो पति भी इसका शिकार हुआ है, भले ही कुछ कम मात्रा में।

हिन्दुस्तानियों के बरक्स अपनी श्रेष्ठता के मद में एंग्लो-इंडियन पत्र यह मान बैठे कि सारे देशी, विशेष रूप से हिन्दू, अखबार पिनी के फैसले के विरोध में थे। इस मानसिकता का प्रतिनिधित्व करते हुए *बॉम्बे गजेट* ने लिखा कि 'देशी अखबार रख्माबाई और उसके निर्धन अशिक्षित पति के मामले में न्यायमूर्ति पिनी द्वारा दिए गए फैसले का एक स्वर में विरोध कर रहे हैं'।[8]

बॉम्बे क्रॉनिकल एकमात्र ऐसा अखबार था जिसने एक ऐसे 'द्वन्द्व' को पैदा होते देखा 'जिसका हिन्दू सामाजिक व्यवस्था पर बहुत गहरा प्रभाव पड़ेगा, और जिसमें समुदाय के श्रेष्ठतम मस्तिष्क आपस में जूझते दिखाई देंगे'।[9]

यह 'द्वन्द्व' सचमुच मुकदमे के विभिन्न चरणों में भिन्न-भिन्न रूपों में जारी रहा। अन्य सभी सामाजिक द्वन्द्वों की तरह इस द्वन्द्व में भी दोनों पक्ष स्पष्ट रूप से दो खेमों में बँटे हुए नहीं थे। दोनों तरफ ऐसे लोग भी थे जो विरोधी पक्ष के कुछ दावों और उद्देश्यों के प्रति सहानुभूति रखते थे। अधिकांश सामाजिक द्वन्द्वों की तरह यह भी एक आन्तरिक द्वन्द्व था, जो लोगों के दिलों और दिमागों में चले जा रहा था।

2

'हिन्दू स्त्रीत्व की बुराइयों' को दूर करने के लिए 'पायनियर' ने जो 'सरल तर्क' प्रस्तुत किया था, वह तर्क हिन्दू/भारतीय समाज के एक बड़े वर्ग को अपनी पारिवारिक और सामाजिक व्यवस्था के लिए एक गम्भीर खतरा प्रतीत हो रहा था। (हालाँकि पिनी के फैसले का विरोध मुख्य रूप से हिन्दुओं और सिखों की तरफ से हो रहा था, मुस्लिम और पारसी भी इसके प्रति उदासीन नहीं थे।) फैसले को लेकर एंग्लो-इंडियनों के उत्साह से हिन्दुओं/भारतीयों में चिन्ता की लहर दौड़ गई। यह चिन्ता इतनी व्यापक थी कि पिनी के इस फैसले को भी सन्देह की दृष्टि से देखा जाने लगा कि 'वैवाहिक अधिकारों की पुनर्स्थापना के मुकदमे हिन्दू कानून के लिए एक अनजानी वस्तु' थे। एंग्लो-इंडियनों की तरह हिन्दू भी पिनी के फैसले को लेकर दृष्टिहीनता के शिकार हो गए। मुकदमे को लेकर नए-नए विवाद इसलिए भी उठ रहे थे कि फैसले में कुछ मुद्दों को अनसुलझा ही छोड़ दिया गया था। सिर्फ पति की निर्धनता के मुद्दे को लेकर सफाई दी गई थी, लेकिन इसे भी समर्थक और विरोधी अपनी-अपनी तरह से इस्तेमाल कर रहे थे।

फैसले पर सबसे अच्छी समीक्षा शायद *नेटिव ओपीनियन* में प्रकाशित हुई। बम्बई से प्रकाशित होने वाले इस एंग्लो-मराठी साप्ताहिक के संचालक विश्वनाथ नारायण मंडलिक थे। वे पारम्परिक और एंग्लो-हिन्दू कानूनों के जाने-माने विद्वान थे।[10] हालाँकि वे पूरी दृढ़ता से दादाजी के साथ खड़े रहे, वे सामाजिक सुधारों के विरोधी नहीं थे। एक पराधीन देश में रहने के कारण वे राजनीतिक सुधारों को अधिक महत्त्व देते थे। प्रगतिशील एंग्लो-मराठी साप्ताहिक *इंदु प्रकाश* के सम्पादक नारायण चंदावरकर अक्सर मांडलिक के साथ गर्मागर्म बहसों में उलझे रहते थे। उनका मानना था कि मांडलिक 'दिल से' सुधारों के पक्ष में थे। परन्तु मलबारी के अनुसार मांडलिक में 'किसी भी तरह की उदार भावना का अभाव' था[11]। रख्माबाई के मुकदमे के विवाद

के दौरान मलबारी की बात अधिक खरी साबित हुई।

नेटिव ओपीनियन ने पिनी के फैसले की आलोचना करते हुए इसे एक ऐसी 'क्रान्ति' बताया जिससे 'युगों से चले आ रहे सामाजिक सिद्धान्त ध्वस्त हो सकते हैं'। 'अब कोई भी हिन्दू पत्नी किसी भी दिन अपने पति के पास जाने से इनकार कर सकती है। उसके लिए इतना कह देना काफी है कि वह उसे नापसन्द करती है। साप्ताहिक के अनुसार, पिनी ने अपने कार्यक्षेत्र का अतिक्रमण कर कानून की व्याख्या करने की बजाय उसे 'बनाने' की कोशिश की थी :

> *और जब कोई न्यायाधीश ऐसा करता है तो हर तरह का स्थायित्व नष्ट हो जाता है। न्यायमूर्ति पिनी का एक फैसला पूरे समाज को हिलाकर रख देगा। पति-पत्नी हिन्दू कानून के तहत मिले अपने अधिकारों से वंचित हो जाएँगे।*

साप्ताहिक ने पिनी की इन स्थापनाओं को भी 'गम्भीर भूलें' बताया कि इस तरह का मुकदमा अंग्रेजी कानून की उपज था और ऐसे मामले में कभी कोई फैसला नहीं सुनाया गया था। इस तरह के फैसलों के उदाहरण देते हुए साप्ताहिक ने कहा कि वैवाहिक अधिकारों की पुनर्स्थापना के मुकदमे हिन्दू और इस्लामी कानूनों पर आधारित थे, और रख्माबाई के पति ने जिस तरह की राहत माँगी थी वैसी राहत अतीत में प्रदान की जा चुकी थी। *ओपीनियन* के अनुसार 'ये फैसले सर्वमान्य न्यायमूर्ति कूच, मेल्विल, वेस्ट और मित्तर जैसे जजों ने दिए थे जिन्हें हिन्दू कानूनों और रीति-रिवाजों की कम-से-कम उतनी जानकारी अवश्य थी जितनी मान्यवर न्यायमूर्ति पिनी को थी।'

नेटिव ओपीनियन ने अपनी समीक्षा में 'मुंशी बजलुर रहीम बनाम शम्सुन्निसा बेगम' नामक मुकदमे में प्रिवी काउंसिल के फैसले का हवाला दिया, जो बाद में दादाजी के मामले में भी निर्णायक साबित हुआ। यह एक मुस्लिम मामला था, जिसमें एक व्यक्ति ने पाँच बच्चों वाली एक धनवान विधवा को उसके पति की मृत्यु के छह महीने बाद अपने झाँसे में फँसाकर उसके साथ विवाह कर लिया था। वे कुछ वर्षों तक साथ-साथ रहे और इस बीच उस व्यक्ति ने धोखे से औरतकी दौलत का एक बड़ा हिस्सा हड़प लिया। इसके बाद वह उसके साथ दुर्व्यवहार करने लगा और उसने उसे घर में लगभग बन्दी बनाकर रख दिया। कानूनी हस्तक्षेप के बाद पत्नी सिर्फ अपने तन पर पहने कपड़ों के साथ पति का घर छोड़कर चली गई और अलग रहने लगी। इस बीच उसने उस व्यक्ति के खिलाफ पाँच लाख की डिग्री प्राप्त कर ली। इसके बाद उस व्यक्ति ने वैवाहिक अधिकारों की पुनर्स्थापना का मुकदमा दायर कर दिया। उसके वकीलों ने आग्रह किया कि मुकदमे का फैसला मुस्लिम कानून के अनुसार होना चाहिए, जिसमें तलाक दिए जाने के अलावा पत्नी को पति से अलग होने की अनुमति नहीं थी। उन्होंने कहा कि क्रूरतापूर्ण व्यवहार मुस्लिम कानून के

प्रावधानों को न मानने का आधार नहीं हो सकता।

नेटिव ओपीनियन ने इस मुकदमे के कई महत्त्वपूर्ण पहलुओं को नजर-अन्दाज करते हुए सिर्फ कलकत्ता उच्च न्यायालय के फैसले को संक्षेप में उद्धरित किया था, जिसके खिलाफ प्रिवी काउंसिल में अपील की गई थी। पिनी द्वारा उठाए गए मुद्दों के मामले में इस मुकदमे की भूमिका को देखते हुए इसकी विस्तार से चर्चा करना उपयुक्त होगा। न्यायमूर्ति सी. स्टीयर और न्यायमूर्ति डब्ल्यू.एस. सेटन कैर ने इस मुकदमे के सम्बन्ध में कहा था :

> *अपने इस दृढ़ विश्वास के बावजूद कि प्रतिवादी को अपने पति के पास लौटने के लिए विवश नहीं किया जाना चाहिए, क्या हम उसे उसके पास लौटने के लिए बाध्य करें? अगर मुस्लिम कानून में पत्नी किसी भी सूरत में अपने पति से अलग नहीं हो सकती तो ऐसा कानून साफ तौर पर कुदरती इंसाफ के खिलाफ है।...पति का व्यवहार कितना ही बुरा क्यों न हो, अगर मुस्लिम कानून पत्नी को किसी तरह की राहत प्रदान नहीं करता तो हमें न्यायनीति (equity) और सद्विवेक (good conscience) के आधार पर इस मुकदमे का फैसला करना होगा। इन सिद्धान्तों को सामने रखते हुए हमें यह कहने में कोई संकोच नहीं है कि प्रतिवादी जिन कारणों से अपने पति से अलग हुई है, वे उसके इस कदम को न्यायसंगत ठहराते हैं; और अगर उसे अपने पति के पास लौटने के लिए बाध्य करके हम प्रतिवादी के तन-मन पर वादी को मनमाने अधिकार और नियंत्रण की छूट दे देते हैं तो हम इस अदालत को घोर अन्याय का साधन बना देंगे।*

नेटिव ओपीनियन का मानना था कि इस फैसले को उलटकर प्रिवी काउंसिल ने 'ब्रिटिश भारत में कानून सम्बन्धी नीति निर्धारित कर दी थी।' इसी नीति के अन्तर्गत कुछ खास श्रेणियों के मुकदमों में न्यायनीति और सद्विवेक के आधार पर फैसले लेने पर रोक लगा दी गई थी। न्यायाधीशों को कुदरती न्याय के सिद्धान्तों के चक्कर में पड़ने की आवश्यकता नहीं थी। प्रिवी काउंसिल का निर्देश था कि :

> *विवाह और जाति के मामलों में, और सभी धार्मिक रीति-रिवाजों और संस्थाओं के मामलों में मुसलमानों के लिए मुस्लिम कानूनों और हिन्दुओं के लिए हिन्दू कानूनों के आधार पर फैसले किए जाने चाहिए...*

नेटिव ओपीनियन ने प्रिवी काउंसिल के इन निर्देशों को उद्धरित करते हुए आगे लिखा कि कोई भी बात 'मुसलमानों के लिए इतनी व्यापक और उचित चिन्ता का कारण नहीं बनेगी जितनी यह कि एक न्यायिक फैसले द्वारा उनके कानून को एक ऐसे मामले में दरकिनार कर दिया जाए जो उनके पारिवारिक सम्बन्धों से बहुत गहराई से जुड़ा हुआ है।'

साप्ताहिक ने आगे जोड़ा, 'हम पूरे विश्वास के साथ कह सकते हैं कि न्यायमूर्ति

पिनी के फैसले के पीछे बिल्कुल वही अभिप्राय है जिसकी प्रिवी काउंसिल स्पष्ट शब्दों में भर्त्सना कर चुकी है।'

परम्परागत हिन्दू कानूनों में भी वैवाहिक अधिकारों की पुनर्स्थापना का प्रावधान रहा था। यह तब भी था जब 'आज जैसी अदालतें नहीं होती थीं।' तब न्याय करने वाले जातियों के मुखिया होते थे, जिनके पास वे 'हिन्दू पति अपनी शिकायतें लेकर आते थे' जिनकी पत्नियाँ उन्हें छोड़कर चली गई होती थीं। ये न्याय अधिकारी 'पत्नियों को अपने पतियों के पास लौटने के लिए बाध्य करते थे।' (यह ध्यान देने योग्य बात है कि इस सन्दर्भ में सिर्फ पतियों की शिकायतों का उल्लेख किया गया था।)

उन फैसलों पर अमल किस तरह करवाया जाता था, इस सम्बन्ध में यह हिन्दू साप्ताहिक स्पष्ट नहीं था। उसने सिर्फ इतना कहा कि जो भी दंड उस समय होता था, 'उसका प्रभाव उतना ही होता था जितना कि जेल की सजा का।' इस अस्पष्टता में जेल की सजा की आलोचना भी छिपी हुई थी, जिसे अंग्रेजों ने भारत में लागू किया था। इसके बाद हिन्दू कानूनों के बजाय अंग्रेजी न्याय-प्रणाली पर बर्बरता का आरोप लगाना अधिक आसान हो जाता था, जैसाकि हम आगे चलकर देखेंगे।

पिनी के फैसले से जुड़ी विध्वंसक सम्भावनाओं पर जोर देते हुए *नेटिव ओपीनियन* ने मान लिया कि वह सिर्फ इस आधार पर रख्माबाई के विवाह को अवैध घोषित कर बैठे थे कि विवाह के समय वह अवयस्क थी। असल सवाल यह था : 'माना कि रख्माबाई अपने विवाह के समय अवयस्क थी, जैसीकि सब हिन्दू पत्नियाँ होती हैं, तो वह विवाह वैध था या नहीं?' सवाल का सीधा जवाब था : 'अगर यह एक वैध विवाह था, और हिन्दू कानून के अनुसार निर्विवाद ऐसा ही था, तो इस मुकदमे में पति के अधिकारों को लेकर किसी विवाद की गुंजाइश नहीं है।'

नेटिव ओपीनियन का दावा था कि वह हिन्दू रूढ़िवादियों के साथ-साथ समूचे समाज और उसके दीर्घकालीन हितों का प्रतिनिधि है। 'पुरुषों' के साथ-साथ 'स्त्रियों' के हितों को लेकर भी चिन्ता व्यक्त करते हुए इसने कहा कि अवयस्क आयु में हुए विवाहों को अवैध ठहरा देने से 'स्त्रियों और विधवाओं के भरण-पोषण का अधिकार' समाप्त हो जाएगा। हो सकता था कि 'कुछ खास लोगों' को यह बात 'उतनी चिन्ताजनक' न प्रतीत हो। इस छींटाकशी के पीछे समाज-सुधारकों को हाशिए में धकेलकर उन्हें और पिनी जैसे व्यक्तियों को गैर-जिम्मेदार ठहराने का उद्‌देश्य था। साप्ताहिक ने अपनी बात समाप्त करते हुए लिखा : 'परन्तु एक न्यायाधीश को पूरे देश और जनता के सरोकारों का ध्यान रखना चाहिए, न कि उन थोड़े से लोगों का जिन्हें सामाजिक व्यवस्था के उलट-पुलट होने से डर नहीं लगता।'

इस तरह, रूढ़िवादियों को सिर्फ 'पुरुषों' या 'हिन्दुओं' की बजाय 'पूरे देश और

जनता-जनार्दन' के हितचिन्तकों के रूप में प्रस्तुत किया गया।

मुकदमे से जुड़े तथ्यों को बड़ी चालाकी से मरोड़ते हुए–और बनते हुए कि वह स्वयं ऐसा नहीं मानता–*नेटिव ओपीनियन* ने कहा कि पिनी का फैसला न्यायिक न होकर अन्य विचारों से प्रभावित था। उसने पिनी के नैतिक साहस का भी मजाक उड़ाया, ताकि उन्हें यह श्रेय न मिलने पाए कि उन्होंने न्याय और अन्तर्आत्मा की खातिर कानून को एक तरफ कर दिया था।[12]

नेटिव ओपीनियन ने पिनी के फैसले से जुड़े खतरों को इस तरह पेश किया कि हिन्दुओं में भय की लहर दौड़ जाए और फैसले के खिलाफ एक सामूहिक कार्रवाई की जरूरत महसूस की जाने लगे। साप्ताहिक को निस्सन्देह उस सामाजिक व्यवस्था पर गर्व था जिस पर पिनी के फैसले के कारण खतरे के बादल मँडराने लगे थे। साथ ही उसे पिनी के फैसले के खिलाफ अपने आक्रामक आत्म-विश्वास के कानूनी आधार पर पूरा भरोसा था। अपने पाठकों को आश्वस्त करते हुए उसने लिखा कि अपील के दौरान यह फैसला चारों खाने चित हो जाएगा। *नेटिव ओपीनियन* का यह आत्म-विश्वास अपने-आपमें अनूठा था, जिसके कारण उसके विचारों में एक निरन्तरता दिखाई देती है। अन्य विरोधी प्रतिक्रियाओं में यह बात नहीं दिखाई देती। परन्तु स्त्रियों की स्थिति को लेकर रूढ़िवादी विचारधारा के अन्तर्विरोधों से *नेटिव ओपीनियन* भी अछूता नहीं रह सका, जो एक तरफ स्त्रियों के प्रति श्रद्धा की भावना का प्रदर्शन करती थी और दूसरी तरफ उनकी अधीनता को भी सही ठहराती थी।

इस उभयभाविता की कुछ चरम झलकियाँ भी दिखाई दीं। पूना से बालगंगाधर तिलक (1856-1920) के मार्गदर्शन में प्रकाशित होने वाले एंग्लो-मराठी साप्ताहिक *मराठा* में ऐसा ही देखने को मिला। सामाजिक सुधारों के मामले में तिलक मांडलिक से भी अधिक उभयभावी थे। *मराठा* को प्रसन्नता थी कि इस फैसले को 'हमारे अधिकांश हिन्दू भाइयों का समर्थन प्राप्त नहीं है।' इसके बाद उसने एक ही लम्बे वाक्य में 'सामाजिक और धार्मिक आधारों पर' फैसले के 'मानवतावाद' की सराहना की, और साथ ही यह भी कहा कि हम इस फैसले की निन्दा करने के लिए बाध्य हैं। साप्ताहिक के अनुसार, 'न्यायमूर्ति पिनी हिन्दू कानूनों की भावना को नहीं समझ पाए'। वे 'हिंसक उपायों से' सुधार लाना चाहते थे और 'सुधारकों के एक विशेष गुट' के चहेते बन गए। ये वही सुधारक थे जिन पर *नेटिव ओपीनियन* ने भी निशाना साधा था।

मराठा के अनुसार, पिनी यह मानकर चल रहे थे कि 'हिन्दुओं में विवाह की रस्म एक अनुबन्ध मात्र है, जिसे शारीरिक समागम के रूप में विवाह की परिणति से पहले तोड़ा जा सकता है।' उन्होंने इस तथ्य को नजरअन्दाज करते हुए कि 'हिन्दू

विवाह' सम्पन्न हो जाने के बाद कभी भी टूट नहीं सकता, अपना फैसला 'सिर्फ अंग्रेजी कानून ने एक सिद्धान्त–अंग्रेजी आचार–के आधार पर' कर दिया था।

पिनी ने वास्तव में सिर्फ इतना किया था कि अंग्रेजी कानून का दायरा बढ़ाने से इनकार कर दिया था। उन्होंने तो वैवाहिक अधिकारों की पुनर्स्थापना से जुड़े मामलों में हिन्दू कानून को नजरअन्दाज कर दिए जाने की आलोचना की थी। दिलचस्प बात यह है कि पिनी पर आरोप लगाने के बाद कि उन्होंने हिन्दू विवाह को एक अटूट बन्धन नहीं माना, *मराठा* ने अपनी तरफ से कहा कि 'पत्नी अपने पति के साथ रहने से इनकार कर सकती है, पर वह किसी दूसरे पुरुष से विवाह नहीं कर सकती।'

पिनी ने भला और क्या किया था? जैसाकि *इंडियन डेली न्यूज* ने अपनी टिप्पणी में लिखा था, उन्होंने अपने फैसले में दादाजी और रख्माबाई के विवाह को एक अटूट बन्धन के रूप में देखा था। खुद रख्माबाई भी यह मानकर नहीं चल रही थी कि उसके पक्ष में अदालत का फैसला उसे पुनर्विवाह की छूट दे देगा। वह जानती थी कि यह अधिकार सिर्फ पति को प्राप्त था, चाहे वह मुकदमा जीते या हारे :[13]

> *पुरुष एक वक्त में कितनी ही पत्नियों के साथ विवाह कर सकता है, या जब भी वह ऐसा करना चाहे; वह उन सभी को अपने साथ रख सकता है या उन पत्नियों को घर से बाहर निकाल सकता है जिन्हें वह पसन्द नहीं करता; जबकि एक स्त्री का सिर्फ एक बार विवाह होता है। वह अपने पहले पति की मृत्यु के बाद भी दूसरा विवाह नहीं कर सकती, और उचित कारणों के आधार पर भी पति के साथ रहने से इनकार नहीं कर सकती।...क्या यह अमानवीय नहीं है कि हमारे हिन्दू पुरुषों को हर तरह की स्वतंत्रता हो, जबकि स्त्रियाँ हमेशा के लिए बन्धनों में जकड़ी रहें?*

हिन्दू रूढ़िवादियों को इस प्रश्न से कोई झेंप नहीं हुई। उन्होंने असमानता के आरोप को दरकिनार करते हुए उलटे यह आरोप पिनी पर ही मढ़ दिया। उन्होंने कहा कि उन सभी हिन्दू लड़कियों के लिए संकट खड़ा हो गया था जिनका विवाह विवेक की आयु में पहुँचने से पहले हुआ था और जिनके विवाह की अभी परिणति नहीं हुई थी। *नेटिव ओपीनियन* पहले ही यह मुद्दा उठा चुका था। *मराठा* ने कलकत्ता के *इंडियन नेशन* को उद्धरित करते हुए इसकी धार को और पैना कर दिया : 'अगर एक धनवान पुरुष आठ-नौ वर्ष की एक लड़की से विवाह करता है और इस विवाह की परिणति से पहले ही उसका निधन हो जाता है, तो यह मान लेना बहुत खतरनाक होगा कि इस विवाह की परिणति न होने के कारण उस बाल-विधवा का अपने पति की सम्पत्ति पर कोई अधिकार नहीं है।'

मराठा ने पिनी पर हिन्दू विवाह के एक अन्य विशिष्ट पहलू को भी अनदेखा करने का आरोप लगाया। हिन्दू विवाह अभिभावकों या परिवार के वरिष्ठ सदस्यों

द्वारा निर्धारित किया जाता था। इससे पति-पत्नी के अहं पर तो अंकुश लगता ही था, साथ ही यह हिन्दू समाज की बुनियादी व्यवस्था, संयुक्त हिन्दू परिवार, की आन्तरिक दृढ़ता के लिए भी अनिवार्य था, जिसमें परिवार के सभी सदस्यों की व्यक्तिगत स्वतंत्रता पर कुछ अंकुश होते थे। पिनी ने इस तथ्य को कोई महत्त्व नहीं दिया कि रख्माबाई के अभिभावकों ने 'उसके लिए और उसकी तरफ से यह अनुबन्ध किया था।'

हिन्दू विवाह को एक पवित्र और अटूट बन्धन घोषित करने के बाद 'अनुबन्ध' शब्द का यह प्रयोग अनजाने में नहीं किया गया था। *मराठा* ने संस्कारगत विवाह में धन-सम्पत्ति के महत्त्व का उल्लेख करते हुए आगे लिखा कि दादाजी के परिवार ने इस विवाह पर जितना खर्च किया था, वह उनकी 'कमजोर आर्थिक स्थिति' को देखते हुए 'भारी खर्च' था। वैवाहिक अधिकारों की पुनर्स्थापना न होने का अर्थ था कि :[14]

> *उसकी इतनी बड़ी रकम पानी में डूब गई। क्या वह अपनी पत्नी के कानूनी या स्वाभाविक संरक्षकों के खिलाफ हर्जाने का दावा कर सकता है? अगर उनकी मृत्यु हो चुकी है तो क्या उनके वारिसों को उत्तरदायी माना जा सकता है? अगर नहीं, तो उसके इतने बड़े आर्थिक नुकसान की भरपाई कौन करेगा?*

इस निर्मम तर्क ने स्त्रियों और पुरुषों दोनों के हितों की चिन्ता के रूढ़िवादियों के दावे को बेनकाब कर दिया, क्योंकि इसमें सिर्फ पति के आर्थिक नुकसान पर जोर दिया गया था। उनका आडम्बर खुलकर सामने आ गया। इतना ही नहीं, उनके सोच और मानवीयता की सीमाएँ भी स्पष्ट हो गईं। ये सीमाएँ इस भय के कारण और भी सिकुड़ गई थीं कि पिनी के फैसले से हिन्दू पारिवारिक और सामाजिक व्यवस्था के ध्वस्त हो जाने का खतरा पैदा हो गया था।

पिनी और रख्माबाई के आलोचक इस रहस्योद्घाटन से भी विचलित थे कि यह विद्रोही लड़की दुनिया भर की प्रशंसा बटोरने वाली 'ए हिन्दू लेडी' थी। उन्हें डर था कि अगर इस लड़की को एक योग्य और प्रतिभाशाली युवती के रूप में देखा गया तो जनता में उसके प्रति अतिरिक्त सहानुभूति पैदा हो सकती है। इसलिए, जैसा कि इन परिस्थितियों में अक्सर होता है, उन्होंने इस तथ्य को स्वीकार करने से इनकार कर दिया। उनकी तरफ से जिस व्यक्ति ने इसका खंडन करने का बीड़ा उठाया उनसे हम पिछले अध्याय में भी मिल चुके हैं। वे डॉ. के.आर. कीर्तिकर थे, जिन्होंने इस मामले की प्रत्यक्ष और गहरी जानकारी रखने का दावा करते हुए कहा, 'जहाँ तक मैं जानता हूँ', पिनी का फैसला 'कानूनी हो या गैरकानूनी, सुरक्षित हो या खतरनाक', इसका 'हिन्दू लेडी' के साथ 'कतई कोई सम्बन्ध नहीं है'।[15]

3

मलबारी का *इंडियन स्पेक्टेटर* पिनी के फैसले के सबसे प्रबल समर्थकों में था। लेकिन पिनी के अकस्मात फैसला दे देने के वक्त मलबारी बम्बई में नहीं थे। परिणामतः *इंडियन स्पेक्टेटर* की पहली प्रतिक्रिया फैसले के पक्ष में होने की बजाय ढुलमुल-सी हुई। लेखक ने अपने नाम की जगह सिर्फ 'के' अक्षर लिखा और फैसले के 'लीक से हटकर होने' की तरफ ध्यान आकर्षित किया। उसने लिखा कि 'हमारे युवा सुधारकों' द्वारा इस फैसले की 'भरपूर प्रशंसा' किए जाने में कोई सन्देह नहीं है। 'हिन्दू लड़कियाँ इस फैसले को वैवाहिक गुलामी से अपनी मुक्ति के घोषणा-पत्र के रूप में देखने वाली हैं।' लेकिन रूढ़िवादियों के लिए यह 'गम्भीर चिन्तन-मनन' का विषय है।

यह एक सटीक आकलन था, लेकिन 'के' नामक यह लेखक फैसले की व्याख्या करते समय इस पर कायम नहीं रह पाया। सुधारवादियों के प्रयत्नों की प्रशंसा करने और स्त्रियों की व्यथा को लेकर चिन्ता व्यक्त करने के बावजूद उसकी सहानुभूति रूढ़िवादियों के साथ थी। उसने कहा कि यह धारणा कि दादाजी और रख्माबाई के विवाह की परिणति नहीं हुई थी, सिर्फ अंग्रेजी सोच और 'इस कृत्य को लेकर अंग्रेजी धारणा' का परिणाम थी। 'अगर विवाह के अगले ही वर्ष पति की मृत्यु हो जाती तो हिन्दू और अंग्रेजी दोनों कानूनों के अन्तर्गत लड़की को विधवा मान लिया जाता, और उसे एक पत्नी के सभी अधिकार प्राप्त होते।' अर्थात्, हिन्दू विवाह की पूर्णता यौन-सम्बन्धों पर निर्भर नहीं करती।

'के' ने इस तर्क को शासकों पर एक सांस्कृतिक-नैतिक प्रहार के लिए इस्तेमाल किया। उसने स्मोलेट की पुस्तक 'मैमोयर्स ऑव ए लेडी ऑव क्वालिटी' का हवाला दिया, जिसमें एक पति अपनी पन्द्रह वर्षीय पत्नी के साथ 'गुप्त' विवाह के बाद जल्दी से उसके साथ यौन-सम्बन्ध स्थापित कर लेता है, ताकि उसका ससुर उन दोनों को अलग न कर सके। अनपढ़ दादाजी को, 'के' ने व्यंग करते हुए जोड़ा, इस उदाहरण से सीख लेने का अवसर नहीं मिला था। उसकी अपनी संस्कृति ने भी उसे यह नहीं सिखाया था कि विवाह जैसे पवित्र बन्धन को पूर्णता तक पहुँचाने के लिए किसी शारीरिक कृत्य की आवश्यकता होती है। 'सीधे-सीधे कहें तो' पति (दादाजी) ने अपनी पत्नी के साथ 'कानूनी बलात्कार नहीं किया था, और एक अंग्रेजी न्यायाधीश ने बुद्धिमत्ता का प्रदर्शन करते हुए सिर्फ इसी आधार पर विवाह के पवित्र बन्धन को तोड़ने का फैसला कर लिया था।"

न्यायाधीश ने दिखा दिया था कि ईश्वर और अग्नि को साक्षी मानकर सम्पन्न किए गए हिन्दू विवाह को कानूनी तौर पर भंग किया जा सकता है। उन्होंने इस विवाह को सिर्फ इसलिए भंग कर दिया था कि 'पत्नी एक प्रबुद्ध स्त्री थी जबकि

पति एक अशिक्षित पुरुष था।' 'के' ने अपनी टिप्पणी में आगे लिखा कि इस फैसले ने 'न्यायाधीश की सहृदयता के लिए अनंत श्रेय अर्जित किया था', न कि उनकी 'कानूनी सूझबूझ' के लिए। पर 'न्यायाधीश का फैसला हमेशा कानून के आधार पर होना चाहिए।'

'के' ने स्वीकार किया कि पिनी का फैसला एक मानवतावादी फैसला था। उसने रख्माबाई के दृढ़-संकल्प की भी सराहना की, 'जिसने अपने-आपको उस अज्ञानता से मुक्त करने का प्रयास किया था जो उसकी बहनों की नियति बन चुकी थी।' लेकिन उसकी सराहना में व्यंग्य का पुट भी था, इसलिए इसका उलटा अर्थ भी निकाला जा सकता था।

'के' फैसले को वैध मानने के लिए तैयार नहीं था। उसने न्यायमूर्ति टकर के उस फैसले का हवाला दिया जिसमें एक पारसी स्त्री ने अपने वैवाहिक अधिकारों की पुनर्स्थापना के लिए दावा किया था। उसका पति एक सरकारी डॉक्टर था, जिसने इंग्लैंड जाकर चिकित्साशास्त्र की शिक्षा प्राप्त की थी। पति का कहना था कि वह 'एक सम्मानित और शिक्षित समाज से जुड़ा हुआ है', इसलिए 'उसकी पत्नी उसकी जीवन-साथी बनने के योग्य' नहीं है। वह स्त्री निवास-स्थान के आधार पर मुकदमा हार गई। वह बम्बई में रहती थी, जबकि उसका पति देहात में रहता था। लेकिन 'के' ने सिर्फ इस मुद्दे पर जोर दिया कि न्यायाधीश ने पति की शैक्षणिक योग्यताओं को पति-पत्नी के बीच निर्वाह न हो पाने का कारण मानने से इनकार कर दिया था। न्यायाधीश ने पति से कहा था कि वह 'अपनी शैक्षणिक योग्यताओं को अपनी कानूनी पत्नी से अलग होने का कारण बताकर शिक्षा को बदनाम और अपमानित कर रहा था।'

अर्थ बिल्कुल स्पष्ट था। रख्माबाई और उसके समर्थक उसके शिक्षित होने का दुरुपयोग कर रहे थे। 'के' एक अन्य तथ्य से भी विचलित था। उसके द्वारा उद्धरित मामले में एक पारसी पुरुष ने अपनी शैक्षणिक योग्यता को निर्वाह न हो पाने का कारण बताया था। 'लेकिन मौजूदा मामले में एक हिन्दू स्त्री यही तर्क प्रस्तुत कर रही है, और एक अन्य न्यायाधीश की शेखचिल्लीनुमा उदारता इस तर्क की वैधता को स्वीकार कर लेती है।'[16]

पश्चिमी शिक्षा से प्रभावित होकर अपने वैवाहिक दायित्वों को भूल जाना एक पुरुष और गैर-हिन्दू के लिए भी बुरी बात थी, पर किसी हिन्दू स्त्री का वैसा करना सभ्य समाज के विनाश का प्रतीक था।

यह उस दुविधा की एक खुली अभिव्यक्ति थी जो बहुत-से लोगों में देखी जा सकती थी। अन्तर बस इतना था कि कौन अपनी दुविधा के प्रति कितना सचेत था। सामाजिक अस्थिरता के भय ने उन लोगों को भी अपनी जकड़ में ले लिया था जो

पिनी के फैसले के विरोधी नहीं थे। स्त्रियों की स्वाधीनता का समर्थन करने वाले लोग भी पारिवारिक और सामाजिक सम्बन्धों पर इस फैसले के प्रभाव को लेकर आशंकित थे। उन्हें एक तरफ स्त्रियों के हितों की चिन्ता थी तो दूसरी तरफ उनकी मुक्ति से डर भी लग रहा था। इसका एक उल्लेखनीय उदाहरण बम्बई से छपने वाला गुजराती साप्ताहिक *केसरी हिन्द* है। साप्ताहिक को इस बात की खुशी थी कि पिनी के फैसले से बाल-विवाह की कुप्रथा को करारी चोट पहुँची है। साथ ही उसे चिन्ता थी कि बचपन में ब्याह दी गई लाखों-करोड़ों हिन्दू लड़कियाँ सिर्फ 'निजी स्वार्थों से प्रेरित होकर' इस पवित्र वैवाहिक बन्धन को तोड़ सकती हैं।

हिन्दुओं/भारतीयों का एक बड़ा वर्ग इस दुविधा का शिकार था। यह दुविधा ही काफी थी एंग्लो-इंडियन दावे को झठलाने के लिए कि पिनी के फैसले का समस्त भारतीय विरोध कर रहे थे। इसके अलावा उस दावे को झुठलाने वाली उन भारतीयों की प्रतिक्रियाएँ भी थीं जो इस फैसले का स्वागत और समर्थन करने के मामले में उन लोगों से भी आगे थे जो अंग्रेजी/यूरोपीय संवेदनशीलता का प्रतिनिधित्व करने का दावा करते थे।

यह देखने के लिए हमें वापस *इंडियन स्पेक्टेटर* की प्रतिक्रिया पर जाना होगा। मलबारी के बम्बई में न होने के कारण 'के' का लेख छप तो गया, किन्तु साप्ताहिक के अगले ही अंक में मलबारी का हस्ताक्षरयुक्त लेख प्रकाशित हुआ जिसमें 'के' के विचारों से पूरी तरह असहमति व्यक्त करते हुए उन्हें मात्र एक संवाददाता कहकर खारिज कर दिया गया। मलबारी ने पिनी के फैसले को 'न्याय की दृष्टि से ठोस' और सूझबूझ भरा फैसला बताया।

मलबारी पंजाब में थे, जहाँ उन्हें पिनी का फैसला उपलब्ध नहीं था। अतएव वे कोई सोची-समझी विस्तृत टिप्पणी नहीं भेज सकते थे। इस बाधा के बावजूद उन्होंने 'वैवाहिक अधिकारों की पुनर्स्थापना' की भर्त्सना करते हुए कहा कि यह 'एक अनिच्छुक पत्नी को जबर्दस्ती पकड़कर लाने' का साधन बन गया है। वयस्क विवाहों के मामले में भले ही यह व्यावहारिक हो, इसे अपरिणित बाल-विवाहों पर लागू करना सरासर गलत है। शास्त्रों के अनुसार भी, दोनों पक्षों की सहमति और समागम के अभाव में इन नाम मात्र के विवाहों को बाध्य नहीं माना जा सकता। बाल-विवाह और बलात वैधव्य के खिलाफ अभियान छेड़नेवाले मलबारी ने, इसी शास्त्रीय तर्क के आधार पर, 'नाम मात्र के पति की मृत्यु पर' पत्नी को विधवा मान लिए जाने की प्रथा को भी चुनौती दी। उन्होंने इस 'प्रार्थना' के साथ अपनी बात पूरी की कि 'अपील होने पर यह फैसला बरकरार रहे और एक अच्छा उदाहरण बन सके।'

मलबारी एक व्यावहारिक सुधारक थे। भारत जैसे परम्परा-प्रधान समाज में प्राचीन शास्त्रों के महत्त्व को लेकर वे अत्यधिक संवेदनशील थे। इसलिए पिनी के

फैसले को सही ठहराने के लिए उन्होंने शास्त्रों की मदद ली। जहाँ एंग्लो-इंडियन विचारधारा इस फैसले को मानवीयता के आधार पर सही ठहरा रही थी, वहीं मलबारी इसे प्राचीन शास्त्रों के साथ जोड़कर देख रहे थे। रूढ़िवादियों को यह बात निश्चित ही बहुत अखर रही थी। लेकिन इससे सुधारवादियों का पक्ष मजबूत हो रहा था, और विरोधाभास और दुविधा की स्थिति में फँसे लोग उनकी बात अधिक धैर्य के साथ सुनने के लिए तैयार हो गए थे।[17]

मलबारी द्वारा पंजाब से भेजा गया लेख जब 'इंडियन स्पेक्टेटर' में छपा तो उसमें एक भूल चली गई। यह भूल इस बात की परिचायक थी कि अंग्रेजी न्याय पर आम लोगों को कितना अधिक भरोसा था। 'एक अनिच्छुक पत्नी को जबर्दस्ती पकड़कर लाने' ('हंटिंग डाउन एन अनविलिंग वाइफ') के चलन की भर्त्सना करने के बाद मलबारी ने 'वैवाहिक अधिकारों की पुनर्स्थापना' को एक अंग्रेजी प्रथा बताया था। लेकिन छपने के समय 'इंग्लिश कस्टम' 'अन-इंग्लिश कस्टम' हो गया। कम्पोजिटर को लगा कि भला उदार विचारों वाले मलबारी 'इंग्लिश कस्टम' को कैसे बुरा बता सकते हैं। उनसे अवश्य ही लिखते समय 'भूल' हो गई होगी। इसलिए कम्पोजिटर ने अपने मालिक की 'भूल' को सुधारते हुए 'इंग्लिश कस्टम' को 'अन-इंग्लिश कस्टम' कर दिया, ताकि लेख के छपने के बाद मलबारी को शर्मिन्दा न होना पड़े। परिणाम यह हुआ कि मलबारी को अगले ही अंक में यह भूल-सुधार जारी करना पड़ा :[18]

> *हिन्दू लेडी के मुकदमे के सम्बन्ध में कृपया 'अन-इंग्लिश' की जगह 'इंग्लिश' पढ़ें। मेरे कहने का अर्थ यह है कि अंग्रेजी कानून के इस बर्बर अवशेष से भारतीय कानूनों का संचालन प्रभावित नहीं होना चाहिए।*

मलबारी के इस स्पष्टीकरण में ऐसे आत्म-विश्वास की झलक थी जो एक सप्ताह पहले छपे उनके लेख में नहीं था। उनके पास अब भी पिनी के फैसले की प्रति नहीं थी, लेकिन इस बीच उन्हें एक अंग्रेज सज्जन के विचार जानने का अवसर मिल चुका था। ये सज्जन 'एक कानूनविद और प्रेजिडेंसी हाई कोर्ट के न्यायाधीश के रूप में भारत में लगभग बीस वर्ष बिता चुके थे।' उनका मानना था कि यह फैसला नैतिक और कानूनी दृष्टि से एक ठोस फैसला है और इसे पलटा नहीं जा सकता। हालाँकि कानूनी दृष्टि से यह इतना परिपूर्ण नहीं था जितना कि हो सकता था।

जहाँ मलबारी धड़कते दिल से फैसले को बरकरार रखे जाने की प्रार्थना कर रहे थे, वहीं यह अंग्रेज सज्जन पूरी तरह आश्वस्त थे कि अपील को 'निस्सन्देह इस आधार पर खारिज कर दिया जाएगा कि न तो तथ्य की दृष्टि से और न कानूनी रूप से यह वैवाहिक अधिकारों की पुनर्स्थापना का मामला है, बल्कि यह एक वैवाहिक अनुबन्ध के विशिष्ट निष्पादन का मामला है।' किसी व्यापारिक या अन्य अनुबन्ध

के विपरीत, वैवाहिक अनुबन्ध अपने-आपमें एक अनूठा अनुबन्ध होता है, जिसकी विशिष्ट शर्तों को लागू नहीं करवाया जा सकता। अंग्रेज सज्जन के अनुसार, 'इंग्लैंड, ब्रिटिश भारत, अमरीका या संक्षेप में कहें तो प्रत्येक सभ्य देश में यह कानून एक सा है।'

एक जाने-माने कानून विशेषज्ञ की राय पाने के बाद मलबारी का उत्साह बहुत बढ़ गया और उन्होंने अपने शास्त्रार्थ की धार को और तेज कर दिया। उदाहरण के लिए, उन्होंने घोषणा की कि 'जिस तरह मैं दादाजी का चचेरा भाई नहीं हूँ', उसी तरह रख्माबाई भी दादाजी की पत्नी नहीं है। उन्होंने अपने 'रूढ़िवादी मित्रों' को सलाह दी कि वे रख्माबाई और दादाजी के रिश्ते की व्याख्या 'गुलाम और मालिक' के रिश्ते के रूप में करें। तब वे अवश्य ही उसे 'उसके मालिक के पास, बल्कि मालिक के मामा के पास हाँककर ले जाने' का आग्रह कर सकते हैं, ताकि 'उसका गला घोंटकर या उसके अंग काटकर प्रथा की वेदि पर उसकी बलि दी जा सके।' मलबारी के क्रोध का पैमाना छलक उठा था :

मान लीजिए कि इस नन्हीं विद्रोहिणी को दादाजी भीकाजी, उसके मामा-मामियों, बहनों और चचेरे भाई-बहनों के हाथों में सौंप दिया जाता है। उसके साथ किए जाने वाले दुर्व्यवहार की कल्पना करके ही खून खौल उठता है। अगर मेरी बेटी इस हाल में होती तो मैं चाहता कि वह मेरी आँखों के सामने मर जाए।

यह लफ्फाजी नहीं थी। मलबारी ने एक संयुक्त परिवार में गुजरे अपने दुखद बचपन में घर की बहुओं के नीरस और उदास जीवन को अपनी आँखों से देखा था। अपने इन अनुभवों के कारण ही उन्हें 'नन्हीं विद्रोहिणी' के साथ होने वाले सम्भावित दुर्व्यवहार का भय सता रहा था। नारायण धर्माजी और उसके घर की परिस्थितियों की जानकारी ने उनके इस भय को और भी बढ़ा दिया था, जहाँ रख्माबाई को अपने पति के साथ रहना था।[19]

मलबारी एक आस्थावान व्यक्ति थे। वह पारसी थे पर उन्हें हिन्दू रीति-रिवाजों की बौद्धिक और सहानुभूति-भरी जानकारी थी, और वे इन्हें लगभग श्रद्धा की दृष्टि से देखते थे। वे हिन्दू सुधारवादियों के साथ-साथ हिन्दू रूढ़िवाद के श्रेष्ठतम तत्त्वों का भी प्रतिनिधित्व करने का दावा करते थे। इस दावे में सच्चाई थी, जिसके कुछ उदाहरण रख्माबाई के मामले में भी दिखाई दिए। उदाहरण के लिए, एक 'सामान्यतः बुद्धिमान और निष्पक्ष' लेखक के साथ उनकी बहस छिड़ गई। इस लेखक ने नल-दमयन्ती की पौराणिक कथा का उल्लेख करते हुए दमयन्ती के भार्योचित त्याग का गुणगान किया था, और रख्माबाई को उसका अनुसरण करने की सलाह दी थी। मलबारी ने दमयन्ती की प्रशंसा की और उसकी कथा की सत्यता से भी इनकार नहीं किया। परन्तु साथ ही उन्होंने कहा, 'हम इस कलियुग में हर हिन्दू लड़की से दमयन्ती

बनने की आशा नहीं कर सकते।' यह कहकर उन्होंने अपने दौर की हिन्दू स्त्रियों का निरादर नहीं किया। उलटे इस बहस को रूढ़िवादियों और उनकी व्यवस्था के खिलाफ मोड़ दिया :

> *वे हमें यह विश्वास दिलाते नहीं थकते कि मनु और अन्य बुद्धिमान शास्त्रकारों ने स्त्रियों के विरुद्ध यह कठोर और अन्यायपूर्ण व्यवस्था इसलिए तैयार की, क्योंकि वे जानते थे कि कलियुग में स्त्रियों के साथ मनुष्यों की तरह व्यवहार किया गया तो वे समाज की खतरनाक शत्रु साबित होंगी।*

सच यह है, मलबारी ने कहा, कि प्राचीन समय से आज तक स्त्रीत्व की गुणवत्ता में कोई गिरावट नहीं आई है। जो भी खराबियाँ आई हैं वे व्यवस्था में आ बसे अन्याय का परिणाम है :

> *दमयन्ती विवेकपूर्ण निर्णय की आयु में थी जब उसने अपनी पसन्द के पुरुष को अपने पति के रूप में स्वीकार किया था। रख्माबाई विवाह वाले ढोंग के बाद कभी भी अपने पति के साथ नहीं रही थी, वह उसे नहीं जानती थी, और उसके चरित्र का अध्ययन करने का उसे कोई भी अवसर नहीं मिला था।...रख्माबाई का यह नाममात्र का पति बुरी संगति में पड़कर अपने मस्तिष्क और शरीर को हमेशा के लिए बर्बाद कर चुका बताया जाता है।...*

ईमानदारी से हमें रख्माबाई से कहने का क्या अधिकार है कि उसे दमयन्ती का अनुसरण करना चाहिए? कोई भी कानून या प्रशासन नाममात्र की इन हिन्दू पत्नियों को दमयन्ती नहीं बना सकता'

मलबारी ने कहा कि उनके 'रूढ़िवादी मित्रों' को परम्पराओं की चिन्ता ही नहीं है। उनको चिन्ता बस यह है कि कहीं स्त्रियों पर उनका दबदबा खत्म न हो जाए। रख्माबाई के मामले में जो चीज वे बर्दाश्त नहीं कर पा रहे थे वह यह थी कि इस बार पति की बजाय पत्नी पढ़ी-लिखी थी और थोड़ी-बहुत सम्पत्ति की भी मालकिन थी। वे उस पर लगाम लगाने के लिए कसमसा रहे थे। दादाजी की जिस स्थिति से वे इतना विचलित थे वह स्त्रियों की सामान्य नियति थी। मलबारी ने सुधारवादियों की उसी प्रिय युक्ति का प्रयोग किया, जिसे 'ए हिन्दू लेडी' अपने पत्रों में भी प्रयोग कर चुकी थी। उन्होंने पाठकों से यह कल्पना करने के लिए कहा कि मान लीजिए दादाजी की बजाय खुद रख्माबाई एक असाध्य रोग से पीड़ित होती और पति द्वारा स्वीकार किए जाने योग्य न रहती :

> *तो फिर पति और उनके मित्र क्या करते? वे पत्नी को एक जली हुई लकड़ी की तरह ठुकरा देते और उसकी जगह एक या एकाधिक नई पत्नियाँ ले आते।*

दमन के पारम्परिक साधनों से लैस यह समाज व्यवस्था वैसे ही बड़ी भयानक थी। अब रख्माबाई के विरोधी इस व्यवस्था को कानून का भी सहारा दिलाना चाह

रहे थे। मलबारी को आशा थी कि अंग्रेजी कानून इसकी अनुमति नहीं देगा। उन्होंने लिखा, 'कोई भी अंग्रेज इस निरीह मेमने को कसाईखाने से भी बदतर जगह में पहुँचाने का अपराध नहीं करेगा।'[20]

इस विवाह के दौरान हिन्दू विवाह की एक क्रान्तिकारी धारणा प्रस्तुत करने में दीवान बहादुर रघुनाथ राय की भी महत्त्वपूर्ण भूमिका थी। वे एक रूढ़िवादी हिन्दू थे और उनसे हम पिछले अध्याय में मिल चुके हैं। उन्होंने पिनी के इस कथन की पुष्टि की कि हिन्दू कानून में वैवाहिक अधिकारों की पुनर्स्थापना का कोई प्रावधान नहीं है। रख्माबाई के मुकदमे के सुर्खियों में आने से पहले भी दीवान बहादुर इसी तरह की बात कह चुके थे। उन्होंने 'वृद्ध कन्या' की पौराणिक कथा का उल्लेख करते हुए यह दिखाने का प्रयास किया था कि हिन्दू विवाह की वैधता के लिए पति-पत्नी की सहमति और उनके बीच शारीरिक समागम अनिवार्य है।[21] मलबारी सुधारवादियों के पक्ष को मजबूत करने के लिए हमेशा ठोस तर्कों की ताक में रहते थे। उन्होंने दीवान बहादुर के तर्क का रख्माबाई के बचाव में इस्तेमाल करने में जरा भी देर नहीं लगाई। यह तर्क इसलिए भी महत्त्वपूर्ण था क्योंकि यह एक रूढ़िवादी हिन्दू की देन था, जबकि पारसी होने के नाते मलबारी को अक्सर यह उलाहना दिया जाता था कि वे हिन्दुओं के मामलों में टाँग अड़ाने की बजाय अपने समुदाय में सुधार क्यों नहीं लाते।

दीवान बहादुर की चिन्तन प्रक्रिया पर शास्त्रों का बहुत गहरा प्रभाव था, इसलिए उनकी व्याख्याओं को असानी से खारिज नहीं किया जा सकता था। उनके पास इतना ज्ञान था और साहस भी कि सार्वजनिक रूप से आयोजित एक विधवा-विवाह में उन्होंने पुरोहित की भूमिका निभाई, हालाँकि वे उसके बाद आयोजित भोज में शामिल नहीं हुए। इसी तरह, 1886 की कलकत्ता कांग्रेस के लिए वे एक स्टीमर से मद्रास से कलकत्ता गए। पाँच दिनों की इस यात्रा के दौरान उन्होंने अन्य प्रतिनिधियों द्वारा नियुक्त ब्राह्मण के हाथ का खाना खाने की बजाय नियमित भोजन से वंचित रहना पसन्द किया।[22] देश के पुनर्जागरण को लेकर अपने उत्साह और सच्ची परम्पराओं में अपनी अटूट श्रद्धा के कारण दीवान बहादुर क्रान्तिकारी भी थे और रूढ़िवादी भी।

उनका मानना था कि 'अन्य सभी अनुबन्धों की तरह हिन्दू वैवाहिक अनुबन्ध में भी सहमति और परिणति अनिवार्य शर्तें हैं।' उनके अनुसार, हिन्दू कानून में विवाह के पहले तीन दिनों के दौरान शारीरिक समागम पर प्रतिबन्ध था। 'चौथी रात या उसके बाद वास्तविक शारीरिक समागम होने के बाद ही' वधू वर के गोत्र, पिंड और सूतक की सदस्य बनती थी। उनकी यह व्याख्या उस धारणा को खुली चुनौती थी जिसके अनुसार विवाह की रस्म सम्पन्न होते ही हिन्दू पति और पत्नी को उनके सभी अधिकार प्राप्त हो जाते थे, और जिसके आधार पर पिनी के फैसले की आलोचना की जा रही थी।

मुकदमे से जुड़े मुद्दों को लेकर दोनों खेमों के बीच तीखे टकराव की स्थिति पैदा हो चुकी थी और दोनों तरफ ही भावनाएँ बहुत भड़की हुई थीं। इसी पृष्ठभूमि में पिनी के फैसले के खिलाफ दायर की गई अपील की सुनवाई शुरू हुई और बम्बई उच्च न्यायालय ने उस पर अपना फैसला सुनाया।

सन्दर्भ टिप्पणी

1. *टाइम्स ऑव इंडिया,* 22 सितंबर 1885
2. वही, 25 सितंबर, 1885
3. *बॉम्बे गार्डियन, टाइम्स ऑव इंडिया,* 28 सितंबर 1885 और सिविल एंड मिलिटरी गैज़ट, 12 अक्तूबर 1885 में उद्धरित।
4. *पायनियर,* सिविल एंड मिलिटरी गैज़ट, 2 अक्तूबर 1885 में उद्धरित।
5. *इंडियन स्पैक्टेटर,* 6 मार्च 1887
6. *सिविल एंड मिलिटरी गैज़ट,* 28 सितंबर 1885
7. *इंडियन डेली न्यूज़,* 29 सितंबर 1885, *टाइम्स ऑव इंडिया* में उद्धृत
8. *बौम्बे गैज़ट,* 5 अक्तूबर 1885
9. *टाइम्स ऑव इंडिया,* 28 सितंबर 1885 में उद्धरित
10. देखें वी.एन. मंडलिक, *व्यवहार मयूख ऑर हिन्दू लॉ,* बंबई, 1880
11. *इंडियन स्पैक्टेटर,* 18 दिसंबर 1887
12. *नेटिव ओपीनियन,* 27 सितंबर 1885; 11 अक्तूबर 1885 भी देखें।
13. *टाइम्स,* 9 अप्रैल 1887
14. *मराठा,* 11 अक्तूबर 1885
15. *बौम्बे गैज़ट,* 6 अक्तूबर 1885
16. *इंडियन स्पैक्टेटर,* 27 सितंबर 1885
17. वही, 4 अक्तूबर 1885
18. वही, 11 अक्तूबर 1885
19. वही,
20. वही, 1 नवंबर 1885
21. *ए लैटर ऍड्रैस्ड टू द हॉनरेबुल डब्लयू. डब्लयू हंटर, ऍल.ऍल.डी., सी.आई.ई. ऑन द सब्जैक्ट ऑव हिन्दू रीमैरिज बाई दीवान बहादुर, आर. रघुनाथ राव,* मद्रास, 1885
22. देखें के. सुब्बा राव, *रिवाइंड मैमोरीज़,* मद्रास, 1940, पृ. 140-41, 202-05

अध्याय-3

कानून कटघरे में

ब्रिटिश भारतीय न्याय व्यवस्था में एक ऐसा विरोधाभास था जो पूरी साम्राज्यवादी सत्ता में अन्तर्निहित विसंगतियों को दर्शाता था। साम्राज्यवादी सत्ता जहाँ सिद्धान्ततः शासितों के समस्त मामलों में अपनी सर्वोच्च सत्ता बनाए रखना चाहती थी, वहीं देशी कानूनों और परम्पराओं की शक्ति को पहचानते हुए शासितों के सामाजिक-धार्मिक मामलों में वस्तुतः कम-से-कम दखल देना चाहती थी। व्यावहारिक सावधानी की यह प्रवृत्ति 1857 के अनुभव के बाद और गहरा गई। पिनी के फैसले के पलटे जाने के पीछे भी शासकों में व्याप्त सावधानी की मानसिकता का प्रभाव देखा जा सकता है।

पिनी के फैसले के खिलाफ 12 और 18 मार्च को सुनवाई हुई और 2 अप्रैल, 1886 को फैसला सुनाया गया। दादाजी ने मैकफर्सन नामक एक तीसरा वकील भी नियुक्त कर लिया था, जबकि रख्माबाई ने इनवेरेरिटी के बिना ही काम चलाने का फैसला किया। सुनवाई के दौरान लैथम ने पिनी के फैसले के महत्त्व को सैद्धान्तिक और ऐतिहासिक परिपेक्ष्य में देखे जाने की वकालत की, और तैलंग ने हिन्दू कानून में वैवाहिक अधिकारों की पुनर्स्थापना के मुकदमों का कोई प्रावधान न होने पर विस्तार से प्रकाश डाला। जैसाकि हम देखेंगे, दादाजी द्वारा मैकफर्सन की नियुक्ति अन्ततः निर्णायक साबित हुई।

अपील सुनने वाली पीठ में बम्बई उच्च न्यायालय के दो वरिष्ठतम न्यायाधीश थे : मुख्य न्यायाधीश सर चार्ल्स सार्जेंट (1821-1900) और सर लिटिलटन होल्योक बेली (1827-1910)। किंग्ज कॉलेज और ट्रिनिटी कॉलेज में शिक्षा प्राप्त सार्जेंट ने लिंकन्ज़ इन में वकालत शुरू की थी। भारत आने से पहले वे आयोनियन आइलैंड की सर्वोच्च न्याय परिषद के सदस्य रहने के साथ-साथ छह वर्ष तक वहाँ के मुख्य न्यायाधीश भी रहे थे। 1866 में उन्हें बम्बई उच्च न्यायालय का न्यायाधीश नियुक्त किया गया था। इसके बाद 1882 से लेकर 1895 में अवकाश ग्रहण करने तक वह मुख्य न्यायाधीश रहे थे। उन्हें एक सख्त जज माना जाता था।

बेली एक बेरोनेट के पुत्र थे और शिक्षा प्राप्त करने के लिए एटन गए थे।

मिडल टेम्पल से वकालत की डिग्री प्राप्त करने के बाद वे एटोर्नी जनरल और विधान परिषद के सदस्य के रूप में न्यू साउथ वेल्स भेजे गए। बाद में वे विधानसभा के भी सदस्य बने। जिस वर्ष सार्जेंट उच्च न्यायालय के न्यायाधीश नियुक्त हुए, उसी वर्ष बेली एडवोकेट जनरल और विधान परिषद के सदस्य के रूप में बम्बई पहुँचे। तीन वर्ष बाद, 1869 में, उन्हें उच्च न्यायालय की पीठ में शामिल कर लिया गया। सार्जेंट की तरह वे भी 1895 में सेवा-निवृत्त हुए। इस बीच उन्हें पाँच अवसरों पर मुख्य न्यायाधीश की भूमिका निभाने का मौका मिला।

इन दोनों के विपरीत, पिनी सिविल सेवा की दूसरी श्रेणी से उठकर आए थे और 1875 में उच्च न्यायालंय का न्यायाधीश नियुक्त किए जाने से पहले उन्होंने पच्चीस वर्ष तक मुफस्सिल में एड़ियाँ रगड़ी थीं। बेली को तब पीठ में काम करते हुए छह वर्ष हो चुके थे। हमारे पास इस बारे में कोई जानकारी नहीं है कि दस वर्ष तक सहकर्मियों के रूप में काम करने के दौरान पिनी और बेली के बीच किस तरह के सम्बन्ध रहे। परन्तु अपील के दौरान की कार्रवाइयों से ऐसा लगता है कि पिनी के प्रति बेली के रवैये में दम्भ का कुछ ज्यादा ही पुट था। हिन्दू कानूनों और परम्पराओं को भी बेली हिकारत की नजर से देखते थे।

कार्रवाई की शुरुआत करते हुए मैकफर्सन ने पिनी के फैसले के भावुकतापूर्ण पहलुओं को उजागर किया और इसकी कानूनी वैधता को चुनौती दी। जल्दी ही अधीर बेली ने उन्हें रोकते हुए कहा, 'मेरी समझ में नहीं आता कि इस मुकदमे को किस आधार पर खारिज किया गया है, हालाँकि मैं इस फैसले को एक से ज्यादा बार पढ़ चुका हूँ।' कितनी ही बार क्यों न पढ़ा हो बेली ने इस फैसले को, उनकी प्रतिक्रिया श्रेष्ठता के आग्रह से मुक्त नहीं थी। यह मानते हुए कि इस फैसले का आधार अपने पति के प्रति रख्माबाई की नापसन्दगी भर था—यह मानना अपने-आपमें लैंगिग पूर्वग्रह का परिचायक था—बेली ने टिप्पणी की, 'मान्यवर न्यायाधीश पिनी के अनुसार अगर कोई महिला, सही या गलत कारणों से, अपने पति को नापसन्द करने लगे तो बात बस वहीं खत्म हो जाती है।'

स्वाभाविक था कि मैकफर्सन इस व्याख्या से खुश हों। इसके बाद उन्होंने जोर देते हुए कहा कि मुकदमे को 'कानूनी आधारों की बजाय भावनाओं के आधार पर खारिज किया गया था'। उन्होंने पिनी के नैतिक आवेश और कानूनी तर्कों को मिलाते हुए कहा, 'मान्यवर न्यायाधीश पिनी का कहना था कि वे इस महिला को अपने पति के पास जाने के लिए बाध्य नहीं करना चाहते, क्योंकि उनके बीच अभी तक शारीरिक समागम नहीं हुआ था।'

इसके बाद मैकफर्सन ने यह गम्भीर आरोप लगाया कि पिनी का फैसला भ्रान्तियों पर आधारित था। इनमें सबसे बुनियादी भ्रान्ति यह थी कि हिन्दू विवाह

की पूर्णता के लिए शारीरिक समागम अनिवार्य था। यहाँ सार्जेंट ने पूछा, 'उन्होंने यह बात कहाँ कही है?' मैकफर्सन ने झट से कहा, 'अपने फैसले में।' लेकिन वे मुख्य न्यायाधीश को सन्तुष्ट नहीं कर पाए, जिनका मानना था कि 'मान्यवर न्यायाधीश पिनी ने सिर्फ यह कहा है कि वैवाहिक अधिकारों की स्थापना का मुकदमा अधिक उपयुक्त होता।' मैकफर्सन खुद भी इसी बात पर जोर देना चाहते थे। उन्होंने कहा, 'स्थापना का प्रश्न तभी उठता है जब शारीरिक समागम के बिना विवाह को अपूर्ण माना जा रहा हो।' उन्होंने आगे कहा, 'अगर विवाह को शारीरिक समागम के बिना भी पूर्ण माना जाता हो–जैसाकि हिन्दू विवाह को माना जाता है–तो विवाह की रस्में पूरी होते ही सभी अधिकार प्राप्त हो जाते हैं।' उन्होंने इस तर्क पर विशेष जोर देते हुए कहा :

> *विवाह की रस्म सम्पन्न होते ही दोनों पक्षों को उनके अधिकार मिल जाते हैं...विवाह की परिणति के लिए समागम अनिवार्य नहीं है। पति को अपनी पत्नी का साथ प्राप्त करने का अधिकार है और अदालत उसे उसका यह अधिकार दिलाने के लिए बाध्य है। नागरिक आचार संहिता (1882) के चौदहवें नियम की धारा 260 में इस अधिकार को मान्यता प्रदान की गई है और इसे लागू करने का प्रावधान भी रखा गया है।*

'इस तरह, इस अधिकार को स्वीकार किया गया है और समाधान का भी प्रावधान रखा गया है,' मैकफर्सन ने दावा किया। उन्हें डर था कि इस अधिकार को स्वीकार करने के बावजूद हिन्दुओं के मामले में समाधान के प्रावधान को चुनौती दी जा सकती थी, इसलिए उन्होंने आगे जोड़ा, 'अगर यह अधिकार और इसके अनुषंग ईसाइयों, मुसलमानों, पारसियों और हिन्दुओं में एकसमान हैं तो हिन्दुओं को समाधान के प्रावधान से वंचित क्यों रखा जाना चाहिए?' और फिर अपनी रणनीति के एक महत्त्वपूर्ण अंग के रूप में उन्होंने खुद ही इसका जवाब दिया, 'इस मामले में अदालत के सामने दूसरा कोई रास्ता नहीं है।'

रख्माबाई की तरफ से लैथम ने बहस की बागडोर सँभाली। मैकफर्सन ने अपनी बहस की शुरुआत में बड़े विश्वास के साथ कहा था कि 'विवाह की बात मानी गई है'। लैथम ने कहा कि 'इसे लेकर कोई विवाद नहीं है, लेकिन कानूनी सिद्धान्तों को ध्यान में रखते हुए मैं कहना चाहूँगा कि इसका कोई पर्याप्त प्रमाण नहीं है।' मैकफर्सन ने कहा कि मुकदमे में इस तरह का कोई मुद्दा शामिल नहीं था। लैथम ने पलटकर कहा, 'हमारे मुल्क की अदालतों में यह निर्धारित किया गया है कि दोनों पक्षों द्वारा विवाह की बात स्वीकार किए जाने की स्थिति में भी इसका प्रमाण होना चाहिए।'

लेकिन लैथम का असली बचाव पिनी के फैसले में उठाए गए दो कानूनी तर्कों पर आधारित था। पहला तर्क था कि 'हिन्दुओं में वैवाहिक अधिकारों की पुनर्स्थापना

का कोई मुकदमा ही नहीं बनता।' दूसरा यह कि 'ऐसे किसी मुकदमे का उदाहरण मौजूद नहीं है जिसमें अप्राप्त अधिकारों की स्थापना का मामला उठाया गया हो, और 'ऐसा कोई अंग्रेजी कानून नहीं था जो शारीरिक समागम को बाध्यतापूर्वक लागू कर सके।'

पहला तर्क सिद्धान्त के प्रश्न के रूप में बहुत महत्त्वपूर्ण था। लैथम ने कहा कि अगर पिनी का फैसला इस आधार पर बरकरार रखा गया कि हिन्दुओं में इस तरह के मुकदमे का कोई औचित्य नहीं है, तो उन्हें 'अत्यधिक प्रसन्नता' होगी। उन्हें पता था कि ऐसा करने के लिए सर्जेन्ट और बेली को इस तरह के उन सभी मुकदमों की शृंखला के खिलाफ निर्णय देना होगा जो पिछले कुछ वर्षों में दायर किए गए थे। लेकिन यह कोई नया रास्ता अख्तियार करने वाली बात नहीं थी, क्योंकि ये सभी मुकदमे 'बहुत हाल में' दायर किए गए थे। इनमें से कोई भी मुकदमा दस वर्ष से अधिक पुराना नहीं था। बजलुर रहीम बनाम शमसुन्निसा बेगम के मामले में प्रिवी काउंसिल के फैसले के बाद ही 'इस तरह के मुकदमों की भेड़चाल शुरू हुई।' जब सार्जेंट ने उन्हें याद दिलाया कि इस तरह के मुकदमे सदर दीवानी अदालत के सामने भी आ चुके थे तो लैथम ने जवाब दिया, 'वे सब मुस्लिम मामले थे और मुस्लिम कानून में स्त्री के साथ और भी मुकम्मल तरह से गुलाम जैसा व्यवहार किया जाता है।'

इन मुकदमों के हाल ही में दायर किए जाने से भी अधिक महत्त्वपूर्ण एक अन्य तर्क था। प्रिवी काउंसिल के दो फैसलों का अक्सर हवाला दिया जाता था। मैकफर्सन ने भी इन्हीं दो फैसलों का हवाला देकर इस मुकदमे के दाखिले को सही ठहराया था। इसमें से पहले फैसले अर्थात बजलुर रहीम के मामले से हम पहले से परिचित हैं। दूसरा फैसला आर्देशीर कर्सेतजी बनाम पिरोज बाई (1856) से जुड़ा हुआ था। लैथम ने कहा कि ये दोनों ही मामले हिन्दुओं से जुड़े हुए नहीं थे, इसलिए इन फैसलों को हिन्दुओं पर लागू नहीं किया जा सकता।[1]

यह सच था कि बजलुर रहीम के मुकदमे के फैसले में की गई टिप्पणियाँ 'हिन्दुओं के मामलों में लागू नहीं होती थीं'। प्रिवी काउंसिल ने दीवानी अदालतों में वैवाहिक अधिकारों की पुनर्स्थापना के मुकदमों के दाखिले को सही ठहराते हुए एक अन्य मुस्लिम मामले का हवाला दिया था। मौलवी अब्दुल वहाब बनाम मुसम्मात हिंगू नामक इस मुकदमे की सुनवाई सदर दीवानी अदालत में हुई थी। लेकिन प्रिवी काउंसिल ने यह निर्देश भी दिया था कि विवाह, जाति और धार्मिक रीति-रिवाजों और मान्यताओं के मामलों में अदालतों को हिन्दू और मुस्लिम कानूनों को ध्यान में रखकर फैसले करने चाहिए।[2] इससे मैकफर्सन की यह दलील कमजोर पड़ जाती थी कि ईसाइयों, मुसलमानों, पारसियों और हिन्दुओं में अधिकार की समानता को देखते हुए

हिन्दुओं को समाधान के प्रावधान से वंचित नहीं रखा जाना चाहिए :

> *ऐसा नहीं माना जा सकता कि चूँकि मुसलमानों के बीच कोई मुकदमा उनके कानून के अनुसार वैध है, तो वह हिन्दुओं के बीच उनके कानून के अनुसार भी वैध है।*

अगर मुस्लिम कानून हिन्दुओं पर लागू नहीं होता था तो गिरजाई (चर्च सम्बन्धी) कानून सिर्फ ईसाइयों पर लागू होता था। और वैवाहिक अधिकारों की पुनर्स्थापना से सम्बन्धित अंग्रेजी कानून गिरजाई कानून ही था, सामान्य कानून या न्याय का हिस्सा नहीं। इसलिए दादाजी के वकील द्वारा अंग्रेजी कानूनों का सन्दर्भ देना बेमानी था। यह दलील आर्देशीर कर्सेतजी बनाम पिरोज बाई मामले में प्रिवी काउंसिल के निर्देशों पर आधारित थी :

> *हिन्दुस्तान की दीवानी अदालतें विभिन्न पक्षों के अपने कानूनों के अनुसार न्याय के प्रशासन में फेरबदल कर सकती हैं। वे मुसलमानों के लिए मुस्लिम कानून और हिन्दुओं के लिए हिन्दू कानून को ध्यान में रखकर फैसले दे सकती हैं। लेकिन गिरजाई कानून में इस तरह का फेरबदल नहीं किया जा सकता। गिरजाई कानून के मूल चरित्र के साथ छेड़छाड़ करने से वह गिरजाई कानून नहीं रह जाएगा।*

प्रिवी काउंसिल ने गिरजाई कानून लागू करने से भले ही मना कर दिया हो, वह यह नहीं कह रही थी कि अंग्रेज ऐसे मामलों में देशी प्रजा को न्याय प्रदान करने के अपने दायित्व से मुँह मोड़ लें। दायित्व के इस बोध का अधिकार में बदल जाना ब्रिटिश भारत की न्याय-प्रक्रिया में एक नए मोड़ का सूचक था। हम आगे चलकर देखेंगे कि अपील बेंच द्वारा पिनी के फैसले को उलटा जाना अंग्रेजों की भूमिका की अवधारणा में आए इसी परिवर्तन का प्रतीक था। लेकिन फिलहाल हम इस भूमिका को प्रिवी काउंसिल द्वारा प्रस्तावित दायित्व के रूप में ही देखेंगे। प्रिवी काउंसिल ने अपनी उपरोक्त टिप्पणी के बाद कहा था :[3]

> *लेकिन अगर कोई ऐसी अदालत और कानून न हो जो उनके विवाह सम्बन्धी विवादों का निपटारा कर सके, तो हमारे लिए यह बड़े खेद की बात होगी। हम यह जानने का दावा नहीं करते कि पारसियों में विवाह सम्बन्धी कर्त्तव्य और दायित्व क्या हैं, या उनका उल्लंघन होने पर समाधान का क्या प्रावधान है, लेकिन हमारा विचार है कि कुछ ऐसे कानून या कानूनी अहमियत रखने वाले रीति-रिवाज जरूर होने चाहिए जो इस तरह के विवाह सम्बन्धी मामलों में लागू हो सकें...हमारे विचार में, सर्वोच्च न्यायालय को इस तरह के समाधानों को दीवानी तौर पर (न कि गिरजाई तौर पर) लागू करना चाहिए, या परिस्थितियों को देखते हुए करीब-करीब इसी तरह के समाधानों को।*

लैथम की दलील थी कि अपीली अदालत को 'सिर्फ इस देश के कानून और रीति-रिवाजों को ध्यान में रखना चाहिए।' इस लिहाज से दादाजी की अपील स्वीकार नहीं की जानी चाहिए, क्योंकि उसके द्वारा माँगा गया समाधान हिन्दू कानून के दायरे

में नहीं आता। अगर गिरजाई कानून के सिद्धान्तों को लागू करने की आवश्यकता हो ही तो 'उन्हें समूचे रूप में लागू किया जाना चाहिए' (अन्यथा वे गिरजाई कानून का हिस्सा नहीं रह जाते)। उनको लागू किए जाने की स्थिति में दादाजी के साथ विवाह के लिए रख्माबाई की स्वतंत्र स्वीकृति का प्रमाण आवश्यक था।

न तो प्रिवी काउंसिल ने और न उसके दो ऐतिहासिक फैसलों के बाद पुनर्स्थापना के मुकदमों को दाखिल करने वाले उच्च न्यायालयों ने ऐसा करने के औचित्य को स्थापित किया था। प्रिवी काउंसिल के उन दो फैसलों की भ्रामक समझ के आधार पर पुनर्स्थापना के हिन्दू मुकदमे दाखिल किए जाने लगे, और एक के बाद एक इस तरह का हर सन्दिग्ध दाखला नज़ीर के रूप में कानून बनता चला गया।

इस तरह आत्म-पोषित कानून की एक ऐसी कथा शुरू हुई जो समय के साथ और ज्यादा उलझती चली गई।[4] इन मुकदमों के फैसलों में ऐसे-ऐसे अर्थ ढूँढ़े जाने लगे जिनका वास्तव में कोई अस्तित्व ही नहीं था। उदाहरण के लिए, गाथाराम मिस्त्री बनाम मोहिता कोचीन अतिया मामले में कोई डिकरी (आज्ञा) जारी नहीं की गई थी। लेकिन मैकफर्सन ने इस मामले की अपने ढंग से व्याख्या की और लैथम ने इसका खंडन किया। लैथम को दो अन्य मुकदमों के सन्दर्भ का भी खंडन करना पड़ा—यमुनाबाई बनाम नारायण मोरेश्वर और जोगेन्दनन्दिनी दासी बनाम हरिदास—जिन्हें दाखिल करने के लिए गाथाराम मिस्त्री बनाम मोहिता कोचीन अतिया का हवाला दिया गया था।

पिनी के फैसले से पहले, वैवाहिक अधिकारों की पुनर्स्थापना के सम्बन्ध में सबसे तीखी टिप्पणी सम्भवतः गाथाराम मिस्त्री के मुकदमे के पूरक फैसले में देखी गई। यह फैसला मार्कबी नामक न्यायाधीश ने दिया था। उनके इस फैसले के दो वर्ष के भीतर ही इस प्रस्ताव पर विचार किया जाने लगा कि पुनर्स्थापना के फैसलों को मात्र घोषणात्मक बना दिया जाए। लेकिन यह प्रस्ताव स्वीकृत नहीं हो पाया।[5] (यदि इस प्रस्ताव को स्वीकृति मिल जाती तो 1884 में संशोधित इंग्लिश मैट्रिमोनियल कॉजेज एक्ट की आवश्यकता ही न पड़ती, और रख्माबाई के मुकदमे से जुड़ा विवाद खड़ा ही न होता।)

सार्जेंट ने मैकफर्सन से जानना चाहा कि 'क्या हाल का कोई ऐसा मुकदमा था जिसमें वैवाहिक अधिकारों की पुनर्स्थापना के लिए डिकरी जारी की गई थी।' इस प्रश्न के साथ बहस मार्कबी के फैसले पर केन्द्रित हो गई। सार्जेंट सुनिश्चित थे कि ऐसा कोई मुकदमा नहीं था, इसलिए उन्होंने अपने प्रश्न के साथ यह भी जोड़ दिया कि मार्कबी ने 'इस तरह की डिकरी देने' का विरोध किया था। मैकफर्सन ने जवाब दिया कि मार्कबी 'पत्नी को पति के संरक्षण में वापस भेजने के लिए डिकरी न देने के कारणों से सहमत थे', लेकिन वे यह भी जानते थे कि कानून उनसे अलग तरह

के व्यवहार की माँग करता था। सार्जेंट ने मार्कबी के फैसले को लेकर अपनी धारणा में तुरन्त सुधार करते हुए कहा, 'उन्होंने इस तरह की डिकरी देने का सख्त विरोध किया, लेकिन फिर भी दी।' 'हाँ', मैकफर्सन ने उनकी बात को पकड़ते हुए कहा, 'मान्यवर न्यायाधीश पिनी और मार्कबी में सिर्फ यह फर्क है कि श्रीमान पिनी ने अपनी आस्था के अनुसार काम किया, जबकि मार्कबी ने ऐसा नहीं किया।'

मैकफर्सन का यह संशोधन प्रभावी होते हुए भी मार्कबी के फैसले की मूल भावना के खिलाफ था। सो लैथम ने फैसले का निचोड़ प्रस्तुत करते हुए कहा : 'मार्कबी जो डिकरी देने को तैयार थे, वह वैवाहिक अधिकारों की पुनर्स्थापना की घोषणा नहीं थी, मात्र उन अधिकारों की अस्तित्व की घोषणा थी।' इसलिए दादाजी जिस डिकरी की माँग कर रहा था, उसके लिए मार्कबी के फैसले का हवाला नहीं दिया जा सकता था। इससे उस आरोप का भी खंडन हो गया था–जो बड़े पैमाने पर चिन्ता का विषय बना हुआ था–कि पिनी ने दादाजी और रख्माबाई के विवाह को वैध मानने से ही इनकार कर दिया था।[6]

लैथम की इस सटीक और संक्षिप्त व्याख्या से हमें हिन्दू कानून और समाज को लेकर मार्कबी की गहरी समझ का कोई संकेत नहीं मिलता। इस बारे में थोड़ी और जानकारी हमारे लिए उपयोगी होगी। वादी गाथाराम मिस्त्री ने अपने वैवाहिक अधिकारों की पुनर्स्थापना के लिए मुकदमा दायर किया था। प्रतिवादी अर्थात् उसकी पत्नी और सास ने इस विवाह से इनकार किया था। निचली अदालत इस फैसले पर पहुँची थी कि दोनों पक्षों के जातीय आचार के अनुसार यह विवाह सम्पन्न हुआ था। उस आचार के अनुसार दोनों पक्षों के लोगों के लिए भोज का आयोजन किया गया था। लेकिन डिप्टी कमिश्नर ने इस फैसले को रद्द कर दिया। उन्होंने जिन आधारों पर इसे रद्द किया, उन्हें न्यायाधीश मार्कबी और न्यायाधीश मित्तर ने मनमाना ठहराते हुए उन्हें मुकदमे की दोबारा सुनवाई करवाने का आदेश दिया।

इस संक्षिप्त और संयुक्त फैसले के साथ-साथ न्यायाधीश मार्कबी ने 'डिकरी के स्वरूप और उसके आधार पर की जाने वाली कार्रवाइयों की प्रवृत्ति' पर अलग से भी कुछ टिप्पणियाँ कीं। उनका मानना था कि जब भी कानून पति-पत्नी के सम्बन्ध को स्वीकार करता है तो यह मानकर चलता है कि उन दोनों को साथ-साथ रहना चाहिए। अगर दोनों में से कोई भी पक्ष इस दायित्व की अनदेखी करता है तो 'अदालतों को निश्चित ही इन अधिकारों के अस्तित्व की घोषणा करनी चाहिए।' यहाँ तक न तो कोई सन्देह था और न कोई कठिनाई। समस्या तब पैदा होती है जब वैवाहिक सम्बन्ध स्थापित हो जाने के बाद एक पक्ष शारीरिक समागम का कर्त्तव्य निभाने से इनकार करता है।

मार्कबी ने इस प्रचलित मान्यता का हवाला दिया कि 'भगोड़े पक्ष को शारीरिक

तौर पर पकड़कर दावेदार के हवाले कर दिया जाना चाहिए, ताकि शारीरिक समागम के कर्त्तव्य का निर्वाह करवाया जा सके।' इस तरह के कुछ मामले सामने आए थे जहाँ उद्दंड पत्नियों को इसी तरह उनके पतियों के पास वापस पहुँचाया गया था। लेकिन कोई ऐसा मामला प्रकाश में नहीं आया था जिसमें किसी पति को इसी तरह उसकी पत्नी के पास वापस पहुँचाया गया हो। इसके पीछे सम्भवतः यह सार्वभौमिक धारणा थी कि 'विवाह के समय पति पत्नी को खरीदता है और इसके बाद वह उसकी सम्पत्ति का हिस्सा हो जाती है'।

लेकिन, मार्कबी ने जोर देते हुए कहा, 'हिन्दू कानून इस धारणा के सख्त खिलाफ है'। इसलिए समस्या यह थी कि 'अदालत के आदेश (डिकरी) को किस तरह लागू किया जाए?' इस मामले में सिर्फ एक हालिया मुकदमे, 'झोटन बीबी बनाम अमीरचन्द', का हवाला दिया जा सकता था। मुकदमे का फैसला करने वाले दो न्यायाधीशों में से एक, सेटन-कार, का मानना था कि पुनर्स्थापना के आदेश का पालन करवाने के लिए पत्नी को जबर्दस्ती पकड़कर उसके पति को सौंप देना चाहिए। लेकिन दूसरे न्यायाधीश, मैकफर्सन, का ख्याल था कि पत्नी को इस तरह शारीरिक तौर पर उसके पति के हवाले नहीं किया जा सकता। उन्होंने कहा कि अगर पत्नी अदालत के आदेश का पालन करने से इनकार करती है तो उसे जेल भेजकर या/और उसकी सम्पत्ति को जब्त करके डिकरी को लागू किया जा सकता है।

मार्कबी डिकरी को लागू करने के इन दोनों तरीकों से सहमत नहीं थे। लेकिन आज के और उस समय के अधिकांश लोगों के विपरीत उन्होंने सेटन-कार के तर्क की मजबूती की सराहना करते हुए कहा :

> *अगर आप किसी स्त्री को (अपने पति के) साथ रहने के लिए बाध्य करना ही चाहते हैं, तो फिर इसका सीधा रास्ता यानी उसे जबर्दस्ती पकड़कर उसके पति के हवाले करना उसे जेल में ठूँसने से ज्यादा अमानवीय नहीं है, और यह रास्ता कहीं ज्यादा कारगर भी है...*

इसके बाद मार्कबी उस बिन्दु पर जा पहुँचे जिसे वे पुनर्स्थापना की डिकरी का केन्द्र-बिन्दु समझते थे। यह डिकरी 'एक विशेष कृत्य को सम्पन्न कराने के लिए' नहीं हो सकती थी, हालाँकि झोटन बीबी बनाम अमीरचन्द के मामले में न्यायाधीश मैकफर्सन ने ऐसा ही कहा था। यहाँ 'विशेष' शब्द को एक निश्चित अर्थ देना जरूरी था। 'यह नहीं कहा जा सकता कि पत्नी के पति के घर लौट जाने मात्र से इस डिकरी का पालन हो जाएगा। (पति के घर लौटने और पति की बाँहों में लौटने में बहुत अन्तर था।) अदालतें निरन्तर निभाए जाने वाले कर्त्तव्यों के निश्चित निर्वाह का आदेश नहीं दे सकती थीं, क्योंकि 'उनके पास जुर्माने और जेल के अलावा इसे लागू करने का कोई दूसरा साधन नहीं था'। विवाह एक अनुबन्ध था और मार्कबी को यह

कहने में कोई हिचकिचाहट नहीं थी कि 'कोई भी अदालत इसे बाध्यतापूर्वक लागू करवाकर बुद्धिमानी का परिचय नहीं देगी।' मुंशी बजलुर रहीम बनाम शम्सुन्निसा बेगम के मामले में भी प्रिवी काउंसिल ने सिर्फ यह घोषणा की थी कि पुनर्स्थापना के मुकदमों को दाखिल किया जा सकता है। वह इन मामलों में डिकरी का कोई निश्चित स्वरूप तय करके या इसे लागू करने के निश्चित उपाय सुझाने से 'सावधानीपूर्वक' बची रही थी।

मार्कबी का मानना था कि पुनर्स्थापना की डिकरी को 'सम्बन्धों के अस्तित्व की घोषणा मात्र' होना चाहिए। अगर इस तरह की घोषणा तकनीकी दृष्टि से कोई 'राहत' प्रदान नहीं करती, तो भी सम्बन्धित पक्षों के लिए यह 'अत्यधिक महत्त्वपूर्ण और सहायक' साबित हो सकती है। मार्कबी इस बात से सहमत थे कि अदालतों को अपनी पूरी शक्ति के साथ इस घोषणा पर अमल करवाना चाहिए। लेकिन उन्हें इसे थोपने की बाध्यता महसूस नहीं करनी चाहिए। उन्होंने कहा :

> *अगर अदालत अपना विवेक इस्तेमाल करने की स्थिति में नहीं है तो इस दायित्व का निर्वाह करवाने का सबसे आसान और सीधा रास्ता, और एकमात्र कारगर रास्ता, है दोनों पक्षों को बलपूर्वक एक-दूसरे से मिला देना। हिन्दुस्तान में ही नहीं, दुनिया के हर देश में इस तरीके का निषेध किया जाता है, क्योंकि यह हमारी मानवीय संवेदनाओं को ठेस पहुँचाता है।*

मार्कबी ने अपनी इस धारणा के पक्ष में विभिन्न यूरोपीय और अमरीकी कानूनों की गहरी छानबीन से मिले अपने निष्कर्ष प्रस्तुत किए। यूरोप में 'पति और पत्नी दोनों के सहवास का अधिकार' (मूल अर्थ में) 'विवाद से परे' माना जाता था। लेकिन इस दायित्व का बाध्यतापूर्वक पालन करवाना 'लगभग छोड़ दिया गया' था। इंग्लैंड में भी ऐसा ही चलन दिखाई देता था। 'स्वरूप और शब्दों की दृष्टि से' अंग्रेजी कानून भले ही 'इस मामले में असीम न्यायिक शक्ति' की झलक देता हो, वास्तव में इसका इस्तेमाल कभी-कभार ही होता था। 1857 में विवाह सम्बन्धी मामलों में गिरिजाई अदालतों के अधिकारों की समाप्ति के बाद पिछले अठारह वर्षों में सिर्फ तीन मामलों में अदालत की तरफ से 'रिट' जारी की गई थी। इनमें से दो मामलों में आज्ञा का पालन न करने वाली पार्टी इंग्लैंड छोड़कर जा चुकी थी।

मार्कबी ने अन्तिम उदाहरण अमरीका का दिया। उस देश को वैवाहिक कर्तव्यों का बाध्यतापूर्वक निर्वाह करवाना इतना 'घिनौना' प्रतीत हुआ कि अपने वैवाहिक कानूनों को इंग्लैंड की तर्ज पर ढालने के बावजूद उसने इस प्रावधान को पूरी तरह बाहर निकाल फेंका।

निष्कर्ष स्पष्ट था :

> *...अगर हम यह मानकर चलते हैं कि असीमित जुर्माने और जेल की सज़ा से अदालत*

वैवाहिक कर्त्तव्यों का निरन्तर निर्वाह करवा सकती है, तो हम इंग्लैंड के गिरिजाई कानून को छोड़ समूची सभ्य दुनिया के कानून से उलटा बना देंगे।

मार्कबी ने कहा कि इस मामले में हिन्दू कानून 'अन्य सभ्य देशों के कानून से कम मानवीय नहीं था'। न ही भारत को अन्य देशों से 'अधिक कठोर समाधानों' की जरूरत थी। इस अंग्रेजी कानून को हिन्दुस्तान में लाने की कोई जरूरत नहीं थी।[7]

मार्कबी के फैसले पर चर्चा के बाद स्वाभाविक रूप से यह प्रश्न भी उठ खड़ा हुआ कि अगर अदालत रख्माबाई के खिलाफ डिकरी जारी करती है तो उसे कैसे लागू किया जाएगा। मैकफर्सन की पहली प्रतिक्रिया काफी उदारतापूर्ण थी, 'निस्सन्देह, मैं डिकरी को लागू करने की माँग नहीं कर रहा हूँ।' फिर शायद उन्हें अपने मुवक्किल का चरित्र याद आ गया और उन्होंने जोड़ा, 'और शायद हम कभी भी ऐसा नहीं करेंगे।' बाद में उन्होंने और भी गोलमोल भाषा का प्रयोग करते हुए कहा, 'मुझे नहीं मालूम कि डिकरी को लागू करने के बारे में मुझे निर्देश देने वालों का क्या विचार है।'[13] और भी बाद में, जब डिकरी के क्रियान्वयन ने असुविधाजनक मोड़ ले लिया, तो उन्होंने सीधे-सीधे कानून के अनुसार फैसले की माँग की। इसके बाद क्या होगा? उनका उत्तर था : 'लेकिन क्या मान्यवर का इससे सचमुच कोई सरोकार है?' उन्होंने यह तीखा प्रश्न सार्जेंट की निम्न टिप्पणी के बाद किया था :

यदि पति और पत्नी साथ-साथ नहीं रह पाते तो पति को निश्चित ही उसे गुजारा देने के लिए कहा जा सकता है; लेकिन आप जिस डिकरी की माँग कर रहे हैं उसे लागू करने का कोई तरीका नहीं है।

सार्जेंट अपने मानवीय बयानों पर अड़े रहे। सुनवाई के दूसरे दिन उन्होंने कहा, 'अगर किसी स्त्री का विवाह उसकी स्वतंत्र सहमति से न हुआ हो तो उसकी इच्छा न होने पर उसे अपने पति के पास जाने के लिए बाध्य नहीं किया जा सकता।' लैथम को भला और क्या चाहिए था? अदालत इतना मान ले तो उन्हें 'अतिरिक्त परिस्थितियों' पर जोर देने की आवश्यकता नहीं थी। दादाजी के मामले में साबित हो चुकी गरीबी या बीमारी उस 'वैवाहिक कष्ट' के सामने कुछ नहीं थी जो दादाजी के साथ रहने के लिए बाध्य किए जाने पर रख्माबाई को होना था।

फिर भी सार्जेंट जानना चाहते थे कि 'क्या कोई अन्य परिस्थितियाँ भी थीं जिनके कारण अदालत को अपने विवेक का इस्तेमाल करना चाहिए।' लैथम पहले ही रख्माबाई की सहमति के अभाव के साथ-साथ दादाजी की निर्धनता और बीमारी का उल्लेख कर चुके थे। उन्होंने अब कहा कि दादाजी के पास 'उसे अपने साथ रखने के लिए कोई घर ही नहीं है'। सार्जेंट ने कहा कि यह प्रमाणित नहीं हो पाया है। लैथम ने पिनी के सामने दादाजी के अपने बयान का हवाला दिया। दादाजी गरीब होने के साथ-साथ कर्जे में डूबा हुआ था और अपने मामा के घर के एक कमरे में

रहता था। जब मैकफर्सन ने कहा कि दादाजी घर लेने के लिए तैयार था तो लैथम ने हँसकर कहा, 'हाँ, क्यों नहीं, वह यह भी कह सकता है कि वह विंडसर का महल लेने के लिए तैयार है।' जब बेली ने कहा कि दादाजी के पास तीन-तीन वकील करने के पैसे थे तो लैथम ने पलटकर कहा, 'मुझे नहीं लगता कि वह उनमें से किसी को अपनी जेब से एक पाई भी देगा।'

सार्जेंट निश्चित नहीं थे कि न्यायाधीश के रूप में उनको इस मुकदमे में वह फैसला देने का अधिकार था जो वह देना चाह रहे थे। वे अदालत की शक्तियों की सीमाओं को टटोल रहे थे, और साथ ही एक ऐसी डिकरी के औचित्य को भी जिसे सिर्फ एक नैतिक घोषणा के रूप में लागू किया जा सके। अगर रखमाबाई दादाजी के साथ न रहने के लिए दृढ़ संकल्प थी तो ऐसी डिकरी दादाजी की शायद ही कोई मदद कर सकती थी। पिनी ने यह मुकदमा दायर करने के लिए दादाजी को लताड़ा था, और अब सार्जेंट भी उन्हीं की तरह महसूस करते हुए सोच रहे थे कि 'ऐसी राहत की माँग न करना ही बेहतर होता जिसे असलियत में लागू ही नहीं किया जा सकता।' और यह भी कि, इस तरह की डिकरी को लागू करना लगभग असम्भव होने के कारण क्या अदालत द्वारा इसकी माँग को ठुकरा देना न्यायसंगत नहीं था?

सार्जेंट की ये टिप्पणियाँ बहुत उत्साहजनक थीं। लेकिन लैथम जानते थे कि उन्हें इस मामले में अदालत के अधिकारों को स्थापित करना होगा। वे पहले ही यह तर्क दे चुके थे कि मैकफर्सन ने जिन फैसलों का हवाला दिया था, अदालत उन्हें हिन्दुओं पर लागू करने के लिए बाध्य नहीं थी; और यह भी कि प्रिवी काउंसिल के ऐतिहासिक फैसले बिल्कुल अलग अर्थ रखते थे। अब उन्होंने उसी अंग्रेजी कानून का हवाला दिया जिसका उदाहरण खुद मैकफर्सन भी दे चुके थे; और अदालत से अपने विवेक के अधिकार का प्रयोग करने का अनुरोध किया। उन्होंने कहा कि अब गिरिजाई अदालतें भी 'उतनी कट्टर' नहीं रहीं, जितने की उम्मीद मैकफर्सन अपीली अदालत से कर रहे थे। लैथम ने 'मोलोनी बनाम मोलोनी' नामक मुकदमे का उदाहरण प्रस्तुत किया। इस मुकदमे का सम्बन्ध न तो किसी दूसरी स्त्री के साथ यौन-सम्बन्धों से था और न क्रूरता से। ये दो ऐसे कारण थे जिनके आधार पर शारीरिक समागम के अधिकारों की पुनर्स्थापना को चुनौती दी जा सकती थी। लेकिन पत्नी सिर्फ इस कारण से पति के साथ रहने के लिए तैयार नहीं थी कि पति का निवास-स्थान, डबलिन, उसके स्वास्थ्य के लिए ठीक नहीं था। मैकफर्सन की तरह उस मामले में भी पति के वकील ने पत्नी की दलील को ठुकरा दिए जाने का आग्रह किया था। उसका तर्क था कि स्वास्थ्य-सम्बन्धी दलील सही साबित हो जाने के बाद भी पति की पुनर्स्थापना की माँग को स्वीकार न किया जाना उचित नहीं। अदालत ने उसके इस आग्रह को ठुकरा दिया था।

लैथम ने कहा कि इस उदारवादी प्रवृत्ति को 1857 में अंग्रेजी विवाह कानून में हुए सुधारों के बाद और ज्यादा प्रोत्साहन मिला था। इन सुधारों ने कानून को एक नया मोड़ दे दिया था। अब न्यायनीति के आधार पर याचिकाएँ स्वीकार की जाने लगी थीं, जो पुरानी अदालतें 'कभी नहीं' करती थीं। इसका एक उदाहरण 'मार्शल बनाम मार्शल' मुकदमा था। कैरोलिन मार्शल ने बीस वर्ष तक अपने पति से अलग रहने के बाद यह मुकदमा दायर किया था। अदालत ने उसे उसके द्वारा पहले किए गए उस अलगावनामे से बँधा हुआ करार दिया, जिसके अनुसार वह वैवाहिक अधिकारों की पुनर्स्थापना के लिए मुकदमा दायर नहीं कर सकती थी। पुराने समय में इस तरह के अनुबन्ध को अनैतिक कहकर ठुकरा दिया जाता। इसकी बजाय कैरोलिन मार्शल की याचिका को रद्द करके न्यायाधीश हेनन ने पुनर्स्थापना के मुकदमों के पीछे आमतौर से छिपे रहने वाले कारणों को उजागर किया। उन्होंने कहा कि इस तरह के मुकदमों के पीछे पैसे की माँग मनवाने के अलावा कोई दूसरा उद्देश्य नहीं होता।

लैथम ने कहा कि रख्माबाई के कष्ट की असमान मात्रा को देखते हुए भी अदालत को अपने विवेक का प्रयोग करना चाहिए। उसके लिए दादाजी जैसे आदमी के साथ रहने का विचार ही घृणित था। लेकिन हिन्दू पत्नी होने के कारण उसके सामने 'एकान्त जीवन की असुविधाओं' को स्वीकार करने के अलावा दूसरा कोई विकल्प नहीं था। उसके पति को ऐसी कोई बाध्यता नहीं थी। सार्जेंट ने प्रतिपक्ष के वकील को टटोलने का प्रयास करते हुए पूछा, 'लेकिन क्या पुरुष के लिए यह कष्टपूर्ण नहीं है?' लैथम ने कहा कि 'उसका कष्ट दूसरे पक्ष की तुलना में कुछ भी नहीं था'। उन्होंने कहा कि रख्माबाई को दादाजी के पास भेजना 'किसी व्यक्ति को दिया जा सकने वाला कठोरतम कष्ट होगा'। उन्होंने अदालत से अनुरोध किया कि वह देखे कि :

> *यह एक अत्यन्त बौद्धिक स्त्री है, उतनी ही सुशिक्षित जितनी कोई अंग्रेज महिला, जबकि उसका पति किसी कुली से थोड़ा ही बेहतर है। यह छिपा नहीं है कि प्रतिवादी पर्याप्त प्रसिद्धि पा चुकी लेखिका है; किसी की भी नैतिकता को धक्का लगेगा यह सोचकर कि इस स्त्री को अपने आपको ऐसे आदमी को समर्पित करना पड़े।*

लैथम इतना आगे बढ़ गए तो बेली ने टिप्पणी की, 'यह थोड़ा ज्यादा हो गया।' मैकफर्सन ने अवसर का लाभ उठाते हुए तुरन्त आपत्ति की, 'मैं भी कह सकता हूँ कि मेरे काबिल दोस्त की मुवक्किल का दिमाग ज्यादा पढ़ाई के कारण घूम गया है। मेरे मुवक्किल को कुली कहकर वे अपने पक्ष को मजबूत नहीं कर रहे।'

लेकिन मैकफर्सन को भी इस ठोस सच्चाई को स्वीकार करना पड़ा कि रख्माबाई की स्थिति कहीं ज्यादा कष्टदायक थी। लेकिन बेली अपने स्वभाव के अनुसार इसे

खुलकर स्वीकार करने से हिचकिचा रहे थे। उन्होंने कहा कि रख्माबाई और दादाजी 'आजीवन बन्धन' में बँधे हुए हैं। लैथम ने सूक्तिवत प्रतिवाद किया, 'नहीं, ऐसा नहीं है।' मैकफर्सन समझ गए और बोले, 'वादी दूसरी बीवी ला सकता है।' सार्जेंट की समझ में भी यह ठोस सच्चाई आ गई। दादाजी के साथ रख्माबाई के विवाह को लेकर उनकी उलझन से ज़ाहिर था कि वे रख्माबाई की असमान कष्टदायक स्थिति को मान रहे थे।

यहाँ आकर लैथम ने रख्माबाई के कष्टों और अदालत के विवेक के मुद्दे को उस चीज से जोड़ दिया जो उनकी नजर में सबसे 'ठोस तर्क' था : इस तरह के मुकदमे की कोई नज़ीर नहीं थी। इस तर्क के दो पहलू थे जो, उनके अनुसार, 'एक-दूसरे में गुँथे हुए थे'। पहला यह कि अगर मान भी लिया जाए कि हिन्दुओं में इस तरह का मुकदमा सम्भव था, तो भी मौजूदा मामले में कोई भी अदालत 'इस तरह के मुकदमे की स्वीकृति' का आदेश नहीं दे सकती थी, क्योंकि यह मुकदमा सहवास की पुनर्स्थापना की बजाय उसकी स्थापना के लिए दायर किया गया था। दूसरा, क्योंकि सहवास की शुरुआत नहीं हुई थी, इसलिए अदालत इस तरह के आदेश की माँग को स्वीकार करने से इनकार कर सकती थी।

लैथम ने नज़ीर न होने के तर्क को और सशक्त बनाने के लिए उसमें एक नया ऐतिहासिक आयाम जोड़ दिया। उन्होंने कहा कि पिनी ने अपने फैसले में यह माना था कि चूँकि इंग्लैंड में विवाह के तुरन्त बाद शारीरिक समागम स्थापित हो जाता था, इसलिए अंग्रेजी कानून में रख्माबाई जैसा उदाहरण नहीं ढूँढ़ा जा सकता था। दरअसल ऐसा था नहीं। इंग्लैंड में भी एक समय 19वीं सदी के भारत जैसी ही स्थिति थी। 1753 के लॉर्ड हार्डविक एक्ट से पहले इंग्लैंड के संभ्रान्त वर्ग में कम उम्र में विवाह कोई अनहोनी नहीं थे। ऐसी स्थिति में वहाँ रख्माबाई जैसा उदाहरण होना असंभव नहीं था। फिर भी वहाँ एक बार भी 'सहवास की शुरुआत' के लिए कोई मुकदमा दायर नहीं हुआ।

एक सप्ताह बाद जब सुनवाई फिर से शुरू हुई तो सार्जेंट ने मैकफर्सन से पूछा कि क्या वे इस तरह की डिकरी का कोई उदाहरण ढूँढ़ पाए थे। मैकफर्सन ने 'न' में जवाब दिया तो लैथम ने कहा, 'मेरे काबिल दोस्त ने कभी भी इस तरह के मुकदमे के बारे में नहीं सुना; और मुझे पूरा विश्वास है कि हममें से किसी ने भी नहीं सुना।' साथ ही लैथम ने यह भी जोड़ दिया कि 'इंग्लैंड में इन मुकदमों के शीर्षक से ही जाहिर है कि ये तभी सम्भव हैं जब पत्नी पहले ही समागम का अधिकार प्रदान कर चुकी हो।'

पिनी के फैसले को इस तरह एक अनपेक्षित ऐतिहासिक और अन्तर-सांस्कृतिक गहराई देने के बाद लैथम ने इस फैसले को बरकरार रखने का आग्रह किया। उन्होंने

कहा, 'मैं इस तरह के मुकदमे को बदनाम मुकदमा कहना चाहूँगा और यह अदालत पिछली अदालतों ने जो किया है उससे एक इंच भी आगे नहीं जाएगी।' उन्होंने आशा जताई की कि इस तरह के मुकदमे का कोई पूर्व उदाहरण न होने के कारण अदालत खुद ऐसा उदाहरण स्थापित करने में जल्दबाजी नहीं करेगी।

लैथम ने न्यायाधीशों को दुविधा में डाल दिया था। कोई भी फैसला वे लें अपने विवेकाधिकार का प्रयोग उन्हें करना ही था। यदि यह मान लिया जाता कि अदालत के पास ऐसा कोई विवेकाधिकार नहीं था, और वे मैकफर्सन द्वारा दिए गए कानूनी हवालों के आधार पर डिकरी प्रदान कर देते, तो भी वे अपने-आपमें एक अनूठे मुकदमे (सुइ जेनरिस) पर इन कानूनों को लागू करके अपने विवेकाधिकार का प्रयोग कर रहे होते। अदालत के अधिकारों को लेकर लैथम के विचारों को स्वीकार करना भी अपने विवेकाधिकार का प्रयोग करना होता। लैथम की दलील थी कि अदालत के पास न सिर्फ विवेकाधिकार था, बल्कि पहले वह इस अधिकार का प्रयोग भी कर चुकी थी। चूँकि डिकरी प्रदान करना भी एक 'वृहत विवेकाधिकार' का प्रयोग करना था। इस दुविधा को लैथम ने यह कहकर और भी गहरा कर दिया था कि पुनर्स्थापना के मुकदमे बहुत बदनाम हो चुके थे।

यहाँ उस कपोलकथा का पटाक्षेप होता है जिस पर यह शक्तिशाली मिथक आधारित था कि साम्राज्यवादी न्याय-प्रणाली वैयक्तिक पूर्वग्रहों से परे एक सार्वभौमिक न्याय व्यवस्था थी। मिथक यह था कि न्यायाधीश सिर्फ मौजूदा कानूनों का अनुसरण करते थे, और कोई स्पष्ट प्रावधान होने की स्थिति में ही अपने विवेकाधिकार का प्रयोग करते थे। इसी पर टिकी थी न्यायिक तटस्थता की विक्टोरियाई मान्यता। यह मान्यता उपनिवेशीय सत्ता के लिए विशेष रूप से उपयोगी थी। इससे शासक अपनी न्यायिक प्रणाली में पूर्ण तटस्थता का दावा कर सकते थे। लेकिन इस कपोलकथा को बरकरार रखने के लिए जरूरी था कि न्याय व्यवस्था को चलाने वाले और इस व्यवस्था के अन्तर्गत न्याय पाने वाले इसकी असलियत न जान पाएँ। इसीलिए सार्जेंट इस विवेकाधिकार को पहले से स्थापित कानूनों से जोड़कर देखने के लिए उत्सुक थे, जो सुस्थापित माने जाने के बावजूद निरन्तर और बहुत सूक्ष्म ढंग से बदलते भी रहे थे। और भी महत्त्वपूर्ण बात यह थी कि खुद लैथम विवेकाधिकार की अपरिहार्यता को लेकर अपने तर्कों के क्रान्तिकारी पहलुओं का अहसास नहीं कर पा रहे थे।

जरूरी नहीं था कि अदालत के विवेकाधिकार को लेकर लैथम के तर्क उनके मुवक्किल की ही मदद करें। अदालत अपने विवेकाधिकार का प्रयोग दादाजी के पक्ष में भी कर सकती थी। ऐसा होने का खतरा तब उभरा जब अपने मानवतावादी दृष्टिकोण के बावजूद सार्जेंट ने इस मुकदमे से जुड़े 'सिद्धांत' को परिभाषित करते हुए पूछा :

अगर हिन्दू कानून के अनुसार विवाह पूरी तरह वैध है—जिसमें किसी तरह की सहमति का कोई प्रश्न ही नहीं उठता, क्योंकि लड़की के माता-पिता ने कन्यादान किया है और उन्हें इसका अधिकार है—तो क्या अदालत राहत प्रदान करने से इनकार कर सकती है?

लैथम के उत्तर से कि 'मैं कहता हूँ कर सकती है' सार्जेंट सन्तुष्ट नहीं हुए। उन्होंने आगे पूछा, 'अगर विवाह के समय वह वयस्क होती तो क्या तब भी अदालत राहत प्रदान करने से इनकार कर सकती थी?'

लैथम चकरा गए। रख्माबाई के बचाव के लिए दो अनुपस्थितियाँ बहुत महत्त्वपूर्ण थीं : सहमति की अनुपस्थिति और सहवास की स्थापना के लिए डिकरी दिए जाने के किसी पूर्व दृष्टांत की अनुपस्थिति। इन दोनों को साथ-साथ देखने पर रख्माबाई का पक्ष काफी मजबूत हो जाता था। लैथम ऐसा ही चाहते थे। लेकिन इन दोनों को अलग-अलग और 'मूल सिद्धान्त' के साथ रखकर देखने पर ये अनुपस्थितियाँ अपना महत्त्व खो बैठती थीं। सार्जेंट ऐसा चाहते थे।

रख्माबाई का विवाह वयस्क आयु में होने की सम्भावित स्थिति को लेकर पूछे गए अपने उपरोक्त प्रश्न से पहले इसी तरह के प्रश्न को एक और तरीके से पूछकर सर्जेंट ने लैथम को चक्कर में डाल दिया था। उन्होंने पूछा था, 'अगर कोई स्त्री विवाह के तुरन्त बाद अपने पति को छोड़कर भाग जाए, तो क्या पति समागम के अधिकारों की पुनर्स्थापना का मुकदमा दायर कर सकता है?' लैथम के नकारात्मक उत्तर पर मैकफर्सन ने विरोध प्रकट करते हुए कहा था : 'मैं इसका उलटा मानता हूँ।' इस बार लैथम ने बहुत सँभलकर जवाब दिया। उन्होंने 'हाँ' या 'ना' में जवाब देने की बजाय कहा कि अगर किसी स्त्री का विवाह वयस्क उम्र में हुआ है तो इस तरह के मुकदमे में अदालत को 'मौजूदा कष्टों' को ध्यान में रखते हुए फैसला करना चाहिए।

सार्जेंट इस उत्तर से सन्तुष्ट नहीं हुए। वे किसी विशिष्ट कर्म निवार्ह (Specific performance) के आधार पर ही राहत देने से इनकार करना चाहते थे : 'हम इसे किसी दूसरे दृष्टिकोण से नहीं देख सकते।' लैथम को इस पर कोई आपत्ति नहीं थी। बल्कि वे पहले ही, सर्जेंट की एक टिप्पणी का जवाब देते वक्त, वैवाहिक मामलों में अपूर्ण दायित्व की धारणा के साथ-साथ यह मुद्दा भी उठा चुके थे।

तटस्थ मानी जाने वाली कानून व्यवस्था पर न्यायाधीशों की अपनी मानसिकता का अनिवारणीय प्रभाव था। यह मानसिकता पति/पुरुष के सम्मुख पत्नी/स्त्री की अधीन स्थिति और इसी के अनुसार वैवाहिक/सामाजिक सम्बन्धों को संचालित करने के महिमामंडित दृष्टिकोण से जुड़ी हुई थी। जिस समय अपूर्ण दायित्व और विशिष्ट कर्म निर्वाह जैसे पेचीदा मसाइल पर बात हो रही थी, सार्जेंट ने कहा : 'मुझे यह कहने के लिए किसी विधिशास्त्र का हवाला देने की जरूरत नहीं है कि हिन्दू कानून के

अनुसार एक पत्नी की सही जगह उसके पति के घर में है।' उन्होंने यह टिप्पणी भले ही हिन्दू कानून के सन्दर्भ में की थी, इसमें व्यक्त होनेवाला भाव वह था जिसे एक औसत ईसाई अंग्रेज, एक औसत पश्चिमी, और खुद सर्जेंट एक सनातन सत्य के रूप में देखते थे। वे विवाह को लेकर उस आम दृष्टिकोण में विश्वास करते थे जिसका सीधा-सा नियम था : 'स्त्रियो, अपने पति की आज्ञा मानो, और पुरुषो, अपनी पत्नी से प्रेम करो।' सार्जेंट का यह प्रश्न भी स्त्रियों को लेकर शासकों और शासितों की संस्कृतियों में समानता का परिचायक था : 'क्या एक हिन्दू स्त्री भले में या बुरे में, अमीरी में या गरीबी में विवाह को निभाने का वचन नहीं देती?'

लैथम पहले ही इस धारणा की सार्वभौमिकता का खंडन कर चुके थे। इस बार उन्होंने कहा कि सार्जेंट दरअसल 'एक अंग्रेज महिला के दायित्वों के बारे में' सोच रहे थे। हिन्दू पत्नी इस तरह का कोई वैवाहिक अनुबन्ध नहीं करती।

पत्नी की जगह को लेकर यह धारणा इतनी शक्तिशाली थी कि अपना सवाल पूछने के साथ ही सार्जेंट ने बड़े आत्म-विश्वास के साथ जोड़ दिया था : 'मेरा ख्याल है कि श्रीमान लैथम इस बात को स्वीकार करने से तो इनकार नहीं करेंगे।'

इस टिप्पणी ने लैथम को अपूर्ण दायित्व और विशिष्ट कर्म निर्वाह के पारस्परिक सम्बन्धों की व्याख्या का अवसर प्रदान कर दिया। उन्होंने कहा कि पत्नी का कर्त्तव्य था कि वह अपने पति के साथ रहे, जिसे उसका साथ प्राप्त करने का पूरा अधिकार था। लेकिन यह कर्त्तव्य 'अपूर्ण दायित्व की कुछ विशिष्ट परिस्थितियों' से जुड़ा हुआ था, और सिर्फ पति होने के नाते पति को मुकदमा दायर करने का अधिकार नहीं मिल जाता था। पारिवारिक सम्बन्धों से जुड़े अधिकांश अधिकारों को कानून द्वारा लागू नहीं किया जा सकता था। ये सम्बन्ध—जैसेकि पति और पत्नी के बीच या पिता और सन्तान के बीच—अपूर्ण सम्बन्धों के अधिकार थे :

> *अपने पति से प्रेम करने, उसका सम्मान करने और उसकी आज्ञा का पालन करने जैसे पत्नी के कर्त्तव्य कानून ने उस क्षेत्र के लिए छोड़ रखे हैं जिससे वे जुड़े हुए हैं—नैतिकता और धर्म का क्षेत्र। इसी तरह पति का कर्त्तव्य है कि वह अपनी पत्नी से प्रेम करे और उसे चाहे, लेकिन यह ऐसा कर्त्तव्य है जिसे कानून द्वारा बिलकुल लागू नहीं किया जा सकता।*

लैथम ने 'सभ्य दुनिया के कानून' के बारे में न्यायमूर्ति मेल्विल द्वारा प्रस्तुत सारांश का उल्लेख किया, जो मार्कबी की टिप्पणियों से मिलता-जुलता था। उन्होंने कहा कि 'दुनिया भर का अनुभव इस तरह के मुकदमों को दाखिल करने के खिलाफ है।' लैथम ने कहा कि तैलंग अदालत को बताएँगे कि इस तरह के मुकदमों का हिन्दू कानून से कोई सम्बन्ध नहीं है। 'इस तरह की शिकायतों से सामाजिक दंड के माध्यम से निबटा जाता है और जाति को वह दंड देने का अधिकार है।'

जब सार्जेंट ने कहा कि उच्च न्यायालय इस तरह के मुकदमों से निबट चुके हैं, तो लैथम ने जवाब दिया, 'ऐसा कोई कानून नहीं है।' (वे पहले ही दिखा चुके थे कि उनमें से किसी भी मुकदमे में इस विषय में हिन्दू कानून स्थापित नहीं हुआ था।) इस पर सार्जेंट ने बिना समझे कि वे लैथम के कथन की ही पुष्टि कर रहे हैं, उन मामलों का हवाला दिया जहाँ 'पंचायत ने पत्नी को अपने पति के पास लौटने का आदेश दिया था; या पति को अपनी पत्नी को वापस अपने घर में रखने का आदेश दिया था, और इनकार करने की स्थिति में उन्हें समुदाय से बाहर करने की घोषणा की थी।'

लैथम ने बिना अपनी प्रसन्नता छिपाए तपाक से कहा कि सामाजिक बहिष्कार कोई कानूनी दंड नहीं था :

> *मुझे एक ऐसे मामले का पता है जिसमें आध्यात्मिक दंड दिया गया था, जैसे कि दस हजार वर्ष की कीट-योनि का दंड (हँसी); मेरी मुवक्किल इस तरह के दंड का जोखिम उठाने के लिए पूरी तरह से तैयार है (फिर हँसी)।*

अपने तर्क के समर्थन में लैथम ने 1877 के विशिष्ट राहत कानून (स्पेसिफिक रिलीफ एक्ट) का हवाला दिया, जिसके अनुसार वैवाहिक अनुबन्ध को कानून द्वारा लागू नहीं किया जा सकता था। कोई भी अदालत उन विशिष्ट कर्तव्यों का बाध्यतापूर्ण पालन नहीं करवा सकती जिनकी विवाह के बाद अपेक्षा की जाती है। इन कर्तव्यों का निर्वाह दोनों पक्षों की स्वतः इच्छा पर निर्भर करता है। इसी तर्क को वैवाहिक अधिकार की पुनर्स्थापना के मामलों के साथ भी जोड़कर देखा जाना चाहिए, जहाँ विशिष्ट कर्म-निर्वाह का प्रश्न 'वैवाहिक अनुबन्ध' की बजाय 'इस अनुबन्ध से पैदा होने वाले कर्तव्यों' से जुड़ा होता है। उन्होंने कहा :

> *पति और पत्नी के शारीरिक सम्बन्धों के मामलों में अदालत कभी भी विशिष्ट कर्मनिर्वाहन का आदेश लागू नहीं कर सकती। यह अपने-आपमें एक अनूठा सम्बन्ध है। नौकरी से जुड़े अनुबन्ध तक में अदालत विशिष्ट कर्मनिर्वाहन के लिए बाध्य नहीं करती, क्योंकि ऐसा करने से अन्तहीन मुसीबतें खड़ी हो सकती हैं।*

लैथम ने माना कि अदालत आर्थिक मुआवजा दिए जाने का आदेश दे सकती थी। लेकिन दादाजी ने इस तरह की कोई माँग नहीं की थी।

विशिष्ट कर्मनिर्वाहन से जुड़े मुकदमों में अदालत के विवेका का प्रयोग आवश्यक था। लैथम ने दादाजी के वकील द्वारा दिए गए कानूनी उदाहरणों का हवाला देते हुए कहा कि 'एक मामले में डिकरी इस शर्त पर प्रदान की गई थी कि पति जिस घर की व्यवस्था करेगा वह एक सदाचारी और सम्मानजनक पत्नी के रहने के योग्य होना चाहिए'। उन्होंने इस सम्बन्ध में एक ताजा मामले का भी हवाला दिया। 'इलाहाबाद रिपोर्ट्स' के मार्च 1886 के अंक में–उसी महीने सुनवाई चल रही थी–यह खबर छपी

थी कि अदालत की डिकरी के अनुसार 'पति को पहले अपनी जाति में अपनी वापसी हासिल करनी चाहिए'।

स्पष्ट था कि अदालतों ने वैवाहिक अधिकारों की पुनर्स्थापना के लिए डिकरी प्रदान करते समय अपने विवेक का प्रयोग किया था; और हर मामले में परिस्थितियों के अनुसार डिकरी की व्यावहारिकता का फैसला किया था। रख्माबाई के मामले में, लैथम ने दावा किया, डिकरी की कोई व्यावहारिकता थी ही नहीं।

विशिष्ट कर्मनिर्वाहन का प्रश्न विवाह से भी जुड़ा हुआ था। हालाँकि बाल विवाह में 'पति' और 'पत्नी' का सम्बन्ध स्थापित हो जाता था, लेकिन विशिष्ट कर्मनिर्वाहन वैवाहिक बन्धन की बजाय अनुबन्ध के कारण बने सम्बन्ध पर निर्भर करता था। रख्माबाई और दादाजी के बीच अनुबन्ध का कोई सम्बन्ध नहीं रहा था। सार्जेंट को ये तर्क बाल की खाल निकालने जैसा लगा। उन्होंने लैथम को टोका, 'हिन्दू कानून के अनुसार माता-पिता या अभिभावक उनकी तरफ से अनुबन्ध कर सकते हैं।'

लैथम ने इस संशोधन को स्वीकार कर सार्जेंट से इस मामले को निम्नलिखित कसौटी पर परखने के लिए कहा (सार्जेंट कई बार कह चुके थे कि वे इस मामले को परख रहे हैं।) :

> *हम देखते हैं कि बाल-विवाह में वैवाहिक अनुबन्ध के उल्लंघन का मुकदमा लड़के और लड़की की बजाय उनका विवाह करने वालों के खिलाफ दायर किया जाता है। इससे पता चलता है कि वैवाहिक अनुबन्ध करने वाले ये बच्चे नहीं होते।*

सार्जेंट को यह कसौटी मंज़ूर नहीं थी। उनका सरोकार इस बात से था कि 'बच्चों का विवाह करना माता-पिता या संरक्षकों का कर्तव्य' माना जाता था। इसमें बच्चों की अपनी इच्छा का कोई सम्बन्ध नहीं था। लैथम ने कहा कि वे भी यही कहना चाहते थे। क्योंकि ये विवाह बच्चों की अपनी इच्छा से नहीं होते थे, इसलिए उनके खिलाफ मुकदमा दायर नहीं किया जा सकता था। सार्जेंट ने इस 'अंग्रेजी विचार' को बीच में लाए जाने का विरोध किया। लेकिन लैथम अपनी बात पर अड़े रहे, 'जब आप विशिष्ट कर्मनिर्वाहन की बात कर रहे हों तो अंग्रेजी विचार को बीच में लाना ही पड़ेगा। ऐसा न हो, यह असम्भव है।'

लैथम ने अपनी दलील के समर्थन में न्यायमूर्ति वेस्टरॉप के एक फैसले का हवाला दिया, जिसमें एक पत्नी ने गुजारे के लिए अपने पति के खिलाफ मुकदमा दायर किया था। उनका विवाह बचपन में ही हो गया था, इसलिए यह कहना मुश्किल था कि बाद में उन दोनों ने खुद इस विवाह का अनुमोदन किया था या नहीं। पत्नी का कहना था कि यहाँ एक तरह का अनुबन्ध था जिसके कारण उसे मुकदमा करने का अधिकार था। वेस्टरॉप उससे सहमत नहीं थे। उनका मानना था कि अनुबन्ध

के उल्लंघन के लिए पिता या माँ के खिलाफ मुकदमा दायर किया जाना चाहिए, न कि पति या पत्नी के खिलाफ।

लैथम की एक और ठोस दलील भारतीय नागरिक संहिता (1882) की धारा 260 से जुड़ी हुई थी, जिसमें समागम के अधिकारों की पुनर्स्थापना का प्रावधान था। मैकफर्सन ने अपनी बहस में इस धारा पर खास जोर दिया था और न्यायाधीश भी इससे बँधे हुए थे। लैथम ने कहा कि यह धारा सिर्फ उन मामलों में लागू होती थी जहाँ पुनर्स्थापना के मुकदमों की गुंजाइश हो, जैसाकि ईसाइयों, मुसलमानों और कुछ अन्य भारतीयों में होता है। लेकिन इस धारा में ऐसा कोई प्रावधान नहीं था कि यह हिन्दुओं पर भी लागू हो।

अपने तर्कों, हास्य और नैतिक सरोकारों के साथ-साथ अपनी विद्वत्ता का भी भरपूर प्रयोग करने के बाद अन्त में लैथम ने न्यायाधीशों की भावनाओं को जगाने का प्रयास करते हुए उनसे पिनी के फैसले को बरकरार रखने का आग्रह किया। याद दिलाते हुए कि कैसे हिकारत भरे अन्दाज़ में मैकफर्सन ने इस मुकदमे को 'भावना का प्रश्न' बना दिए जाने की बात की थी, लैथम ने कहा कि 'भावना' एक ऐसा शब्द है जिसे हम अक्सर 'बेकार की भावना' या 'मूर्खतापूर्ण भावना' जैसे अर्थों में इस्तेमाल करते हैं। लेकिन 'एक एक संवेदना की भावना भी होती है।' रख्माबाई का मामला सचमुच ही संवेदना का प्रश्न था। लैथम ने अपनी बात को मानवीय स्पर्श देते हुए कहा, 'मान लीजिए माय लॉर्ड कि यह स्त्री आपकी बेटी होती...'। अदालत में एक ठहाका गूँजा और वे अपनी बात पूरी न कर सके। सार्जेंट ने कहा, 'आप बिल्कुल ही एक दूसरे विषय में जा रहे हैं।' फिर एक ठहाका गूँजा। लैथम ने बात आगे नहीं बढ़ाई। बस इस आखिरी कोशिश से अपनी बहस खत्म कर दी :

> *मैं मान्यवर न्यायाधीशों से विनती करता हूँ कि वे मेरे द्वारा प्रस्तुत सभी आधारों पर न्यायमूर्ति पिनी के फैसले को बरकरार रखें, खासकर उस आधार पर जो अदालत के लिए पूरी तरह सुलभ है, और वह आधार है अपने विवेक का प्रयोग।*

लैथम ने काफी विस्तार से बहस की थी। उनकी तुलना में तैलंग की बहस बहुत संक्षिप्त थी और उनकी दलीलें तीखी और नपी-तुली। उन्होंने विवादास्पद मुद्दों पर हिन्दू कानून की व्याख्या की। अपनी विद्वत्तापूर्ण बहस में वे बीच-बीच में अपनी विनोदप्रियता का प्रयोग भी करते रहे।

लैथम और तैलंग दोनों को आशंका थी कि अदालत पर हाल के मुकदमों का बहुत ज्यादा प्रभाव रहेगा, भले ही वे फैसले संदिग्ध क्यों न हों। इसलिए वे एक अन्य मंच पर लड़ाई की तैयारी करके चल रहे थे। अगर उनकी आशंका के अनुरूप अदालत ने अपने विवेका का प्रयोग न किया तो वे इस मामले को प्रिवी काउंसिल तक ले जाना चाहते थे। लैथम ने सुनवाई के शुरू में ही अदालत को बता दिया था

कि वे 'इस मामले को प्रिवी काउंसिल में ले जाने का इरादा' रखते थे। इस चरण में प्रस्तुत उनकी दलीलें प्रिवी काउंसिल के फैसले के समय निर्णायक सिद्ध हो सकती थीं।

तैलंग का मुख्य उद्देश्य यह दिखाना था कि वैवाहिक अधिकारों की पुनर्स्थापना के मुकदमों का हिन्दू कानून से कोई लेना-देना नहीं था। उन्होंने कहा कि हिन्दू विधि-शास्त्रों में पति और पत्नी के कर्तव्यों का उल्लेख तो था, लेकिन इन कर्तव्यों का निर्वाह करवाने के उपायों के बारे में बहुत कम कहा गया था। जो थोड़ा-बहुत कहा गया था वह एक पति द्वारा अपनी पत्नी को छोड़ दिए जाने की स्थिति के बारे में था। इससे उल्टी स्थिति के बारे में कुछ नहीं कहा गया था। 'यह एक ठोस दलील है,' तैलंग ने कहा, 'और इससे पता चलता है कि पति या पत्नी द्वारा पुनर्स्थापना के अधिकार के लिए मुकदमा दायर किए जाने का कोई प्रावधान नहीं है।'

व्यवहार मयूख के एक छोटे-से अनुच्छेद में पति और पत्नी के कर्तव्य निर्धारित किए गए हैं। इसमें कहा गया है कि अपनी पत्नी को छोड़ देने की स्थिति में पति को उसे अपनी आय का एक तिहाई हिस्सा देना पड़ेगा; और अगर वह निर्धन है तो उसे अपनी पत्नी को गुजारा देना पड़ेगा। इस अनुच्छेद में या अन्य किसी भी ग्रन्थ में इस बात का कोई उल्लेख नहीं है कि 'अपने पति को छोड़ देने की स्थिति में पत्नी को क्या दंड मिलेगा।' तैलंग ने जोर देते हुए कहा कि हिन्दू कानून में ऐसा कोई प्रावधान नहीं था कि किसी स्त्री को इंग्लैंड की श्रीमती वेल्डन की तरह अदालत की डिकरी प्राप्त हो सके।

वेल्डन दम्पति एक अरसे से अलग-अलग रह रहे थे। पति, विलियम एच. वेल्डन, ने अपनी पत्नी के लिए एक उपयुक्त घर और पर्याप्त आय की व्यवस्था कर दी थी। इसी व्यवस्था के रहते पत्नी ने वैवाहिक अधिकारों की पुनर्स्थापना का मुकदमा दायर किया था। जब उनको डिकरी मिल गई तो बजाय डिकरी का पालन करने के, पति ने बिलकुल ही बिगड़ चुके दोनों के दाम्पत्य जीवन का हवाला देते हुए लिखा :

> *...चूँकि हम तमाम बरसों से अलग रह रहे हैं, हमारे लिए किसी समझौते पर पहुँचकर इसी स्थिति को जारी रखना निश्चित ही सम्भव है। फिर से साथ रहने पर निर्विवाद ही हम दोनों को यन्त्रणा मिलेगी।...मैं हमेशा की तरह इस बात के लिए पूरी तरह से तैयार हूँ कि तुम्हारे लिए एक उचित आय निर्धारित कर दी जाए, ताकि तुम मेरी तरफ से किसी रोक-टोक के बिना अपनी मर्जी से अपनी जिन्दगी जी सको, जो तुम मेरे साथ रहकर कभी भी नहीं कर पाओगी।*

लेकिन श्रीमती वेल्डन का कहना था कि अदालत की डिकरी के अनुसार उसका पति उसके साथ एक छत के नीचे रहने के लिए बाध्य था। 27 नवम्बर 1883 को

न्यायमूर्ति हेनन द्वारा दिए गए एक फैसले में वह अपनी यह बात मनवाने में सफल रही।[10]

यह वैवाहिक अधिकारों की वास्तविक पुनर्स्थापना थी। *व्यवहार मयूख* हिन्दू कानून पर एकमात्र ऐसी पुस्तक थी जिसमें वैवाहिक कर्तव्यों के निर्वाह का उल्लेख था। लेकिन इसमें भी सिर्फ यह प्रावधान था कि पति द्वारा छोड़ी गई स्त्री 'पुनर्स्थापना के लिए नहीं, बल्कि अपने पति की एक तिहाई आय प्राप्त करने के लिए राजा के पास जा सकती है'। *मयूख* में पति और पत्नी के बीच सोलह तरह के झगड़ों का वर्णन है, लेकिन इन वैवाहिक कर्तव्यों का निर्वाह करवाने के लिए 'जुर्माने के अलावा' और कोई प्रावधान नहीं है।

सार्जेंट ने पूछा कि क्या हिन्दू विधि-शास्त्रों में अन्य वैवाहिक कर्तव्यों का उल्लेख नहीं है। तैलंग ने *मनु स्मृति* का सन्दर्भ देते हुए कहा कि पत्नी का पहला कर्तव्य अपने पति के साथ सौहार्दपूर्वक रहना है। 'लेकिन,' उन्होंने कहा, 'प्रश्न यह है कि क्या यह एक अपूर्ण दायित्व नहीं है?' यह एक 'धार्मिक कर्तव्य' है 'जिसे धार्मिक तंत्र द्वारा ही लागू किया' जा सकता है। *मनु स्मृति* में स्त्री के कर्तव्यों से जुड़े पूरे खंड में इन्हें धार्मिक कर्तव्यों के रूप में देखा गया है। सार्जेंट ने जानना चाहा कि क्या इन कर्तव्यों का उल्लंघन करने की स्थिति में किसी तरह के दंड का प्रावधान नहीं है। तैलंग ने चुटकी लेते हुए कहा, 'यहाँ लिखा हुआ है कि ऐसी स्त्री को नर्क का दंड भुगतना पड़ता है।' (ठहाका)

'ओह, उसे यहाँ कोई खास सजा नहीं माना जाता।' बेली ने झट से जोड़ा तो एक और ठहाका गूँज उठा। अपनी विनोदप्रियता दिखाने के बाद बेली ने अपने ज्ञान का प्रदर्शन करते हुए पूछा कि क्या विष्णु ने भी ऐसा ही नहीं कहा था कि एक परित्यक्त पत्नी को राजा से न्याय माँगना चाहिए। तैलंग ने कहा कि *व्यवहार मयूख* के अलावा और किसी भी विधि-शास्त्र में राजा से न्याय माँगने का उल्लेख नहीं है। बेली ने टिप्पणी करते हुए कहा कि विष्णु के बहुत-से निर्देशों का पालन करना अनिवार्य नहीं था। तैलंग ने इन्हें अपूर्ण दायित्व ठहराते हुए उनसे सहमति व्यक्त की। बेली ने अपना प्रभाव जमाने के लिए, और यह अहसास किए बगैर कि वे तैलंग की दलीलों की पुष्टि कर रहे हैं, विष्णु के बारे में अपनी बेमतलब टिप्पणी जारी रखी :

> *यहाँ यह निर्देश है कि आपको ऐसे व्यक्ति से विवाह नहीं करना चाहिए जिसका कोई अंग कटा हुआ हो, या जिसके बालों का रंग सुर्ख लाल हो, (हँसी), वगैरह-वगैरह।*

बेली ने पहले भी इसी तरह की नासमझ और प्रदर्शनकारिता दिखाई थी। लैथम ने हार्डविक एक्ट से पहले इंग्लैंड में बाल-विवाहों के चलन की बात उठाई थी तो बेली ने कुछ विषयासक्त ढंग से टिप्पणी करते हुए कहा था, 'ग्रेटना ग्रीन विवाह भी

तो होते थे। हम बचपन में उनके बारे में बहुत सुना करते थे।' लैथम को उन्हें याद दिलाना पड़ा था कि वे विवाह दोनों पक्षों की सहमति से और माता-पिता या अभिभावकों की सहमति के बिना होते थे।

इससे पहले कि तैलंग बेली से कुछ कहते, सार्जेंट ने एक ऐसा प्रश्न पूछा जो उन्हें काफी देर से परेशान कर रहा था। यह प्रश्न पूरे मामले के केन्द्र-बिन्दु को प्रभावित करता लग रहा था। सार्जेंट इससे पहले यह प्रश्न लैथम से भी पूछ चुके थे, लेकिन उन्हें कोई सन्तोषजनक उत्तर नहीं मिला था। अब उन्होंने तैलंग से पूछा, 'क्या आप यह कहना चाहते हैं कि अपने पति के साथ रहने का पत्नी का कर्तव्य एक अपूर्ण दायित्व है?' तैलंग ने प्रश्न को एक परिपेक्ष्य में रखते हुए कहा, 'हाँ, एक ऐसा अपूर्ण दायित्व जिसे इस तरीके से लागू नहीं किया जा सकता।' तैलंग से लैथम जैसा ही जवाब पाने के बाद सार्जेंट ने उनके द्वारा प्रस्तुत प्रमाण पर प्रश्न-चिह्न लगाते हुए पूछा, 'कौन कह सकता है कि पुराने जमाने में राजा-महाराजा क्या किया करते थे?' 'हाँ,' तैलंग ने जवाब दिया, 'लेकिन हम यह जरूर कह सकते हैं कि उन्हें क्या करना चाहिए था।'

सार्जेंट ने अपनी बात पर जोर देते हुए कहा :

> *अगर आप यह कहने जा रहे हैं कि अपने पति के साथ रहने का दायित्व पत्नी के परम कर्तव्यों में शामिल नहीं है, तो मेरा ख्याल है कि हिन्दू धारणाओं का अपमान करना होगा।*

इस टिप्पणी से तैलंग न तो विचलित हुए और न एक 'हिन्दू' होने के नाते उन्हें रक्षात्मक रवैया अपनाने की जरूरत महसूस हुई। उन्होंने तीखे स्वर में कहा, 'हाँ, लेकिन इससे प्रश्न हल नहीं हो जाता।' सार्जेंट ने अपनी बात को स्पष्ट करते हुए कहा, 'मैं यह नहीं कह रहा कि हम पत्नी को ऐसा करने के लिए बाध्य कर सकते हैं।' इससे तैलंग को अपूर्ण दायित्व का प्रश्न फिर से उठाने का अवसर मिल गया। उन्होंने कहा कि अदालतों ने 'कुछ खास श्रेणी के सम्बन्धों' में दखल न देने का फैसला किया था। सार्जेंट ने इस बात को माना, लेकिन तैलंग की तरह मुकम्मल अर्थों में नहीं। उन्होंने कहा कि अदालतों ने यह रुख अवश्य अपनाया था। लेकिन जहाँ इन सम्बन्धों से जुड़ा 'कोई ऐसा महत्त्वपूर्ण कर्तव्य होता था जो अपूर्ण दायित्व से ऊपर' था, वहाँ अदालतों ने इसे लागू करवाया था।

सार्जेंट का मानना था कि अदालतों को ऐसे सम्बन्धों को लागू करवाना होगा जिनका बहुत व्यापक सामाजिक महत्त्व हो। वैवाहिक सम्बन्ध एक ऐसा ही सम्बन्ध है। तैलंग ने समाज की भलाई के नाम में हिन्दू—और व्यापक अर्थों में किसी भी देशी—कानून के सिद्धान्तों और मर्यादा का उल्लंघन करने के अदालतों के अधिकार को चुनौती दी। उन्होंने कहा कि अदालतों को वैवाहिक सम्बन्धों और कर्तव्यों के

महत्त्व को 'हिन्दू कानून के तौर-तरीकों के अनुसार ही देखना होगा।'

सार्जेंट ने इस दलील को 'आधी-अधूरी' कहकर खारिज कर दिया और तैलंग को याद दिलाया कि हिन्दू कानून में यह प्रावधान है कि 'पत्नी को पति की आज्ञाकारिणी होना चाहिए'। तैलंग ने उसकी अधीनता को स्वीकार किया तो बेली ने अपने खास निरंकुश अन्दाज में कहा, 'वह हमेशा अपने पति पर निर्भर होती है।' उन्होंने पहले भी इस तरह की टिप्पणी करते हुए कहा था, 'हिन्दू मान्यता के अनुसार पत्नी हमेशा अपने पति के अधीन होती है।' तैलंग ने कहा कि अपने पति पर आश्रित होने के बावजूद हिन्दू पत्नी 'पूरी तरह उसकी दासी नहीं होती। उसके अपने कुछ अधिकार होते हैं।' जो भी हो, 'ऐसा कोई कानून नहीं था जो किसी हिन्दू को इस तरह के कर्त्तव्यों का पालन करने के लिए विवश कर सके।'

लेकिन सार्जेंट सन्तुष्ट नहीं हुए। उन्हें शुरू से ही यह मानने में कठिनाई हो रही थी कि हिन्दू कानून में वैवाहिक अधिकारों की पुनर्स्थापना का प्रावधान नहीं है। उन्होंने तीसरी बार फिर यही कहा कि ऐसे मामलों में जाति दोषी पक्ष को समुदाय से बाहर निकाल सकती थी। तैलंग ने लैथम की तरह उनसे सहमत होते हुए कहा कि ऐसे मामलों में जाति फैसला कर सकती थी और करती भी थी। दोनों पक्षों के लिए यह रास्ता काफी हद तक अब भी खुला था, लेकिन इससे दीवानी अदालतों को इन मामलों की सुनवाई करने का अधिकार नहीं मिल जाता था। अदालतों के पास सिर्फ वही अधिकार थे जो 'हिन्दू विधि-शास्त्रों की रचना के समय राजा के पास थे'। उनको जाति के दायरे में आने वाले कार्यों को अपने हाथ में लेने का अधिकार नहीं था।

पत्नी द्वारा अपने पति को छोड़ दिए जाने के मामले में हिन्दू कानून में यह प्रावधान नहीं था कि 'राजा उसे अपने पति के पास वापस जाने का आदेश देगा'। दादाजी के दावे के समर्थन में *व्यवस्था चंद्रिका* का हवाला दिया गया था, लेकिन इसमें भी पुनर्स्थापना का प्रावधान नहीं था। फिर भी, 'अपने पति से अलग हो जाने वाली पत्नी के मामले में किसी भी तरह के प्रावधान के अभाव में' तैलंग यह मानने को तैयार थे कि इस मामले में भी वही 'समाधान या दंड' हो सकता था जो एक दोषी पति के लिए निर्धारित था, अर्थात् एक दोषी पत्नी पर भी जुर्माना लगाया जा सकता था।

तैलंग की यह दलील कि दीवानी अदालतों को सिर्फ राजा के अधिकार प्राप्त थे, न कि जाति के, उपनिवेशीय सत्ता की शक्तियों पर गम्भीर अंकुश लगा देती थी। सार्जेंट इसे स्वीकार करने के लिए तैयार नहीं थे। उन्होंने कहा कि जाति कोई धार्मिक संस्था नहीं थी, इसलिए कोई कारण नहीं था कि दीवानी अदालतें इसके कार्यों को अपने हाथ में न ले सकें। उनकी इस टिप्पणी से तैलंग को जाति और इसके कार्यों

को लेकर देशी दृष्टिकोण के बारे में अपने विचार प्रकट करने का अवसर मिल गया :

> *मैं कहूँगा कि हिन्दू दृष्टिकोण से यह एक धार्मिक संस्था है। मान्यवर इसे अवश्य ही धार्मिक प्रश्न न मानें, लेकिन जाति इसे ऐसा प्रश्न नहीं मानेगी जो धार्मिक नहीं है। उनके लिए सामाजिक और धार्मिक प्रश्न में कोई अन्तर नहीं है। वे लोगों को अक्सर ऐसे कारणों से जाति से निकाल देते हैं, जिनके बारे में खुद अदालतों ने बार-बार कहा है कि वे कोई कार्रवाई नहीं कर सकतीं।*

जाति ने एक हिन्दू को इंग्लैंड जाने के कारण जाति से बाहर कर दिया। तैलंग ने पूछा, 'क्या मान्यवर इसे सही ठहराएँगे?' उन्होंने अपनी बात जारी रखते हुए कहा, 'जाति पति या पत्नी, जो भी हो, को वापस लौटने का आदेश दे सकती है; लेकिन आदेश का उल्लंघन होने पर जाति क्या कर सकती है?' सार्जेंट ने कहा कि अदालत स्त्री को छह महीने के लिए जेल भेज सकती है। वे–तैलंग के विपरीत–सिर्फ 'पत्नी' के सन्दर्भ में सोच रहे थे। तैलंग ने उनसे पूछा, 'अदालत जाति के काम अपने हाथ में क्यों लेना चाहती है, जबकि जाति चाहे तो इस सम्बन्ध में अपने अधिकारों का प्रयोग कर सकती है?' सार्जेंट ने कहा कि इस तरह के मामले में अदालत सम्पत्ति का निपटारा कर सकती है। इस पर तैलंग ने 'विभाजित अधिकार-क्षेत्र' का एक नया विचार प्रस्तुत करते हुए कहा, 'जाति धार्मिक कर्तव्यों का ध्यान रखेगी और अदालत सम्पत्ति से जुड़े मामलों का निपटारा करेगी।'

तैलंग ने अपनी बहस के अन्त में 'मुंशी बजलुर रहीम बनाम शम्सुन्निसा बेगम' मामले में प्रिवी काउंसिल के फैसले का हवाला दिया। लैथम की तरह उन्होंने भी यही कहा कि इस फैसले के अनुसार 'भारत में किसी वैवाहिक अनुबन्ध से जुड़े अधिकारों और कर्तव्यों को दोनों पक्षों के विशिष्ट कानून के अनुसार ही तय किया जा सकता है।' इस सिद्धान्त पर अमल करते हुए प्रिवी काउंसिल ने उक्त मामले में मुस्लिम कानून के अनुसार फैसला किया था। तैलंग ने कहा कि इसी सिद्धान्त को इस मामले के साथ भी जोड़कर देखा जाना चाहिए। 'क्योंकि हिन्दू कानून में इस तरह के मुकदमे का कोई प्रावधान नहीं है, इसलिए यह मुकदमा बनता ही नहीं है।' इसलिए अदालत को पिनी के फैसले को 'बरकरार रखना चाहिए'।

तैलंग के बाद मैकफर्सन ने बहस को समेटा। वह अपनी इसी रणनीति पर डटे रहे कि इस मामले में अदलत के पास कोई विवेकाधिकार नहीं था। उन्होंने कहा कि उन्होंने हिन्दू पति-पत्नी के बीच इस तरह के मुकदमे के औचित्य के प्रश्न पर कुछ नहीं कहा था, क्योंकि वे इससे पहले के अदालती फैसलों पर निर्भर रहना चाहते थे। लेकिन इस सम्बन्ध में दूसरे पक्ष ने क्या तर्क प्रस्तुत किए थे? पहला यह कि यह एक साख खो चुका (डिसक्रेडिटिड) मुकदमा था, और दूसरा यह कि हिन्दू कानून में इसका कोई प्रावधान नहीं था।

उन्होंने कहा कि इस बात में कोई दम नहीं है कि वैवाहिक अधिकारों की पुनर्स्थापना के मुकदमे बदनाम हो चुके हैं। 1884 के वैवाहिक मामलों से जुड़े कानून ने इंग्लैंड में इस तरह के मुकदमों की धार काफी कम कर दी थी। लेकिन भारत में ऐसा नहीं था। क्यों नहीं था, इस प्रश्न को अदालत की बजाय विधानसभा में उठाया जाना चाहिए। और फिर, हर तरह से, इंग्लैंड और ब्रिटिश भारत में इस तरह के मुकदमे अब भी मान्य थे।

मैकफर्सन ने कहा कि हिन्दू कानून में वैवाहिक अधिकारों की पुनर्स्थापना के मुकदमों का प्रावधान न होने का प्रश्न पूरे मामले की जड़ों से जुड़ा हुआ था। 'अगर यह स्थापित हो जाए कि यह मुकदमा हिन्दू कानून के साथ बिल्कुल भी मेल नहीं खाता, तो इस तरह के मुकदमे को सही ठहराना सचमुच बहुत मुश्किल हो जाएगा।' मैकफर्सन समझ रहे थे कि हिन्दू कानून में इस तरह के मुकदमों के प्रावधान को स्थापित करना लगभग असम्भव था। इसलिए बड़ी चतुराई से उन्होंने यह स्थापित करने की रणनीति बनाई कि इस तरह के मुकदमे हिन्दू कानून के साथ 'पूरी तरह बेमेल' नहीं थे। 'अव्यवहार्यता' के प्रश्न को 'असंगति' के प्रश्न में बदल कर अब वे यह दलील दे रहे थे कि 'जहाँ तक हिन्दू कानून के प्रावधान का प्रश्न है, हम यह स्वीकार करते हैं कि ऐसा कोई प्रत्यक्ष प्रावधान नहीं है; लेकिन हम इस बात से सहमत नहीं हैं कि यह मुकदमा हिन्दू कानून से मेल नहीं खाता।' उन्होंने अपनी दलील को एक नया मोड़ देते हुए कहा, 'हिन्दू कानून में इस तरह के मुकदमों की मनाही नहीं है।'

उस दिन मैकफर्सन ही पूरी तरह छाए रहे और कानून के अभाव पर आधारित अपने नकारात्मक तर्क को आगे बढ़ाते हुए एक के बाद एक जवाबी हमले करते रहे। तैलंग और लैथम की दलीलों को उन्हीं के खिलाफ इस्तेमाल करते हुए मैकफर्सन ने कहा कि उन दोनों ने कोई ऐसा 'ग्रन्थीय प्रमाण' प्रस्तुत नहीं किया था, जिससे यह साबित हो सके कि 'यह मुकदमा हिन्दू कानून की समूची प्रणाली से नितान्त अलग था'। ('नितान्त'–'आलटुगेदर'–शब्द पर उनका जोर अन्ततः बहुत उपयोगी साबित हुआ।)

यह दिखाते हुए कि तैलंग द्वारा दिए गए सन्दर्भों में कोई भी स्पष्ट रूप से निषेधात्मक नहीं था, मैकफर्सन ने *व्यवहार मयूख* को भी अपने पक्ष में मोड़ दिया। यहाँ राजा को अपनी पत्नी को छोड़ देने वाले पति को दंडित करने का अधिकार था। वैवाहिक विवादों में राजा के हस्तक्षेप का अधिकार मान लेने के बाद समाधान या दंड की प्रकृति सिर्फ बारीकियों की बात रह जाती है। तर्क साफ था : 'अगर राजा के पास जुर्माना लगाने की शक्ति थी, तो राजा की जगह खड़े मान्यवर न्यायाधीशों को भी वैवाहिक अधिकारों की पुनर्स्थापना का आदेश देने की शक्ति प्राप्त है'।

'मुंशी बजलुर रहीम बनाम शम्सुन्निसा बेगम' मामले में प्रिवी काउंसिल के फैसले के सम्बन्ध में मैकफर्सन ने अपनी पुरानी दलील दोहराई। उन्होंने कहा, 'जहाँ तक विषय के सिद्धान्त का प्रश्न है, हिन्दुओं और मुसलमानों में कोई फर्क नहीं है।' इस विषय में हिन्दू कानून निर्विवाद रूप से स्थापित किया जा चुका था। इसके अन्तर्गत दादाजी को वह अधिकार प्राप्त था जो पिनी ने नकार दिया था।[11]

2

अपील अदालत ने पिनी के फैसले को उलट दिया। न्यायाधीशों का कहना था, 'हमारे सामने तत्काल प्रश्न यह है कि याचिका में वर्णित परिस्थितियों के अन्तर्गत वैवाहिक अधिकारों की स्थापना या पुनर्स्थापना का मामला बनता है या नहीं।' उनके अनुसार यह मुकदमा बनता था, और यह फैसला उन्होंने 'आर्देसीर कर्सेतजी बनाम पीरोज बाई' मामले में प्रिवी काउंसिल के निर्देशों के आधार पर किया था। इन निर्देशों के अनुसार, भारत की दीवानी अदालतों को 'वैवाहिक जीवन से जुड़ी बुराइयों के समाधान प्रदान करने चाहिए'। इन निर्देशों के बाद पुनर्स्थापना के देसी मुकदमे दाखिल किए जाने लगे थे—'हिन्दुओं और मुसलमानों दोनों के मामले में'। जैसाकि न्यायमूर्ति मेलविल ने कहा था, 'इस मामले में अदालत के पास कोई विवेकाधिकार नहीं था', बशर्ते कि कार्यपालिका कोई नया कानून न बना दे। मार्कबी भले ही पुनर्स्थापना डिकरियों को 'मात्र घोषणात्मक' बनाने के इच्छुक रहे हों, लेकिन भारतीय कानून और 1884 के अंग्रेजी सुधारों में 'इन डिकरियों को लागू करने के लिए' नागरिक संहिता की धारा 260 का स्पष्ट प्रावधान था।

न्यायाधीश किसी ऐसी आपत्ति को स्वीकार नहीं कर सकते थे जो 'न्यायपालिका के अधिकार-क्षेत्र की जड़ों को छूती हो', खासकर यह देखते हुए कि 'बाध्यता की मनाही या अलोचना' के पक्ष में किसी भी हिन्दू विधि-शास्त्र से कोई प्रमाण प्रस्तुत नहीं किया गया था। अंग्रेजों ने भारत में न्याय की एक सुव्यवस्थित प्रणाली स्थापित की थी, जिसके अनुसार दीवानी अदालतों पर वैवाहिक अधिकारों के मामले में हिन्दू कानून के अनुसार फैसले करने और उन्हें अपनी (ब्रिटिश भारतीय) न्याय-प्रक्रिया के अनुसार लागू करने का दायित्व था।

न्यायाधीशों ने 'स्थापना' और 'पुनर्स्थापना' के अन्तर को महत्त्वहीन कहकर ठुकरा दिया, क्योंकि 'वैवाहिक अधिकारों की पुनर्स्थापना का सार-तत्त्व यह है कि पति-पत्नी को साथ-साथ रहना चाहिए।' न तो हिन्दू कानून में और न अंग्रेजी कानून में विवाह की पूर्णता के लिए शारीरिक समागम अनिवार्य था। एक-दूसरे के साथ रहने से इनकार शारीरिक समागम से पहले हो या उसके बाद, दोनों ही परिस्थितियों में

यह वैवाहिक अधिकारों का हनन था। अदालतें सिर्फ उन मामलों में अपने विवेक का प्रयोग कर सकती थीं जहाँ किसी बालिका वधू को उसके पति के पास भेजने का प्रश्न हो।

न्यायाधीशों को इस तथ्य को लेकर अपने विवेक के प्रयोग का कोई कारण दिखाई नहीं दिया कि अपने पति के चयन में रख्माबाई की कोई भूमिका नहीं थी, और उसने अपने अभिभावकों की पसन्द को कभी स्वीकार नहीं किया था। ऐसी कोई दलील नहीं दी गई थी कि 'बच्चों की सहमति के बिना हिन्दू बच्चों के विवाह पूरी तरह वैध नहीं माने जा सकते'। इसलिए न्यायाधीशों ने कहा :

> *...अदालत को एक तरह से हिन्दू कानून की धारणाओं को अनदेखा करके– जिनके अनुसार बेटियों का विवाह माता-पिता और अभिभावकों के लिए एक धार्मिक कर्तव्य की तरह होता है–इस पूरे मामले को विशुद्ध अंग्रेजी दृष्टिकोण से देखने के लिए कहा जा रहा है, जिसके अनुसार विवाह एक अनुबन्ध मात्र होता है, और इस अनुबन्ध के लिए दोनों पक्षों की सहमति अनिवार्य होती है।*

न्यायाधीशों ने पिनी के फैसले को उलट दिया। लेकिन चूँकि पिनी ने बचाव पक्ष को सुने बगैर अपना फैसला दिया था, मामले को डिवीजन कोर्ट को सौंप दिया गया ताकि प्रतिवादी का पक्ष सुनने के बाद उसके गुण-दोष का फैसला किया जा सके। अपील की लागत को तब तक के लिए स्थगित कर दिया गया।[12]

3

रख्माबाई के खिलाफ दादाजी के मुकदमे में स्त्रियों की स्थिति को लेकर एक पूर्वग्रह छिपा हुआ था। इसकी क्रूरता सुनवाई के दौरान कभी-कभार ही उभरकर सामने आई। लेकिन जब आई तो दिखा गई कि एक व्यक्ति के रूप में स्त्री का अपना कोई स्वतंत्र अस्तित्व नहीं था। ऐसे ही एक अवसर पर, रख्माबाई पर दादाजी के अधिकार का दावा करते हुए वीकाजी ने कहा, 'पत्नी अपने पति का एक अंग होती है, इसलिए उसे उसके साथ ही रहना चाहिए।' यह उस तरह की बात थी जिसका मजाक उड़ाकर बेली यूरोपीय श्रेष्ठता से जुड़ा अपना दम्भ जता सकते थे। उन्होंने कहा, 'आप इस नियम को भावनगर के ठाकुर पर कैसे लागू करेंगे, जिन्होंने राजपूतों की परम्परा के अनुसार एक ही दिन में चार स्त्रियों के साथ विवाह किया?' वीकाजी ने बेधड़क जवाब दिया, 'तो फिर ठाकुर की अस्मिता को चार हिस्सों में विभाजित माना जाएगा।'

हिन्दू कानून की इस व्याख्या पर अदालत में जो अट्टहास हुआ उसे समझा जा सकता है। लेकिन बेली जैसों के इस विश्वास को समझना मुश्किल है कि औरतों

के प्रति उनका नज़रिया उस नज़रिए से बेहतर था जिसको लेकर यह अट्टहास हुआ था। ग्रेटना ग्रीन विवाहों की तरह उन्हें यह भी याद होना चाहिए था कि 'सबसम्पशन' (सन्निवेश) अंग्रेजी पारिवारिक जीवन की धुरी हुआ करता था। बेली भूल गए थे कि सन्निवेश के इसी सिद्धान्त का एक अवशेष अंग्रेजी कानून की एक महत्त्वपूर्ण मान्यता के रूप में अब भी मौजूद था। इस सिद्धान्त के अनुसार, पत्नी इस सीमा तक अपने पति का अभिन्न अंग थी कि उसे अपने पति के खिलाफ दीवानी अदालत में मुकदमा करने का भी अधिकार नहीं था।

अपनी श्रेष्ठता का विश्वास शासकों को दोनों संस्कृतियों में निहित समानताओं का वह आभास नहीं होने देता था जिससे श्रेष्ठता का यह विश्वास डगमगा जाता। फलतः बेली वीकाजी द्वारा सन्निवेश के उल्लेख पर हँस सकते थे और अपनी संस्कृति में व्याप्त उसी तरह की अवधारणा को भूले रह सकते थे। ऐसे लोग देवर-भाभी के विवाह पर प्रतिबन्ध से जुड़ी मूल ईसाई भावना को भी शायद ही समझ सकते थे : 'कोई भाई अपने मृत भाई के बिस्तर में प्रवेश नहीं करेगा।' क्योंकि ईश्वर ने कहा है : 'वे एक मांस के बने होकर भी दो हैं; इसलिए तुम्हारे भाई की पत्नी तुम्हारी बहन है।'[13]

वे लोग कतिपय भारतीय विद्वानों द्वारा किए गए दोनों कानूनों के सूक्ष्म तुलनात्मक अध्ययन से भी अप्रभावित थे। गुरुदास बनर्जी ने अपने टैगोर कानून व्याख्यानों में इस विषय पर विस्तार से चर्चा की थी। ये व्याख्यान बेली की नजरों से भी गुजरे होंगे। बनर्जी ने लिखा था :

> *हिन्दू कानून जहाँ पति-पत्नी को एक-दूसरे से जोड़े रखने में किसी दूसरे कानून से पीछे नहीं है, वहीं वह दूसरे कानूनों, उदाहरण के लिए अंग्रेजी कानून, की तुलना में अधिक समतामूलक है, क्योंकि वह स्त्री को अपने अधिकारों के प्रयोग की कहीं अधिक स्वतंत्रता देता है।...एक नागरिक के रूप में भी पति और पत्नी की पहचान अलग-अलग रही है, जबकि अंग्रेजी कानून में ऐसा न होने के कारण न तो पति अपनी पत्नी को कोई उपहार दे सकता है, और न पत्नी अकेले किसी सम्पत्ति की स्वामिनी या कोई मुकदमा दायर करने की अधिकारिणी हो सकती है।*

दोनों न्यायाधीश भले ही विवेकाधिकार के अभाव का सहारा लेते रहे हों, और खासकर सार्जेंट सुनवाई के दौरान कितना ही क्रान्तिकारी होने का भ्रम देते रहे हों, लेकिन उनके फैसले ने स्त्रियों, विवाह और सामाजिक स्थिरता को लेकर उनकी धारणाओं को स्पष्ट कर दिया। बेली ने चिन्ता व्यक्त करते हुए कहा कि पिनी के फैसले के कारण वे सभी स्त्रियाँ अपने विवाह को भंग मानने लगेंगी 'जो सही या गलत कारणों से अपने पतियों को पसन्द नहीं करतीं'। सार्जेंट का रवैया भी अन्ततोगत्वा बेली से अधिक भिन्न नहीं था। उत्पीड़ित स्त्री उनके दिमाग से गायब

थी जब उन्होंने लड़की की सहमति के बिना हिन्दू विवाह की वैधता को अस्वीकार करने के गम्भीर परिणामों की चिन्ता करते हुए कहा :

> *...स्त्रियाँ अपनी स्थिति को एक नई रोशनी में देखने लगेंगी। बहुत-सी स्त्रियाँ कहेंगी, 'अदालत मुझे अपने पति के पास जाने के लिए मजबूर नहीं कर सकती; विवाह के अनुबन्ध को खत्म ही समझो।'*

बेली आत्म-सन्तुष्टि के कवच में सुरक्षित थे। लेकिन सार्जेंट ने कहा था कि 'अगर किसी स्त्री का विवाह उसकी अपनी स्वतंत्र सहमति से नहीं हुआ है, तो उसकी इच्छा न होने पर उसे अपने पति के पास जाने के लिए बाध्य नहीं किया जाना चाहिए।' अब उन्हें तत्कालीन सामाजिक व्यवस्था की परवाह न करने के गम्भीर परिणामों का अहसास हो रहा था। वह कह रहे थे कि स्त्रियों को 'अपने पति की आज्ञा का पालन करना चाहिए', और पुरुषों को 'अपनी पत्नियों से प्रेम करना चाहिए'।[15]

जो सार्जेंट न देख सके रख्माबाई ने देखा। पिनी के फैसले को निरस्त किए जाने के परिणामों पर सोचते हुए उसने लिखा :[16]

> *कठोर-हृदय सासें अब और भी शक्तिशाली हो जाएँगी, और अपने उन बेटों से, जो किन्हीं कारणों से अपने विवाह की परिणति नहीं कर पाए हैं, अपनी पत्नियों को अदालतों में घसीटने के लिए कहेंगी; क्योंकि अब वे इस बात को लेकर पूरी तरह आश्वस्त हैं कि ब्रिटिश सरकार किसी भी हालत में हिन्दू कानून के प्रतिकूल कोई कार्रवाई नहीं करेगी।*

लेकिन न्यायाधीश हाल के कानूनी सुधारों और मेलविल, मार्कबी और पिनी के फैसलों की उदारवादी भावना के प्रति असंवेदनशील दिखने का खतरा भी नहीं उठाना चाहते थे। रख्माबाई के मामले में वे उसी साम्राज्यवादी दुविधा के शिकार थे जो परस्पर विरोधी देशी शक्तियों के बीच फैसला करने से जुड़ी हुई थी। आखिर उन्होंने पलायन का वही रास्ता चुन लिया जो उपनिवेशीय शासकों को हमेशा उपलब्ध रहता था—शासित प्रजा की घोर रूढ़िवादिता का बहाना बनाकर अपने कर्तव्य से आँखें मूँद लेने का रास्ता।

सामाजिक व्यवस्था में छेड़छाड़ की अनिच्छा के कारण रख्माबाई के पक्ष की छोटी-छोटी कमजोरियाँ भी उन्हें बड़ी नजर आने लगीं। अपने खुद के तर्क की विकृत प्रकृति को न देख पाने के पीछे भी यही कारण था। इसीलिए वे तैलंग द्वारा *व्यवहार मयूख* से दिए गए साक्ष्य का उलटा अर्थ मानने और हिन्दू कानून के नाम पर उन शक्तियों के प्रयोग को सही ठहराने में सफल हो गए जिनकी इस कानून में खासतौर से मनाही थी।

हिन्दू कानून की निरन्तर दुहाई देते रहने के बावजूद, उनका इस मुकदमे के

दाखिले का औचित्य दरअसल नागरिक संहिता की धारा 260 पर टिका था। यह एक आयातित संहिता थी, न कि हिन्दू कानून। उन्होंने इस बात को स्वीकार किया कि मौजूदा कानून नैतिकता के साथ मेल नहीं खाता। उन्होंने यह भी माना कि वैवाहिक कर्तव्यों को लागू करने के लिए कानून को कठोर कदम नहीं उठाने चाहिए। लेकिन यह भी जोड़ दिया कि जब तक कानून अपने मौजूदा रूप में था, तब तक दीवानी अदालतें :

> *अपने व्यवहार की एकरूपता और निरन्तरता को ध्यान में रखते हुए (शायद कुछ बहुत विशिष्ट परिस्थितियों को छोड़कर), वादी के अपने किसी वैवाहिक अपराध के अलावा प्रतिवादी की कोई और दलील स्वीकार नहीं कर सकतीं, जैसाकि इंग्लैंड की तलाक अदालत 'स्कॉट बनाम स्कॉट' मामले में निर्धारित कर चुकी है।*

न्यायाधीशों ने यह दिखाने का कोई प्रयास नहीं किया कि धारा 260 हिन्दू कानून के अनुरूप थी। उन्होंने लैथम की इस ठोस दलील को भी नजरअन्दाज कर दिया कि यह धारा सिर्फ उन मामलों में लागू होती थी जहाँ पुनर्स्थापना के मामले सचमुच बनते थे, जैसाकि हिन्दुओं के साथ नहीं था। इसके बजाय उन्होंने उस कानूनी मिथक को स्वीकार कर लिया जिसके सहारे पुनर्स्थापना से जुड़े हिन्दू मामलों में दीवानी अदालतों के दखल को उचित ठहरा दिया गया था। *व्यवहार मयूख* की ही तरह उन्होंने 'आर्देशीर कर्सेतजी बनाम पीरोज बाई' मामले में प्रिवी काउंसिल के फैसले की भावना और उद्देश्यों को भी नहीं समझा। ब्रिटिश भारतीय अदालतों से अपने पारम्परिक कानूनों और रीति-रिवाजों के अनुसार न्याय प्राप्त करने के भारतीयों के अधिकार को स्वीकार करने के साथ ही प्रिवी काउंसिल ने यह चेतावनी भी दी थी :[17]

> *हो सकता है कि इस तरह के कानूनों और रीति-रिवाजों से वैसा न्याय न मिल सके जिसे हम, ईसाइयों के बीच, पर्याप्त राहत के रूप में देखते हैं; लेकिन हमें यह याद रखना होगा कि दोनों पक्षों ने सिर्फ अपनी जाति में पुरातन समय से प्रचलित कर्तव्यों और दायित्वों को ध्यान में रखकर ही यह (वैवाहिक) अनुबन्ध किया होगा, उन्हें किसी विवाद की स्थिति में अपने खुद के रीति-रिवाजों से अधिक (कानूनी) राहत पाने की उम्मीद भी नहीं रही होगी।*

ऐसा लगता है कि सत्ता के दम्भ में प्रिवी काउंसिल द्वारा निर्देशित मर्यादा को ताक पर रख दिया गया था। प्रिवी काउंसिल ने जिसे 'दायित्व' के रूप में देखा था, उसे अब एक ऐसे 'अधिकार' के रूप में देखा जा रहा था जिसका निर्वाह करना शासकों का कर्तव्य था। इससे यह भी पता चलता है कि 1857 के बाद, साम्राज्य की बढ़ती हुई शक्ति के साथ-साथ, साम्राज्यवादी दायित्वों को लेकर कहीं अधिक कड़ा रुख अपनाया जाने लगा था। प्रिवी काउंसिल के 1856 के उस दृष्टिकोण की

तुलना में जिसमें डलहौजी की आक्रामक नीतियों के कारण इंग्लैंड में बैठे आकाओं की चिन्ता व्यक्त हो रही थी, यह एक बड़ा बदलाव था। इसके अलावा, इस बीच देशी कानूनों और रीति-रिवाजों की बड़े पैमाने पर लिपिबद्धता ने साम्राज्यवादी शासकों की जानकारी में काफी वृद्धि कर दी थी। अब वे पहले की तरह हिचकिचाहट और अनिश्चितता के शिकार नहीं थे। अब वे प्रजा के निजी जीवन से जुड़े विवादों में भी एकमात्र मध्यस्थ बन रहे थे। वे राजा की शक्तियों के साथ-साथ जाति के कार्यों को भी अपने हाथ में ले रहे थे।

प्रिवी काउंसिल के निर्देशों को ध्यान में रखकर देशी कानूनों और रीति-रिवाजों के अनुसार चलने की बजाय न्यायाधीश अब 'अंग्रेजों द्वारा भारत में स्थापित सुव्यवस्थित न्याय-व्यवस्था' पर गर्व करने लगे थे। वे हिन्दू कानूनों के अनुसार वैवाहिक अधिकारों के फैसले ही नहीं करेंगे, बल्कि अपनी खुद की कानूनी प्रक्रिया के अनुसार इन पर अमल भी करवाएँगे।

कानून की एकमात्र 'सुव्यवस्थित' प्रणाली पर इतना ज्यादा जोर और फलतः कानूनी-प्रक्रिया की एकरूपता का आग्रह दरअसल बहुलता का तिरस्कार और उसके प्रति साम्राज्यवादी असहिष्णुता के सूचक थे। इससे प्रिवी काउंसिल के निर्देशों की भावना और उद्देश्यों के साथ-साथ न्यायिक नीति के मूल स्वरूप का भी उल्लंघन करने की छूट मिल जाती थी। इस उल्लंघन का मोटे तौर पर यह मतलब था कि देशी कानूनों और रीति-रिवाजों को अंग्रेजी कानूनी तौर-तरीकों के अनुसार लागू किया जाए।

जैसाकि अपील अदालत के फैसले में 'स्कॉट बनाम स्कॉट' के हवाले से जाहिर होता है, अदालतें हिन्दू कानूनों के मामले में निर्बाध अधिकार शक्तियों का प्रयोग करने लगी थीं। हिन्दुओं के वैवाहिक अधिकारों को लागू करवाने से जुड़ी सीमाएँ अंग्रेजों की तलाक अदालतों में ढूँढ़ी जा रही थीं। इसी तरह, यह दावा करने के बावजूद कि पुनर्स्थापना के मुकदमे हिन्दू कानून के अन्तर्गत स्वीकार किए जा रहे थे, दोषियों को इंग्लैंड से आयातित कानूनी पद्धतियों के आधार पर परखा और दंडित किया जा रहा था। स्थितियों का और अधिक सूक्ष्म अध्ययन करने पर हम पाते हैं कि 'कानूनी-प्रक्रिया की एकरूपता के नाम पर' परम्परागत कानूनों और रीति-रिवाजों के प्रभाव को धीरे-धीरे खत्म किया जा रहा था।

न्यायाधीश विधि-शास्त्रों की मनमाने ढंग से व्याख्या कर रहे थे और 'सूक्ष्म भेदों' पर ध्यान देने से कतरा रहे थे। इसलिए जब तैलंग ने यह दलील दी कि 'हिन्दू विधि-शास्त्र वैवाहिक कर्तव्यों को अनिवार्य नहीं मानते, बल्कि उन्हें धार्मिक प्रतिबन्धों द्वारा लागू करवाए जाने वाले अपूर्ण दायित्वों के रूप में देखते हैं', तो न्यायाधीशों ने 'अधिकार-क्षेत्र की जड़ों तक पहुँचने वाली' किसी भी आपत्ति पर विचार करने में

अपनी असमर्थता प्रकट की। यह एक सुविधाजनक असमर्थता थी। इससे न्यायाधीश न सिर्फ अपने अधिकार-क्षेत्र पर कोई प्रश्न-चिह्न लगाए जाने से बच सकते थे, बल्कि उन्हीं कानूनों का उल्लंघन करने का भी साहस कर सकते थे जिनकी वे दुहाई दे रहे थे।

देशी कानूनों के प्रति दिखाई जा रही इस निष्ठा की वास्तविकता का जे.एच. नेल्सन ने अच्छा पर्दाफाश किया। लगभग उन्हीं दिनों जब अपील अदालत अपनी अस्पष्ट व्याख्याएँ प्रस्तुत कर रही थी, मद्रास प्रेसिडेंसी के इस विद्वान जज ने बहुत तीखे और स्पष्ट शब्दों में लिखा था :[18]

> *हम चाहें तो लोगों को नए कानूनों में बाँध सकते हैं, लेकिन फिलहाल हम बड़ी होशियारी से यह दिखावा कर रहे हैं कि, वे अच्छे हों या बुरे, हम देश के मौजूदा कानूनों और रीति-रिवाजों को बनाए रखने का प्रयास कर रहे हैं।*

तैलंग ने समाज की बदलती हुई जरूरतों को ध्यान में रखते हुए हिन्दू कानून की परिवर्तनकामी व्याख्या करने का प्रयास किया था। लेकिन मैकफर्सन, बेली और सार्जेंट जैसे व्यक्तियों के सामने उनकी एक न चली, जो इस कानून को उपहास की दृष्टि से देखने के बावजूद इसकी कुछ सबसे घृणित मान्यताओं को पकड़े बैठे थे, और इसके कई प्रतिक्रियावादी पहलुओं का खुलकर समर्थन कर रहे थे।

तैलंग और उन्हीं की तरह के अन्य व्याख्याकारों को मंडलिक जैसे उन व्यक्तियों के सामने भी हार माननी पड़ रही थी जो अपने समाज को अपेक्षाकृत दकियानूसी ढर्रे पर चलाना चाहते थे। यह इस दुखद और उलझी हुई कथा का एक अन्य पहलू था, जिस पर हम आगे चलकर विचार करेंगे।

फिलहाल हम न्यायमूर्ति फैरन द्वारा मामले के झटपट निपटारे पर आते हैं।

4

ग्यारह महीने बाद, 3 मार्च 1887 को, यह मुकदमा न्यायमूर्ति फैरन के सामने आया तो दादाजी की जीत सुनिश्चित प्रतीत हो रही थी। अपील अदालत के फैसले ने दादाजी और उसके साथियों के आत्म-विश्वास को बहुत बढ़ा दिया था। उन्हें अपनी जीत का इतना ज्यादा भरोसा हो गया था कि इस बार उन्होंने मैकफर्सन की चतुरता भरी पैरवी के बिना ही काम चलाने का फैसला कर लिया। वीकाजी और मांकड़ की पुरानी जोड़ी काफी थी मामले को उसके स्वाभाविक निष्कर्ष तक पहुँचाने के लिए।

दूसरी तरफ रख्माबाई और उसके समर्थकों में हताशा थी। लेकिन यह सिर्फ मुकदमे के तात्कालिक फैसले तक सीमित थी। उनकी आशाएँ प्रिवी काउंसिल पर

टिकी हुई थीं, जहाँ उन्हें लगता था कि मामले की तकनीकी और गुण-दोष सम्बन्धी बारीकियों की बजाय सिद्धान्त और नैतिकता का प्रश्न अधिक महत्त्वपूर्ण होगा। जैसाकि अपील अदालत के फैसले के बाद *इंडियन स्पेक्टेटर* ने लिखा था, 'अपनी और अपनी बहनों की व्यथा अपीलों के सर्वोच्च न्यायालय प्रिवी काउंसिल के सामने रखने से पहले रख्माबाई को उच्च न्यायालय में एक और मुकदमे का सामना करना होगा।'[19]

उनकी नजरें अन्तिम फैसले पर टिकी हुई थीं, इसलिए उच्च न्यायालय में एक ऊँचा नैतिक रुख अपनाना जरूरी था। लैथम के इंग्लैंड चले जाने के कारण इनवेरेरिटी को तैलंग का साथ देने के लिए वापस बुलाया गया। रख्माबाई के पक्ष की योजना थी कि मामले के तकनीकी और गुण-दोष से जुड़े पहलुओं को छुआ ही न जाए। उन्होंने यह तकनीकी आपत्ति उठाने से भी इनकार कर दिया कि फैरन ने एक वकील के रूप में दादाजी का मूल इस्तगासा तैयार किया था। रख्माबाई के दावे की नैतिकता पर जोर देने के अलावा वे उच्च न्यायालय का जरा भी समय बर्बाद नहीं करना चाहते थे।

वीकाजी द्वारा तथ्यों की पुनर्प्रस्तुति के साथ मुकदमे की सुनवाई शुरू हुई। तत्पश्चात् फैरन ने साक्ष्य प्रस्तुत करने के लिए कहा। इनवेरेरिटी ने कहा कि यह व्यर्थ का प्रयास होगा। वे साबित कर सकते थे कि रख्माबाई ने उस विवाह के लिए कभी अपनी सहमति नहीं दी थी, जिसे अब उस पर थोपने का प्रयास किया जा रहा था। वे यह भी साबित कर सकते थे कि रख्माबाई ने कभी भी दादाजी को अपना पति नहीं माना था। इसके अलावा, वे यह बात भी साबित कर सकते थे कि दादाजी अस्वस्थ होने के साथ-साथ इतना निर्धन था कि रख्माबाई का भरण-पोषण नहीं कर सकता था। पर चूँकि अपील अदालत का कहना था कि सहमति के अभाव को दलील नहीं माना जा सकता था, इस सम्बन्ध में कोई साक्ष्य प्रस्तुत करना निरर्थक था। यही बात अन्य सभी आधारों पर भी लागू होती थी जिन्हें पिनी की अदालत में दादाजी और उनके गवाह 'व्यावहारिक तौर पर' स्वीकार कर चुके थे। इसलिए वे कोई साक्ष्य प्रस्तुत करने के बजाय अपने-आपको उस डिकरी का विरोध करने तक सीमित रखेंगे जो अदालत निस्सन्देह जारी करने जा रही है।

रख्माबाई ने अपने विरोध को एक बड़ी नैतिक लड़ाई का रूप देकर एक आदर्श में बदल दिया। उसने विनम्र शब्दों में अदालत को बता दिया कि दादाजी के साथ रहने के आदेश को स्वीकार करने की बजाय वह कानून की कड़ी से कड़ी सजा भुगतना पसन्द करेगी।[20] उसके इस रुख से दादाजी के प्रति गहरी वितृष्णा के साथ-साथ उसके साथ न रहने के दृढ़ संकल्प का भी पता चलता था। अपनी अवज्ञा के 'परिणाम भुगतने' की उसकी तत्परता ने उसकी कानूनी हार को एक नैतिक जीत

में बदल दिया। सजा भुगतने (छह महीने की कैद या सम्पत्ति की कुर्की या दोनों) की उसकी घोषणा वकीलों की ठोस से ठोस पैरवियों से भी अधिक प्रभावपूर्ण साबित हुई। इसका न सिर्फ उसके समर्थकों बल्कि विरोधियों पर भी गहरा प्रभाव पड़ा।

रख्माबाई की अवज्ञा असाधारण थी। इसलिए और भी कि तब तक राजनीतिक मंच पर या भारतीय जनमानस में सविनय अवज्ञा के विचार ने जन्म नहीं लिया था। यह इस दृष्टि से भी विशिष्ट थी कि इस अवज्ञा का प्रदर्शन एक स्त्री ने किया था–एक ऐसे युग में जब न सिर्फ भारतीय समाज की 'सम्मानजनक' महिलाएँ जनाने तक सीमित रहती थीं, बल्कि पश्चिमी देशों में भी जीवन के प्रति एक नारीवादी दृष्टिकोण विकास के आरम्भिक चरण में था, और परिवर्तन की दिशा अस्पष्ट थी।

रख्माबाई पीछे मुड़नेवाली नहीं थी। 1884 में भी उसे बोध था कि उसे अपने साथ हुए अन्याय के खिलाफ लड़ना है। मुकदमे का हर चरण उसके संकल्प को और दृढ़ करता चला गया। उसका शुरू का संकोच लुप्त हो चुका था। अब वह नैतिक निर्मलता और शक्ति से छलक रही थी और रूढ़िवादियों और उपनिवेशीय न्याय-व्यवस्था दोनों को खुलकर 'ना' कह सकती थी। इस नैतिक निर्मलता ने ही उसे प्रतिरोध का रास्ता सुझाया, जिसका आगे चलकर दमित स्त्रियों और पुरुषों के समूह अनुसरण करने वाले थे।

वैसे उस समय तक देश के वातावरण में मन्द प्रतिरोध और बलिदान के अस्फुट विचार तिरने लगे थे। मलबारी अक्सर अन्याय के सामने इस तरह के बलिदान की बात करते थे। उन्हीं दिनों प्रसिद्ध राष्ट्रवादी नेता सुरेन्द्रनाथ बनर्जी को जेल में ठूँस दिए जाने के कारण जो सार्वजनिक आक्रोश उमड़ पड़ा था उससे जाहिर था कि ये अस्फुट विचार अब राजनीतिक कर्म में भी परिलक्षित होने-से लगे थे। इतना ही नहीं, प्रतिरोध की यह भावना इस तरह उभरने लगी थी कि जब प्रख्यात राष्ट्रवादी सुरेन्द्र नाथ बनर्जी को जेल की सज़ा हुई तो आई.सी.एस. होने के बावजूद बिहारी लाल गुप्ता अपनी सहानुभूति जताने अपने दफ्तर से सीधे जेल पहुँच गए थे सुरेन्द्रनाथ से मिलने।[21]

इसके बावजूद रख्माबाई का विद्रोह अपने-आपमें अनूठा था। उसने शहादत का रास्ता खुद चुना था, जबकि बनर्जी पर शहादत थोपी गई थी। कलकत्ता उच्च न्यायालय में माफी माँगने के बावजूद उन्हें जेल में ठूँस दिया गया था।

अब फैरन की अदालत की तरफ लौटते हैं। इनवेरेरिटी ने विपक्ष को नैतिक दृष्टि से और अधिक बचाव की स्थिति में डाल दिया। उन्होंने अदालत से माँग की कि शिष्टाचार के नाते रख्माबाई के घर कारिंदा भेजे जाने से पहले उसकी इत्तिला रख्माबाई को की जानी चाहिए। उसी नाते उन्होंने यह सुझाव भी दिया कि रख्माबाई के मुकदमे का खर्च दादाजी को देना चाहिए।

वीकाजी इन नैतिक प्रहारों से जरा भी विचलित नहीं हुए। कम-से-कम उन्होंने दिखाया ऐसा ही। उन्होंने निश्चिन्त भाव से कहा कि उनके विद्वान मित्र 'शुरू से आखिर तक समर्पण करते चले गए थे', इसलिए अब 'रख्माबाई के दादाजी के घर लौटने का दिन निर्धारित करने' के अलावा अदालत के सामने दूसरा कोई विकल्प नहीं था। उन्होंने कुछ दूसरे मुकदमों का हवाला देते हुए रख्माबाई को मुकदमे का खर्च दिए जाने की माँग का भी विरोध किया।

फैरन ने इस बात का ध्यान रखते हुए कि यह मुकदमा वैवाहिक अधिकारों की 'स्थापना या पुनर्स्थापना' से जुड़ा हुआ था, रख्माबाई को एक महीने के भीतर दादाजी के घर 'जाने या लौटने' और तदनुसार अदालत को सूचित करने का आदेश दिया। जहाँ तक मुकदमे के खर्च का प्रश्न था, उन्हें यह ठीक नहीं लगा कि एक पति 'अपने वैवाहिक अधिकारों की पुनर्स्थापना' के लिए अपनी पत्नी को मुकदमे का खर्च दे।' रख्माबाई के विद्रोही तेवर पर कानूनी प्रतिक्रिया व्यक्त करते हुए उन्होंने कहा कि अगर रख्माबाई ने 'डिकरी का पालन करने का इरादा जाहिर किया होता' तो वे खर्च को लेकर कुछ और आदेश देते। लेकिन क्योंकि उसे कोई पछतावा नहीं था, इसलिए उसे आरम्भिक सुनवाई का खर्च वहन करना होगा, और अपील का खर्च दोनों पक्षों को अलग-अलग उठाना होगा।[22]

सन्दर्भ टिप्पणी

1. *टाइम्स ऑव इंडिया,* 13 मार्च 1886
2. *मूर्स इंडियन अपील्स,* खंड-XI, पृ. 570-71, 604
3. वही, खंड VI, पृ. 348-91
4. इस प्रक्रिया पर परस्पर विरोधी विचारों के लिए देखें, गुरुदास बनर्जी, *हिन्दू लॉ ऑव मैरिज एंड स्त्रीधन,* कलकत्ता, 1879, और जे.एच. नैल्सन, *ए व्यू ऑव द हिन्दू लॉ ऍज़ ऍडमिनिस्टर्ड बाई द हाई कोर्ट ऑव जुडिकेचर ऍट मैड्रास, मद्रास, 1877*
5. पंजाब में इसका बुरा असर पड़ने की आशंका से यह प्रस्ताव नहीं माना गया। *होम, जुडीशल प्रोसीडिंग्ज़, जून 1887, संख्या 189-92,* नैशनल आर्काइव्ज़ ऑव इंडिया
6. *टाइम्स ऑव इंडिया,* 13 मार्च, 1886
7. *बंगाल लॉ रिपोर्ट्स,* खंड-XIV, पृ. 298-306
8. *टाइम्स ऑव इंडिया,* 13 मार्च 1886
9. वही, 19 मार्च 1886
10. प्रोबेट डिवीज़न, खंड-IX, पृ. 52-7
11. *टाइम्स ऑव इंडिया,* 19 मार्च 1886
12. *द इंडियन लॉ रिपोर्ट्स,* बौम्बे सीरीज़, खंड-X, पृ. 308-13
13. जैक गुडी, *द डिवैलपमैन्ट ऑव द फैमिली एंड मैरिज इन यूरोप,* कैम्ब्रिज, 1983, पृ. 62

14. गुरुदास बनर्जी, *हिन्दू लॉ ऑव मैरिज एंड स्त्रीधन,* पृ. 138; पृ. 139-45 भी
15. *टाइम्स ऑव इंडिया,* 13, 19 मार्च 1886
16. रख्माबाई का 18 मार्च 1887 का पत्र, रमाबाई सरस्वती, *द हाई कास्ट हिंदू वुमेन* में, फिलाडैल्फिया, 1888, पृ. 66-67
17. *मूर्स इंडियन अपील्स,* खंड-VI, पृ. 391-92
18. जे.एच. नैल्सन, *ए प्रौस्पैक्टस ऑव हिन्दू लॉ,* लंदन, 1881, पृ. 149
19. *इंडियन स्पैक्टेटर,* 4 अप्रैल 1886
20. *टाइम्स ऑव इंडिया,* 4 मार्च 1887; उसी तारीख का *बौम्बे गैज़ट* भी
21. सुरेन्द्रनाथ बनर्जी, *ए नेशन इन मेकिंग : बींग द रैमिनिसैंसज़ ऑव फिफ्टी ईयर्स ऑव पब्लिक लाइफ,* बंबई, 1963 (प्रथम प्रकाशन 1925 में), पृ. 69-78
22. *टाइम्स ऑव इंडिया, बौम्बे गैज़ट,* 4 मार्च 1887

अध्याय-4

सभ्य समाज को चुनौती

पिनी के फैसले के बाद शुरू हुई बहस ने फैरन के आदेश और रख्माबाई के विद्रोही तेवर के कारण एक उग्र और भावनात्मक रूप ले लिया। संवेदनाविहीन उपनिवेशीय प्रशासन भी इस युवा विद्रोहिणी की गिरफ्तारी की सम्भावना से हिल गया। उसके समर्थकों ने इस सम्भावना को टालने के लिए एक शक्तिशाली 'रख्माबाई बचाव समिति' का गठन कर लिया। प्रिवी काउंसिल में जाने की खर्चीली प्रक्रिया के लिए आवश्यक धन जुटाने को पर्याप्त समय मिल जाए, इस इरादे से बम्बई उच्च न्यायालय में फैरन के फैसले के खिलाफ एक अपील दायर कर दी गई। गतिविधियों की इस शृंखला ने, और इंग्लैंड के कुछ शक्तिशाली गुटों की तरफ से रख्माबाई को मिलने वाले समर्थन ने, उन लोगों को चौंका दिया जो पिनी के फैसले को निरस्त कर दिए जाने के बाद चैन से बैठ गए थे, और मान बैठे थे कि सामाजिक स्थिरता के लिए पैदा होने वाला खतरा टल गया था। वे एक नए संकल्प के साथ इस लड़ाई में कूद पड़े। इतना ही नहीं, उन्होंने यह चेतावनी भी दे डाली कि अगर प्रशासन रख्माबाई के समर्थकों के सामने झुका तो सारी जनता विद्रोह में उठ खड़ी होगी। लेकिन वे भी रख्माबाई के नैतिक विद्रोह से घबराए हुए थे और यह नहीं समझ पा रहे थे कि इसका मुकाबला कैसे करें। वे चाहते थे कि साँप भी मर जाए और लाठी भी न टूटे। इस तरह की तमाम प्रतिक्रियाओं में स्त्रियों की स्थिति को लेकर उभयभावी–परस्पर विरोधी किन्तु अन्तर्गुंफित–धारणाएँ थीं।

एक बार फिर मलबारी ने रख्माबाई की व्यथा की सबसे स्पष्ट और प्रभावशाली व्याख्या की। उन्होंने उसके बलिदान के मानवीय और नैतिक आयामों को रेखांकित किया। उसका दुख एक असाध्य दुख था, उसकी विडम्बना एक असाध्य विडम्बना। अगर अदालत उसे अपने पति के साथ रहने का आदेश न भी देती तो भी वह–अपने पति के बरक्स–दूसरा विवाह नहीं कर सकती थी। दादाजी के साथ विवाह उसके लिए ऐसा 'क्रूर आलिंगन' था जिससे कोई मुक्ति नहीं थी।[1] मलबारी इस लड़ाई को

इसके अन्तिम निष्कर्ष तक पहुँचाना चाहते थे। उन्हें आशा थी कि फैरन का आदेश इस निष्कर्ष की भूमिका भर होगा, और प्रिवी काउंसिल का फैसला भविष्य की रख्माबाईयों का जीवन आसान बना देगा।[2]

मलबारी के अनुसार, रख्माबाई की सबसे बड़ी विजय यह थी कि उसने 'स्त्रियों की हीनता की प्रचलित धारणा' को अस्वीकार कर दिया था। उसने यह मानने से इनकार कर दिया था कि अपने पिता, भाई और पति सभी के लिए सब कुछ होना और उनके प्रति अपने कर्तव्यों का पालन करना ही स्त्री का एकमात्र धर्म था। उसने दिखा दिया था कि स्त्री को 'पाँव की जूती समझे जाने' की धारणा को स्वदेशी रूढ़िवाद के साथ-साथ उपनिवेशीय कानून से भी पूरा-पूरा संरक्षण मिल रहा था।[3] मलबारी ने अंग्रेजों और एंग्लो-इंडियन प्रेस द्वारा अपनी सरकार को निर्दोष ठहराए जाने के प्रयासों की खिल्ली उड़ाई। स्त्रियों की दासता को बनाए रखने वाले स्वदेशी और औपनिवेशिक गठजोड़ के खिलाफ उनके क्रोध की एक झलक निम्नलिखित पंक्तियों में मिलती है :[4]

> *लेकिन महामहिम महारानी से अधिकार-प्राप्त बम्बई उच्च न्यायालय पुरुषोचित शौर्य का टूर्नामेंट आयोजित करता है, और ईसाई अम्पायर यह फैसला करते हैं कि स्त्री को अपने मन, या शायद अपने सम्मान का ध्यान रखने का अधिकार नहीं हो सकता। जाति इस लड़की पर एक ऐसा विवाह थोप देती है जिसमें उसकी उतनी ही भूमिका थी जितनी उच्च न्यायालय में बैठे किसी भी न्यायाधीश की। और न्यायाधीश न सिर्फ इस अत्याचार का समर्थन करते हैं, बल्कि दरोगा और जेलर की भूमिका निभाने के लिए भी तैयार हैं। वे बेचारे क्या कर सकते हैं? आखिर हिन्दुओं का यही तो कानून है! और ब्रिटिश सरकार भी क्या कर सकती है? इस गैर-बराबरी को जारी रखना उसका मिशन जो ठहरा। इसलिए रख्माबाई को या तो जेल जाना चाहिए या अपने तथाकथित पति के संरक्षकों के संरक्षण में रहना चाहिए। उसको इतना प्यार करने वाला पति किसी दिन शायद उसका साथ देने के लिए एक दूसरी 'पत्नी' भी ले आए। तो भी क्या हुआ? उच्च न्यायालय कानून की सूखी हड्डियों को इसी तरह पीसता रहेगा, और सरकार हिन्दुस्तान की स्त्रियों के स्त्रीत्व को पीस देने वाली इस प्रक्रिया का पूरी सहानुभूति से तमाशा देखती रहेगी।*

इस हताश आक्रोश में ब्रिटिश शासन के प्रति एक गहरी आस्था छिपी हुई थी। प्रिवी काउंसिल से अनुकूल फैसला पाने से जुड़ा विश्वास इसी आस्था का हिस्सा था—हालाँकि इस विश्वास को कभी परखा नहीं जा सका। शासकों पर मलबारी के प्रहारों में उनकी नैतिक चेतना को जगाने का उद्देश्य भी शामिल था। भारतीय स्त्रियों की विडम्बना को रेखांकित करते हुए उन्होंने 'इंग्लैंड की स्त्रियों' से आह्वान किया कि वे ब्रिटिश कानून और ईसाई नैतिकता द्वारा स्थापित इस नई सती प्रथा को देखें।[5]

जातिगत रूढ़िवादियों को ललकारते हुए मलबारी ने लिखा कि हिन्दू शास्त्रों में

वैवाहिक अधिकारों की पुनर्स्थापना जैसे 'पौरुषहीन' विचार की कल्पना तक नहीं की गई थी। लेकिन अगर 'जाति' इतनी 'शिक्षित' हो चुकी थी कि इस विदेशी विचार को आयातित कर सके, तो उसे इसके साथ-साथ वयस्क विवाह के विचार को भी आयातित करना चाहिए था। उसने ऐसा नहीं किया। ऐसी स्थिति में जाति को विदेशी न्याय-व्यवस्था से मदद लेने का कोई अधिकार नहीं था, और न्याय-व्यवस्था को भी जाति की मदद करने की बजाय उसे अपने भरोसे छोड़ देना चाहिए था।

मलबारी को उम्मीद थी कि उनके व्यंग्य से कुछ लोग तो अवश्य ही लज्जित महसूस करेंगे। लेकिन साथ ही उन्होंने इस डर को भी दूर करने का प्रयास किया कि रख्माबाई के विद्रोह से हिन्दू विवाह व्यवस्था छिन्न-भिन्न हो जाएगी। उन्होंने इस मामले में 'पूर्वग्रहरहित मस्तिष्कों से न्यूनतम उदारवादी दृष्टिकोण' अपनाने का अनुरोध किया। एल्फिंस्टन हाई स्कूल के प्रधानाध्यापक वामन आबाजी मोडक ने *बॉम्बे गजेट* के नाम अपने एक पत्र में ऐसा ही दृष्टिकोण अपनाया था। मोडक ने मौजूदा ब्रिटिश भारतीय कानून में विवाह के दो अलग-अलग सिद्धान्तों के 'घालमेल' को 'इस समस्या की असली जड़' माना था। वैवाहिक अधिकारों की पुनर्स्थापना में ऐसा विवाह निहित है जो दो वयस्कों ने अपनी स्वतंत्र सहमति और वैवाहिक अनुबन्ध के तमाम दायित्वों को समझते हुए किया हो। इस व्यवस्था के 'स्वतंत्र और वयस्क सहमति' वाले सिद्धान्त को नजरअन्दाज करके इसे हिन्दू कानून के साथ जोड़ देने से रख्माबाई के मुकदमे ने 'दुर्भाग्यपूर्ण मोड़' ले लिया था। इससे स्त्रियों के लिए 'और ज्यादा कष्टदायक जीवन' की सम्भावनाएँ पैदा हो गई थीं। रख्माबाई जैसी, या उससे भी बदतर, परिस्थितियों में जी रही स्त्रियों के लिए 'वैवाहिक अनुबन्ध को पूरा करने' या 'बिना किसी अपराध के जेल जाने' के अलावा कोई और रास्ता नहीं बचा था।

मोडक का मानना था कि रख्माबाई के कष्ट इतने दारुण नहीं थे कि उसे आम लोगों की सहानुभूति का पात्र माना जा सके। लेकिन उसे व्यक्तिगत स्वतंत्रता का पूरा अधिकार था, जो 'सामान्य स्थितियों में हर व्यक्ति का सबसे पवित्र और अनुल्लंघनीय अधिकार है'। सभी भारतीयों को यह अहसास होना चाहिए कि रख्माबाई से जिस विवाह को स्वीकार करने की अपेक्षा की जा रही थी, उसके लिए उसने कभी भी 'हाँ' नहीं की थी। 'सिर्फ इसी कारण से' वे दादाजी के साथ सहानुभूति रखने के साथ-साथ रख्माबाई के प्रति ज्यादा सहानुभूति महसूस करते थे।[6]

मलबारी के सुधारवादी दृष्टिकोण से देखें तो मोडक ने 'दोनों पक्षों के साथ न्याय करने' का प्रयास किया था। लेकिन रख्माबाई के कष्टों को बहुत गम्भीर न मानने के बावजूद उन्होंने ऐसी भाषा का प्रयोग किया था–अहस्तान्तरणीय वैयक्तिक अधिकारों की भाषा–जो अनुबन्ध पर आधारित पश्चिमी विवाह व्यवस्था के बजाय संस्कारगत हिन्दू विवाह के समर्थकों को पूरी तरह विमुख कर सकती थी।

इस विवाद के दौरान रूढ़िवादियों के खिलाफ सबसे सशक्त गर्जन करने वाले व्यक्ति थे रघुनाथ राव। उनकी भाषा अपने सहधर्मियों के बहुमत की भाषा थी–जन-साधारण और पंडितों दोनों की भाषा। उन्होंने घोषणा की कि रख्माबाई की आसन्न गिरफ्तारी 'ऋषि-मुनियों के पवित्र, उदार और न्यायपूर्ण कानूनों का उल्लंघन करने के राष्ट्रीय पाप का परिणाम' थी। रख्माबाई की तुलना ईसा मसीह से करते हुए, रघुनाथ राव ने कहा कि रख्माबाई का बलिदान 'हमारी हिन्दू बहनों की मुक्ति का पूर्व संकेत' होने के साथ-साथ शास्त्रों की इस भविष्यवाणी को भी सही साबित कर रहा था कि 'इस युग में विधि-शास्त्र न जानने वाले अज्ञानी राज करेंगे और विधान के नाम पर वह सब लागू करेंगे जो विधान नहीं है।'[7]

'राष्ट्रीय पाप' का ऐसा आक्रोशपूर्ण उल्लेख लोगों के मर्मस्थल को छूने का साहसिक प्रयास था। सामूहिक गर्व के केन्द्र में अपराध-बोध को ला स्थापित करने का प्रयास था यह। देशवासियों ने उसी विधान का उल्लंघन कर डाला था जो राष्ट्रीय महानता का आधार था। इस डर की जगह कि रख्माबाई के विद्रोह से सामाजिक व्यवस्था छिन्न-भिन्न न हो जाए, रघुनाथ राव वह राष्ट्रीय पाप ले आए थे जिसने रख्माबाई को इस बलिदान के लिए विवश कर दिया था। राष्ट्रीय पुनर्जागरण की माँग थी कि ऋषि-मुनियों के विधान को परवर्ती विकृतियों से मुक्त किया जाए, और उन विकृतियों से भी जो अंग्रेजी राज की देन थीं। अतएव रख्माबाई की निन्दा करने के बजाय उसका साथ देने की जरूरत थी।

रघुनाथ राव अपने क्रोध के बावजूद कोई आधुनिक दुर्वासा नहीं थे। रख्माबाई के विरुद्ध कटुता की भावना मिटाने के लिए वे लोगों के मर्म तक पहुँच सकते थे। जब वरिष्ठ राजनीतिज्ञ टी. माधवराव–जो एक कट्टरपन्थी हिन्दू होने के साथ-साथ सामाजिक सुधारों के भी समर्थक थे–ने रख्माबाई के हठीले रवैये के लिए उसे दंड दिए जाने की माँग की तो रघुनाथ राव ने अपने प्रतिद्वन्द्वी के हृदय को झकझकोरने का प्रयास किया। उन्होंने टी. माधवराव से अनुरोध किया कि वे कल्पना करें कि अगर रख्माबाई की जगह उनकी अपनी पोती होती तो क्या उसे भी वे जेल भिजवाना पसन्द करते। या अगर उनकी पोती का पति उसे अपने घर ले जाने से इनकार कर देता तो क्या वे अपने दामाद को जेल भिजवाना पसन्द करते? पोती के पति की बात इस सन्देह को दूर करने के लिए की गई थी कि रख्माबाई के समर्थक केवल स्त्रियों के पक्षधर थे। रघुनाथ राव ने अन्त में लिखा :

> *'दूसरों के साथ वैसा ही व्यवहार करो जैसा अपने लिए चाहते हो' एक सुनहरा सिद्धान्त है।...एक लड़की को सिर्फ इसलिए कि वह अपने पति या होने वाले पति के साथ नहीं रहना चाहती, झूठों और अपराधियों के बीच भेज देना इतना बर्बर कृत्य है कि मेरी समझ में नहीं आता कि कोई समझदार व्यक्ति ऐसी बात सोच भी कैसे सकता है।*

सामान्य मानवीय स्नेह हो या सामान्य मानवीय व्यवहार, या ऋषियों का रचा कानून, रघुनाथ राव दिखा रहे थे कि सभी इस विद्रोही लड़के के पक्ष में थे। उन्होंने रख्माबाई के प्रति रूढ़िवादी रवैये में निहित विरोधाभासों को उजागर कर दिया। चूँकि रख्माबाई का मामला परम्परा के सही अर्थों को लेकर चल रहे एक व्यापक झगड़े का हिस्सा था, रघुनाथ राव रूढ़िवादियों को उन्हीं की भाषा में जवाब दे रहे थे।

इन्दु प्रकाश ने भी ऐसा ही आक्रामक रुख अपनाया। मामले के सैद्धान्तिक पक्ष को उजागर करते हुए उसने लिखा कि रख्माबाई एक स्वतंत्र व्यक्ति थी और महत्त्वपूर्ण प्रश्न यह था कि इस मामले में उसकी अपनी भावनाएँ क्या थीं, और ये 'अब सर्वविदित' थीं। पर दादाजी उसके 'तन-मन और सम्पत्ति' का स्वामी होने का दावा कर रहा था। सवाल यह था कि क्या एक अनिच्छुक स्त्री पर उसके विवाह या पति को थोपा जा सकता है? इस प्रश्न में मोडक के 'अनुल्लंघनीय मानवीय अधिकारों' की झलक थी। लेकिन *इन्दु प्रकाश* ने इसे एक विशिष्ट सामाजिक-सांस्कृतिक परिपेक्ष्य से जोड़ दिया। उसने पूछा, 'क्या हिन्दू कानून किसी प्रत्यक्ष या अप्रत्यक्ष दबाव के प्रयोग की अनुमति देता है?' उत्तर बिल्कुल स्पष्ट था। कोई भी रूढ़िवादी हिन्दू ऐसे क़ानून का समर्थन नहीं करेगा जो किसी पुरुष को एक अनिच्छुक स्त्री पर थोपने या इससे उल्टी स्थिति की अनुमति देता हो। *इन्दु प्रकाश* ने रूढ़िवादियों को मार्कबी की टिप्पणी की याद दिलाई कि अपनी पत्नी पर सम्पत्ति की तरह पति के अधिकार का विचार 'हिन्दू कानून में पूरी तरह त्याज्य है'।

इसके साथ एक ऐसा सिद्धान्त जुड़ा हुआ था जो सभी स्वदेशी रूढ़िवादियों को बहुत प्रिय था—वे हिन्दू हों या कोई और। यह सिद्धान्त उपनिवेशीय नियंत्रण के दायरे से बाहर एक न्यूनतम सांस्कृतिक-न्यायिक स्वतंत्रता के संरक्षण को लेकर था। चूँकि इस तरह के मामलों से निपटने के लिए हिन्दुओं के पास अपने कानून थे, इसलिए उन पर विदेशी कानून थोपने की जरूरत नहीं थी। *इन्दु प्रकाश* का मानना था कि इस सांस्कृतिक-न्यायिक स्वायत्तता पर मान करने वाले सभी लोगों को रख्माबाई का समर्थन करना चाहिए, जिसे 'एक विदेशी कानूनी व्यवस्था' द्वारा एक ऐसे पुरुष को 'अपना तन-मन सौंपने' से इनकार करने का दंड दिया जा रहा था, जिसे वह नापसन्द करती थी।

रूढ़िवादियों के इस तर्क को नकारते हुए कि कानून के डर से उद्दंड पत्नियों पर अंकुश लगा रहता है, *इन्दु प्रकाश* ने व्यंग्य किया, 'तो फिर हमारी संस्थाओं के उन दावों का क्या होगा जो, विदेशी कानून की दखलंदाजी के बिना, पति-पत्नी में स्नेहपूर्ण सम्बन्ध बनाए रखने में सक्षम होने की बात करती हैं?' साप्ताहिक ने लिखा कि 'पुनर्स्थापना के इतने कम मामले सामने आने के पीछे नागरिक संहिता की धारा 260 का हाथ नहीं था। इसका कारण यह था कि युगों-युगों से हिन्दू समाज में यह

नैतिक भावना मौजूद रही है कि अगर पति-पत्नी में आपसी सहमति नहीं है, तो उन्हें प्रत्यक्ष या अप्रत्यक्ष माध्यमों से एक-दूसरे के साथ रहने के लिए बाध्य नहीं किया जा सकता।' 'हमारे पूर्वजों को 'पूरा अहसास' था कि 'कृत्रिम रूप से रचे गए कानूनों' से 'वैवाहिक प्रेम' पैदा नहीं किया जा सकता। आज के युग में भी इन्हीं मान्यताओं को 'हमारा और हमारी अदालतों का मार्गदर्शन' करना चाहिए। और तो और, 'ए हिन्दू लेडी' के प्रति अपने गहरे क्षोभ के बावजूद प्रतिक्रियावादी *हिन्दू पेट्रियट* का भी मानना था कि कारावास के प्रावधान से हिन्दू कानून और भावनाओं दोनों का हनन होता है। तो फिर ये रूढ़िवादी रख्माबाई की गिरफ्तारी को रोकने के लिए गठित रख्माबाई बचाव समिति का विरोध कैसे कर सकते थे?

इन प्रश्न ने हिन्दू सामाजिक-न्यायिक व्यवस्था की मानवीयता की दुहाई देने वालों को उनकी इस विसंगति से रू-ब-रू करा दिया जिसके चलते वे इस अवस्था के दमनकारी तौर-तरीकों को तर्कसम्मत दिखाने में लगे हुए थे। सामाजिक सुधारों को लेकर अपने विरोध को इन लोगों ने 'ढोंग और लफ्फाजी' के आवरण में छिपा रखा था। वे दावा करते थे कि वे सुधारों के नहीं बल्कि उनके क्रियान्वयन के तौर-तरीकों के विरुद्ध हैं। *इन्दु प्रकाश* ने लिखा, 'हमें शिक्षित देशवासियों में अब तक एक भी ऐसा व्यक्ति नहीं मिला है जो कहता हो कि वह सुधारों के विरुद्ध है।' अतएव :

> *आश्चर्य की बात यह है कि लोग सुधार की दिशा में किए जा रहे प्रयासों की कठोर शब्दों में आलोचना करते रहते हैं। वे इन्हें 'अति-उत्साही', 'अविवेकपूर्ण' और 'जल्दबाजी भरे' बताते हुए भिन्न-भिन्न तरीकों से मौजूदा रीति-रिवाजों को उचित ठहराने की कोशिश करते हैं। इसके साथ ही वे यह कहने का भी ध्यान रखते हैं कि वे खुद भी सुधारों के पक्षधर हैं। राजनीतिक कार्रवाइयों में उमंग, उत्साह और स्पष्टवादिता जैसे गुणों की, सही ही, सराहना की जाती है, जबकि सामाजिक मामलों में इन्हीं गुणों को उतावली और पागलपन ठहराकर इनकी खिल्ली उड़ाई जाती है। राजनीतिक मामलों में किसी भी कार्रवाई को समय से पूर्व नहीं माना जाता, जबकि सामाजिक मामलों में 'स्लो एंड श्योर' का एक अस्पष्ट-सा आलाप हमेशा सुनाई देता रहता है। कोई नहीं जानता कि इस 'स्लो एंड श्योर' का क्या अर्थ है...*

वैसे सुधारवादियों की भी अपनी सीमाएँ और विसंगतियाँ थीं। प्राचीन शास्त्रों में पुरुष और स्त्री को बराबरी का दर्जा दिए जाने की बात करने के बावजूद वे व्यवहार में पुरुष को स्त्री से ज्यादा बराबर मान रहे थे। उनका कहना था कि हिन्दू कानून में एक स्त्री को दूसरे विवाह की अनुमति भले ही न हो, लेकिन उसका पति उसकी गुजर-बसर का खर्च देने के लिए बाध्य था, और यह उसके लिए पर्याप्त दंड था। उनका यह दृष्टिकोण रूढ़िवादियों से मिलता-जुलता था, जो लिंग-भेद के मामले में तत्कालीन सुधारवादियों की सीमाओं का सूचक था। इन्दु *प्रकाश* ने लिखा : 'यह

कहने के लिए न कोई तर्क है और न ही आधिकारिक प्रमाण कि अदालतों को नैतिकता और व्यवस्था के कथित हितों की रक्षा करनी चाहिए।'[9]

प्राचीन विधान और सार्वभौमिक तर्क का एक साथ प्रयोग सुधारवादियों की दुविधा का सूचक था। रख्माबाई के समर्थक 'शुद्ध परम्परा' पर जोर दे रहे थे और 'हमारे पूर्वजों' द्वारा बनाए गए कानून इस परम्परा का अभिन्न अंग थे। इसके साथ ही वे सार्वभौमिक सिद्धान्तों का भी हवाला दे रहे थे, जिनमें अनुल्लंघनीय मानवीय अधिकार जैसी धारणाएँ शामिल थीं। इससे एक सार्वभौमिक न्याय का विचार सम्भव हो सकता था। लेकिन इस प्रयास से जुड़ी कठिनाइयों का सामना करने की बजाय सुधारवादियों ने ऐसी व्याख्याओं का सहारा लिया जिनमें लगभग हमेशा ही 'परम्परा' और 'तर्क' के बीच एक तालमेल ढूँढ़ निकाला जाता था। इन दोनों के टकराव से जुड़ी उलझनों को कभी-कभार ही साफ-साफ माना या हल किया जाता था।

2

रख्माबाई के विरोधी इस पूरे मामले को हिन्दू समाज के लिए एक संकट के रूप में देख रहे थे। उनकी प्रतिक्रियाओं में कुछ ऐसे गहरे डर भी जुड़े हुए थे जिन्हें उपनिवेशवाद ने जन्म दिया था। इन डरों का क्षेत्र बड़ा व्यापक था। यौन-भावनाओं की अँधेरी वैयक्तिक गहराइयों से लेकर पारिवारिक जीवन और समाज/राष्ट्र और विदेशी शासकों के बीच राजनीतिक-सांस्कृतिक टकराव के सार्वजनिक और निजी पहलुओं तक फैले हुए थे ये डर।

नेटिव ओपीनियन का मानना था कि 'यह मामला सीधे-सीधे सिर्फ हिन्दुओं से जुड़ा हुआ है।' कुछ मुट्ठी भर लोगों को छोड़कर, जो 'अपने सनक भरे उत्साह में येन-केन-प्रकारेण सुधार लाने पर तुले हुए हैं,' हिन्दू प्रसन्न थे कि पिनी के फैसले से पैदा हुआ खतरा टल गया। *ओपीनियन* को दुख था कि एक सामान्य वैवाहिक विवाद ने 'युद्ध स्तर की बहस' का रूप ले लिया था, और प्रिवी काउंसिल में जाने की योजना बनाई जा रही थी। वह इस विवाद को यहीं दफन कर देने के पक्ष में था।[10]

नेटिव ओपीनियन अपनी इस मूल प्रतिक्रिया पर कायम था कि पिनी का फैसला 'हिन्दू कानून और चिर-स्थापित परम्पराओं' के खिलाफ था। पत्र ने इस फैसले की तीन आपत्तिजनक स्थापनाओं को रेखांकित किया : (1) हिन्दू कानून के अनुसार वैवाहिक रस्में पूरी होते ही विवाह को सम्पन्न नहीं माना जाता; (2) अगर एक पक्ष अवयस्क हो तो सहमति के अभाव में विवाह अवैध हो जाता है, (3) कानूनी अदालतों को पत्नी को अपने पति के पास जाने के लिए बाध्य करने का अधिकार नहीं है। पारिवारिक स्थिरता और बच्चों के जन्म की वैधता से जुड़ी सामाजिक-मनोवैज्ञानिक

आशंकाओं को उभार कर एक विचित्र आतंक पैदा करते हुए *ओपीनियन* ने कहा :

> *हिन्दुओं में सम्पन्न हुए सभी विवाह, जिनकी शारीरिक समागम में परिणति नहीं हुई है, अवैध हैं; अवयस्क आयु में विवाहित व्यक्तियों की सन्तानें अवैध हैं; पति या पत्नी को एक-दूसरे का साथ प्राप्त करने के लिए कानूनी मदद लेने का अधिकार नहीं है।*

फैसले के प्रभाव को बढ़ा-चढ़ाकर प्रस्तुत करते हुए पत्र ने कटाक्ष किया कि इन गम्भीर परिणामों का वरण इसलिए किया गया कि :

> *रख्माबाई एक शिक्षित महिला है, बड़ी सम्पत्ति की मालकिन है, और एक फैशनपरस्त परिवार में पली-बढ़ी है, जबकि उसका पति निर्धन, अशिक्षित और बीमार है, और अपनी पत्नी को उसके रुतबे के अनुरूप जीवन के साधन प्रदान कर पाने में असमर्थ है।*

ओपीनियन ने 1885 में संक्षेप में प्रस्तुत किए गए अपने इस तर्क को विकसित किया कि स्त्रियों के सच्चे शुभचिन्तक यथास्थितिवादी हैं। बहुत-से शिक्षित पुरुषों की पत्नियाँ अशिक्षित और उनकी जीवन-साथी बनने के अयोग्य थीं। अगर पिनी के फैसले को कायम रखा जाता तो इनमें से बहुत-से पुरुषों को अपनी पत्नियों को छोड़ने का 'अच्छा बहाना' मिल जाता; और अगर अदालतें इन पत्नियों को कोई राहत प्रदान करतीं तो उन्हें 'बर्बर और क्रूर' ठहराया जाता। इस धृष्ट तर्क को और उच्छृंखल बनाते हुए *ओपीनियन* ने कहा कि सुधारवादियों की वास्तविक प्रेरणा थी स्त्रियों को लेकर उनकी कमजोरी। स्त्री के नाम भर से उन पर जादू-सा असर हो जाता था। वे ऐसी हर चीज का समर्थन करने के लिए तैयार रहते थे जिससे किसी स्त्री को तात्कालिक लाभ पहुँचता हो, भले ही इसके दीर्घकालीन परिणाम खुद स्त्रियों के लिए कितने ही हानिकारक हों।[11]

नेटिव ओपीनियन जैसा भी था, पुणे के मराठी साप्ताहिक *केसरी* की तुलना में संयत था। उन दिनों *केसरी* का अधिकृत सम्पादन सुधारों के पक्षधर माने जाने वाले गोपाल गणेश आगरकर के हाथ में था, लेकिन इस पर वास्तव में बालगंगाधर तिलक का नियंत्रण था। वे सामाजिक सुधारों का समर्थन करने का दावा करने के बावजूद प्रतिक्रियावादी हिन्दू रूढ़िवादियों के कट्टर समर्थक थे। अपनी विश्वसनीयता बनाए रखने के लिए *केसरी* ने एक वस्तुपरक दृष्टिकोण का दिखावा किया और माना कि रख्माबाई सामाजिक दमन की शिकार थी। साप्ताहिक ने नसीहत दी कि किसी अनिच्छुक स्त्री को जबरन गृहस्थी की गाड़ी में जोत देने से वह सुचारु रूप से नहीं चल सकती। उसने आशा जताई कि दादाजी रख्माबाई के प्रतिरोध का ध्यान रखते हुए अपने दावे पर जोर नहीं देगा।

इसी के साथ *केसरी* ने रूढ़िवादी हिन्दू दृष्टिकोण का जोरदार प्रतिपादन भी किया : 'क्या सिर्फ एक या दो मामलों के कारण कानून की आलोचना करना ठीक

होगा?' क्या कभी-कभार पैदा होने वाली कठिनाइयों के कारण माता-पिता द्वारा तय किए गए विवाहों की तुलना में वर-वधू की सहमति वाले विवाहों को श्रेष्ठतर मान लेना चाहिए? दोनों तरह के विवाहों में लगभग बराबर के झगड़े होते थे। अगर इस पूरे मामले को संकीर्ण व्यक्तिवादी नज़रिए के बजाय व्यापक सामाजिक भलाई की नज़र से देखा जाए, तो विवाह के लिए रख्माबाई की सहमति के अभाव पर इतना हो-हल्ला उचित नहीं था।[12]

ऊपर से यह सब काफी तर्कसंगत था। पर जल्दी ही *केसरी* ने 'सुधारवादियों की बेसिर-पैर की बातों' का मखौल उड़ाना और रख्माबाई के बचाव में शास्त्रों का हवाला देने वालों पर जमकर प्रहार करना शुरू कर दिया। उसने पिनी का मजाक उड़ाते हुए उन्हें ऐसा 'महर्षि' बताया जिसके फैसले ने एक नया 'धर्मशास्त्र' रच डाला था, और कुछ श्रद्धालु इसी की सौगंध खाने पर तुले हुए थे—भले ही उच्च न्यायालय ने इस फैसले को सिरे से खारिज कर दिया हो। ये लोग परम्परा में निष्ठा का दिखावा करते हुए अपनी खुद की चेतना को ही सर्वोच्च सत्ता के रूप में देखते थे। इन्हें न तो कानून की परवाह थी और न सामाजिक व्यवस्था की।

अनगिनत हिन्दू पुरुष अपनी अनपढ़ पत्नियों के साथ सुखी जीवन बिताते थे। यह मामला एक अपवाद था, जहाँ एक पढ़ी-लिखी स्त्री अपने अनपढ़ पति से कानूनन निजात पाने के लिए लपक पड़ी थी। उसके लिए न्याय की माँग करने वाले भूल गए थे कि अंग्रेजी कानून भी सिर्फ नापसन्दगी के आधार पर किसी पत्नी को तलाक नहीं दिलवा देता।

मन माफिक प्रभाव पैदा करने के लिए तथ्यों को तोड़ने-मरोड़ने से भी *केसरी* ने परहेज नहीं किया। दादाजी ने कानून का दरवाजा खटखटाया था, रख्माबाई ने नहीं। उसने तो सिर्फ दादाजी के साथ न रहने की इच्छा व्यक्त की थी। उस पर तलाक माँगने का बेबुनियाद आरोप लगाया जा रहा था।

तथ्यों की गलत प्रस्तुति के साथ-साथ प्रतिक्रियावादी भावनाओं को हवा देने वाले व्यंग का भी प्रयोग किया गया। 'तुम धन्य हो, रख्माबाई,' *केसरी* ने उपहास किया, 'तुमने अपने कर्मों से अपने पूर्वजों को तार दिया और अपनी भारतीय बहनों के सामने एक अद्भुत उदाहरण प्रस्तुत कर दिया।' एक ऐसे समाज में जो अपने पूर्वजों को असीम श्रद्धा की दृष्टि से देखता था, और मानता था कि सन्तान के अच्छे कर्मों से उनका परलोक सुधरता है, इन पंक्तियों का सन्देश बिल्कुल स्पष्ट था। रख्माबाई ने न सिर्फ जीवित व्यक्तियों को बल्कि अपने पूर्वजों को भी लज्जित कर दिया था।

केसरी ने बड़ी कुशलता से उसी बहुअर्थी भाषा का प्रयोग किया जो सुधारों के घोर विरोध को 'सुधारवाद' का मुखौटा पहनाने के काम आती थी। यह एक ऐसी भाषा थी जिसमें विभिन्न समूहों के लिए एक ही बात के अलग-अलग अर्थ छिपे रहते

थे। रूढ़िवादियों को इन बातों का असली अर्थ समझ में आ जाता था और साथ ही, जरूरत पड़ने पर, यह दावा भी किया जा सकता था कि असल में इन बातों का बिल्कुल दूसरा अर्थ है। उदाहरण के लिए, रख्माबाई को जेल भेजे जाने की सम्भावना को लेकर सुधारवादियों के विरोध की कड़ी आलोचना करने और उन्हें यह व्याख्यान देने के बाद कि 'अदालतों के पास अपने फैसलों को लागू करवाने के लिए जुर्माना और जेल जैसे उपाय होने ही चाहिए', *केसरी* ने यह भी जोड़ दिया : 'हम हमेशा से कहते रहे हैं कि पति-पत्नी के सम्बन्ध इतने नाजुक होते हैं कि किसी तरह की जोर-जबर्दस्ती से बचा जाना चाहिए।'[13]

रूढ़िवादी जहाँ एक तरफ कानून की अवज्ञा के लिए दंड और जेल की माँग कर रहे थे, वहीं दूसरी तरफ जोर-जबर्दस्ती से बचने की बात कहकर अपनी पीठ भी ठोंक रहे थे। इतना ही नहीं, वे इस मामले में हिन्दू नैतिकता की भी दुहाई दे रहे थे, जैसाकि *इंडियन मिरर* की प्रतिक्रिया से पता चलता है। जेल की सजा को 'बर्बर और 'क्रूर' ठहराते हुए *इंडियन मिरर* ने लिखा कि अंग्रेजों की यह देन 'हमारे लिए एक विदेशी और अनजानी चीज है; यह हमारी धार्मिक भावना के साथ मेल नहीं खाती, हमारे समाजशास्त्र के साथ मेल नहीं खाती, और यह स्त्रियों के प्रति हमारे लगभग ईश्वरीय आदर के पूरी तरह विपरीत है।'[14]

इस विवाद के केन्द्र में एक आदर्श हिन्दू/भारतीय नारी की छवि निहित थी। रूढ़िवादियों की दृष्टि में रख्माबाई की अवज्ञा 'शहादत' न होकर एक 'पागलपन भरा कृत्य' थी। उसे 'स्त्री-धर्म' का पालन करना चाहिए था, जिसके अनुसार एक स्त्री एक दरिन्दे को भी खुशी से झेल लेती है और धैर्य के साथ उसे एक स्नेही संगी में बदल देती है। अगर रख्माबाई चाहे तो अब भी 'अदालत के फैसले को स्वीकार कर सकती है, और अपने पति को सुधारकर उसके साथ सुखी जीवन जी सकती है।' *केसरी* ने ऋषि-मुनियों के अन्दाज में कहा, 'यही उसके सच्चे साहस का प्रदर्शन होगा; यही उसकी सच्ची उपलब्धि भी होगी।'[15]

यह सब इस उम्मीद में नहीं लिखा जा रहा था कि रख्माबाई आदर्श भारतीय नारी के उन प्रतिमानों को स्वीकार कर लेगी जिन्हें उसने ठुकरा दिया था। इसका उद्‌देश्य था इन प्रतिमानों को पाठकों के सामने रखना। जहाँ तक खुद विद्रोहिणी का प्रश्न था, निन्दा और लांछन की सदियों पुरानी और जाँची-परखी तकनीक का प्रयोग करते हुए रख्माबाई को एक स्वच्छन्द और चरित्रहीन स्त्री के रूप में प्रस्तुत किया गया। चरित्र हनन की इस मुहिम का उद्‌देश्य रख्माबाई का मनोबल तोड़ना तो था ही, सुधारवादियों की आदर्श नारी की छवि को ठुकराना भी था। 1885 में *केसरी* ने रख्माबाई और पिनी के बीच 'सम्बन्धों' का कुटिल आक्षेप किया था।[16] अब उसने 'रख्माबाई प्रहसन का अन्तिम दृश्य' शीर्षक से एक भौंडी व्यंग्य-रचना प्रकाशित की।

इसमें रख्माबाई को एक ऐसी व्यभिचारिणी के रूप में प्रस्तुत किया गया जो मुकदमेबाजी में अपना और दूसरों का पैसा बर्बाद कर रही थी, और अपने पति के पास जाने की बजाय जेल जाने के लिए तैयार थी।[17]

प्रहसन ने डॉ. आनन्दीबाई जोशी के साथ रख्माबाई की तुलना को भी सिरे से खारिज कर दिया। आनन्दीबाई अमरीका में प्रशिक्षण प्राप्त करने वाली पहली भारतीय महिला डॉक्टर थी। दो वर्ष पहले स्वदेश लौटते ही उसकी अकाल मृत्यु हो गई थी। हिन्दू रूढ़िवादी उसे एक ऐसी धर्मपरायण देशभक्त स्त्री के रूप में चित्रित कर रहे थे जो विदेश में भी अपने पारम्परिक संस्कारों के प्रति समर्पित रही थी। फिलाडेल्फिया की बर्फीली ठंड से बचने के लिए अपने आहार और पहनावे के साथ कोई समझौता करने की बजाय उसने एक जानलेवा बीमारी को गले लगाना पसन्द किया था। रख्माबाई जैसी पतिता की तुलना ऐसी महान सांस्कृति शौर्यगाथा की नायिका, जो हिन्दुओं को युगों-युगों तक प्रेरित करती रहेगी, से करना 'महापातक' था।

कई अन्य रूढ़िवादी प्रतिक्रियाओं में भी इसी तरह का भौंडापन था। उदाहरण के लिए, बम्बई ब्रह्म समाज जैसे सम्मानजनक प्रतिष्ठान में दिए गए अपने व्याख्यान में के.आर. कीर्तिकर ने रख्माबाई के चरित्र पर लांछन लगाए। उन्होंने उसकी लड़ाई को स्त्री जाति की मुक्ति की लड़ाई मानने से इनकार करते हुए कहा, 'रख्माबाई अपने शुभचिन्तकों पर निर्भर है। कहाँ है उसकी स्वाधीनता?' इस निर्भरता को अश्लील दिशा देते हुए उन्होंने जोड़ा, 'क्या एक अशिक्षित पति की बजाय शिक्षित यूरोपियन मित्रों के साथ रहने के अवसर की चाह को स्वाधीनता की स्थिति कहा जा सकता है?' उसी दिशा में बढ़ते हुए उन्होंने पूछा, 'आज से दस वर्ष बाद उसका क्या होगा?' उन्होंने अभिभावकों को चेतावनी दी कि वे अपनी बेटियों को रख्माबाई न बनाएँ। 'अपनी बेटियों को अपने पतियों को छोड़कर आजादी से घूमने-फिरने के लिए शिक्षित न करें, बल्कि उन्हें एक सुखी घर-परिवार की नींव रखने और जीवन में ऊँचे नैतिक मूल्य अपनाने की सीख दें।'[18]

इस तरह के लांछनों से रख्माबाई को निश्चित ही हताशा हुई होगी। शायद उसके मन में कई बार आया हो कि काश यह सब शुरू ही न हुआ होता, कि यह जितनी जल्दी खत्म हो जाए अच्छा है। पश्चिमी रंग में रँगी स्त्री की प्रचलित धारणा के खाँचे में ढलना और 'गोल्डन लेडी' या 'गर्ल ऑव द पीरियड' की कामुकतापूर्ण छवियों में प्रस्तुत किया जाना सचमुच बहुत भयावह रहा होगा। *हिन्दू पेट्रियट* ने उसे इसी रूप में प्रस्तुत करते हुए लिखा :[19]

> *एक सिद्धहस्त युवती जो नाच सकती है, गा सकती है, और पियानो बजा सकती है; जिसकी सही जगह रात में बॉल-रूम और सूर्यास्त के दौरान अपोलो बन्दर या बैंड स्टैंड है...*

एक बार फिर 'पश्चिमी शिक्षा' को खलनायक के रूप में देखा जा रहा था। अगर इस शिक्षा ने बम्बई की इस 'यंग लेडी' में 'स्वाधीनता और स्वतंत्रता की मोहक धारणाएँ' न भरी होतीं, तो 'वह अपने पति की सत्ता के खिलाफ कभी विद्रोह न करती'। वह इस बात को न भूलती कि कितना भी 'अयोग्य' सही, फिर भी वह उसका पति' था।[20]

'फिर भी उसका पति'–इन शब्दों की स्वयं-सिद्ध शक्ति में गूँज रहा था सदियों से चला आ रहा पति की सत्ता का मूक स्वीकार। *मनु स्मृति* जैसे शास्त्रों द्वारा पाली-पोसी गई पुरुष-प्रधान व्यवस्था की लम्बी उम्र के प्रतीक थे ये शब्द। *मनु स्मृति* में कहा गया है :[21]

> *भले ही पति चरित्रवान न हो, भले ही वह (पराई स्त्रियों के साथ) आनंदमग्न रहता हो, भले ही उसमें श्रेष्ठ गुणों का अभाव हो, एक पतिव्रता स्त्री को उसे अपना ईश्वर मानकर निरन्तर उसकी पूजा करते रहना चाहिए।*

यह दृष्टिकोण विवाह और मातृत्व के विक्टोरियाई महिमामंडन से बहुत ज्यादा भिन्न नहीं था। 'एंजेल इन द हाउस' अर्थात्, 'घर में एक फरिश्ता' इसी तरह की एक सूक्ति थी, जो पत्नी की सेवा और त्याग का गुणगान करते हुए उसे अपना तन-मन और अपनी आत्मा अपने पति पर न्यौछावर करने के लिए प्रोत्साहित करती थी। जैसाकि चार्ल्स किंग्सले ने 'यीस्ट, ए प्रॉब्लम' (1850) में लिखा था, 'एक सच्ची स्त्री के लिए सिर्फ यह तथ्य कि एक पुरुष उसका पति है–इसे आप कितने ही निचले धरातल से क्यों न देखें–उस पुरुष को उसके लिए आराध्य, दिव्य और सर्व-शक्तिमान बना देता है।' ईसाई समाजवाद के प्रवर्तक फ्रेडरिक डेनिसन मॉरिस ने 1863 में 'ऑन सिस्टरहुड्स' पर अपने निबन्धों में इसी तरह के विचार व्यक्त किए थे।

रख्माबाई को समाज के लिए एक खतरे के रूप में प्रस्तुत किया जा रहा था। अंग्रेजी राज में उपलब्ध स्वतंत्रता ने उसे और उसके जैसी स्त्रियों को गुमराह कर दिया था। इलाहाबाद के मासिक *हिन्दी प्रदीप* की पारम्परिक शब्दावली का प्रयोग करें तो ये स्त्रियाँ 'सतीत्व के निर्मल चन्द्रमा को निगल जाने' पर तुली हुई थीं। इस मासिक के सम्पादक हिन्दी के जाने-माने लेखक बालकृष्ण भट्ट थे। इस दुःखद स्थिति से विह्वल हो *प्रदीप* ने साध्वी हिन्दू/भारतीय नारी पर एक शोक-लेख भी प्रकाशित किया। इसमें पूछा गया कि क्या यह आज भी उन देवी-तुल्य स्त्रियों की धरती थी जिनकी कथाएँ सुनकर ही लोगों के पाप धुल जाते थे?

उन्हीं दिनों एक सरकारी परिपत्र (सर्क्युलर) ने रूढ़िवादी भावनाओं को और भी भड़का दिया। इस सर्क्युलर की हम अगले अध्याय में चर्चा करेंगे। इसमें रख्माबाई जैसे मामलों को टालने के लिए अन्य सम्भावित उपायों के साथ-साथ तलाक का भी प्रावधान रखने का प्रस्ताव था। यह प्रस्ताव उससे भी बहुत ज्यादा–और रूढ़िवादियों

की दृष्टि में बुरा—था जो अपील होने पर प्रिवी काउंसिल रख्माबाई के पक्ष में कर सकती थी। इस सर्क्युलर से रूढ़िवादियों का सन्देह और गहरा हो गया कि शासितों के धार्मिक मामलों में दखल न देने की ब्रिटिश नीति पर भरोसा नहीं किया जा सकता। *हिन्दी प्रदीप* ने तो यहाँ तक लिख दिया कि अब शासकों को यह बात खुलकर स्वीकार कर लेनी चाहिए कि वे हिन्दुओं का यूरोपीयकरण करने और उनके धर्म को मिटा देने पर तुल गए हैं।

उत्तेजना के इस माहौल में तरह-तरह के भय उठने लगे। ये भय स्त्री की यौन-इच्छा को लेकर पुरुष की बहुत गहरी पैठी घबराहट से भी जुड़े हुए थे। ऐसा माना जाता था कि स्त्री की यौन-इच्छा कभी तृप्त नहीं होती, इसलिए उस पर निरन्तर निगरानी और नियंत्रण की आवश्यकता होती है। पति को 'पति परमेश्वर' के रूप में स्थापित करने की तरह, स्त्रियों की यौन-इच्छा की सतत् त्रस्त करने वाली यह समझ भी बहुत पुरानी थी। ऐसी मानसिकता वालों के लिए तलाक न सिर्फ भ्रष्ट करने वाला और शास्त्रों के विरुद्ध था, बल्कि विवाह की संस्था पर भी प्रहार करता था। यह अलग बात थी कि उन दिनों भी तमाम हिन्दुओं में तलाक की व्यवसथा थी। पुरुष को तलाक के बिना भी हर तरह की छूट थी, इसलिए तलाक से जुड़ा यह पूर्वग्रह सिर्फ स्त्री की स्वतंत्रता पर अंकुश लगाए रखने तक सीमित था। इसीलिए *हिन्दी प्रदीप* को यह भय सता रहा था कि इसके बाद हर स्त्री—अकारण नहीं कि पुरुषों का जिक्र नहीं है इस सन्दर्भ में—जब चाहे अपनी पसन्द के किसी पुरुष के साथ रहने लगेगी, और जैसे ही कोई बेहतर आदमी दिखाई पड़ा उसे पकड़ लेगी।

जिस उभयभाविता का जिक्र हम बारंबार करते रहे हैं उसके सन्दर्भ में यह उल्लेखनीय है कि रख्माबाई में सामाजिक अराजकता का खतरा देखने वाले *प्रदीप* ने बाल-विवाह के मुद्दे पर मलबारी का समर्थन किया था, और विवाह में माता-पिता की भूमिका को कम किए बगैर वर और वधू की सहमति के प्रावधान पर जोर दिया था। साथ ही, रख्माबाई को दोषमुक्त न करते हुए *हिन्दी प्रदीप* ने दादाजी की भी आलोचना की थी क्योंकि उसने शास्त्रों और परम्पराओं के विरुद्ध जाकर एक वैवाहिक विवाद में राजा और राज्य की सत्ता को घसीटने का प्रयास किया था। व्यक्ति के हृदय पर राजा का अधिकार नहीं होता। इसलिए, *प्रदीप* ने लिखा, अगर रख्माबाई को दादाजी के साथ रहने के लिए बाध्य कर दिया जाए, तो भी वह उसे कोई खुशी नहीं दे पाएगी।[22]

बंगाली मासिक *प्रचार* के लिए हिन्दू पति का अपनी 'धर्मपत्नी' पर अधिकार पाने के लिए उपनिवेशीय कानून की मदद लेना एक बड़े संकट का संकेत था। इसके साथ समाज के पुरातन आदर्शों और उसकी आन्तरिक अनुशासन प्रणाली की प्रभावहीनता सामने आ गई थी। हिन्दुओं ने अपना हिन्दुत्व खो दिया था।[23]

इंडियन मिरर के माध्यम से हिन्दू प्रतिक्रिया का एक दूसरा रूप सामने आया। भारतीय स्वामित्व वाले कलकत्ता के इस अंग्रेजी दैनिक ने अपनी उदारवादी छवि के अनुरूप अपनी प्रतिक्रिया व्यक्त की। उसने लिखा कि यह मुकदमा इस बात का उदाहरण था कि 'एक युवती को अपनी नापसन्द के पुरुष के साथ न रहने की नितांत स्वाभाविक इच्छा के लिए कितनी बड़ी सजा दी जा सकती है'। *मिरर* ने लिखा, 'जैसाकि इस मुकदमे से उजागर हुआ है, इस तरह की परिस्थितियों में होने वाले अनुबन्ध के खिलाफ हमें निश्चित ही विद्रोह करना चाहिए; हमारी सहज वृत्तियाँ हमें इस विद्रोह के लिए प्रेरित करती हैं।' इतना ही नहीं, विवाह को 'एक पवित्र बन्धन' और 'मानवीय कानूनों और न्यायालयों के हस्तक्षेप से परे' मानने की हिन्दू अवधारणा की तुलना में विवाह को एक अनुबन्ध मानने की पश्चिमी अवधारणा *मिरर* को 'अधिक विकसित' लगी। पश्चिमी अवधारणा ने वैवाहिक सम्बन्धों को एक तर्कपूर्ण आधार प्रदान कर दिया था और इस अनुबन्ध पर हस्ताक्षर करने वाले स्त्री और पुरुष को बराबरी के दर्जे पर रखा था। लेकिन इतना सब मानने के बाद *मिरर* ने 'संस्कारगत विवाह' की 'पवित्रता' और 'स्थिरता' का गुणगान करते हुए भविष्यवाणी की कि विवाह को मात्र एक अनुबन्ध बना देने से वैवाहिक संस्था का पतन हो जाएगा।

इस तरह की उभयभाविता का एक प्रमुख कारण यह था कि पश्चिम का कितना ही आकर्षण और परम्पराओं के प्रति कितना ही असन्तोष क्यों न रहा हो, भारतीयों को पराधीनता और उससे जुड़े सांस्कृतिक अन्तर्ध्वंस के खतरे का अहसास हमेशा बना रहता था। इन परिस्थितियों में बहुतों को अपनी वैवाहिक संस्था की पवित्रता को बचाना बहुत जरूरी प्रतीत होता था। इसके लिए कानून को 'सर्वोच्च स्थान' पर रखना और स्वाभाविक सहजवृत्तियों (इंस्टिंक्ट्स) और मानवीय अन्तर्आत्मा को दबाए रखना अनिवार्य था। अगर कानून में कुछ घोर विसंगतियाँ भी थीं, जो कि थीं, तो भी 'कुछ समय के लिए इन्हें बर्दाश्त कर लेना' चाहिए था, ताकि उन 'सामाजिक परम्पराओं' को बचाया जा सके जो राष्ट्र की रीढ़ थीं।[24]

रख्माबाई के साथ हुए अन्याय से आँख मूँद लेने के लिए यह तर्क भी दिया जा रहा था कि यह मामला एक अपवाद मात्र था। इस तर्क के सहारे 'रख्माबाई जैसी भद्र महिला के प्रति क्रूर' हुए बिना तात्विक विवेचन किया जा सकता था :[25]

> *समाज की व्यवस्था बनाए रखने के लिए कभी-कभार कुछ बलिदान देने पड़ते हैं, और हम शान्त चित्त बने रहते हैं; वैसे ही जैसे किसी निरीह मेमने को कुर्बानी के लिए ले जाते देख हम अन्दर ही अन्दर छुरे के आसन्न वार से उसे बचाना चाहते हैं।*

किसी एक व्यक्ति या थोड़े से लोगों के साथ होने वाले अन्याय को स्वीकार करके सुधारवादियों पर पलटवार किया जा सकता था, 'क्या सिर्फ एक व्यक्ति के

साथ भावुकतापूर्ण न्याय करने के लिए पूरे समाज की सुख-शान्ति को भंग किया जा सकता है?' रूढ़िवादियों पर लगाया जा रहा अत्याचार का आरोप उलटे समाज-सुधारकों पर डाला जा सकता था कि थोड़े से समाज-सुधारक अपनी इच्छा पूरे समाज पर लादने पर तुले हुए थे।

ज़रूरत पड़ने पर अन्याय को न्याय का रूप भी दिया जा सकता था। *इंडियन मिरर* ने ठीक ऐसा ही किया। अपनी पहले की दुविधा भुला, इसने दो महीने बाद गद्गद घोषणा की :[26]

> *विवाह के बारे में हमारी धारणाएँ पश्चिमी धारणाओं से पूरी तरह भिन्न हैं। हमारे लिए विवाह मात्र एक कानूनी अनुबन्ध नहीं है। हमारी दृष्टि में यह एक पवित्र संस्कार, दो आत्माओं का मिलन, आत्मा से आत्मा का पवित्र बन्धन, और साझी मोक्ष-प्राप्ति के लिए पुरुष और स्त्री का संगम है। मनुष्य न तो इस वैवाहिक बन्धन को बना सकता है और न इसे तोड़ सकता है। यह एक दैवीय कृत्य है। हिन्दू पत्नी विवाह के तुरन्त बाद जो नाम धारण करती है, और जिस नाम से उसे आमतौर से जाना जाता है, वह इस आध्यात्मिक तथ्य का प्रतीक है। वह नाम है—'स्वधर्मिणी'। इस नाम के अर्थ के अनुरूप वह अपने पति की आध्यात्मिक संगिनी होती है। क्या नारीत्व और पत्नीत्व के बारे में कोई धारणा इससे अधिक पावन, इससे अधिक भव्य और इससे अधिक श्रेष्ठ हो सकती है? यूरोपियों को इन हिन्दू आदर्शों तक पहुँचने में न जाने अभी कितनी सदियाँ लगेंगी; और क्योंकि हिन्दुओं की दृष्टि में विवाह एक आध्यात्मिक तथ्य और एक समग्र सम्बन्ध है, इसलिए अलगाव या तलाक जैसे विचारों की कभी कल्पना ही नहीं की गई...।*

इस उल्लास—या आतंक—में नारी-मुक्ति के विचार और समाज/राष्ट्र की राजनीतिक-सांस्कृतिक आशंकाओं से जुड़े भय भी शामिल थे। स्त्री के 'सतीत्व' पर मँडरा रहे खतरे को परिवार और समाज के विघटन के पूर्व संकेत के रूप में देखा जा रहा था। मुक्ति के बाद अनिवार्यतः फट पड़ने वाली निर्बाध नारी कामुकता का भी डर था यहाँ। इसीलिए रख्माबाई की एक स्वच्छन्द स्त्री की मनगढ़ंत छवि बनाई जा रही थी और लोग आँख मूँदकर इस पर विश्वास भी कर रहे थे। यह भी कहा जा रहा था कि रख्माबाई ने शास्त्रों की इस भविष्यवाणी को सही साबित कर दिया है कि 'कलियुग में पत्नियाँ अपने पतियों की आज्ञा नहीं मानेंगी और उनकी सत्ता को चुनौती देंगीं।'[27]

चूँकि रख्माबाई का यह चित्रण सत्य से बिल्कुल उलटा था, सुधारवादियों ने सांस्कारिक विवाह के काव्यात्मक महिमामंडन की कुतर्कता उजागर करते हुए कहा :[28]

> *कितनी हैरानी की बात है कि मूल मुद्दे को नजरअन्दाज किया जा रहा है और विवाह को एक 'पवित्र बन्धन' कहा जा रहा है, जिसे एक दैवीय-विधान के रूप में न जाने कितने देवी-देवताओं का आशीर्वाद प्राप्त रहता है; हालाँकि पति अपनी पत्नी के*

जीवन-काल में ही कितने ही विवाह कर सकता है, जबकि पत्नी पति की मृत्यु के बाद भी पुनर्विवाह नहीं कर सकती।

बहुतों के मन में बसा यह अपरिभाषित आतंक देशभक्ति से जुड़ा था। अपने समाज/राष्ट्र पर मँडराते बाहरी खतरे को देखते हुए वे उन सुधारों को भी टालने/रोकने पर तुले हुए थे जिन्हें वे खुद भी सही मानते थे। उन्हें लगता था कि एक पराधीन देश में समाज-सुधार के नाम पर आपस में फूट डालने की बजाय राजनीतिक सुधारों पर जोर दिया जाना चाहिए। सांस्कृतिक अन्तर्ध्वंस के भय ने निकृष्टतम परम्पराओं को भी गौरवशाली और अनुकरणीय बना दिया था। ऊँचे सांस्कृतिक दावों की सच्चाई खुल जाने के खतरे ने ऊँचे आदर्शों का मुखौटा चढ़ाए रखना और भी आवश्यक कर दिया था। इन परिस्थितियों में ये आतंकित मस्तिष्क सुधारकों के इस सूक्ष्म तर्क को समझने की स्थिति में नहीं थे कि वे जिस डर से ग्रसित थे, वह वास्तव में 'पवित्र' हिन्दू स्त्रियों और पावन हिन्दू विवाह पर एक भद्दा आक्षेप था।

3

रख्माबाई का व्यापक स्तर पर विरोध हो रहा था। विरोध के ये स्वर अस्तित्व से जुड़े संवेगों से लेकर लोगों की राजनीतिक भावनाओं तक को उभार रहे थे। यह सब इस अन्दाज में हो रहा था कि एक ही समय में अलग-अलग लोगों से अलग-अलग बातें कही जा सकें। विरोध की यह भाषा इतनी लचीली और मोहक थी कि रख्माबाई के कुछ समर्थक कुंठित महसूस करने लगे थे। लेकिन कुछ समर्थक ऐसे भी थे जो चाहे या अनचाहे विरोध के प्रतिनिधि चरित्र को स्वीकार करते हुए किसी तरह के समझौते की विवशता महसूस कर रहे थे। इन समर्थकों में तैलंग भी थे।

जब बम्बई में कुछ प्रभावशाली भारतीयों और यूरोपियों ने रख्माबाई बचाव समिति का गठन किया तो स्वाभाविक था कि तैलंग को भी इसमें शामिल होने का निमंत्रण दिया गया। वे इस शर्त पर इसमें शामिल हुए कि समिति के प्रयास रख्माबाई को जेल न होने देने तक सीमित रहेंगे। लेकिन जल्दी ही उन्हें इस बात का अहसास हो गया कि समिति बाल-विवाह की वैधता को चुनौती देना चाहती थी। इस पर आपत्ति उठाते हुए उन्होंने समिति को एक ज्ञापन भेजा, जिससे पता चलता है कि वे विरोधियों के सामने किस हद तक झुकने को तैयार थे।

तैलंग ने सबसे पहले यह बताया कि समिति को क्या नहीं करना चाहिए। रख्माबाई के मुकदमे में अपनी ही दलील से पीछे हटते हुए उन्होंने कहा कि समिति को हिन्दुओं के वैवाहिक अधिकारों की पुनर्स्थापना के मुकदमों को लेकर अदालत के अधिकार-क्षेत्र पर प्रश्न-चिह्न नहीं लगाना चाहिए। वे 'स्थापना' और 'पुनर्स्थापना'

के अन्तर को भी कोई तूल नहीं देना चाहते थे। वे सुधारवादियों की गतिविधियों को लेकर जनता की नकारात्मक प्रतिक्रिया से चिन्तित थे, जो यह समझ रही थी कि समिति शीघ्र विवाह की संस्था को भंग करने का काम कर रही थी।

विरोधियों के 'उचित आरोपों को निरस्त करने के लिए' तैलंग ने उस कार्रवाई से भी पीछे हटने की सलाह दी जिस पर रख्माबाई के समर्थकों की सारी उम्मीदें टिकी हुई थीं। उन्होंने कहा कि समिति को प्रिवी काउंसिल में अपील किए जाने का समर्थन नहीं करना चाहिए। आखिर ऐसे वैवाहिक विवाद हो सकते हैं जहाँ सब कुछ सीधा-सादा न हो और उनका निबटारा हिन्दू अदालतों में करना चाहें। उनके लिए न्याय के दरवाजे बन्द नहीं किए जाने चाहिए।

तैलंग ने समिति को चेतावनी दी कि अगर उसने, रघुनाथ राव का सुझाव मानकर, सहमति के अभाव के आधार पर रख्माबाई के विवाह की वैधता को चुनौती दी तो 'पूरा हिन्दू समाज इसके विरोध में उठ खड़ा होगा', और वे खुद भी इस विरोध में शामिल होंगे। रूढ़िवादियों को प्रतिध्वनित करते हुए उन्होंने हिन्दुओं में सहमति वाले विवाहों की विरलता का उल्लेख किया और जाना-पहचाना प्रश्न पूछा : 'क्या हम कोई ऐसा कदम उठाने के लिए तैयार हैं जो ढेरों विवाहों पर कानूनी प्रश्न-चिह्न लगा सकता है?' उन्होंने कहा कि इसके उत्तर में उनकी जोरदार 'ना' जितनी पुरुषों के हित में थी *कम से कम* उतनी ही स्त्रियों के हित में भी थी।'

तैलंग की क्या न किया जाए वाली सूची में आखिरी हिदायत यह थी कि विवाह के लिए रख्माबाई की सहमति न होने के आधार पर विधायिका से कोई राहत दिलवाने की कोशिश समिति न करे। 'हमारी विवाह प्रथाओं में हस्तक्षेप' के विरोधी तैलंग के लिए उस कोशिश का सीधा अर्थ था 'अत्यन्त आपत्तिजनक रूप में इस तरह के हस्तक्षेप' को निमंत्रण देना।

समिति के 'सही उद्‌देश्यों' की तरफ आते हुए तैलंग ने कहा कि उसे 'डिकरी की अवज्ञा के कारण रख्माबाई को जेल भेजे जाने' की सम्भावना को टालना चाहिए। यह काम इस तरीके से किया जाना चाहिए कि भविष्य में भी इस तरह की स्थितियाँ पैदा न हों। इस उद्‌देश्य के लिए रख्माबाई और दादाजी के विवाह को कानूनी दृष्टि से भी उतना ही मान्य समझा जाना चाहिए जितना कि उन दोनों की जाति के रीति-रिवाजों और परम्पराओं के अनुसार वह था। समिति को यह स्वीकार करने के बाद कि 'इस तरह के विवाह को कुछ खास तरीकों से लागू किया जाना चाहिए', 'जेल की सजा द्वारा' उन्हें बलपूर्वक लागू करवाए जाने का विरोध करना चाहिए।

उस समय प्रबुद्ध जनमत दीवानी मामलों में जेल की सजा के खिलाफ होता जा रहा था। इंग्लैंड में वैवाहिक अधिकारों की पुनर्स्थापना के मामलों में जेल की

सजा को पूरी तरह खत्म कर दिया गया था। कर्ज की अदायगी न किए जाने के मामलों में भी इसे लगभग खत्म कर दिया गया था। भारत में भी कर्ज के मामले में ऐसा ही होने जा रहा था। वैवाहिक कर्तव्यों के मामले में भी कानून में इसी तरह का बदलाव किया जाना जरूरी था।

बदलाव चाहते हुए भी तैलंग जानते थे कि इन बातों को लेकर लोगों में बहुत ज्यादा घबराहट थी। वे लोगों की आशंकाओं को दूर करना चाहते थे, खासकर कानून बनाने के मामले में। अतएव उन्होंने स्पष्ट कहा कि न तो रख्माबाई के मुकदमे का और न प्रस्तावित बदलावों का यह मतलब था कि हिन्दू विवाह में कोई खोट थी :

> *कानून में बदलाव की जरूरत सिर्फ हिन्दुओं के लिए ही नहीं है, यह मुसलमानों, पारसियों और ईसाइयों के लिए भी है; यह सिर्फ बाल या शीघ्र विवाह के मामलों के लिए नहीं है, यह वयस्क विवाहों के लिए भी है; यह सिर्फ उन मामलों के लिए नहीं है जहाँ बिना सहमति के विवाह हुए हैं, यह उन विवाहों के लिए भी है जहाँ पूरी सहमति के साथ विवाह हुए हैं; यह सिर्फ उन मामलों के लिए नहीं है जहाँ उन्हें गलती से 'पुनर्स्थापना' के मामले कहा जाता है, यह उन मामलों के लिए भी है जहाँ ये सचमुच ही 'पुनर्स्थापना' के मामले हैं।*

तैलंग लोगों के इस डर को दूर करना चाह रहे थे कि जेल की सजा को खत्म कर देने से वैवाहिक बन्धन कमजोर पड़ जाएगा। कम उम्र में, और बिना अपनी सहमति के, विवाह-बन्धन में बँधने के बावजूद हिन्दू पति-पत्नी में वैसा ही 'परस्पर प्रेम और स्नेह' देखने को मिलता था जैसाकि अन्य विवाह-प्रणालियों में। इस व्यवस्था की सफलता का कारण 'जेल का भय' कदापि नहीं था।

हिन्दू परिवारों को पूर्णतः स्वस्थ घोषित करने के बाद तैलंग ने रूढ़िवादियों से आगे बढ़कर मिलने की कोशिश की। हालाँकि वे खुद जेल की सजा को एकदम खत्म करने के पक्ष में थे, उन्होंने समझौते के तौर पर यह सुझाव रखा कि 'इस संक्रमण-काल में' जेल की सजा सामान्यतः न दिए जाने का प्रावधान रखना पर्याप्त होगा। अर्थात्, कानून में जेल भेजने का प्रावधान तो हो, पर उसका इस्तेमाल सामान्यतः न किया जाए। तैलंग की दलील थी कि भारत में स्त्रियों के पास या तो सम्पत्ति होती नहीं या नाममात्र को होती है, इसलिए सम्पत्ति की कुर्की की सजा अपर्याप्त या प्रभावहीन हो सकती है। ऐसे में जेल की सजा के प्रावधान की कुछ उपयोगिता हो सकती है। जो भी हो, अगर जेल की सजा को सिर्फ अपवाद के रूप में रखा जाए, तो यह रख्माबाई के मामले में उजागर हुई परिस्थितियों को देखते हुए 'पर्याप्त' होगा।

तैलंग ने कहा कि वह इस समझौते के लिए तैयार हैं, बशर्ते कि रूढ़िवादी इसके तुरन्त क्रियान्वयन के लिए सहमत हों। साथ ही उन्होंने 'रख्माबाई बचाव समिति'

को भी आश्वस्त किया कि रूढ़िवादी सीमित कानूनी बदलावों का विरोध नहीं करेंगे। तैलंग सीमित बदलावों के पक्ष में सर्वसम्मति बनाने की उम्मीद कर रहे थे। शायद रूढ़िवादियों द्वारा जेल की सजा को एक 'बर्बर और आयातित अंग्रेजी प्रथा' ठहराए जाने के कारण तैलंग उनसे बहुत ज्यादा उम्मीदें बाँध बैठे थे।

1887 में तैलंग अकेले ऐसे व्यक्ति नहीं थे जो कानून में बदलाव की उम्मीद कर रहे थे। भारत सरकार का विधि विभाग भी ऐसा ही सोच रहा था। उन्हें नहीं मालूम था कि इस तरह का कोई बदलाव लाने में वर्षों लग जाएँगे और संगठित हिन्दू रूढ़िवाद बड़ी मुश्किल से और बड़े पैमाने पर सार्वजनिक वाक-युद्ध के बाद ही इन बदलावों के लिए राजी होगा। तैलंग की असामयिक मृत्यु ने उन्हें उस क्रूर मोहभंग से बचा लिया जो हमारे पाँचवें अध्याय का विषय है।

1887 में तैलंग की प्रतिक्रिया दिखाती है कि उपनिवेशीय परिवेश का लोगों के सोच-विचार पर ज़बरदस्त असर था। उनका कहना था कि 'भारतीय जनमानस को सन्तुष्ट करने के लिए' वे कुछ अनुचित रियायतें देने के लिए भी तैयार हैं। उन्होंने जो रियायतें दीं, और रख्माबाई बचाव समिति से दिलवाईं, वे सुधारवादी प्रयासों को लेकर जनता की उचित गलतफहमियों को दूर करने तक सीमित नहीं थीं। वे रूढ़िवादियों की किसी भी गलतफहमी के आगे घुटने टेक देने पर उतर आए थे। तैलंग इस तरह व्यवहार कर रहे थे मानो वे खुद भी रूढ़िवादियों के राजनीतिक-सांस्कृतिक भयों से ग्रस्त हों। एक बड़े पाठक वर्ग तक पहुँचने की उत्सुकता में उन्होंने रख्माबाई बचाव समिति के नाम लिखे गए अपने पत्र को ज्यों-का-त्यों *टाइम्स ऑव इंडिया* में छपवा दिया।[29] यह रख्माबाई के समर्थकों के लिए जहाँ शर्मिंदगी की बात थी, वहीं उसके विरोधियों की बाँछें खिल गई थीं।

तैलंग का यह आत्म-समर्पण अंग्रेजी जनमानस के प्रति उनके कठोर रवैये से बिल्कुल उलट था। वे मानते थे कि अंग्रेजी जनमत भारतीय कानून को सही दिशा में ले जा सकता है, लेकिन रख्माबाई के मामले में इंग्लैंड के अखबारों के आक्रामक रवैये का उन पर बड़ा प्रतिकूल प्रभाव पड़ा था।

जब तैलंग जैसे व्यक्ति को भी अंग्रेजी प्रतिक्रिया आपत्तिजनक लगी हो, तो सकारात्मक आलोचना को भी अपनी संस्कृति, धर्म और राष्ट्र पर प्रहार मानने वालों पर क्या गुजरी होगी? आइए देखें, क्या थी यह प्रतिक्रिया।

लन्दन के कंजर्वेटिव दैनिक, *द टाइम्स* ने पूरे ब्रिटेन की प्रेस में रख्माबाई के मुकदमे की कवरेज का स्वरूप तय कर दिया था। अपने भारतीय सम्वाददाता के डिस्पैच

प्रकाशित करने और मुकदमे पर सम्पादकीय टिप्पणियाँ करने के अलावा उसने अनेक व्यक्तियों के पत्र भी प्रकाशित किए। इनमें मैक्सम्युलर, बिशप ऑव कार्लाइल, पिनी और लैथम के साथ-साथ खुद रख्माबाई भी शामिल थी। कई अन्य अंग्रेजी अखबारों और पत्रिकाओं ने भी मुकदमे की खबरें छापीं। व्यावसायिक प्रतिस्पर्द्धा और राजनीतिक मतभेदों को ताक पर रख इन सभी पत्र-पत्रिकाओं ने कमोबेश *टाइम्स* का ही अनुसरण किया।

भारत के बारे में *टाइम्स* की कुछ सुनिश्चित साम्राज्यवादी धारणाएँ थीं। इसकी नजर में भारत असंख्य बुराइयों और घोर पिछड़ेपन का शिकार था। इन सबका निवारण कर भारत को सभ्य बनाना बर्तानवी शासन का मिशन था। ऐसी पक्की थी *टाइम्स* की यह धारणा कि अगर उसे भारत में समाज-सुधार की दिशा में कोई हलचल दिखाई पड़ जाती तो वह उसे अंग्रेजी शिक्षा और बर्तानवी 'सिविलाइज़िंग मिशन' की दूसरी मुक्तिदायिनी शक्तियों का परिणाम मानता। पर जब कोई राजनीतिक हलचल होती तो *टाइम्स* को लगता कि वह प्रतिक्रियावादी भारतीयों की सुधार-विरोधी प्रवृत्ति का फल है।

टाइम्स के साम्राज्यवादी दृष्टिकोण से वे बर्तानवी भी सहमत थे जो गैर-उपनिवेशीय मामलों में इससे भिन्न विचार रखते थे। यह सर्वज्ञानी होने का अहंकारी दृष्टिकोण था। यह शासकों और शासितों को दो अलग-अलग खाँचों में रखकर देखता था–अच्छाई और बुराई, प्रकाश और अन्धकार, व्यवस्था और अराजकता। साम्राज्यवादी सोच में भारत के एक बने रहने का कारण ब्रिटिश उपस्थिति थी। वरना इसकी विविधतापूर्ण आबादी आपस में मार-काट करने लगती।[30]

टाइम्स के मुताबिक रख्माबाई की त्रासदी की पूरी जिम्मेदारी विवाह से सम्बन्धित हिन्दू कानून की थी। उसने लिखा कि बेचारे न्यायाधीश जानते थे कि हिन्दू कानून दमनकारी था, लेकिन वे इसे लागू करने के लिए विवश थे। 'मुकदमे के हर चरण में न्यायाधीशों ने पत्नी के प्रति अपनी सहानुभूति प्रकट की थी, लेकिन कानून बिल्कुल साफ था और उसके खिलाफ था।' इसमें अंग्रेजी शासन द्वारा भारत में लागू की गई नागरिक आचार संहिता की धारा 260 का कोई भी दोष नहीं था। 'कानून के पर्दे में'–जोकि हिन्दू कानून था–'एक दानवी कुकृत्य और अन्याय की कथा रची गई थी', और न्यायाधीशों की व्यक्तिगत सहानुभूति निरर्थक साबित हुई थी।

टाइम्स के अनुसार अंग्रेज न्यायाधीशों की मानवीयता और हिन्दू कानून की कुटिलता में दोनों सभ्यताओं का अन्तर दिखाई देता था : 'इसमें कोई सन्देह नहीं है कि इस देश (ब्रिटेन) का जनमानस किसकी तरफ है।' इसके बरक्स, बंबई के माधव बाग में उसी समय हुई विशाल समाज सुधार विरोधी सभा का हवाला देते हुए *टाइम्स* ने कहा कि रख्माबाई के अपने देशवासियों को इस फैसले से कुछ भी 'सदमा'

नहीं पहुँचा था और न उन्हें यह 'घृणास्पद' ही प्रतीत हुआ था। 'तीस से भी अधिक सदियों से' यह कानून लोगों की नैतिक और धार्मिक भावनाओं में इस तरह गुँथ गया था कि यह उनके 'रोजमर्रा के व्यवहार' में भी झलकने लगा था।

फिर भी *टाइम्स* को उम्मीद थी कि ब्रिटिश भारतीय न्याय-व्यवस्था रख्माबाई को जेल नहीं भेजेगी। अदालत के लिए तथ्यों के आधार पर कोई फैसला सुनाना अलग बात थी, लेकिन इस फैसले को लागू करने के लिए प्रशासन-तंत्र का प्रयोग करना बिल्कुल अलग बात–खासकर यह देखते हुए कि न्यायाधीशों की अन्तर्रात्मा इस फैसले के खिलाफ थी। माधवबाग के शोर-शराबे के बाद, अक्तूबर 1886 में, सरकार ने घोषणा की थी कि वह भारतीयों के सामाजिक रीति-रिवाजों में दखल नहीं देगी। इससे 'रख्माबाई के देश के पुरुषों और स्त्रियों' को यह छूट मिल गई थी कि वे चाहें तो उसे जाति से बाहर कर दें; और ऐसी परिस्थिति में रख्माबाई को इस 'असुविधा को वहन' करना था। लेकिन सरकार जाति के प्रतिबन्धों को लागू करने की जिम्मेदारी नहीं ले सकती थी। अगर दादाजी अपनी अवज्ञाकारी पत्नी को जेल भिजवाने के लिए अदालत की शरण में जाता, तो अदालत यह कहकर उसकी माँग ठुकरा सकती थी कि यह वैसा ही हस्तक्षेप होगा जिससे बचने के लिए सरकार वचनबद्ध थी। *टाइम्स* ने अपने इस 'मासूम कानूनवाद' पर भावुकतापूर्ण शब्दों का मुलम्मा चढ़ाते हुए पूछा : 'क्या भारत में हम इसलिए शासन कर रहे हैं कि एक स्त्री को ऐसे पति के साथ न रहने के लिए जिसके प्रति उसकी पूरी प्रकृति अत्यन्त न्यायोचित घृणा भरी हुई है, जेल भेज सकें?'

फिर भी, शायद सोचते हुए कि क्या पता कुछ बुरा घट ही जाए, *टाइम्स* ने सावधानी बरतना बेहतर समझा। उसने रख्माबाई की सम्भावित छह महीने की कैद के बारे में यह भी जोड़ दिया कि यह सजा 'अपराध के अनुपात में भले ही भारी प्रतीत हो', 'जीवन भर के उन दुखों से बहुत कम थी जिन्हें उसे न्यायमूर्ति फैरन के आदेश का पालन करने की स्थिति में वहन करना पड़ता'। (अखबार इस बात का जिक्र करना नहीं भूला कि न्यायमूर्ति फैरन ने यह आदेश अनिच्छापूर्वक कर्तव्य पालन करते हुए दिया था।) साथ ही, भारत में 'असन्तुष्टों का एक छोटा-सा वर्ग' उभर आया था जो 'इन सजाओं को भुगतने का साहस दिखाने वालों के लिए इन्हें अधिक कष्टदायक नहीं रहने देता।' और फिर, अगर रख्माबाई का उदाहरण 'थोड़ी-सी' भारतीय स्त्रियों को भी प्रेरणा दे सके तो यह 'उस कानून के लिए कोई छोटा झटका नहीं होगा जिसके खिलाफ उसने विद्रोह किया है'। जो भी हो, 'तीस सदियों की प्रथाओं' को 'एक झटके में' खत्म नहीं किया जा सकता था।

टाइम्स ने एक भारतीय स्त्री द्वारा 'अपने देश के अन्धविश्वासों और पूर्वग्रहों' के खिलाफ इस 'पहले खुले विद्रोह' का श्रेय स्त्री-शिक्षा जैसे मुक्तिदायी कदमों को

दिया। इससे अन्य भारतीय स्त्रियों में भी 'अपने अधिकारों को लेकर जागरूकता' पैदा होगी और 'स्त्रियों के सशक्तीकरण का रास्ता' खुलेगा। और, जैसाकि पश्चिमी यूरोप में स्त्रियों के संघर्षों ने दिखा दिया था, 'जब वह दिन आएगा जब स्त्रियाँ अपने ऊपर थोपे गए अत्याचारी कानूनों का पालन करने से इनकार कर देंगी, तो पुरुष स्वाभाविक रूप से इसका विरोध करेंगे, लेकिन अन्ततः उन्हें स्त्रियों के आगे झुकना पड़ेगा।'[31]

यह आत्म-प्रशंसा किस हद तक जा पहुँची थी, इसकी एक झलक *टाइम्स* में प्रकाशित बिशप ऑव कार्लाइल के पत्र में देखी जा सकती है। उपनिवेशीय कानून के दोषों को लेकर पिनी की टिप्पणियों को पूरी तरह नजरअन्दाज करते हुए उन्होंने लिखा :[32]

> *क्या सती-प्रथा को खत्म करने वाली सरकार के लिए उन बर्बर और क्रूर परम्पराओं और रीतियों के अवशेषों का सम्मान करना जरूरी है, जो एक बुद्धिमान और उदार-हृदय न्यायाधीश को अबला स्त्रियों पर असहनीय अत्याचारों का माध्यम बनने के लिए बाध्य करें? स्थानीय पूर्वग्रहों और भावनाओं के लिए सम्मान होना निस्सन्देह जरूरी है, लेकिन ऐसा सम्मान जो बर्बर क्रूरता की तरफ ले जाता हो, सम्मानजनक नहीं हो सकता। इसे खत्म होना चाहिए और ईश्वर के कानूनों, अन्तर्रात्मा और मानवता के लिए रास्ता खुलना चाहिए।*

यह पत्र कितने ही भले उद्‌देश्य से क्यों न लिखा गया हो, इसमें देशी प्रथाओं, परम्पराओं और संवेदनाओं को सम्मानजनक विचारों—ईश्वर के कानूनों, अन्तर्रात्मा और मानवता—के विरुद्ध दिखाया गया था। रख्माबाई के समर्थकों द्वारा इससे ठीक उलटे साक्ष्य प्रस्तुत किए जाने के बावजूद देशी विकृतियों और साम्राज्यवादी श्रेष्ठता को स्वयं-सिद्ध मानने की प्रवृत्ति वहीं के वहीं थी। उदाहरण के लिए, *टाइम्स* ने लेपेल ग्रिफिन द्वारा रख्माबाई के जोरदार बचाव को विस्तार से प्रकाशित किया। वे इंदौर में ब्रिटिश रेजिडेंट थे। उन्होंने रख्माबाई को 'उसकी इच्छा के खिलाफ अपने पति के पास जाने के लिए' बाध्य करने के लिए अंग्रेजी कानून को दोषी ठहराया था। उन्होंने लिखा था कि 'इस तरह का कानून मानव समाज पर एक कलंक था और समाज के प्रति एक अपराध।'[33] लैथम ने भी *टाइम्स* में लिखा था कि दादाजी के साथ रहने से इनकार करने के लिए रख्माबाई परम्परागत प्रतिबन्धों को किसी तरह झेल लेती, 'यह उसका दुर्भाग्य था कि अंग्रेजी कानून बीच में कूद पड़ा।'[34]

मैक्सम्युलर ने भी *टाइम्स* में यही तर्क प्रस्तुत किया। किसी भी भारतीय विधि-शास्त्र में ऐसा नहीं लिखा था कि अगर 'कोई युवती उस अनुबन्ध को पूरा करने से इनकार करती है जिसमें उसकी कोई भागीदारी नहीं है, या वह बाध्यतापूर्वक पत्नी बनाए जाने से इनकार करती है, तो उसे छह महीने के लिए जेल भेज दिया जाना

चाहिए...तो फिर अंग्रेजी कानून को वैवाहिक अधिकारों की पुनर्स्थापना में मदद क्यों करनी चाहिए, भले ही इन अधिकारों का अस्तित्व हो?' इन अधिकारों का अस्तित्व था या नहीं, इस बारे में 'हिन्दू और हिन्दू वकील' आपस में बहस कर सकते थे। अंग्रेजों–'और सबसे बढ़कर अंग्रेज स्त्रियों'–को यह ध्यान रखना चाहिए कि उनके कानून 'अप्राकृतिक अत्याचारों में मदद करने और उन्हें प्रोत्साहन देने का अपयश अर्जित न करें।'[35] स्वयं पिनी ने भी आर.एच.पी. [रॉबर्ट हिल पिनी] के लगभग छद्मनाम से *टाइम्स* में प्रकाशित एक पत्र में हिन्दू कानून से जुड़ी भ्रान्तियों को दूर करने का प्रयास किया।[36]

लेकिन ऐसा कोई भी प्रयास इस ब्रिटिश मान्यता को न झकझोर सका कि हिंदू कानून बर्बर थे और अंग्रेजी कानून श्रेष्ठ। *टाइम्स* ने उपरोक्त सभी पत्र प्रकाशित तो किए, लेकिन साथ ही न सिर्फ हिंदुओं बल्कि सभी भारतीयों पर क्रूरता का अभ्यस्त होने का आरोप भी लगाया :[37]

> *हमारी समझ में नहीं आता कि ऐसी प्रथाओं और रीति-रिवाजों को लागू करने के लिए अंग्रेजी कानून के प्रावधानों का प्रयोग क्यों होना चाहिए जो अंग्रेजी भावनाओं के लिए अत्यंत घृणास्पद हैं, और जिनके प्रति सिर्फ लम्बे अभ्यास के कारण भारत के लोग सहिष्णु हो गए हैं।*

टाइम्स इन प्रथाओं और रीति-रिवाजों में दखल देने से जुड़े खतरे के प्रति भी सचेत था। इसलिए उसने सावधानी बरतने की सलाह दी। पर उसका आक्रामक नैतिकतावाद बना रहा। उसने शासकों द्वारा ऊँचे आदर्शों के त्याग को न सिर्फ सिद्धान्त का रूप दे दिया, बल्कि उनके खिलाफ निरंकुशता के आरोप को खारिज करने के लिए भी इसका प्रयोग किया :[38]

> *हमसे अक्सर कहा जाता है कि भारत में इंग्लैंड का राज मनमाना, निरंकुश और गैर-जिम्मेदारान है। क्या कोई दूसरा ऐसा परतंत्र देश है जहाँ–शासक वर्ग के हर सदस्य और शासितों में अनेक प्रबुद्ध लोगों के कड़े विरोध के बावजूद–शासित प्रजा की पतित प्रथाओं का सम्मान करते हुए इस तरह के अत्याचार में अनिच्छापूर्वक सहयोग दिया जाता हो?*

यह अजेय तर्क था। यह पिनी के फैसले का भी श्रेय ले रहा था, और उस फैसले के निरस्त किए जाने का भी। देशी बर्बरता की समाप्ति को लेकर शासकों के दायित्व की घोषणा भी कर रहा था और दायित्व वहन में उनकी निष्क्रियता को भी सही ठहरा रहा था। शासकों का हर कदम सिद्धान्त से प्रेरित था। दायित्व से हटना भी उनका दायित्व ही था। रख्माबाई के मामले में देशी कानून को मानना उनके प्रजातांत्रिक मानस की बाध्यता थी।

इंग्लैंड में क्रोध और सरोकार की इसी तरह की मिली-जुली प्रतिक्रियाएँ दिखाई

दे रही थीं। फैरन के आदेश के कुछ ही दिन बाद हाउस ऑव कॉमन्स में उठाए गए एक प्रश्न में इसी प्रतिक्रिया की झलक दिखाई दी। यह प्रश्न लिबरल पार्टी के एक सदस्य ने उठाया था जो एक परम्परा-विरोधी न्यायाधीश रह चुके थे। उन्होंने अपने प्रश्न में पश्चिमी विवाह प्रणाली की तुलना में हिन्दू विवाह में अन्तर्निहित अन्याय पर जोर दिया और अंग्रेजी प्रभावों के कारण भारतीय स्त्रियों की मुक्ति का स्वागत किया।[39]

उपनिवेशीय हस्तक्षेप के आलोचक भी अपनी पीठ थपथपा रहे थे, चाहे वे लिबरल हों या टोरी। मसलन, कहा गया कि रख्माबाई के मुकदमे का फैसला 'अत्यधिक असन्तोषजनक' था, क्योंकि 'हमारी अंग्रेजी अदालतों की कार्रवाई के कारण एक नवयुवती को एक ऐसे कृत्य के लिए जेल जाना पड़ेगा जो अंग्रेजी दृष्टिकोण से पूरी तरह उचित था।' लेकिन यह आलोचना इस तरह की गई कि उपनिवेशीय शासन प्रेयस्कर लगे :[40]

> *हम भारत की स्त्रियों को उनकी अबला अवस्था और सामाजिक दासता और दुर्गति से ऊपर उठाने के लिए हरसम्भव प्रयास करते हैं...और जब, इन प्रयासों के स्वाभाविक परिणामों के रूप में, वे शिक्षित और सुसंस्कृत स्त्रियों की तरह व्यवहार करने की कोशिश करती हैं, तो हम अपने कानूनों को उन्हें फिर से जंजीरों में जकड़ने का माध्यम बनने देते हैं।*

ये विचार भारतीय साम्राज्य की प्रबल समर्थक *इंडियन मैग्जीन* ने व्यक्त किए, और *टाइम्स* से मिलते-जुलते थे। इन दोनों से अलग दृष्टिकोण रखने वाले उदारवादी *वेस्टमिनस्टर रिव्यू* ने भी लगभग यही विचार व्यक्त किए। इस बात से क्षोभित होने पर भी कि 'ब्रिटिश कानून के अन्तर्गत' एक हिन्दू महिला को वह दंड दिया गया था जिसे इंग्लैंड में खत्म किया जा चुका था, *रिव्यू* के लिए रख्माबाई का मामला 'हिन्दू बाल-विवाह से जुड़ी बुराइयों का सबसे ज्वलंत उदाहरण' था।

इस तरह से व्यक्त किए गए विचारों का कुल मिलाकर प्रभाव यह पड़ता था कि उपनिवेशीय हस्तक्षेप मुक्ति का प्रतीक था और देशी समाज इसका प्रतिरोध कर रहा था। भारत को प्राचीन दुनिया में प्रसन्नचित्त जी रहे एक ऐसे समाज की छवि दी जा रही थी जिसका 'आधुनिक यूरोप की युग चेतना' से नया-नया परिचय हो रहा था।

रिव्यू का मानना था कि शासकों पर यह आरोप तो लगता ही था कि उन्होंने अपनी न्याय-प्रणाली के माध्यम से 'एक ऐसा कानून लागू किया था जिसका हिन्दू समाज की मूल व्यवस्था में कोई स्पष्ट प्रावधान नहीं था'। देशी रूढ़िवाद की हठधर्मिता को देखते हुए, सबसे अच्छा रास्ता यह था कि परिवर्तन की उस अदम्य प्रक्रिया पर भरोसा किया जाता जिसकी उपनिवेशीय शासन ने शुरुआत की थी, और जिसका जीता-जागता उदाहरण स्वयं रख्माबाई थी। फिलहाल, जहाँ तक रख्माबाई के

मुकदमे का सम्बन्ध था, *रिव्यू* मार्कबी के इस विचार से सहमत था कि पुनर्स्थापना की डिकरी को मात्र घोषणात्मक बना दिया जाना चाहिए :

> *इस प्रकार पति के साथ रहने से इनकार करने का दंड एक बार फिर जाति की अप्रसन्नता और परलोक का भय दिखाए जाने से जुड़े उपायों पर निर्भर करेगा।*

रिव्यू ने कहा कि इस तरह का फैसला उस महारानी के ताज में एक और आभूषण जड़ने का काम करेगा, जिसके राज में हुई 'सभ्यता की महानतम उपलब्धियों' में एक थी 'स्त्रियों की दशा में अभूतपूर्व सुधार'।

इसी पटकथा के अनुरूप *सेटरडे रिव्यू* ने भी–जो 'इंडियन स्पेक्टेटर' की नजरों में एक धीर-गम्भीर अखबार था–इस बात को स्वीकार किया कि फैरन का आदेश 'कानून की आड़ में घोर अन्याय' प्रतीत हो सकता था। अखबार ने कामना की कि रख्माबाई ने ईसाई धर्म अपना लिया होता, तो फिर '1866 में पारित सर हेनरी मेन के अति उत्तम कानून के अन्तर्गत' वह अपने विवाह को भंग किए जाने की माँग कर सकती थी। फिर भी *रिव्यू* को उम्मीद थी कि यह चरम कदम उठाए बिना भी वह बम्बई उच्च न्यायालय की खंडपीठ या पूर्णपीठ से अपील करके राहत प्राप्त कर सकेगी।

रिव्यू के लिए कल्पना करना कठिन था कि कोई ऐसा न्यायाधीश, बैरिस्टर या अधिकारी हो सकता है जो कानून के प्रावधानों का उल्लंघन किए बिना न्याय और तर्कसंगत फैसले का रास्ता न निकाल सके। उसने आशा व्यक्त की कि 'सर रॉबर्ट हेजलवुड की तरह, जो सर वाल्टर स्कॉट के अनुसार, घुड़सवार सेना के किसी कप्तान को जेल भेजने का कुकर्म करने की बजाय मृत्यु को गले लगाना पसन्द करते,' खंडपीठ या पूर्णपीठ फैरन के आदेश को खारिज कर रख्माबाई को बचाने का रास्ता निकाल ही लेगी।[41]

यह भ्रम कि सामाजिक दमन की शिकार हुई किसी स्त्री को दंडित करने की बजाय अंग्रेज न्यायाधीश मर जाना पसन्द करेंगे, अंग्रेजों की इस दृढ़ धारणा का द्योतक है कि वे अन्याय नहीं कर सकते। इस भ्रम को पोसने के कई तरीके थे जिनके सहारे शासकों का न्याय से विचलन विचलन की तरह दिखता ही नहीं था। *टाइम्स* तभी तो विश्वास व्यक्त कर सका कि ब्रिटिश भारतीय न्याय-व्यवस्था के माध्यम से रख्माबाई के साथ अन्याय नहीं होगा और रख्माबाई को सजा हो जाने की स्थिति से जुड़े फायदे भी गिनवा गया।

इस भ्रम में राजनीतिक खतरे का भय भी शामिल था, जिसे शायद ही कभी स्वीकार किया जाता था। यह स्वीकृति *स्पेक्टेटर* की एक प्रतिक्रिया में दिखाई दी। इस साप्ताहिक ने 'ऐसे हर विवाह को भंग करने' का समर्थन किया जहाँ पति जाहिल साबित हो। लेकिन उसने भारतीय विवाह कानून में दखल न देने की सलाह भी दी।

चूँकि उस तरह की दखलंदाजी राजनीतिक दृष्टि से बहुत खतरनाक हो सकती थी : 'भारत विद्रोह कर देगा'।[42] राजनीतिक आन्दोलन को रूढ़िवाद का फल मानने के पीछे भी यही भय छिपा हुआ था।

परम्पराओं के प्रति अटूट श्रद्धा को भारतीयों की एक चारित्रिक विशिष्टता मानने में एक और फायदा था। तब भारतीयों के सामाजिक मामलों में हस्तक्षेप की निरर्थकता की बात कर हस्तक्षेप के खतरे से बचा जा सकता था। कुछ इसी अन्दाज में *सेंट जेम्स गजेट* ने उन 'युवा और क्रांन्तिकारी सुधारकों' पर प्रहार करते हुए लिखा कि वे संसदीय संस्थाओं के लिए चिल्लाते रहते हैं, लेकिन 'हिन्दू स्त्रियों की दुर्दशा दूर करने के लिए एक उँगली तक नहीं उठाते'। *गजेट* ने हिन्दू विवाह कानून को भारत को जकड़े रखने वाली 'सबसे बड़ी बुराई' बताया, लेकिन इसमें कोई हस्तक्षेप न किए जाने को भी सही ठहराया। उसने हिन्दू कानूनों और प्रथाओं को 'नस्ल की आवश्यकताओं के अनुकूल' बताते हुए कहा कि ब्रिटिश शासन को 'इन्हें बरकरार रखना चाहिए'।[43]

पॉल मॉल गजेट की प्रतिक्रिया थोड़ी अलग रही। उसने रख्माबाई पर अपनी टिप्पणी में भारतीयों की पूरी तरह आलोचना नहीं की। उसने उपनिवेशीय न्याय व्यवस्था द्वारा जाति और धर्म के अस्पष्ट नियमों को लागू किए जाने के कारण हो रहे 'निरन्तर अन्याय' के लिए खेद व्यक्त किया। इससे उन 'प्रथाओं और अन्धविश्वासों' को प्रोत्साहन मिल रहा था जिन्हें 'भारत के शुभचिन्तक धीरे-धीरे और बिना किसी क्रान्तिकारी हलचल या हिंसा के कमजोर पड़ते देखना चाहते थे।' *गजेट* ने किसी पर आरोप लगाने का प्रयास नहीं किया। पर अन्त में उसने भी, भले ही थोड़ी सावधानी बरतते हुए, ब्रिटिश न्याय की विजय में अपनी आस्था व्यक्त की। *गजेट* ने लिखा कि अगर रख्माबाई ने प्रिवी काउंसिल में अपील की तो उसकी सजा के बने रहने की 'बहुत कम सम्भावना' थी।[44]

टाइम्स की विचारधारा को पूरी तरह ठुकराने वाला शायद एकमात्र अखबार था *ईको*। लन्दन के इस सस्ते और क्रान्तिकारी अखबार का नीति वाक्य था : 'न्याय करो और किसी से न डरो'। *ईको* ने माना कि रख्माबाई के साथ अन्याय हुआ था : 'एक देशी महिला ने अपने बालपन में हुए वैवाहिक अनुबन्ध से मुक्ति पाने के लिए कानून का दरवाजा खटखटाया, लेकिन उसे न्याय न मिला।' अखबार ने लिखा कि 'यह बहुत भयानक है', पर साथ ही यह भी पूछा कि 'क्या यह हमारे अपने कानूनों से बहुत ज्यादा भयानक है?' और फिर बेधड़क होकर लिखा :[45]

> *यह सच है कि हमारे यहाँ बाल-विवाह नहीं होते, लेकिन एक बार एक लड़की का विवाह हो जाए तो कानून उसे अपने पति के साथ रहने के लिए बाध्य करता है, भले ही उसके मन में इस विवाह के प्रति कितनी ही वितृष्णा क्यों न हो, भले ही इस*

वितृष्णा का कारण कितना ही बड़ा क्यों न हो। अगर, और जब तक, वह अपने पति पर परस्त्रीगमन या क्रूरता का आरोप साबित नहीं कर देती, उसके लिए कोई मुक्ति नहीं है।...हमें अपने गिरेबाँ में झाँककर देखना चाहिए और यह बात याद रखनी चाहिए कि सभ्य देशों में सिर्फ हमीं हैं जहाँ वैवाहिक अधिकारों की पुनर्स्थापना के मुकदमे पाए जाते हैं।

ईको ने भी अपनी सामग्री *टाइम्स* से ही ली थी, लेकिन अपने क्रान्तिकारी सामाजिक दृष्टिकोण के कारण वह मूल पटकथा के पीछे छिपी सच्चाई को देख सका।

इंग्लैंड के अधिकांश लोगों ने जिस तरह की प्रतिक्रिया व्यक्त की वह बहुत स्वाभाविक थी। इस प्रतिक्रिया में एक विरोधाभास अन्तर्निहित था। जहाँ भारतीय स्त्रियों के लिए इसमें चिन्ता और सहानुभूति थी, वहीं खुद इंग्लैंड के नारीवादी आन्दोलन के विरुद्ध उठ रहे स्वर भी इसमें सुनाई दे रहे थे। इस प्रतिक्रिया के केन्द्र में था घरेलू स्त्री का विक्टोरियाई आदर्श। भारतीयों को इस 'आदर्श' को प्राप्त करना था, और पश्चिमी नारीवादियों को इसका अतिक्रमण करने से बचना था। इसी तरह की प्रतिक्रिया का एक उदाहरण था *सेटरडे रिव्यू*। इसमें अंग्रेज न्यायाधीशों की 'शिवलरी'—स्त्री सम्मान—का गुणगान था और नारीवाद का विरोध।

इंग्लैंड की स्त्रियों की प्रतिक्रिया भी बहुत भिन्न नहीं थी। साम्राज्यवादी विचारधारा वर्ग और लिंग भेद से परे थी। उदाहरण के लिए, एक लोकप्रिय महिला पत्रिका *क्वीन* ने रख्माबाई को महिमामंडित करते हुए उसे उपनिवेशीय हस्तक्षेप के मुक्तिदायी प्रभावों का परिणाम बताया। उसे नए युग की चेतना को भारतीय जनानखाने में पहुँचाने का श्रेय दिया। कहा कि यह युग-चेतना बड़ी तेजी से फैल रही थी और 'वे दिन दूर नहीं थे' जब रख्माबाई के मामले में 'मानवीय स्वतंत्रता पर हुए प्रहार' अतीत की बात बनकर रह जाएँगे।[46]

साथ ही इन प्रतिक्रियाओं में, पाश्चात्य श्रेष्ठता की चेतना के बावजूद, स्त्रियों की स्वतंत्रता के लिए ब्रिटिश स्त्रियों के बीच बढ़ती एकजुटता का संकेत भी था। ये स्त्रियाँ रख्माबाई को अपनी ही तरह सामाजिक दमन की शिकार और नारीवादी संघर्ष के एक प्रतीक के रूप में देख रही थीं। अन्याय के प्रतिरोध में उसके संकल्प ने उन्हें अभिभूत कर दिया था। उन्होंने इस शहादत को लेकर *टाइम्स* की तरह कोरी नैतिकता नहीं बघारी। उनके साम्राज्यवादी आत्मविश्वास के भीतर कहीं-न-कहीं भारत और दुनिया की अन्य स्त्रियों जैसी एक साझी पीड़ा और दुर्बलता की अनुभूति भी थी। वे जानती थीं कि धीरे-धीरे बढ़ रहे नारी संघर्ष की सफलता अभी बहुत दूर है, और इस लम्बे संघर्ष में रख्माबाई जैसे प्रतिरोध का दूरगामी महत्त्व समझ सकती थीं। मसलन, तीन वेल्श महिलाओं ने रख्माबाई को भेजे एक पत्र में लिखा : 'आज खड़ी होने वाली हर स्त्री उस युग से पहले ऐसा कर रही है जो आने वाला है, लेकिन जो

आगे खड़ी होंगी वे इनके ही कारण खड़ी होंगी...अन्याय के आगे कभी भी समर्पण न हो!' उन्होंने यह 'आशा और प्रार्थना' की :[47]

> *कि तुम उस पुरुष के पास जाने की बजाय जेल जा सको। तुम दिखा दोगी कि एक स्त्री क्या कर सकती है, और आने वाले युगों में जब स्त्रियाँ स्वतंत्र होंगी और उनके साथ न्यायपूर्ण व्यवहार होगा तो वे अपनी पथ-प्रदर्शक के रूप में तुम्हें धन्यवाद देंगी। यही होना भी चाहिए!*

इसी तरह एक अन्य पत्र छपा जिस पर सौ से भी अधिक स्कॉटिश स्त्रियों के हस्ताक्षर थे। इसमें रख्माबाई और उन सभी 'भारतीय बहनों' के साथ 'हार्दिक सहयोग' व्यक्त किया गया जो 'सदियों पुरानी परम्पराओं की जंजीरों से मुक्त होने' की इच्छुक थीं। 'गुलामी के निकृष्टम रूप' को स्वीकार करने की बजाय जेल की सजा का चुनाव करके रख्माबाई ने उन सबका मन मोह लिया था। रख्माबाई की प्रशंसा करते हुए इन स्त्रियों ने अपने पत्र के साथ एक कविता भी भेजी :[48]

कायदों में बन्द कयामत टूट पड़ी है,
मैंने न्याय माँगा था,
मुझे कानून थमा दिया गया है
(The Coded doom has fallen! I who asked
For *justice* must be satisfied with *Law*)

कानून और न्याय का भेद बता ये स्त्रियाँ सत्ता के अन्याय की लीपापोती न कर उसे उजागर कर रही थीं। *टाइम्स ऑव इंडिया* के नाम एक गुमनाम पत्र में एक अंग्रेज स्त्री ने 'सिर्फ एक स्त्री' के रूप में अपना परिचय देते हुए न्याय-रहित कानून द्वारा किए जाने वाले अपराधों पर प्रहार किया। उसने कहा कि पिनी का जीवन्त फैसला 'न्याय और स्वतंत्रता' के लिए वरदान था। इस फैसले को उलटकर 'कानून का सच्चा पालन' नहीं हुआ था, जैसाकि कुछ लोग दिखाने का प्रयास कर रहे थे:

> *शिथिल व्याख्या और क्रियान्वयन से कानून अत्याचार के उपकरण बन जाते हैं। मुझे लगता है कि अगर हमारे फैसले कानून के अनुरूप हैं, लेकिन न्याय और हमारे राष्ट्रीय कानूनों के मूल सिद्धान्तों के विरुद्ध, तो हमारी अदालतें अपने पवित्र दायित्व को नहीं समझ रहीं–खासकर जब वे सरकार से इन फैसलों के पीड़ितों के साथ न्यायपूर्वक व्यवहार किए जाने की सिफारिश करने में विफल रहती हैं।*

'सिर्फ एक स्त्री' चाहती थी कि उसके अपने लोग बहानेबाजी के बजाय न्याय करें। अगर यह घिनौनी डिकरी ही कानून है, उसने लिखा, 'तो अब समय आ गया है कि हम इसे तुरन्त स्थगित कर अपने राष्ट्रीय सिद्धान्तों का मान रखें।' तभी 'न्याय' की रक्षा होगी नहीं तो 'अपराध' होगा। लेकिन, जैसाकि 'हमारे राष्ट्रीय सिद्धान्तों' से जुड़ी चिन्ता से स्पष्ट था, यह आलोचना भी पाश्चात्य श्रेष्ठता की उस भावना से

मुक्त नहीं थी जिस पर तैलंग ने एतराज किया था। परिणामतः, ब्रिटेन के मुक्तिदायी दायित्व की बात करते समय 'सिर्फ एक स्त्री' की लेखनी से साम्राज्यवादी काव्य की धारा फूट पड़ी :[49]

वह (रख्माबाई) एक निर्मल पर साहसी नवयुवती है, जिसने दासता से भी ज्यादा घृणित प्रथा के बन्धन तोड़ दिए हैं, और जो अब सुरक्षा के लिए हमारे प्रशंसित कानूनों की तरफ देख रही है...रख्माबाई, तुम्हारे बहुत सारे मित्र हैं जो तब तक तुम्हारा साथ देंगे जब तक तुम यह लड़ाई जीत नहीं लेतीं, और जब तक हर स्त्री—वह हिन्दू हो या मुसलमान या ईसाई—उस ब्रिटिश कानून की अधिकारिणी नहीं बन जाती जो अजनबियों और आगन्तुकों को भी आश्वासन देता है कि वे जिस ज़मीन पर चल रहे हैं वह पवित्र है, और सार्वभौमिक मुक्ति की भावना से अभिसिक्त।

तो *क्वीन* से लेकर 'ओनली ए वूमेन' ('सिर्फ एक स्त्री') तक ब्रिटिश और एंग्लो-इंडियन स्त्रियों की प्रतिक्रियाएँ फैली हुई थीं। वे भारत की इस युवा विद्रोहिणी को प्रशंसा की दृष्टि से देख रही थीं, महिमामंडित कर रही थीं, और उसकी व्यथा में सभी स्त्रियों की व्यथा देख रही थीं। लेकिन इसके साथ ही रख्माबाई, शासक वर्ग की उन स्त्रियों के लिए, मुक्ति की उन सम्भावनाओं का मापदंड भी बन गई थी जो बर्तानवी राज के कारण पिछड़े भारतीयों के लिए भी खुल गई थीं। इसी कारण ये स्त्रियाँ साम्राज्यवाद के लिए ऐसे असुविधाजनक प्रश्न उठाने की स्थिति में नहीं थीं जिनको देखने की दृष्टि और उठाने का साहस पंडिता रमाबाई में था। उसी दृष्टि और साहस के कारण रमाबाई कह सकीं कि भारतीय स्त्रियों के लिए अंग्रेजी राज 'देशी समाज और धर्म' से भी ज्यादा 'अत्याचारी' था।

5

भारत में रहने वाले बर्तानवी—एंग्लो-इंडियन्स—भी कम पक्षपातपूर्ण नहीं थे। *टाइम्स ऑव इंडिया* ने यह रहस्योद्घाटन करते हुए कि रख्माबाई ही 'ए हिन्दू लेडी' थी, उसकी दर्द-भरी कथा को याद किया। कहा कि 'यूरोपियन दृष्टिकोण से भी' वह एक 'अच्छी-खासी सुसंस्कृत महिला' थी, और उसने एक 'अरुचिकर विवाह' को परिणत करने से इनकार करके बिल्कुल ठीक किया था। 1885 में पिनी के फैसले को 'भारतीय महिलाओं के अधिकारों की पुष्टि' घोषित करने वाले इस अखबार ने अब कहा कि वह फैसला 'कानूनी दृष्टि से ठोस' नहीं था, और अन्य न्यायाधीशों ने उसे उलटकर बिल्कुल ठीक किया था। अखबार ने 'सिर्फ एक स्त्री' के विचारों को 'कुछ ज्यादा ही स्त्रीसुलभ' कहकर खारिज कर दिया, और यह भी जोड़ दिया कि स्त्रियों की सहज-वृत्ति तीक्ष्ण भले ही हो, 'हमेशा तर्कपूर्ण' नहीं होती।[50]

लन्दन के जिस दैनिक से इसका नामकरण प्रेरित हुआ था, उसी की तरह *टाइम्स ऑव इंडिया* ने भी रख्माबाई की जेल की सजा के फायदे गिनवाए। इससे भारत और इंग्लैंड में कानूनी बदलावों के लिए चल रहे आन्दोलन को 'एक सशक्त आधार मिल जाएगा' और 'भारत की बेटियों को उनकी दासता और दुर्दशा से मुक्त करने के लिए' बहुत-से जरूरी कदम उठाए जा सकेंगे।[51] यह एक तरह से रख्माबाई की शहादत का जश्न मनाने जैसा था। लेकिन अखबार ने यह भी लिखा कि जेल की सजा रख्माबाई को—वह एक डॉक्टर बनना चाहती थी—उच्च शिक्षा की तैयारी के लिए 'बाध्यतापूर्ण अवकाश' प्रदान करेगी। साथ ही अखबार ने 'बम्बई समाज के नेताओं' और रख्माबाई के अन्य शुभचिन्तकों को यह सलाह भी दी कि वे मुकदमे पर हुए खर्च के कारण रख्माबाई को धन का अभाव न होने दें, और ऐसा करें कि 'जेल-यात्रा उसके लिए अधिक से अधिक सुखद अनुभव' बन जाए।[52]

1885 में *टाइम्स ऑव इंडिया* ने जिस उत्साह से रख्माबाई का पक्ष लिया था वह धीरे-धीरे यथास्थिति के समर्थन में बदल गया। अखबार ने रख्माबाई की 'शहादत' को उछाला जरूर, लेकिन सावधानी बरतते हुए यह भी लिखा कि शासितों के सामाजिक जीवन से जुड़े मामलों में 'किसी अंग्रेज के लिए एक पूर्वग्रहमुक्त धारणा पर पहुँचना निस्सन्देह बहुत कठिन काम था'। धीरे-धीरे रख्माबाई के कुशलक्षेम में भी अखबार की दिलचस्पी कम होती चली गई।

बर्तानवियों और एंग्लो-इंडियनों की दृष्टि में मूल समस्या यह थी कि मुक्तिदायी अंग्रेजी कानूनों का लाभ भारतीयों को नहीं मिल पा रहा था। अन्यायपूर्ण कानूनों को बरकरार रखने से जुड़ी अनिवार्यता के विरुद्ध कभी-कभी क्रोधपूर्ण अभिव्यक्तियाँ भी देखने को मिलती थीं। लेकिन पश्चिम की श्रेष्ठता में आस्था और सरकारी निष्क्रियता को सही ठहराने के प्रयास में कोई कमी नहीं थी।

उदाहरण के लिए, *स्टेट्समैन* का मानना था कि वर-वधू की सहमति सभ्य विवाह की अनिवार्य शर्त थी। 'कानून जो भी हो', सहमति के सिद्धान्त को 'कोई भी सभ्य ट्रिब्यूनल' नजरअन्दाज नहीं कर सकता था। अन्यथा विवाह और हिंसा में भेद करने का कोई साधन न बचेगा और कानून अपराध को कानून का दर्जा दे बैठेगा।[53] इसके बाद अखबार ने 'अपनी शक्तियों के निरंकुश और घातक प्रयोग' से इनकार कर देने के लिए साम्राज्यवादी सत्ता की भूरि-भूरि प्रशंसा की।[54]

पायनियर का मानना था कि हिन्दू विवाह प्रथाएँ सती प्रथा की ही श्रेणी में आती थीं, इसलिए उनमें हस्तक्षेप किया जा सकता था। अखबार का मानना था कि 'अगर रख्माबाई के खिलाफ लिया गया फैसला वैध था, तो कानून को उसकी वर्तमान अवस्था में नहीं छोड़ा जा सकता था'। 'जनता की आवाज पूरे जोर-शोर से' सरकार द्वारा कार्रवाई की माँग कर रही थी। उच्च अधिकारी भी 'खुलेआम' स्वीकार कर रहे थे कि 'जनता

की पुकार पर अमल किया जाना चाहिए'।[55]

लेकिन दो सप्ताह के भीतर ही *पायनियर* को यह चिन्ता सताने लगी कि कहीं रख्माबाई की इस प्रार्थना को मान न लिया जाए कि विवाह के लिए कानूनन एक न्यूनतम उम्र निर्धारित कर दी जाए। उसने लिखा कि 'तूफानी गति से सुधारों की माँग से लाभ की बजाय हानि अधिक हो सकती है'।[56] यह चेतावनी निराधार नहीं थी। लेकिन इसके साथ जुड़ी चिन्ता हिन्दू विवाह प्रथाओं को सती-प्रथा की श्रेणी में रखने के दृष्टिकोण से मेल नहीं खाती थी।

हिन्दू विवाह के बारे में ऐसी धारणा के बाद यह सवाल स्वाभाविक हो जाता था कि अगर रख्माबाई को विकल्प दिया जाए तो क्या वह 'सती होना ज्यादा पसन्द नहीं करेगी' :[57]

> *क्या वह प्रथा जो रख्माबाई जैसी स्त्री को जीवन भर के लिए एक ऐसे पुरुष के साथ बँध जाने की हामी भरने के लिए बाध्य करती है, जिसे बम्बई उच्च न्यायालय ने एक पति के सारे अधिकारों के साथ उस पर थोपने का फैसला किया है, उतनी ही या उससे [सती से] ज्यादा बर्बर नहीं है?*

एंग्लो-इंडियन प्रेस की 'सती' उस 'सती' से भिन्न थी जिसके लिए मलबारी ब्रिटिश कानूनों और ईसाई नैतिकता को जिम्मेदार ठहरा रहे थे। *सिविल एंड मिलिट्री गजेट* का मानना था कि मलबारी का यह कथन 'न्यायपूर्ण' नहीं था। उसने लिखा : 'हमें लगता है कि यह महिला हिन्दू कानून के कारण जेल जा रही है, और अधिकांश देशी अखबार वितृष्णा की बजाय प्रसन्नता का प्रदर्शन कर रहे हैं।'[58]

गजेट ने आगे कहा कि 'अगर कभी कोई फैसला हिन्दू जनमत के नेताओं और अनपढ़ किसानों दोनों के ही विचारों के अनुसार हुआ है' तो वह है रख्माबाई को उसके 'पति' के पास या 'जेल' भेजने का फैसला।

लेकिन जल्दी ही *गजेट* ने महसूस कर लिया कि रख्माबाई के मुकदमे का फैसला एक 'बड़ी भूल' थी, जिसके कारण देशी प्रजा और भविष्य के इतिहासकारों के लिए सरकार और कानून उपहास का विषय बन गए थे। लाहौर के इस दैनिक ने माना कि हिन्दू कानून के निर्माता 'हमारे आज के कानून बनाने वालों से अधिक बुद्धिमान' थे, और वे जानते थे कि विवाह के अर्थ को न समझने वाले बच्चों के विवाह को 'एक कानूनी अनुबन्ध' बनाना सम्भव नहीं था। रख्माबाई को 'अंग्रेजो कानून' के अन्तर्गत दंडित किया गया था। इसका 'हिन्दू कानून से कुछ भी सम्बन्ध नहीं था'। दैनिक ने आगे लिखा, 'हमें अपनी सभ्यता को भ्रष्ट कर एक ऐसा कानूनी अन्याय नहीं करना चाहिए जिसकी देशी प्रथाओं ने न तो कभी अनुमति दी और न माँग की।'

अपनी इसी समझ के कारण *गजेट* लन्दन के *टाइम्स* की विरोधाभासी प्रतिक्रिया

की सच्चाई भाँपने में भी सफल रहा :

> *हम बड़ा उदार और हिचकिचाहट भरा रवैया अपनाते हुए देशी संवेदनाओं के प्रति अपनी सम्मान-भावना का रोना रोते हैं, जो हमें स्त्रियों के प्रति अपनी न्याय-भावना का उल्लंघन करने के लिए बाध्य करती है; जबकि सच्चाई यह है कि हम स्त्रियों पर बल-प्रयोग के लिए एक नए कानूनी शस्त्र का प्रयोग कर रहे हैं, जिसे देशी संवेदनाएँ अत्यन्त वितृष्णा की दृष्टि से देखती हैं।*

गजेट ने आगे लिखा कि क्योंकि 'स्थिति की यह बर्बरता' बर्तानवियों की अपनी पैदा की हुई थी, इसलिए इसे सुधारने की जिम्मेदारी भी उन्हीं की थी। उन्हें अपने उस 'अन्धेपन' और 'संशय' से मुक्त होना होगा जिसके कारण वे अपने ही कायदे-कानूनों को भुलाकर यह 'क्रूर भूल' कर बैठे थे।[59]

भले ही थोड़ी देर से, *सिविल एंड मिलिट्री गजेट* ने इस 'सामूहिक अन्धेपन' को पहचाना। इस बारे में निरन्तर स्पष्ट रहने वाला एक अन्य एंग्लो-इंडियन अखबार था *बॉम्बे गजेट*। जैसाकि हम पहले अध्याय में देख चुके हैं, 'ए हिन्दू लेडी' के प्रहारों के जवाब में *बॉम्बे गजेट* ने देशी वैवाहिक व्यवस्थाओं का बचाव किया था। यह रवैया भले ही प्रतिक्रियावादी प्रतीत हो, अखबार का मानना था कि देशी और ब्रिटिश दोनों तरह के कानूनों का भारतीय समाज पर जो प्रभाव रहा था उसे न तो पूरी तरह प्रगतिवादी और न पूरी तरह प्रतिक्रियावादी कहा जा सकता था। *बॉम्बे गजेट* के सम्पादक ग्रैटन गीयरी अपने इसी सोच के आधार पर रख्माबाई को जेल की सजा से बचाने का प्रयास कर रहे थे। वे एक सिद्धान्तवादी और विदेशी संस्कृतियों के प्रति गहरी सहानुभूति रखने वाले व्यक्ति थे। उन्होंने *टाइम्स ऑव इंडिया* की नौकरी छोड़कर *बॉम्बे गजेट* को उसके एक कड़े प्रतिद्वन्द्वी के रूप में खड़ा कर दिखाया था। रख्माबाई के पक्ष में उनकी पत्नी भी उनके साथ पूरा सहयोग कर रही थीं। वे रख्माबाई बचाव समिति की भी सदस्य थीं। ग्रैटन गीयरी ने मान-हानि के एक मुकदमे में फँसाए जाने के बाद भी अपना संघर्ष नहीं छोड़ा। यह मुकदमा नारायण धर्माजी ने रख्माबाई को समर्पण के लिए मजबूर कर देने के इरादे से दायर किया था। इस मुकदमे के बारे में हम अगले अध्याय में पढ़ेंगे। उलटे ग्रैटन गीयरी ने इस मुकदमे को उन लोगों का पर्दाफाश करने के लिए इस्तेमाल किया जिनके साथ रहने के लिए रख्माबाई को बाध्य किया जा रहा था।

'भाग्य और उच्च न्यायालय रख्माबाई के साथ बहुत कठोर व्यवहार कर रहे हैं', *बॉम्बे गजेट* ने दो-टूक लिखा। फिर भाग्य को उसके अजीब तौर-तरीकों पर छोड, *गजेट* ने अपना प्रहार उच्च न्यायालय पर केन्द्रित कर दिया। उसने कहा कि रख्माबाई को सबसे कठोर आघात अपील पीठ के फैसले ने पहुँचाया था। ऐसे फैसले के बाद रख्माबाई सिर्फ 'शहादत' की कामना कर सकती थीं।

'शहादत' शब्द कितना ही मोहक क्यों न लगे, *बॉम्बे गजेट* को अहसास था कि इसके तत्काल परिणाम रख्माबाई के लिए सुखद नहीं होंगे। इसलिए उसने, *टाइम्स* और *टाइम्स ऑव इंडिया* के विपरीत, रख्माबाई के नैतिक प्रतिरोध में कोई शुभ लक्षण देखने से इनकार कर दिया। उलटे उसने अशुभ की सम्भावना पहचानते हुए एक तकनीकी मुद्दा उठाने की कोशिश की, ताकि रख्माबाई की सजा छह महीने से घटाकर दो महीने हो सके। उसने ध्यान दिलाया कि अगर रख्माबाई पारसी होती तो अदालती फैसला न मानने के लिए उसे सिर्फ दो महीने की सजा होती। इसके आधार पर उसने आगे कहा कि एक ही अपराध के लिए दो तरह की सजाएँ नहीं हो सकतीं।

बॉम्बे गजेट ने यह तर्क भी दिया कि हिन्दू वैवाहिक अधिकारों की पुनर्स्थापना के मामलों में अदालतें हमेशा विवेक बरतती रही थीं। कानून उन्हें 'आँखें बन्द करके स्थानीय कानूनों का यांत्रिक क्रियान्वयन' करने के लिए नहीं कहता था। न ही अदालतों में जातिगत प्रथाओं के हू-ब-हू अनुसरण की परम्परा रही थी। लेकिन अपील अदालत ने 'मुकदमे के मानवीय पहलुओं को पूरी तरह नजरअन्दाज करते हुए अपने विवेक को ताक पर रख दिया था। रख्माबाई के खिलाफ डिकरी देने में उच्च न्यायालय ने अपने लिए जबरदस्ती के एक ऐसे अधिकार-क्षेत्र का दावा किया था जैसा किसी हिन्दू राजा ने कभी नहीं किया था। इस फैसले में थोड़े-से हिन्दू कानून और ढेर सारे अंग्रेजी तलाक अदालतों के फैसलों का प्रभाव था। विडम्बना यह थी कि ब्रिटिश भारतीय अदालतों को 'हिन्दुओं से भी अधिक हिन्दू' बना दिया गया था।[60] 'अगर अदालत ने सिर्फ हिन्दू कानून के आधार पर या वर्तमान अंग्रेजी कानून के आधार पर' फ़ैसला किया होता, तो आज रख्माबाई इतनी विवश न होती। वह अदालत से कह सकती कि :[61]

> *अदालत ने उसके खिलाफ जाने वाले इतने सारे अंग्रेजी तौर-तरीकों को आयातित किया है, लेकिन उसे इनकी उदारताओं के लाभ से वंचित रखा जा रहा है—वे उदारताएँ जो इंग्लैंड में अपनी स्वतंत्र सहमति से किए गए वैवाहिक अनुबन्धों को तोड़ने वाली पत्नियों को दी जाती हैं।*

हिन्दू कानून का इस तरह किया गया रूपान्तरण 'इस समूचे प्रश्न का केन्द्र-बिन्दु' था। हिन्दू कानून की सदाशयता और लचीलेपन की बदौलत उसमें एक मौन प्रावधान रहता था। पर इस मुकदमे में अंग्रेज़ी कानून का गलत इस्तेमाल करके हिन्दू कानून को ऐसा दमनकारी स्वरूप दे दिया गया था जो इससे पहले दिखाई नहीं दिया था। रख्माबाई 'असाधारण परिस्थितियों के आधार पर' अपने पति के साथ रहने से इनकार कर रही थी। उसके इस इनकार को उस भावना के खिलाफ नहीं देखा जाना चाहिए था जिसके अन्तर्गत बचपन में उन दोनों की सगाई कर दी गई थी। इस तरह के पति-पत्नी एक-दूसरे के साथ 'अनिश्चित दायित्व वाले धार्मिक कर्तव्यों'

के साथ बँधे होते हैं। हिन्दू कानून-निर्माताओं को यह अहसास था कि इस तरह के कर्तव्यों या दायित्वों को दीवानी अदालतों द्वारा लागू नहीं किया जा सकता, इसलिए कानून ने इन्हें जाति या पंचायत के विवेक पर छोड़ दिया था। इस कानून के अन्तर्गत रख्माबाई को जेल की सजा नहीं हो सकती थी। 'वह जाति के बड़े-बूढ़ों के सामने अपना पक्ष रखकर पूरे मामले का फैसला उनके विवेक पर छोड़ सकती थी।'

बॉम्बे गजेट ने देशी विवाह प्रथाओं और कानूनों के समर्थन में एक महत्त्वपूर्ण तर्क प्रस्तुत किया। जल्दी ही रख्माबाई दादाजी के 'खुलासे' (एक्सपोज़ीशन) का जवाब देते हुए इसी तर्क का इस्तेमाल करने वाली थी। हिन्दुओं में पति-पत्नी द्वारा साथ रहने से इनकार करने के उदाहरण अक्सर सामने आते रहते थे। मौजूदा मामला अगर 'सनसनीखेज' बन गया था तो केवल इसलिए कि दादाजी ने 'एक अनिच्छुक युवती को सहवास के लिए बाध्य करने के लिए' अदालत का दरवाजा खड़खड़ा दिया था। *बॉम्बे गजेट* का तर्क था कि अगर हिन्दू पति अपने कानून को लागू करवाने के लिए 'अंग्रेजी गिरिजाई वकीलों द्वारा खोजे गए तौर-तरीकों का प्रयोग करने के लिए' इतने ही उत्सुक हैं, तो उन्हें 'आज के बेहतर तौर-तरीकों' का प्रयोग करना चाहिए, न कि 'अंग्रेजी कानून द्वारा ठुकराए जा चुके तौर-तरीकों' का।[62]

यह काम 'अपनी किसी अच्छी प्रथा या संस्था की सुरक्षा को लेकर हिन्दुओं को चिन्ता में डाले बगैर' भी किया जा सकता है। *बॉम्बे गजेट* ने पूना के ब्राह्मणों का मुखपत्र माने जाने वाले *मराठा* का उदाहरण देते हुए कहा कि हिन्दुओं में 'यह भावना साफ दिखाई दे रही थी' कि कहीं उन पर एक अनिच्छुक पत्नी को जेल भेजने में 'भागीदारी का कलंक' न लग जाए। यह हिन्दू भावनाओं के वास्तविक चित्रण की बजाय उनकी चिन्ताओं को दूर करने का प्रयास था। *बॉम्बे गजेट* अच्छी तरह से जानता था कि *मराठा* और उसी तरह के अन्य अखबार किस रंग में रँगे थे और किस तरह की घोषणाएँ कर रहे थे। वे सब उसी व्यवस्था का हिस्सा थे जिसका रख्माबाई 'इतनी हठधर्मिता से प्रतिरोध कर रही थी।' फिर भी उन्हें उनकी अपनी ही मानवीय घोषणाओं के सहारे घेरने का प्रयास एक अच्छा विचार था।

बॉम्बे गजेट रूढ़िवादियों को समझाना चाह रहा था कि रख्माबाई की सफलता में हिन्दू समाज के लिए कोई खतरा नहीं था। उसकी देखा देखी हिन्दू पत्नियाँ अपने पतियों को छोड़ने के लिए प्रोत्साहित नहीं होने वाली थीं। अपनी घरेलू व्यवस्था को बनाए रखने के लिए जाति फैरन जैसे न्यायाधीशों के फैसले पर निर्भर नहीं थी। रख्माबाई मात्र एक 'अपवाद' थी और बहुत कम हिन्दू पत्नियाँ उसके उदाहरण का अनुसरण कर सकती थीं। 'सन्तोष में एक सापेक्षता' होती है। हिन्दू पत्नी विवाह को एक अटूट बन्धन के रूप में देखती है, इसलिए 'जहाँ तक उसकी अपनी इच्छा का प्रश्न है' वह शायद ही कभी 'सहमति व्यक्त करने वाली पत्नी का स्वतंत्र दर्जा प्राप्त

करना चाहे'। सभी पुरुष-प्रधान समाजों में 'अनुभव का स्कूल' पत्नियों को यही सीख देता है कि मुश्किल पतियों को कैसे सहन करें। 'न तो हिन्दू कानून और न गिरिजाई कानून पत्नियों को यह अधिकार देता है कि वे दो, तीन या दर्जनों के हिसाब से विवाह करती रहें, जब तक कि उन्हें मनपसन्द पति न मिल जाए। रख्माबाई के विद्रोह के बावजूद, आक्रामक समाज-सुधारक भी 'लाखों-करोड़ों हिन्दू पत्नियों' में अनुबन्ध वाले विवाह की स्वतंत्रता की चाह पैदा नहीं कर सकते। उनके पास पहले ही इतना कुछ है करने को कि वे रख्माबाई के मुकदमे के कारण दिखने लगी सुधार की और सम्भावनाओं को साकार करने की कामना भी नहीं कर सकते।[63]

बम्बई उच्च न्यायालय पर अपने प्रहार की तुलना में *बॉम्बे गजेट* ने रूढ़िवादियों की आलोचना में थोड़ी नरमी बरती। लेकिन उसने उन्हें बख्शा नहीं। उसे यह 'सच्चाई' मालूम थी :[64]

> *रूढ़िवादी पक्ष प्रबुद्ध संरक्षणवाद की आड़ में स्त्रियों की दमित स्थिति को बरकरार रखना चाहता है, और इसके लिए वह सरकार के घृणित हस्तक्षेप का भी इस्तेमाल कर सकता है।*

अखबार के इस रवैये के कारण रूढ़िवादी हिन्दू बाकी अंग्रेजी और एंग्लो-इंडियन अखबारों की तरह *बॉम्बे गजेट* को भी एक विरोधी के रूप में देखने लगे। दो वर्ष पहले इसी अखबार में 'ए हिन्दू लेडी' की आलोचना को खूब चटखारे लेकर पढ़ने वाले लोग अब उसके द्वारा रख्माबाई के बचाव को बर्दाश्त नहीं कर पा रहे थे।

जब *बॉम्बे गजेट* जैसे अखबार का स्वर भी विरोधात्मक प्रतीत हो रहा हो, तो तैलंग के लिए रख्माबाई के विरोधियों को अपनी इच्छा से कहीं ज्यादा रियायतें देना जरूरी हो गया। इतना ही नहीं, 8 मई 1887 को उनके ज्ञापन पर चर्चा करने के लिए बुलाई गई रख्माबाई बचाव समिति की बैठक में वे अपनी सभी शर्तें मनवाने में सफल हो गए। बैठक में हिस्सा ले रहे दीवान बहादुर रघुनाथ राव भी इसका प्रतिरोध न कर सके।

सन्दर्भ टिप्पणी

1. *इंडियन स्पैक्टेटर,* 27 मार्च 1887
2. वही, 6, 27 मार्च 1887, 24 जून 1888
3. वही, 13 मार्च 1887
4. वही, 6 मार्च 1887
5. वही, 20 मार्च 1887
6. वही, 27 मार्च 1887। इसी अपेक्षाकृत ज्यादा सहानुभूति के फलस्वरूप मोडक ने रख्माबाई सहायता

कोष में थोड़ा पैसा भी दिया।

7. वही, 13 मार्च 1887
8. रघुनाथ राव का पत्र 'नेटिव थिंकर' के नाम से छपा था
9. *इन्दु प्रकाश,* 13 जून 1887
10. *नेटिव ओपीनियन,* 4, 11 अप्रैल 1887
11. वही, 11 अप्रैल 1887
12. *केसरी,* 8 मार्च 1887
13. वही, 5 अप्रैल 1887
14. *इंडियन मिरर, मैड्रास मेल,* 19 अप्रैल 1887 में उद्धृत
15. *केसरी,* 22 मार्च 1887
16. वही, 13 अक्तूबर 1885
17. वही, 29 मार्च 1887
18. *मैड्रास मेल,* 22 अप्रैल 1887
19. *हिन्दू पेट्रियट,* 4, 18 अप्रैल 1887। बंगाली मासिक *प्रचार* में भी रख्माबाई को एक दुश्चरित्र युवती के रूप में वर्णित करते हुए हिन्दू नारी के नाम पर कलंक बताया गया। देखें *प्रचार,* खंड-III, बंग सम्वत् 1293-94, पृ. 390-99। पर सबसे विस्तृत चरित्र हनन जस्टिस फैरन के फैसले के तुरंत बाद छपे मराठी नाटक, *तरुणी शिक्षण नाटिका,* पूना, 1887 में किया गया। मेरे दिवंगत मित्र राम बापट ने पूरा नाटक मुझे पढ़कर सुनाया और समझाया। बापट ने ही *केसरी* के रख्माबाई से सम्बन्धित सारे लेख मुझे समझाए। अपनी मराठी भाषा, साहित्य और इतिहास की अद्वितीय समझ के आधार पर उन्होंने मुझे यह भी विश्वास दिलाया कि इन लेखों की शैली बताती है कि इनके लिखने में तिलक का हाथ था।
20. *हिन्दू पेट्रियट, 14 मार्च 1887*
21. मनु, 5, 154
22. *हिन्दी प्रदीप,* अगस्त 1887
23. *प्रचार,* खंड-III, बं. सं. 1293-94, पृ. 390-99
24. *इंडियन मिरर, मैड्रास मेल,* 19 अप्रैल 1887 में उद्धृत
25. ए. टी. बनर्जी का पत्र, *इंडियन डेली न्यूज़,* 14 अप्रैल 1887
26. *इंडियन मिरर,* 25 जून 1887, *वॉयस ऑव इंडिया,* जुलाई-अगस्त 1887 में
27. *मराठा,* 20 मार्च 1887
28. *इंडियन स्पैक्टेटर,* 7 अगस्त 1887
29. 24 अप्रैल 1887 का तैलंग का यह पत्र 26 मई 1887 के *टाइम्स ऑव इंडिया* में छपा था।
30. उदाहरण के लिए देखें *टाइम्स,* 17 सितंबर 1887, 1 अक्तूबर 1888, *नैशनल रिफॉर्मर,* 20 मार्च 1887
31. *टाइम्स,* 14, 18 मार्च, 4, 8, 11 अप्रैल 1887
32. परिशिष्ट-1
33. *टाइम्स,* 4 अप्रैल 1887
34. वही, 18 मार्च 1887
35. वही, 21 अप्रैल 1887

36. परिशिष्ट-2
37. *टाइम्स,* 22 अगस्त 1887
38. वही, *सिविल एंड मिलिटरी गैज़ट,* 8 अप्रैल 1887 में उद्धृत
39. जे. एंड पी. 1887, संख्या 481, इंडिया ऑफिस लाइब्रेरी, लंदन। इस फाइल में वह सारी सामग्री है जिसके आधार पर सरकार का जवाब तैयार किया गया था।
40. *इंडियन मैगज़ीन,* मई 1887
41. *वैस्टमिन्स्टर रिव्यू,* मई 1887
42. *स्पैक्टेटर,* 19 मार्च, 9 अप्रैल, 11 अक्तूबर 1887
43. *सेंट जेम्स गैज़ट,* 14, 18 मार्च 1887। *गैज़ट* ने यह भी लिखा कि 'बदलाव अन्दर से आना चाहिए, बाहर से नहीं।'
44. *पॉल मॉल गैज़ट,* 4 अप्रैल 1887। 22, 24 मार्च 1887 भी।
45. *द ईको,* 14 मार्च 1887
46. *क्वीन,* 19 मार्च, 16 अप्रैल 1887
47. *बौम्बे गैज़ट,* 20 जनू 1887
48. वही
49. *सिविल एंड मिलिटरी गैज़ट,* 24 मार्च 1887 में उद्धृत
50. *टाइम्स ऑव इंडिया,* 24 मार्च 1887
51. वही, 5 मार्च 1887
52. वही, 24 मार्च 1887
53. *टाइम्स ऑव इंडिया,* 22 मार्च 1887 में उद्धृत
54. *मैड्रास मेल,* 19 अप्रैल 1887 में उद्धृत
55. वही, 4 अप्रैल 1887
56. वही, 18 अप्रैल 1887
57. *इंडियन डेली न्यूज़,* 18 मार्च 1887। *सिविल एंड मिलिटरी गैज़ट,* 19 अप्रैल 1887 ने भी 'सती' शब्द का इस्तेमाल किया।
58. *सिविल एंड मिलिटरी गैज़ट,* 12 मार्च 1887
59. वही, 19 अप्रैल 1887
60. *बौम्बे गैज़ट,* 5, 19 मार्च 1887
61. वही, 19, 22 मार्च 1887
62. वही, 22, 31 मार्च, 24 जून 1887
63. वही, 28 मार्च 1887
64. वही, 8 अप्रैल 1887

अध्याय-5

क्रूर आलिंगन

फैरन की अदालत में रख्माबाई के नैतिक प्रतिरोध ने उपनिवेशीय कानून और देशी सामाजिक सत्ता दोनों को एक साथ दी गई उसकी चुनौती को एक और अधिक ऊँचे धरातल पर पहुँचा दिया। उपनिवेशीय कानून के सम्मुख उसके अवज्ञापूर्ण समर्पण और देशी सामाजिक सत्ता के खिलाफ उसके खुले विद्रोह ने जता दिया कि अन्तिम नैतिक सत्ता उसके अपने पास थी। न उपनिवेशीय न्याय-व्यवस्था और न ही संगठित रूढ़िवाद ऐसी शक्ति से निपटने के योग्य थे। वे यही सोचते रहे थे कि उसके लिए बचाव की एकमात्र सम्भावना आगे की कानूनी कार्रवाई थी। लेकिन उसकी अवज्ञा ने उसकी पराजय को अचानक विजय में बदल दिया। उसके विरोधी फूँक-फूँककर कदम रखने पर विवश हो गए और सरकारी तंत्र में हलचल मच गई।

इस विचार से ही भयभीत कि यह युवती अदालत का आदेश न मानने पर आमादा थी, बम्बई सरकार ने भारत सरकार से इस दिशा में तुरन्त कोई कारगर कदम उठने का अनुरोध किया। खुद भारत सरकार भी चिन्तित थी। जिस दिन बम्बई सरकार का सन्देश गया, उसी दिन दौरे पर निकले वायसराय डफरिन ने अपनी काउंसिल के विधि सदस्य को यह तार भेजा :[1]

> *मुझे उम्मीद है आप रख्माबाई मामले पर ध्यान दे रहे होंगे। उसके जेल जाने की नौबत नहीं आनी चाहिए।*

बम्बई से भेजे गए सन्देश में कानून में बदलाव की बात उठाई गई थी। अदालत की अवज्ञा करने के रख्माबाई के संकल्प पर जोर देने के साथ-साथ इसमें 'कानून में बदलाव' के लिए 'समाज के एक हिस्से की माँग' का भी उल्लेख था। सन्देश में यह भी कहा गया था कि इस माँग को इंग्लैंड में भी समर्थन मिलने की सम्भावना थी। कानून में प्रस्तावित इस बदलाव के अनुसार, वैवाहिक अधिकारों की पुनर्स्थापना के मुकदमे में जारी डिकरी का उल्लंघन करने वाले व्यक्ति को जेल की सजा से छूट मिलने का प्रावधान था।

केन्द्र सरकार ने लगभग ढाई महीने बाद, 17 जून 1887 को, इस सन्देश का जवाब देते हुए लिखा कि 'इस मामले पर विचार करने से पहले' अन्य स्थानीय सरकारों और 'देशी जनमत के अगुवाओं' की राय ले लेना ठीक होगा। इस बीच रख्माबाई फैरन के आदेश के खिलाफ अपील कर चुकी थी और उसके जेल जाने का खतरा फिलहाल टल गया था। विधि विभाग का मानना था कि कानून में संशोधन करने में कोई कठिनाई नहीं थी। विधि सदस्य ए.आर. स्कोबल बम्बई सरकार के प्रस्ताव से पूरी तरह सहमत थे। इस प्रस्ताव के अनुसार भारतीय नागरिक संहिता की धारा 260 को 1884 के अंग्रेजी वैवाहिक मामलों सम्बन्धी कानून के अनुरूप बनाया जाना था। स्कोबल को इस संशोधन से 'देशी संवेदनाओं को कोई आघात पहुँचने' की आशंका नहीं थी। जिस दिन बम्बई सरकार को यह जवाब भेजा गया, उसी दिन स्थानीय सरकारों की राय जानने के लिए भी पत्र भेज दिए गए। केन्द्र सरकार कोई कदम उठाने से पहले न सिर्फ विभिन्न समूहों के विचार जानना चाहती थी, बल्कि यह भी दिखाना चाहती थी कि वह हाथ पर हाथ धरे नहीं बैठी थी। इसीलिए उसने स्थानीय सरकारों के नाम अपने पत्र को सार्वजनिक कर दिया।

पत्र में कहा गया कि 'वैवाहिक अधिकारों की पुनर्स्थापना के मुकदमों की उपयोगिता' से इनकार नहीं किया जा सकता, 'बशर्ते कि इस तरह के मामलों में जारी डिकरी को लागू करने के लिए ऐसे तरीके न अपनाए जाएँ जिन्हें नैतिक या सामाजिक आधारों पर सही नहीं ठहराया जा सकता'। प्रश्न यह था कि राज्य इन अधिकारों को 'लागू करवाने के लिए किस तरह का हस्तक्षेप' कर सकता था। पहले भारतीय अदालतें 'पत्नी को जबर्दस्ती पकड़कर उसके पति के हाथों में सौंप देती थीं'। बाद में इसकी बजाय 'अनिच्छुक पत्नी को जेल भेजने' का तरीका अपनाया जाने लगा। ये दोनों ही तरीके 'आधुनिक विचारों' के विपरीत थे। इसलिए सबसे अच्छा उपाय यह था कि 'अंग्रेजी कानून की गतिशीलता का अनुकरण किया जाए' और भारतीय कानून को अन्य 'सभ्य देशों के कानून के अनुरूप' बनाया जाए।

अंग्रेजों ने वैवाहिक अधिकारों की पुनर्स्थापना से जुड़े अंग्रेजी कानून को भारत पर थोपकर गलती की थी। प्रस्तावित संशोधन में एक बार फिर उस गलती को दोहराया जा रहा था। संशोधन के अनुसार, अलगाव और तलाक के प्रावधान समेत अंग्रेजी कानून जस-का-तस भारत पर लागू किया जाना था।[2] चूँकि हिन्दू रूढ़िवादियों ने गृहणियों को जेल भेजे जाने के प्रावधान का विरोध किया था, इसलिए शायद यह समझा जा रहा था कि इसके उन्मूलन से देशी संवेदनाओं को कोई आघात नहीं पहुँचेगा। लेकिन उन्होंने यह नहीं सोचा कि तलाक से जुड़ा अनुच्छेद मौजूदा भय को और तूल दे सकता है और प्रस्तावित संशोधनों के लिए खतरा पैदा हो सकता है।

दो महीने बाद, अगस्त 1887 में, किसी स्थानीय सरकार की तरफ से कोई

प्रतिक्रिया आने से पहले ही, रख्माबाई बचाव समिति के ज्ञापन ने एक बार फिर केन्द्र सरकार को कोई कदम उठाने के लिए बाध्य कर दिया। इस ज्ञापन में नागरिक आचार संहिता की धारा 260 में संशोधन करके 'पुनर्स्थापना की डिकरी के मामलों में' जेल की सजा को खत्म करने की माँग की गई थी। चूँकि रख्माबाई का मामला तात्कालिक महत्त्व रखता था, इसलिए 'कभी भी साथ न रहे वैवाहिक व्यक्तियों के मामले में' जेल की सजा को खत्म करने के लिए कानून में एक 'संक्षिप्त संशोधन' का सुझाव दिया गया था।

इस ज्ञापन का उत्तर देने में सरकार को एक महीने से कुछ अधिक समय लगा। उसने कहा कि वह 'ज्ञापनदाताओं द्वारा सुझाई गई दिशा में कानून में संशोधन करने के प्रश्न' पर विचार कर रही है। लेकिन उसने एक संक्षिप्त या तत्काल संशोधन के सुझाव को ठुकरा दिया। अभी स्थानीय सरकारों की तरफ से कोई प्रतिक्रिया नहीं मिली थी, इसलिए केन्द्र सरकार समय से पहले कोई कदम नहीं उठाना चाहती थी। यूँ भी फैरन के आदेश के खिलाफ अपील दायर हो चुकने के बाद, अब वह किसी जल्दबाजी में नहीं थी। केन्द्र सरकार के अधिकारियों को परदे के पीछे के घटनाक्रम की भी जानकारी थी, जिससे लगता था कि रख्माबाई को जेल भेजकर डिकरी लागू किए जाने की सम्भावना बहुत कम थी।

सरकार फूँक-फूँककर कदम रख रही थी। इसलिए जब विधि सदस्य ने रख्माबाई बचाव समिति को यह आश्वासन देना चाहा कि 'इस विशेष मामले की परिस्थितियों को देखते हुए कानून में कोई विशिष्ट संशोधन करने की जल्दबाजी नहीं थी', तो गृह सचिव ए.पी. मैकडॉनेल ने आपत्ति व्यक्त की। उन्होंने कहा कि इस वक्तव्य को इस रूप में देखा जा सकता है कि मानो 'सिर्फ इस मुकदमे के लिए और सिर्फ जरूरत पड़ने पर कानून में संशोधन किए जाने' की बात हो। गृह मामलों के सदस्य जे.बी. पाइल ने भी सहमति जताई : 'हाँ; मैं यह कहूँगा कि हम इस मामले के लिए कोई विशेष कानून बनाने के लिए तैयार नहीं हैं।' डफरिन भी मान गए।[3]

कोई आश्चर्य नहीं कि कानूनी संशोधनों को लेकर सरकारी हलको में किसी तरह की जल्दबाजी नहीं थी। कुर्ग को छोड़कर, अधिकांश स्थानीय सरकारों के जवाब 1887 के अन्त और 1888 की शुरुआत के आसपास पहुँचे। पंजाब का जवाब तो जनवरी 1889 में पहुँचा।

2

इस बीच, जुलाई 1888 में, दादाजी और रख्माबाई के बीच हुए एक समझौते ने इस ऐतिहासिक मुकदमे का अनाटकीय अन्त कर दिया। दादाजी 'सभी खर्चों की

सन्तोषजनक भरपाई' के रूप में रख्माबाई से दो हजार रुपए लेकर उसके खिलाफ डिकरी को लागू न करवाने के लिए राजी हो गया। सतही तौर पर यह बहुचर्चित मुकदमा वैसे ही खत्म हो गया जैसे शुरू हुआ था–एक निजी वैवाहिक विवाद के रूप में। इस मुकदमे के दौरान उठे कई अत्यन्त महत्त्वपूर्ण और ऐतिहासिक प्रश्न अनुत्तरित ही रह गए। लेकिन यह समझौता पूरी तरह से निजी समझौता नहीं था। दोनों पक्षों ने अपील अदालत से इस पर अपनी सहमति की मोहर लगाने का अनुरोध किया। इसमें लगभग साल भर लग गया, और इस बीच पर्दे के पीछे आपसी सौदेबाजी और वार्ताओं का सिलसिला जारी रहा। इसमें कई प्रभावशाली मध्यस्थों ने महत्त्वपूर्ण भूमिका निभाई, जो अपने समाज को इस संकट से उबारना चाहते थे। स्वयं सरकार भी रख्माबाई को जेल भेजने की सम्भावना को हर कीमत पर टालना चाहती थी, इसलिए सरकार के उच्च अधिकारी इस पूरे घटनाक्रम को दम साधकर देख रहे थे।

जिस दिन फैरन ने रख्माबाई को अपने पति के पास जाने का आदेश दिया था, और उसने अपना इरादा बता दिया था, उसी दिन से संगठित रूढ़िवाद के नेता मामले को और उलझाने से बचना चाहते थे। वे न तो जेल जाती रख्माबाई की शहादत चाहते थे और न प्रिवी काउंसिल में अपील का खतरा। रख्माबाई को जेल हो जाती तो स्त्रियों के हितों की चिन्ता को लेकर रूढ़िवादियों के कथित दावों की पोल खुल जाती; जबकि प्रिवी काउंसिल में अपील से हिन्दू विवाह की वह व्याख्या बदल सकती थी जिसको मानते हुए फैरन ने अपना आदेश दिया था। रूढ़िवादियों के लिए ज़रूरी था कि दादाजी को रख्माबाई के खिलाफ जारी डिकरी को लागू करवाने से रोका जाए। इसलिए उन्होंने उसे समझाने-बुझाने का हर सम्भव प्रयास किया। उन्होंने यहाँ तक कह डाला कि क्या वह एक ऐसी स्त्री के साथ रहने को तैयार था जिसके चालचलन के बारे में सब को पता था।

हमें नहीं मालूम कि दादाजी को रख्माबाई से जो दो हजार रुपए मिले थे वे उसके पास ही रहे या नारायण धर्माजी के पास चले गए। लेकिन चूँकि खुद उसने एक कौड़ी भी अपनी जेब से नहीं लगाई थी, दादाजी को कोई घाटा होने की सम्भावना नहीं थी। जब पिनी के फैसले के बाद मंडलिक जैसे नेता उसके अच्छे आचरण की गवाही देने लगे, और मुकदमा लड़ने के लिए उसे सार्वजनिक पैसा भी मिलने लगा, तो उसने निश्चित ही अपने-आपको पहले से बेहतर स्थिति में महसूस किया होगा। यह भी सम्भव है कि उसे समझौता करने के लिए रूढ़िवादियों की तरफ से कुछ धन भी मिला हो। जो भी हो–और भले ही *केसरी* जैसे रख्माबाई के साथ उसके विवाह को एक 'मुकम्मल घाटे' के रूप में देखते रहे हों–दादाजी ने इस समझौते के बाद एक दूसरी स्त्री के साथ विवाह करने में जरा भी समय नहीं गँवाया।

इस पूरे मुकदमे में दादाजी की भूमिका एक इच्छुक प्यादे से ज्यादा नहीं थी।

जिस तरह नारायण धर्माजी के उकसाने पर वह मुकदमा दायर करने के लिए राजी हो गया था, उसी तरह रूढ़िवादियों के समझाने-बुझाने पर वह समझौते के लिए मान गया। लेकिन साल भर पहले तक आखिरी दम तक लड़ने का संकल्प धरने वाली रख्माबाई ने यह लड़ाई क्यों छोड़ दी? इसका उत्तर उन परिस्थितियों में ढूँढ़ा जा सकता है जिनका सामना उसे अदालत के आदेश का पालन न करने की अपनी घोषणा के बाद करना पड़ रहा था।

रख्माबाई की सनसनीखेज घोषणा के बाद उसके चरित्र को खुलेआम और खूब रस ले-लेकर उधेड़ने की होड़-सी लग गई। 11 अप्रैल 1887 को दादाजी ने अपनी तरफ से मुकदमे का विवरण 'दादाजी बनाम रख्माबाई मुकदमे के कुछ तथ्यों का खुलासा' शीर्षक से छपवाया।[4] रख्माबाई को सन्देह था कि यह खुलासा छद्म रूप से के.आर. कीर्तिकर ने लिखा था। इसमें दादाजी ने हिन्दू धर्म की रक्षा के लिए लड़ने का दावा किया और रख्माबाई के सभी आरोपों को गलत ठहराया।

रख्माबाई समझ नहीं पा रही थी कि इस खुलासे को नजरअन्दाज कर दे या इसका जवाब दे। आखिरकार 29 जून को उसने अपना 'जवाब' प्रकाशित करवाया। इस जवाब में उसने अन्य बातों के अलावा यह भी कहा कि धर्माजी की एक रखैल 'पिछले चौदह वर्षों से उसके घर में रह रही थी', जिसके अत्याचारों के कारण 'उसकी कानूनी पत्नी ने एक बार कुएँ में कूदकर जान देने की भी कोशिश की थी। मैं एक ऐसी स्त्री के साथ उसी घर में नहीं रहना चाहती थी।'

नारायण धर्माजी फैरन के फैसले के बाद खुशी से फूला नहीं समा रहा था। वह रख्माबाई और उसके साथियों को नीचा दिखाकर उन्हें झुकाने पर तुला हुआ था। इसलिए उसने रख्माबाई और उसके नाना के खिलाफ मानहानि का मुकदमा दायर कर दिया। साथ ही उसने *टाइम्स ऑव इंडिया* और *बॉम्बे गजेट* को एक कानूनी नोटिस भिजवा दिया। इन दोनों ने एक ही दिन रख्माबाई का 'जवाब' प्रकाशित किया था।[5] कानूनी नोटिस में उस 'जवाब' की मूल प्रति की माँग की गई थी, ताकि यह साबित हो सके कि वह 'जवाब' रख्माबाई ने ही लिखा था। *टाइम्स ऑव इंडिया* ने इस माँग को पूरा करते हुए 'जवाब' की प्रूफ-कॉपी भिजवा दी, जो उसे *बॉम्बे गजेट* से प्राप्त हुई थी। रख्माबाई ने अपना जवाब *बॉम्बे गजेट* और उसके सम्पादक ग्रैटन गीयरी को भेजा था, जिन्होंने इसे ज्यादा से ज्यादा पाठकों तक पहुँचाने के इरादे से इसकी एक प्रूफ-कॉपी *टाइम्स ऑव इंडिया* को सौंप दी। गीयरी ने एक सिद्धान्तवादी दृष्टिकोण अपनाते हुए जवाब की मूल प्रति देने से इनकार कर दिया तो नारायण धर्माजी ने उन्हें भी मानहानि के मुकदमे में घसीट लिया।

मानहानिक के मुकदमे से एक तरह से रख्माबाई को लाभ ही पहुँचा। उसका बचाव फीरोजशाह मेहता ने किया, जो अपने समय के प्रमुख राष्ट्रवादियों में थे।

जैसाकि हम आगे चलकर देखेंगे, रख्माबाई के बचाव से जुड़े सिद्धान्तों में उनकी दिलचस्पी अन्त तक बनी रही। मुकदमे का फैसला नारायण धर्माजी के खिलाफ गया और उसकी रखैल के बारे में और उसकी पत्नी की आत्महत्या की कोशिश के बारे में कई अप्रिय तथ्यों का सार्वजनिक उद्‌घाटन हुआ।

लेकिन इस मुकदमे के कारण रख्माबाई को घोर मानसिक कष्ट और अपमान भी झेलना पड़ा। नारायण धर्माजी ने अपने ही जैसा एक अभद्र और भावना-शून्य अंग्रेज वकील नियुक्त किया, जिसकी वजह से यह मुकदमा हर किसी के लिए एक कटु और अप्रिय अनुभव बन गया, स्वयं न्यायाधीश के लिए भी। सबसे अधिक क्लेश रख्माबाई को हुआ, क्योंकि उसकी स्थिति ही सबसे अधिक भेद्य थी। वह अंग्रेज वकील उसके बारे में न सिर्फ अभद्र टिप्पणियाँ करता रहा, बल्कि उसके प्रति उसका पूरा रवैया अत्यन्त अपमानजनक था। उदाहरण के लिए, एक बार अदालत में ऐसी बहस चल रही थी जिसके लिए रख्माबाई की उपस्थिति जरूरी नहीं थी। लेकिन उस वकील ने अचानक ही जानना चाहा कि वह कहाँ थी और उसे अदालत में लाए जाने तक बहस जारी रखने से इनकार कर दिया। उन दिनों अदालत में 'सम्मानित' परिवारों की स्त्रियों की उपस्थिति के मामले में खासा लिहाज बरता जाता था। पर बेचारी रख्माबाई को जबरदस्ती अदालत में घसीटकर उसका सार्वजनिक प्रदर्शन करवाया गया।

इसी समय रख्माबाई को इसी तरह व्यथित कर देने वाला एक और अनुभव भी हुआ। यह अनुभव उसकी विश्वसनीयता को लेकर सार्वजनिक सन्देह की अभिव्यक्ति से जुड़ा हुआ था। इस संबंध में सम्भवतः सबसे निष्ठुर रहा *टाइम्स ऑव इंडिया*, वही प्रमुख दैनिक जिसने प्रारंभ में इतने जोर-शोर से उसकी हिमायत की थी। जिस तत्परता से *टाइम्स ऑव इंडिया* ने उसका 'जवाब' छापा था, वह भी सिर्फ *बॉम्बे गजेट* से प्राप्त प्रूफ-कॉपी के आधार पर, उसे देखते हुए ऐसी निष्ठुरता की उम्मीद नहीं की जा सकती थी। लेकिन मानहानि का मुकदमा दायर होते ही *टाइम्स ऑव इंडिया* को रख्माबाई के जवाब में सिद्धान्तों की बजाय एक ऐसा 'पारिवारिक झगड़ा' दिखाई देने लगा 'जिसके बारे में हम कुछ नहीं जान सकते'। यह सही है कि यह अखबार द्वारा अपनी सफाई देकर अपना पीछा छुड़ाने का प्रयास भी हो सकता था, क्योंकि वह *बॉम्बे गजेट* की तरह इसे सम्पादकीय अधिकारों की रक्षा का प्रश्न मानकर मुकदमे में उलझने के लिए तैयार नहीं था। लेकिन सभी पाठकों ने इसे इस दृष्टि से नहीं देखा होगा। रख्माबाई का निराश होना स्वाभाविक था। पारिवारिक झगड़े के पीछे छिपी सच्चाई को समझते हुए ही तो *टाइम्स ऑव इंडिया* ने रख्माबाई का समर्थन करने का फैसला किया था।

दरअसल रख्माबाई का मोहभंग पहले ही शुरू हो गया था। वह समझ नहीं पा

रही थी कि उसके समर्थक क्या कुछ करने को तैयार थे और उससे क्या अपेक्षाएँ कर रहे थे। यह बहुत सुखद अनुभूति थी कि इतनी सारी जानी-मानी हस्तियों ने उसके बचाव के लिए एक समिति बनाई थी। उनके निमंत्रण पर अपने नाना के साथ उनसे मिलने जाना बहुत सुखद और आश्वस्त करने वाला अनुभव था। लेकिन वे लोग उसके भविष्य के बारे में व्यावहारिक स्तर परक्या कदम उठाने की योजना बना रहे थे? 24 अप्रैल 1887 को तैलंग ने समितिके नाम जो पत्र लिखा था, वह काफी विचलित कर देने वाला था। अगर समितिने उनकी शर्तों को स्वीकार करके रूढ़िवादियों के सामने घुटने टेक दिए, तोप्रिवी काउंसिल में अपील भी न हो सकेगी। अपने समर्थकों के एक शक्तिशाली हिस्से को नाराज करने के बाद केवल यही रास्ता बचता था कि वह मलबारी जैसे कुछ अटल और दृढ़-संकल्प समाज-सुधारकों का दामन पकड़ ले। यह कोई बहुत चैनदायी विकल्प नहीं था, खासकर अगर उसे सारी जिन्दगी शहादत के चक्कर में न पड़कर शान्ति से सामान्य जीवन भी बिताना था।

अगर इन सारी कठिनाइयों के बावजूद वह प्रिवी काउंसिल में अपील दायर करने की हिम्मत कर भी लेती तो भी कोई गारंटी नहीं थी कि फैसला उसी के पक्ष में होगा। कोई प्रतिकूल फैसला होने पर मौजूदा कानूनों में किसी तरह के मानवीय संशोधन की सम्भावना भी खत्म हो जाती। वैसे भी उसने अपने लम्बे संघर्ष से कानूनी हस्तक्षेप किए जाने की जरूरत साबित कर दी थी। 'ए हिन्दू लेडी' के नाम से अपने पत्रों में उसने मौजूदा कानून में कुछ न्यूनतम संशोधन का आग्रह किया था। फैरन के आदेश से एक पखवाड़ा पहले, और यह जानते हुए कि फैसला उसके खिलाफ जाने वाला था, उसने अपना 'सरल समाधान' दोहराते हुए कहा था कि '20 वर्ष से कम उम्र के लड़कों और 15 वर्ष से कम उम्र की लड़कियों के विवाह को अदालत द्वारा मान्यता नहीं दी जानी चाहिए।' आगे यह सब करवाना दूसरों का काम था।

छब्बीस वर्षीय रख्माबाई को ऐसी मनोस्थिति में अकेलेपन और अनिश्चित भविष्य के अलावा और कुछ भी दिखाई नहीं दे रहा होगा। वह एक डॉक्टर बनना चाहती थी। उन दिनों समाज में महिला डॉक्टरों की बहुत ज्यादा जरूरत भी थी। उसे लन्दन में डॉक्टरी की पढ़ाई करने का निमंत्रण और हर तरह की मदद का प्रस्ताव मिला हुआ था। वह इस प्रस्ताव को ठुकराने या अनिश्चित काल के लिए टालने की स्थिति में नहीं थी। उसे भी अपनी जिन्दगी जीने का अधिकार था। अब समय आ गया था कि वह सुधारवादियों की कड़ी अपेक्षाओं पर खरा उतरने और उनके लिए 'शहीद' होने से इनकार कर दे। दादाजी के साथ रहने से इनकार करने के बाद अब उसे अपने जीवन पर अपने अधिकार को स्थापित करना था और अपने भविष्य के बारे में सोचना था। वैवाहिक जीवन का त्याग कर देने के बाद उसके सामने आत्मनिर्भरता के अलावा कोई दूसरा रास्ता नहीं बचा था।

इन परिस्थितियों में, और लड़ाई के इस चरण में, रख्माबाई को समझौते का विचार बिल्कुल सही जान पड़ा होगा। बस समझौते की शर्तें सम्मानजनक होनी चाहिए थीं। सभी लागतों की भरपाई के रूप में दो हजार रुपए कोई महँगा सौदा नहीं था। न ही इसे किसी भी लिहाज से 'समर्पण' कहा जा सकता था। उसके तन-मन पर अपना अधिकार जताने वाले व्यक्ति की औकात पता चल गई थी। अपनी आज़ादी खरीदने की समझदारी का अहसास हो जाने के बाद रख्माबाई के लिए यह कोई बड़ी रकम नहीं थी।

दादाजी के साथ जिन्दगी न बिताने के संकल्प की अन्तिम पुष्टि के रूप में रख्माबाई इस समझौते के तुरन्त बाद डॉक्टरी की पढ़ाई के लिए इंग्लैंड चली गई। उतनी ही तत्परता दादाजी ने दूसरा विवाह करने में दिखाई।

जब दोनों पक्षों ने समझौते का मन बना लिया तो दोनों की ही कोशिश थी कि ऐसा लगे कि समझौते की पहल दूसरी तरफ से हुई है। जब रख्माबाई का प्रतिनिधित्व कर रहे जारडिन ने अपील पीठ से कहा कि 'हमें समझौते का प्रस्ताव दिया गया है' तो दादाजी के वकील वीकाजी ने तुरन्त जोड़ा, 'दोनों पक्षों के मित्रों द्वारा'। जारडिन ने अपनी बात जारी रखते हुए आगे कहा कि 'मैंने रख्माबाई की तरफ से इस प्रस्ताव को स्वीकार करने का विचार कर लिया है'। वीकाजी ने एक बार फिर उनकी बात काटते हुए कहा : 'मैं यह कहना चाहूँगा कि हालाँकि यह प्रस्ताव बहुत बुद्धिमत्तापूर्ण है, लेकिन यह पूरी तरह से हमारी तरफ से नहीं आया है; यह समझौता दोनों पक्षों के मित्रों के सहयोग से हुआ है।' उन्होंने अपनी जीत का दावा करते हुए आगे कहा :[6]

> *फैसला वादी के पक्ष में हुआ है, लेकिन क्योंकि प्रतिवादी के मन में वादी के लिए कोई स्नेह-भावना नहीं है, इसलिए मेरे विचार में उसने अपने दावे पर और जोर न देने का फैसला करके सूझबूझ से काम लिया है।*

वीकाजी से भी आगे जाते हुए और 'समझौता' शब्द को पूरी तरह गोल करते हुए *नेटिव ओपीनियन* ने ऐसे दिखाया मानो जीत दादाजी की हुई है :

> *आखिरकार रख्माबाई के मुकदमे का फैसला हो गया है। अपील अदालत ने न्यायमूर्ति फैरन के इस आदेश की पुष्टि कर दी है कि अवज्ञाकारी पत्नी अपने पति के पास जाए और पति को मुकदमे पर हुए खर्च की भरपाई की जाए।*

नेटिव ओपीनियन ने रख्माबाई और उसके समर्थकों पर आरोप लगाया कि उन्होंने मुकदमे को लम्बा खींचकर हिन्दू सामाजिक व्यवस्था को बदनाम करने का प्रयास किया था। 'बहुत पहले ही, लगभग डेढ़ वर्ष पहले', दादाजी ने 'जनता को बता दिया था' कि वह 'अपनी पत्नी को जेल भेजकर डिकरी लागू करवाने' का इच्छुक नहीं था। वह सिर्फ 'अपनी पत्नी पर अपने अधिकारों की पुष्टि' चाहता था,

जिनसे उसे वंचित किया जा रहा था। इन अधिकारों की पुष्टि हो जाने के बाद उसकी तरफ से मामला खत्म हो गया।[7] इन दावों में तथ्यों को नजरअन्दाज कर दिया गया था। उदाहरण के लिए, मैकफर्सन अपनी इस बात से मुकर गए थे कि रख्माबाई को जेल की सजा दिलवाना उनकी दलील का हिस्सा नहीं था। बाद में *मराठा* जैसे अखबारों को दादाजी को डिकरी लागू करवाने से रोकने के लिए बीच में आना पड़ा था।

यह रस्साकसी कानून के प्रस्तावित संशोधन से जुड़ी लड़ाई का भी हिस्सा थी। रूढ़िवादी यह दिखाना चाहते थे कि मौजूदा कानून में कोई दोष नहीं था। इसलिए उन्होंने इस समझौते को 'कानून की जीत' के रूप में और 'सामाजिक व्यवस्था के हित में' दिखाने का प्रयास किया।[8]

इसके बरक्स मौजूदा कानून में संशोधन की माँग कर रहे लोगों की दलील थी कि अगर सुधारवादी ताकतों ने रूढ़िवादियों को 'न्यायपूर्ण समर्पण' के लिए विवश न कर दिया होता तो रख्माबाई जेल में होती। जैसाकि *बॉम्बे गजेट* ने लिखा, 'कानून रूढ़िवादियों के पक्ष में था और उसमें किसी भी तरह की तकनीकी बाधाएँ नहीं थीं।' जिन बाधाओं के कारण वे अपनी मनमानी नहीं कर पाए थे वे 'कानूनी न होकर नैतिक' थीं।[9] बम्बई के प्रगतिवादी जनमानस ने रख्माबाई को मौजूदा कानून की निकृष्टतम अभिव्यक्ति की शिकार होने से बचा लिया था। लेकिन छोटे शहरों और कस्बों में ऐसी परिस्थितियों में स्त्रियों को कोई संरक्षण मिलने वाला नहीं था। रख्माबाई जिन 'वैयक्तिक अधिकारों और स्वतंत्रताओं' के लिए लड़ी थी उन्हें प्राप्त करने के लिए कानून में बदलाव अनिवार्य था। खासकर इसलिए भी कि मुकदमे के 'लूले और नपुंसक अन्त' के कारण, जहाँ तक समाज का प्रश्न था, इन आम जनता को प्रभावित करने वाले बहुत सारे मामले ज्यों-के-त्यों रह गए थे।[10]

मलबारी को भी कानून में प्रस्तावित संशोधन रख्माबाई के मुकदमे का एकमात्र उज्ज्वल पक्ष प्रतीत हो रहा था। समझौते से नाखुश होने के बावजूद, वे जानते थे कि 'बड़ी-बड़ी बातें करने और शेखी बघारने' के बावजूद रूढ़िवादियों ने आखीर में घुटने क्यों टेक दिए थे। उनका विचार था कि सुधारवादियों को प्रिवी काउंसिल में जाना चाहिए था जहाँ इस 'बर्बर कानून' की छुट्टी हो जाती। अब वे यह उम्मीद कर रहे थे कि सरकार 'जनमानस के स्पष्ट संकेत को ध्यान में रखते हुए' कानून में बदलाव करके अपना कर्तव्य निभाएगी, ताकि फिर किसी रख्माबाई की कहानी न दोहराई जाए।[11]

रख्माबाई के मुकदमे के बाद सरकार के कर्तव्य को लेकर हो रहे ये परस्पर विरोधी दावे प्रस्तावित कानूनी संशोधन की नियति को प्रभावित करने के लिए किए जा रहे थे।

3

इस समझौते ने कानूनी संशोधन की तात्कालिकता को और कम कर दिया। रख्माबाई को जेल की सजा होने का खतरा टल जाने से इस मामले से जुड़ी त्रासदी/शर्मिंदगी की भावना भी खत्म हो गई। इसके कारण अब दाँव पर जो कुछ लगा था उसे लेकर लोगों की धारणा में भी परिवर्तन आ गया। मसलन, फैरन के फैसले के फौरन बाद जब रख्माबाई के जेल जाने का खतरा सर पर मँडरा रहा था, विधि सदस्य स्कोबल 1884 में इंग्लैंड में हुए परिवर्तनों के अनुरूप भारत में भी कानूनी संशोधन करने को तैयार थे। अब वही स्कोबल कह रहे थे, 'हम इस मामले में जितना कम दखल दें, उतना ही अच्छा।'[12]

पर एक अनुभवी एंग्लो-इंडियन अधिकारी ऐसा भी था जो अब भी यही कह रहा था कि कानून में संशोधन करने का यह सबसे उपयुक्त समय है। ऑक्लैंड कॉल्विन एक उदारवादी छवि वाले व्यक्ति थे। उनका मानना था कि अब तक कभी-कभार प्रयोग में आने वाला वैवाहिक अधिकारों की पुनर्स्थापना का कानून जल्दी ही बार-बार प्रयोग में लाया जाएगा। इससे भारतीय समाज में अधिक उन्नत और कम उन्नत तत्वों के बीच टकराव बढ़ेगा। इतना ही नहीं, इससे प्रगतिशील अंग्रेजी विचारधारा और हिन्दू रूढ़िवाद का टकराव खतरनाक रूप ले लेगा। कॉल्विन का प्रस्ताव था कि 1884 के अंग्रेजी कानून का अनुसरण करने की बजाय वैवाहिक अधिकारों की पुनर्स्थापना के मुकदमों को पूरी तरह खत्म कर देना चाहिए। उनका ख्याल था कि अगर सरकार तुरन्त कार्रवाई करे तो बहुत कम विरोध होने की सम्भावना थी : 'ऐसे समय में जब जनमानस उत्तेजित नहीं है', और 'बहुत निकट भविष्य में ही इस विषय में जनमानस के उग्र विरोध का सामना करना पड़ सकता है।'[13]

कॉल्विन की यह धारणा एक असाधारण धारणा थी। वे अपने समकक्षों के विपरीत मूलगामी परिवर्तनों का सुझाव दे रहे थे, जो अपने समय से कहीं आगे थे। इंग्लैंड में वैवाहिक अधिकारों की पुनर्स्थापना के मुकदमे 1970 के दशक में खत्म किए गए, जबकि भारत में ये आज भी जारी हैं।

कॉल्विन ने यह जाना-पहचाना तर्क भी दिया कि 'जो लोग मौजूदा कानून के उन्मूलन का विरोध कर रहे हैं, वे खुद भी यह स्वीकार करते हैं कि यह हिन्दू कानून और रीति-रिवाज के अनुरूप नहीं है'। साथ ही, वे यह भी मानते हैं कि 'सचमुच में जेल की सजा दिए जाने का कोई लाभ नहीं होगा, क्योंकि कोई भी सम्मानित हिन्दू जेल की सजा भुगत चुकी या इसका सामना कर रही पत्नी को स्वीकार नहीं करेगा'। कॉल्विन ने दावा किया कि सरकार को मिली प्रतिक्रियाओं से कहीं ज्यादा लोग जेल की सजा के खिलाफ थे। लेकिन चूँकि जेल की सजा के उन्मूलन के साथ तलाक का मुद्दा भी जुड़ा हुआ था, बहुत से लोग विवाह संस्था को हानि पहुँचने के डर

से आगे नहीं आ रहे थे।

कॉल्विन रख्माबाई के मुकदमे को भारतीय समाज में उभर रहे टकराव के पूर्व संकेत के रूप में देख रहे थे, जिसके बीज स्वयं ब्रिटिश शासन ने बोए थे। रख्माबाई इस टकराव में एक अग्रदूत की भूमिका निभा रही थी और ब्रिटिश साम्राज्य से समाज के उस विशिष्ट वर्ग की सुरक्षा की माँग कर रही थी जिसका 'ब्रिटिश सरकार पर विशेष अधिकार बनता था—अर्थात् पश्चिमी पद्धति से शिक्षा प्राप्त करने वाली भारतीय महिलाएँ'। कॉल्विन पश्चिमोत्तर प्रान्त के लैफ्टिनेंट गवर्नर थे, जहाँ सामान्य जनमानस परिवर्तनों के विरुद्ध था। इसलिए वे अपने इस विश्वास को पक्का कर लेना चाहते थे कि स्त्रियाँ वैवाहिक पुनर्स्थापना के उन्मूलन का दुरुपयोग नहीं करेंगी। उनका कहना था कि 'आने वाले अनेक वर्षों तक लाखों में एक स्त्री को भी इसकी जानकारी नहीं होगी'। और अगर कोई एक स्त्री अपने पति को छोड़ भी दे तो उसे जिन्दगी भर समाज के परम्परागत प्रतिबन्धों का सामना करना पड़ेगा। कॉल्विन रख्माबाई बचाव समिति के नाम तैलंग के पत्र से भी बेखबर नहीं थे। इसलिए उन्होंने सिर्फ इस सुझाव का विरोध किया कि केवल बाल-विवाहों से जुड़े पुनर्स्थापना के मुकदमों का उन्मूलन किया जाए। उनका मानना था कि अगर ऐसा किया गया तो इसे हिन्दू विवाह पर प्रहार माना जाएगा।[14]

कॉल्विन का तर्क था कि समय के साथ कानून में संशोधन करना और मुश्किल होता चला जाएगा। इसका जवाब बंगाल के लैफ्टिनेंट गवर्नर स्टुअर्ट बेली ने दिया। उनका मानना था कि इन संशोधनों को लेकर जनता में पहले से ही काफी उत्तेजना थी। रख्माबाई के समझौते से पहले, फरवरी 1888 में, बेली ने लिखा था कि उन्हें सन्देह था कि 'व्यावहारिक असुविधा या मौजूदा कानून की नैतिक असमर्थता' के आधार पर किसी संशोधन की जरूरत है। उलटे इसके कारण 'हिन्दू समाज में बहुत सारी गलतफहमियाँ और कुछ-न-कुछ असन्तोष' पैदा होने का खतरा था। उनकी सरकार को प्राप्त हुई विविध प्रतिक्रियाओं से संकेत मिलता था कि :[15]

> *कानून में ऐसा कोई बदलाव असम्भव है जो देशी प्रजा के दो प्रमुख समुदायों की स्थितियों और जरूरतों को देखते हुए समान रूप से लागू किया जा सके।*

बेली ने माना कि जेल की सजा किसी भी सभ्य देश के लिए कलंक है। लेकिन विवाह सम्बन्धी कानून के मामले में 'लोगों की सामाजिक और नैतिक भावनाओं से बहुत ज्यादा आगे जाना' ठीक नहीं होता। उन्होंने कॉल्विन और कई अन्य प्रशासकों के उलट कहा कि 'हिन्दू समाज में जेल की सजा को बरकरार रखने को लेकर अच्छी-खासी हठधर्मिता और उल्लेखनीय एकता है।'। लेकिन वे इस सजा को सामान्य मामलों की बजाय सिर्फ ऐसे मामलों में लागू करने के पक्ष में थे जहाँ न्यायिक आदेश की अवज्ञा के पीछे कोई बुरी भावना हो या उसका पर्याप्त आधार

न हो। इसलिए बेली का सुझाव था कि जेल की सजा के मामले में अदालतों के पास विवेकाधिकार होना चाहिए। बेली जानते थे कि हर जाति में सजा देने के अपने तौर-तरीके होते हैं जो 'कानून के दायरे से बाहर' बहुत कारगर ढंग से काम करते हैं। लेकिन बेली इसे जेल की सजा को खत्म करने का कारण मानने को तैयार नहीं थे।[16]

देश के अन्य प्रशासनों के उत्तर कॉल्विन और बेली के बीच के दायरे में पड़ते थे। इन उत्तरों में अन्तर-प्रशासनिक मतभेद तो थे ही, कहीं-कहीं एक ही प्रशासन की विभिन्न शाखाओं ने अलग-अलग विचार व्यक्त किए थे। उदाहरण के लिए, बम्बई के गवर्नर की कार्यकारिणी ने कानूनी संशोधन तुरन्त किए जाने का सुझाव दिया, जबकि बम्बई उच्च न्यायालय ने इसका विरोध किया। लेकिन सभी अधिकारियों ने एक साझी भावना भी दिखाई —सावधानी बरतने की भावना।

इस प्रशासनिक बहस में सबसे महत्त्वपूर्ण कोशिश यह जानने की थी कि जेल की सजा को लेकर रूढ़िवादी हिन्दुओं के विरोधाभासपूर्ण रवैये का असली अर्थ क्या था। सम्भवतः असम प्रशासन ने इस रवैये को वृहत्तर सामाजिक-सांस्कृतिक सन्दर्भों से जोड़कर देखने और इसमें निहित विरोधाभास को समझने का सबसे सफल प्रयास किया। असम के चीफ कमिश्नर ने लिखा : 'पक्के हिन्दुओं' के लिए विवाह भंग करने के प्रस्तावित कानून का विरोध करने के कारण हैं। लेकिन वे जेल की सजा से जुड़े संशोधन का विरोध क्यों कर रहे हैं, जबकि वे खुद इस तरह की सजा देने की बात 'सोच भी नहीं सकते?' अधिकांश प्रशासनों ने इस विरोधाभास को स्वीकार किया था और इसे प्रस्तावित संशोधन में तलाक के प्रावधान से जोड़कर देखा था। असम प्रशासन अपने विश्लेषण में इन सबसे आगे रहा। उसका मानना था कि विवाह को लेकर हिन्दुओं की चिन्ता दरअसल पूरी संस्कृति से जुड़ी हुई चिन्ता थी। रूढ़िवादी हिन्दुओं का विशाल समूह अपनी विवाह व्यवस्था पर इस प्रहार को 'यूरोपियों और यूरोपीय विचारधारा रखने वाले कुछ मुट्ठी भर उन्नत भारतीयों द्वारा आक्रमण' के रूप में देख रहा था। इसीलिए यह मामला इतना उलझ गया था :

> *उनके दिमाग से यह विचार निकालना लगभग असम्भव है, और इस प्रश्न पर आगे चर्चा में भी वह एक अत्यन्त महत्त्वपूर्ण तत्व बना रहेगा।*

असम के इस उत्तर की रूपरेखा वहाँ के चीफ कमिश्नर डेनिस फिजपेट्रिक ने तैयार की थी। बाद में कुर्ग के चीफ कमिश्नर के रूप में भी उन्होंने इस विषय पर एक 'टिप्पणी' भेजी। उन्होंने हिन्दू विवाह व्यवस्था से उत्पन्न होने वाली बुराइयों को स्वीकार किया। लेकिन वे इस व्यवस्था पर प्रहार करने वालों के 'अज्ञानतापूर्ण या संकुचित दृष्टिकोण' और उनके 'कठोर सुझावों' पर चकित थे। इनमें अधिकांश वे लोग थे जो 'गिरिजाई या इस्लामी कानून के दायरे से बाहर' सोच ही नहीं सकते थे।

वे हिन्दू विवाह के आधारभूत तर्क को देख ही नहीं पा रहे थे। फिजपेट्रिक का मानना था कि हर तरफ से आलोचनाओं और प्रहारों की शिकार हो रही इस व्यवस्था को सरकार का सहयोग मिलते रहना चाहिए, क्योंकि यह व्यवस्था 'देशी समाज का आधार' थी। वे इस आम धारणा से सहमत थे कि जेल की सजा एक 'हतोत्साहक' का काम करती थी :

> *यह [सजा का डार] पत्नियों की मनमानी प्रवृत्तियों पर अंकुश लगाने और डिकरी जारी किए जाने पर उन्हें अपने पतियों के पास लौटने के लिए प्रेरित करती है, क्योंकि उन्हें ऐसा न करने के परिणामों का पता होता है।*

फिजपेट्रिक चाहते थे कि कानून के साथ कोई छेड़छाड़ न की जाए। लेकिन वे हिन्दू विवाह की बुराइयों को भी दूर करना चाहते थे। इसलिए वे जेल की सजा के मामले में अदालतों को विवेकाधिकार दिए जाने के पक्ष में थे। साथ ही, बचपन में ब्याहे गए और वयस्क होने पर इस विवाह को स्वीकार न कर पाने वाले व्यक्तियों को बचाने के लिए वे धारा 260 में 'स्थापना' और 'पुनर्स्थापना' के अन्तर को स्पष्ट करके 'स्थापना' शब्द को इस धारा के दायरे से बाहर कर देने के पक्ष में थे।

इस तरह, मौजूदा कानून के साथ कोई छेड़छाड़ न करने के आग्रह के बावजूद, फिजपेट्रिक ने खुद ही कुछ परिवर्तनों के सुझाव दिए, और इस मामले में वे बेली से भी आगे निकल गए। ऐसी विसंगति सिर्फ फिजपेट्रिक में ही नहीं दिखाई दे रही थी। अधिकांश अधिकारी अपने सहकर्मियों के तर्कों में इसी तरह की विसंगतियाँ देख रहे थे और बगैर जाने खुद भी उनका शिकार हो रहे थे। हर अधिकारी का विरोधाभास उसकी अपनी विशिष्ट समझ से जुड़ा हुआ था। फिजपेट्रिक के अनुसार रख्माबाई के मुकदमे ने 'मौजूदा कानून में एक अत्यन्त गम्भीर कठिनाई' की तरफ जनता का ध्यान आकर्षित किया था। बचपन में ब्याही कोई लड़की बड़ी होने पर ऐसे विवाह को स्वीकार न करने का फैसला कर सकती थी जिसकी 'विशिष्ट परिस्थितियों के कारण परिणति नहीं हुई थी। हालाँकि इस तरह की कठिनाई 'किसी भी क्षण' पैदा हो सकती थी, वास्तव में वैसा होने की सम्भावना बहुत कम थी। न केवल हिन्दू बल्कि सामान्यतः सभी भारतीय अपने अभिभावकों द्वारा तय किए गए विवाहों के अभ्यस्त थे। व्यक्तिगत चुनाव उनके लिए एक बेगाना विचार था। रख्माबाई का विवाह कोई पहला ऐसा विवाह नहीं था जिसमें सयानी होने की उम्र तक विवाह की परिणति को टाल दिया गया था। लेकिन इससे पहले कभी इस तरह की कठिनाई नहीं आई थी। 'भारत में बहुत बड़े पैमाने पर बदलाव आने से पहले' इस बात की बहुत कम सम्भावना थी कि विवाह की परिणति में असाधारण विलम्ब होने की स्थिति में लड़कियाँ रख्माबाई का अनुकरण करेंगी। फिर भी चूँकि इस तरह की कठिनाई पैदा

हो सकती है, 'इसके लिए कोई प्रावधान कर देना ठीक होगा'। कानून के साथ छेड़छाड़ नहीं करनी चाहिए, और इसमें बदलाव भी कर देना चाहिए–यह थी फिजपेट्रिक के तर्क में निहित विसंगति।

फिजपेट्रिक जेल की सजा को बरकरार रखने के पक्ष में थे, क्योंकि वे पुनर्स्थापना की डिकरी को लागू करवाना चाहते थे। वे इसे मात्र घोषणात्मक बनाने के पक्ष में नहीं थे। अधिकतर प्रशासकों का विचार था कि सिर्फ सम्पत्ति की कुर्की काफी नहीं थी। चूँकि भारत में बहुत कम स्त्रियाँ सम्पत्ति की मालकिन थीं, जेल की सजा खत्म करने का मतलब था 'पुनर्स्थापना की डिकरी की क्रियान्वयनता का ख़ात्मा'। और फिर एक ऐसा कानून जिसमें जेल की सजा को खत्म कर दिया गया हो, लेकिन सम्पत्ति की कुर्की को बरकरार रखा गया हो, व्यवहार में असमानता का शिकार हो सकता था :

> *अच्छी-खासी सम्पत्ति वाली स्त्री को कठोर बाध्यता का सामना करना पड़ेगा, जबकि अन्य स्त्रियाँ साफ बच जाएँगी।*

फिजपेट्रिक के लिए यह एक व्यावहारिक मुद्दा था, नैतिक नहीं। इंग्लैंड में भले ही वैवाहिक अधिकारों की पुनर्स्थापना के कानून को बदल दिया गया हो, उस वजह से वह अधिक न्यायपूर्ण या नैतिक नहीं हो गया था। पुनर्स्थापना की डिकरी लागू करने में कुछ भी न्याय या नैतिकता के खिलाफ नहीं था। इस मामले को :

> *एक विशिष्ट समाज की परिस्थितियों के सन्दर्भ में देखा जाना चाहिए, खासकर उन स्थितियों के सन्दर्भ में जिनके अन्तर्गत कोई मुकदमा दायर किया गया है, और यह भी देखना चाहिए कि इसका मुकदमे के मूल उद्‌देश्य पर और विशिष्ट समाज की आम भावनाओं पर क्या प्रभाव पड़ेगा।*

फिजपेट्रिक के मुताबिक, कुर्ग जैसे कुछ अपवादों को छोड़कर, अधिकांश भारत में पुनर्स्थापना के मुकदमों को बनाए रखने की जरूरत थी। असम घाटी के जिलों में, जिनके साथ फिजपेट्रिक की रिपोर्ट का सीधा सम्बन्ध था, हर वर्ष अच्छी-खासी मात्रा में पुनर्स्थापना के मुकदमे दायर किए जाते थे। लेकिन इस सन्दर्भ में उन्होंने पंजाब के अपने अनुभव को विशेष रूप से याद किया, जहाँ 1876-77 में वे मुख्य अदालत के न्यायाधीश रह चुके थे।[17]

इस बीच पंजाब में कोई बदलाव नहीं आया था। 1889 के शुरू में पंजाब सरकार ने लिखा था कि 'जिन भी स्थानीय सज्जनों से इस सम्बन्ध में परामर्श किया गया, वे सब एकमत से कानूनी संशोधन के ख़िलाफ थे'। यह सर्वसम्मति इस दृष्टि से भी चौंकाने वाली थी कि इसमें 'पुरानी विचारधारा' और अंग्रेजी कानून प्रणाली की 'गहरी समझ रखने वाले' दोनों ही तरह के लोग शामिल थे। दोनों ही मानते थे कि

'पारिवारिक जीवन और नैतिकता की रक्षा के लिए स्त्रियों पर कड़ा नियंत्रण आवश्यक है'। पंजाब सरकार ने पुरुषों के दृष्टिकोण को संक्षेप में प्रस्तुत करते हुए लिखा :

> *...जेल की सजा का डर अवज्ञाकारी पत्नियों को अपने पतियों के पास लौटने के लिए बाध्य करने में उपयोगी है; और पति की नियंत्रण-शक्ति में किसी तरह की ढील न सिर्फ वैवाहिक सत्ता के खिलाफ विद्रोह और बेवफाई की घटनाओं को बहुत ज्यादा बढ़ावा दे सकती है, बल्कि पीड़ित पत्नियों को आज से कहीं अधिक मामलों में कानून को अपने हाथ में लेने के लिए बाध्य कर सकती है।*

फिर भी पंजाब सरकार को ऐसे कानून का समर्थन करना 'असम्भव' प्रतीत हो रहा था, जिसके अन्तर्गत 'बचपन में ब्याहे गए लड़के या लड़की को उसकी इच्छा के खिलाफ दूसरे पक्ष के साथ सहवास के लिए बाध्य किया जा सके'; खासकर 'जब लड़की या स्त्री को पति के आग्रह पर जेल भेजे जाने का भी प्रावधान हो'। लेकिन अधिकांश प्रशासनों की तरह पंजाब सरकार ने भी विवाह कानून में कोई मूल बदलाव किए जाने का विरोध किया। उसने सिर्फ इतने बदलाव का सुझाव दिया कि अदालतों के पास विवेकाधिकार होना चाहिए, और कहा कि इसके कारण कोई 'बड़ी कठिनाई' आने का डर नहीं था।

पंजाब सरकार ने यह भी सुझाव दिया कि अपरिणित बाल-विवाहों को सगाई के समतुल्य मानना चाहिए। पंजाब में 1872 तक यही कानून था। इस कानून का सबसे बढ़िया पहलू यह था कि लड़की के सयानी होने पर बाल-विवाह की परिणति न करने की स्थिति में उसके माता-पिता या संरक्षकों को हर्जाना देना पड़ता था। यह देखते हुए कि इस कानून से बचने के लिए पति अपनी पत्नियों को शीघ्र सहवास के लिए बाध्य न करें, पंजाब सरकार ने सहवास की सहमति की उम्र दस वर्ष से बढ़ाकर पन्द्रह वर्ष करने का भी सुझाव दिया। एक और सुझाव देते हुए पंजाब सरकसर ने कहा कि अदालतों का विवेकाधिकार नियमों से मर्यादित होना चाहिए।[18]

4

राजधानी कलकत्ता में गृह विभाग के सचिवालय ने जल्दी ही, 8 अप्रैल 1889 को, वरिष्ठ अधिकारियों के विचार के लिए एक नोट प्रस्तुत किया। इसमें जेल की सजा खत्म करने का सुझाव था। तर्क यह दिया गया कि यद्यपि भारतीय जनमानस 'कुल मिलाकर किसी भी बदलाव के खिलाफ' था, फिर भी जेल की सजा अपेक्षाकृत आसानी से खत्म की जा सकती है। व्यावहारिकता में ही सिद्धान्त मिलाते हुए नोट में कहा गया : 'सरकार हिन्दू विवाह कानूनों को इस ढंग से लागू करने के लिए बाध्य

नहीं है जो आधुनिक विचारों के विरुद्ध हो'। नोट का निष्कर्ष था :

> *आवश्यक या वांछनीय यह प्रतीत हो रहा है कि वैवाहिक अधिकारों की पुनर्स्थापना को लागू करने के लिए जेल की सजा को समाप्त कर दिया जाए; और इस तरह हिन्दू कानूनों या प्रथाओं में किसी भी तरह के हस्तक्षेप से बचा जाए।*

जब ये कागजात गृह विभाग के अवर-सचिव जे.पी. ह्यूएट के पास पहुँचे तो उन्हें कलकत्ता उच्च न्यायालय की तरफ से किसी प्रतिक्रिया का अभाव महसूस हुआ, जिसे न जाने क्यों 17 जून 1887 का सर्क्युलर नहीं भेजा गया था। उच्च न्यायालय का मत जानना जरूरी था, क्योंकि कुछ उच्च न्यायालयों और पंजाब के मुख्य न्यायालय ने प्रस्तावित संशोधनों का कड़ा विरोध किया था। 'सौभाग्यवश', अब कानूनी संशोधन 'अति शीघ्र निपटाया जाने वाला मामला नहीं रह गया था'। किन्तु गृह सचिव ए.पी. मैकडोनेल ने कहा कि 'हमें एक महीने के अन्दर जवाब भेजने का अनुरोध करना चाहिए'। एक महीना तो नहीं, कलकत्ता उच्च न्यायालय के न्यायाधीशों ने कृपा करते हुए तीन महीने के अन्दर अपने जवाब भेज दिए। नौ न्यायाधीशों ने जेल की सजा को खत्म किए जाने का समर्थन किया। शेष दो, न्यायमूर्ति घोष और न्यायमूर्ति बैनर्जी, ने यह मामला अदालतों के विवेक पर छोड़ने का सुझाव दिया।[19]

कानूनी संशोधन से जुड़ी तात्कालिकता भले ही खत्म हो गई हो, ह्यूएट ने बड़ी चुस्ती दिखाई। सप्ताह भर के भीतर ही उन्होंने एक नोट तैयार कर लिया, जो बाद में सरकारी नीति का आधार बना। वे विभाग की 8 अप्रैल की टिप्पणी से असहमत थे। उन्हें जेल की सजा खत्म न करने के तर्कों में 'काफी वजन' दिखाई दे रहा था–अगर पुनर्स्थापना के मुकदमों को बरकरार रखना था तो। और जरूरी था उन्हें बरकरार रखना, अन्यथा हिन्दू समाज में घबराहट फैल सकती थी। ह्यूएट 'जेल की सजा के मामले में अदालत को विवेक प्रदान करने' के पक्ष में थे। इस उपाय को न सिर्फ 'भारी समर्थन' मिल रहा था, बल्कि इसमें 'जेल की सजा के उन्मूलन को लेकर रूढ़िवादियों के विरोध' का खतरा भी नहीं था। उन्हें कानूनी संशोधन की कोई तुरन्त जरूरत दिखाई नहीं दे रही थी, इसलिए उन्होंने नागरिक आचार संहिता के अगले फेरबदल के दौरान यह परिवर्तन करने का सुझाव दिया।

ह्यूएट के 14 अगस्त 1889 के नोट के दो दिनों के भीतर ही चार्ल्स जेम्स लायल को गृह सचिव नियुक्त किया गया। असम के चीफ कमिश्नर के सचिव के रूप में लायल यह समझ चुके थे–और अपने प्रमुख फिजपेट्रिक को भी समझा चुके थे–कि मौजूदा कानून में सिर्फ इतने बदलाव की जरूरत है कि अदालतों को विवेकाधिकार प्रदान कर दिया जाए। मामले से जुड़े दस्तावेज पढ़ने के बाद उनका यह विश्वास और भी पक्का हो गया। उन्होंने ह्यूएट की सलाह के साथ अपना यह 'निश्चित विचार'

भी जोड़ दिया कि रख्माबाई का मामला 'उसी तरह के मुश्किल मुकदमों में शामिल है जो बुरे कानूनों को जन्म देते हैं'। 'इसलिए इसके आधार पर कोई कानूनी संशोधन करना अविवेकपूर्ण होगा'। कई अन्य लोगों ने भी मुश्किल मुकदमों और बुरे कानूनों वाली इस प्रसिद्ध कहावत का प्रयोग किया था। लेकिन लायल ने इसके साथ यह चेतावनी भी जोड़ दी कि प्रस्तावित समाधान कई नई समस्याओं को जन्म दे सकता है। उन्होंने कहा कि रख्माबाई का मामला :

> *पूर्णतया अपवाद की परिस्थितियों की उपज था, और इसके लिए कोई विशेष कानून बनाना, बशर्ते कि हम अत्यधिक सावधानी न बरतें, अपवाद की परिस्थितियों को आम परिस्थितियों में बदल सकता है।*

लायल ने इस बात पर भी बहुत जोर दिया कि निम्न वर्गों में पत्नियों को बहुमूल्य वस्तु के रूप में देखा जाता था। जेल की सजा 'गरीब आदमी का एकमात्र सहारा' थी। इसके साथ ही लायल ने वैवाहिक नैतिकता को लेकर भी अपनी चिन्ता व्यक्त की। निम्न वर्गों में वैवाहिक रीति-रिवाज पहले ही 'बहुत ढीले-ढाले' थे। पुनर्स्थापना के मुकदमों में जेल की सजा को खत्म करने से वैवाहिक सूत्र और कमजोर पड़ सकते थे, जबकि जरूरत उन्हें 'और मजबूत बनाने' की थी।

जनवरी 1890 के मध्य में वायसराय की काउंसिल के सदस्यों को ये कागजात भेजे गए। सदस्य कई अन्य कामों में व्यस्त थे। यह मामला 'महत्त्वपूर्ण' तो था, पर 'तत्काल ध्यान देने योग्य' नहीं। साथ ही गर्मियाँ भी अधिक दूर नहीं थीं। हर वर्ष की तरह कलकत्ता से शिमला गमन का सिलसिला शुरू होने वाला था। परिणामतः लगातार दूसरे वर्ष भी इस मामले से सम्बद्ध फाइलों ने शीतकालीन राजधानी से ग्रीष्मकालीन राजधानी की यात्रा की।

वायसराय लैंसडाउन इस बात से सहमत थे कि 'सुरक्षित ढंग से सिर्फ इतना' किया जा सकता था कि 'वैवाहिक अधिकारों की पुनर्स्थापना की डिकरी को लागू करने के लिए जेल की सजा के मामले में अदालतों को विवेकाधिकार प्रदान कर दिया जाए'। यह बदलाव नागरिक आचार संहिता में आगामी फेरबदल के दौरान किया जा सकता था। पाँच दिन बाद, 15 मई 1890 को, काउंसिल ने इस सम्बन्ध में एक आदेश पारित कर फिलहाल इस मामले को टाल दिया।[20]

5

तीन वर्ष बाद ए.ई. मिलर ने इसे पुनर्जीवित किया। वे स्कोबल के उत्तराधिकारी थे और एक साहसिक और सिद्धान्तवादी व्यक्ति थे। उन्होंने गृह विभाग पर बरसते हुए कहा :

मेरे विचार में यह एक राक्षसी कृत्य है कि किसी स्त्री को—या किसी पुरुष को भी, हालाँकि स्त्री की विपदा पुरुष से कहीं ज्यादा होती है—कानून द्वारा उस पुरुष के साथ सहवास के लिए बाध्य किया जाए जिसे वह पसन्द नहीं करती...विवाह-अनुबन्ध में विशिष्ट कर्मनिर्वाहन जैसी बात मुझे इतनी स्तब्ध कर देने वाली प्रतीत होती है कि मैं इसे अभिव्यक्त कर पाने में असमर्थ हूँ।

मिलर जेल की सजा के माध्यम से बाध्यतापूर्ण सहवास लागू करवाने का फैसला अदालतों के विवेक पर छोड़ने की बजाय जेल की सजा को पूरी तरह खत्म करने के पक्ष में थे। स्त्रियों के लिए भी वही कानून सबसे अच्छा था जो उनके पतियों को सहवास के लिए बाध्य न करे। उनका मानना था कि एक ऐसी पत्नी :

जिसका पति उसके साथ रहने से इनकार करता हो, उससे तब तक गुजारा लेने की हकदार थी जब तक कि वह उसकी पत्नी है; और सामाजिक भावनाओं और रीति-रिवाजों को देखते हुए तलाक लेने या कानूनी तौर पर अपने पति से अलग होने के बाद स्थिति इससे बदतर ही होगी, न कि बेहतर; और तब तो वह निश्चित रूप से बदतर स्थिति में होगी जब उसके पति को अपनी इच्छा के खिलाफ उसे अपने घर में रखने के लिए बाध्य किया जाए, क्योंकि अगर उसका पति यूरोपीय पतियों से भिन्न नहीं है तो वह ऐसी स्थिति में उसकी जिन्दगी को एक बोझ बनाकर रख देगा।

मिलर को उम्मीद थी कि इसे 'सभी लोग शान्ति से मान लेंगे', सिवाय 'कुछ मुट्ठी भर लेकिन शोर मचाने वाले लोगों के जो सामाजिक प्रथाओं में किसी भी हस्तक्षेप को धर्म पर प्रहार मानते हैं'। फिर भी अनावश्यक जटिलताओं से बचने के लिए मिलर कानूनी अलगाव या तलाक को कानूनी संशोधन से दूर रखने के पक्ष में थे।

मिलर ने उम्मीद की थी कि ज्यादातर लोग शान्ति से उनका सुझाव मान लेंगे। विडम्बना कुछ ऐसी हुई कि उनके अपने ही साथी, गृह सदस्य हचिंग इस पहल से भड़क गए। हचिंस का तर्क था कि इस पहल से न सिर्फ मौजूदा कानूनी प्रक्रिया की सादगी पर प्रभाव पड़ेगा, बल्कि इस तरह का कोई प्रयास प्रस्तावित संशोधन और उसके समय को लेकर 1890 के फैसले के भी खिलाफ था। उन्होंने मामले को सुलझाने के लिए 'महामहिम को कष्ट देने' का फैसला किया। महामहिम, अर्थात् वायसराय लैंसडाउन, ने माना कि विधि सदस्य मामले को फिर से खोलने के लिए स्वतंत्र थे। मगर उन्हें प्रतीक्षा करनी होगी : 'अगर इस मामले में कोई कानून बनाने का प्रयास किया जाता है तो वह मेरा कार्यकाल समाप्त होने के बाद ही सम्भव है।' लैंसडाउन सहवास की सहमति की उम्र से सम्बन्धित कानून के दौरान ऐसा भयंकर सार्वजनिक विवाद झेल चुके थे कि अपने कार्यकाल के अन्तिम पाँच महीनों में कोई अतिरिक्त अशान्ति नहीं चाहते थे।

मिलर अपनी बात पर अड़े रहे और वायसराय की टिप्पणी के दो दिन बाद ही उन्होंने कहा :

मैं सिर्फ इतना चाहता हूँ कि इन मामलों में जेल की सजा खत्म कर दी जाए। मेरे विचार में किसी भी पति या पत्नी को, किन्हीं भी परिस्थितियों में, मात्र एक-दूसरे के साथ रहने से इनकार करने के लिए जेल की सजा नहीं होनी चाहिए।

मिलर समझते थे कि जो वे चाह रहे हैं वह सारा का सारा एक साथ नहीं हो सकता था। इसलिए उन्होंने काउंसिल के अन्य सदस्यों को यह आश्वासन दिया कि अगर 'किस्त-दर-किस्त के सिद्धान्त' पर 'मौजूदा कानून में सही दिशा में बदलाव' शुरू कर दिया जाए तो वे सन्तुष्ट महसूस करेंगे।

हचिंस भी अगले दिन समझौते की भाषा पर उतर आए। लेकिन लिखित रूप में उन्होंने यह भी जोड़ दिया : 'मैं समझता हूँ कि माननीय विधि सदस्य 1890 में हुए फैसले को मानेंगे, हालाँकि वे उससे आगे जाना चाहेंगे।' 20 जुलाई 1893 को काउंसिल नागरिक आचार संहिता की धारा 260 में संशोधन करने के लिए सहमत हो गई। 12 अगस्त 1893 को मिलर ने यह संशोधन प्रस्तावित किया :

वैवाहिक अधिकारों की पुनर्स्थापना की किसी भी डिकरी को प्रतिवादी को कैद की सजा देकर लागू नहीं करवाया जाएगा, सिवाय उन परिस्थितियों के जब अदालत पर्याप्त कारणों से जेल की सजा को जरूरी समझती है, और इन कारणों को अदालत अपने आदेश में लिखकर बताएगी।

उल्लेखनीय है कि इस संशोधन के अनुसार अदालतों को केवल सजा देने की स्थिति में अपने विवेक का इस्तेमाल करना था, न कि सजा न देने की स्थिति में नहीं। मिलर ने अपना संशोधन इस तरह गढ़ा था कि वह जेल की सजा के उन्मूलन के अधिक-से-अधिक नजदीक आ जाए।

संशोधन जल्दी ही संकट में पड़ गया। इसे पहला झटका विशेष समिति के भीतर ही बाबा खेमसिंह बेदी ने दिया। उन्होंने एक ऐसा आलोचनात्मक नोट प्रस्तुत किया जिससे ज्यादा कहने की रख्माबाई के कटुतम विरोधियों को भी ज़रूरत नहीं थी। खेमसिंह गुरु नानक के उत्तराधिकारियों की चौदहवीं पीढ़ी का प्रतिनिधित्व करते थे और पंजाब में अपने परिवार के आध्यात्मिक और इहलौकिक महत्त्व के कारण बहुत प्रभावशाली थे। इस नोट में बिना किसी लागलपेट के स्त्रियों के बारे में ऐसी धारणा व्यक्त की गई जो इसे खुलकर स्वीकार करने वालों से कहीं ज्यादा लोगों के मन में बसी थी। सिखों की एक ऊँची वंश-शृंखला के उत्तराधिकारी होने के बावजूद खेमसिंह एक कट्टर रूढ़िवादी हिन्दू की तरह बात कर रहे थे। यह दोनों समुदायों के बीच की उस साझी पहचान का परिचायक था जो अलग-अलग सामुदायिक भावनाओं और उनके संस्थागत सुदृढ़ीकरण के बावजूद बनी हुई थी। खेमसिंह ने अत्यन्त धीर-गम्भीर अन्दाज में लिखा :

हिन्दू के लिए पत्नी केवल उसकी सम्पत्ति है। धर्मशास्त्र भी यही कहते हैं। वह

माता-पिता द्वारा 'दान' में दी जाती है, और विवाह के बाद उनसे उसका कोई सम्बन्ध नहीं रह जाता। इसलिए उसका नैतिक, कानूनी और धार्मिक कर्तव्य यही है कि वह अपने पति के जीते-जी उसके साथ ही रहे।

इसके बाद बाबा ने पूरे भारत के सन्दर्भ में कहा : 'इस देश में स्त्रियाँ अमला (हमेशा परतंत्र) हैं।' अगर कोई स्त्री अपने पति को छोड़ देती है, तो 'कानून को उसे अपने पति के पास लौटने के लिए बाध्य करना चाहिए' या फिर 'जेल भेज देना चाहिए'। शुक्र था कि वे यह सब मर्यादा के भीतर चाहते थे। मसलन, स्त्री के साथ उस स्थिति में जोर-जबर्दस्ती नहीं की जानी चाहिए जब यह भरोसा न हो कि उसके लौटने पर उसका पति उसके साथ दुर्व्यवहार नहीं करेगा। अगर पति कोई दूसरा धर्म अपना ले, कुष्टरोग से पीड़ित हो, पागल हो, या ऐसी ही कोई दूसरी परिस्थिति हो तो भी उसकी पत्नी को उसके साथ न रहने की छूट मिलनी चाहिए, लेकिन दूसरा विवाह करने की नहीं। खेमसिंह को इस बात का सन्तोष था कि जेल की सजा के मामले बहुत कम थे। 'सौ में एक या दो मामलों को छोड़कर' जेल की सजा का 'डर' ही उपयुक्त परिणाम हासिल करने के लिए काफी होता था। सुखांत कहानियों की परम्परा का निर्वाह करते हुए उन्होंने कहा, 'इन स्त्रियों ने बाद में बड़ी सुखी जिन्दगी गुजारी और उन्हें अनेक सन्तानों की माँ बनने का सौभाग्य प्राप्त हुआ।' लेकिन 'अगर वे (अपने पति के पास) न लौटतीं तो पाप की भागी बनतीं और इसके लिए कानून जिम्मेदार होता।' कैद की सजा का प्रावधान स्त्रियों के भौतिक और नैतिक दोनों ही हितों की रक्षा के लिए ज़रूरी था।

खेमसिंह ने यह प्रचलित धारणा भी दोहराई कि कानून स्त्रियों के विरुद्ध भेदभाव नहीं करता। उनको इस सैद्धान्तिक दिखावे की भी ज़रूरत नहीं थी कि पुरुष और स्त्री दोनों को ही अपने पति या पत्नी को छोड़ने के लिए जेल की सजा हो सकती थी। इसकी बजाय उन्होंने पत्नी को गुजारा प्राप्त करने के अधिकार और उसके तन-मन पर पति के अधिकार होने का तर्क दिया, और पूछा :

अगर कोई पुरुष अपनी पत्नी को अपने साथ नहीं रखता तो उसे अपनी इच्छा के खिलाफ उसे गुजारा देन पड़ता है। तो फिर स्त्रियों को भी उनकी इच्छा के खिलाफ अपने पतियों के पास लौटने के लिए बाध्य क्यों नहीं किया जाना चाहिए?

स्त्रियों को 'सम्पत्ति' और 'अमला' मानने वाले लोगों के लिए गुजर-बसर के कुछ पैसे देकर एक स्त्री से पीछा छुड़ाने और अपनी इच्छा के खिलाफ किसी पुरुष को अपना तन-मन सौंपने का फर्क समझ पाना सम्भव नहीं था। ऐसे लोगों की दृष्टि में अपने पति को छोड़ने वाली स्त्री सम्मानजनक जीवन जीने के योग्य नहीं थी—जैसाकि हम रखमाबाई को एक स्वच्छन्द स्त्री की काल्पनिक छवि देने के प्रयासों में देख चुके हैं। सो खेमसिंह ने मिलर के संशोधन पर अन्तिम प्रलाप करते हुए कहा

कि इससे 'दुष्ट स्त्रियों को प्रोत्साहन मिलेगा और लोगों को कष्ट झेलने पड़ेंगे'। 'स्त्रियों' और 'लोगों' के बीच का यह अचेतन भेद बहुत कुछ कह देता है।

मिलर का ख्याल था कि वे पुरातनपन्थी बाबा को दरकिनार कर संशोधन पारित करवा लेंगे। लेकिन उन्हें शीघ्र ही एंग्लो-इंडियन नौकरशाही के कड़े विरोध का सामना करना पड़ा। खेमसिंह के प्रहार से दो सप्ताह पहले ही डेनिस फिजपेट्रिक भी इस द्वन्द्व में कूद पड़े। वे अब पंजाब के लेफ्टिनेंट गवर्नर बन चुके थे। उन्होंने कहा कि वे इस संशोधन को 'झट से' स्वीकार कर लेते अगर विधि सदस्य ने इसे अपनी इस 'व्यक्तिगत इच्छा' को पूरा करने के इरादे से न गढ़ा होता कि 'वैवाहिक अधिकारों की पुनर्स्थापना के लिए किसी भी डिकरी को लागू नहीं किया जा सकेगा'। उन्होंने कहा कि अदालतों को उन मामलों में विवेक का प्रयोग करना चाहिए जहाँ जेल की सजा की जरूरत नहीं है, न कि उन मामलों में जहाँ इसकी जरूरत है।

बंगाल सरकार ने भी 'हिन्दू समाज की वर्तमान उत्तेजित अवस्था' की ओर ध्यान दिलाते हुए कहा कि जिस तरह से मिलर ने अपने संशोधन के सहारे जेल की सजा का 'व्यावहारिक उन्मूलन कर दिया है, वैसा करना इस समय ठीक नहीं है। इस संशोधन से अपने पति के साथ रहने की अनिच्छुक पत्नियों के सामने कोई भी कानूनी बाध्यता नहीं रह जाएगी'। बंगाल सरकार ने स्वीकार किया कि अवज्ञाकारी स्त्रियों को जेल में डालना हिन्दू भावनाओं के खिलाफ था, लेकिन यह मान लेना भी ठीक नहीं था कि इसके उन्मूलन से हिन्दू भावनाओं को ठेस नहीं पहुँचेगी। भारत का जनमानस यह अपेक्षा करता था कि जो अदालत पुनर्स्थापना की डिकरी जारी करती है, उसके पास 'इस डिकरी को सचमुच लागू करके पत्नी को पति के पास भेजने की शक्ति भी होनी चाहिए'।

जेल की सजा के प्रावधान को ऐसे देखा जा रहा था मानो उसके होने भर से अदालतें अपने आदेश को लागू करवाने के लिए सशक्त हो जाती थीं। इसलिए 'एक ऐसा कानून पारित करके, जिसकी अभी कोई तात्कालिक आवश्यकता दिखाई नहीं दे रही, हिन्दू समाज के रूढ़िवादी और संरक्षणवादी वर्गों को चिन्ता में डालना ठीक नहीं था'। बंगाल सरकार उन मूक 'निम्न वर्गों' के बारे में भी सोच रही थी जहाँ पुरुष 'भगोड़ी पत्नियों के खिलाफ पुनर्स्थापना के मुकदमे दायर करने' के अभ्यस्त थे। उन पर इस संशोधन का 'बहुत ज्यादा प्रभाव' पड़ सकता था :

> *जिन वर्गों से अधिकारी और गैर-अधिकारी आते हैं, और जिनके विचारों का हमें पता चलता रहता है, वे इस तरह के मुकदमे दायर नहीं करते। लेकिन कानून के लिए उन लोगों का विशेष ध्यान रखना बहुत जरूरी है जिन्हें अपनी आवाज सरकार तक पहुँचाने में बहुत कठिनाई होती है।*

मिलर की पराजय सुनिश्चित थी। बाबा खेमसिंह का नोट तो बस बहाना था।

20 फरवरी 1895 को विशेष समिति ने मिलर के संशोधन को रद्द कर दिया। सर्वोच्च सरकार में उनके किसी भी सहकर्मी ने उनका साथ नहीं दिया। 28 फरवरी को जब विशेष समिति की रिपोर्ट पर विचार करने के लिए साम्राज्य की विधान परिषद की बैठक हुई तो फीरोजशाह मेहता ने संशोधन को बचाने का प्रयास किया। उन्होंने मिलर के संशोधन की आम आलोचना को ध्यान में रखते हुए यह सुझाव दिया कि अदालतों को इस तरह का विवेकाधिकार दिया जाना चाहिए कि कैद की सजा 'न दिए जाने' के मामलों में ही कारण बताना जरूरी हो। उनका प्रस्ताव था :

> *वैवाहिक अधिकारों की पुनर्स्थापना के लिए जारी की गई डिकरी को लागू करने के लिए प्रतिवादी को उन परिस्थितियों में कैद की सजा नहीं दी जाएगी जहाँ अदालत किसी पर्याप्त कारण से ऐसा न करना उचित समझती हो, और उस कारण को आदेश में बताया जाएगा।*

मेहता ने इस बात पर जोर दिया कि उनका प्रस्ताव उनकी अपनी पसन्द-नापसन्द का मामला नहीं था। वह 'संरक्षणवादी और रूढ़िवादी दोनों के श्रेष्ठतम दृष्टिकोण का प्रतिनिधित्व' करता था। उन्होंने समझौते की भाषा बोलते हुए कहा कि 'हिन्दुओं जैसी विशिष्ट और जटिल सामाजिक व्यवस्था और धर्म' के साथ किसी तरह की छेड़छाड़ करना ठीक नहीं। उन्होंने बताया कि उनका प्रस्ताव कलकत्ता उच्च न्यायालय के न्यायमूर्ति घोष और न्यायमूर्ति बैनर्जी की संयुक्त टिप्पणियों पर आधारित है, और ये दोनों ही 'श्रद्धालु और निष्ठावान' सनातनी हिन्दू हैं। यह प्रस्ताव हिन्दू सामाजिक व्यवस्था के आधार-स्तम्भों के साथ कोई छेड़छाड़ किए बिना एक ऐसे 'प्रक्षेप' के खिलाफ है जो 'एक बाहरी न्याय-व्यवस्था के कारण उभर आया है'। उनके प्रस्ताव से न हिन्दुओं को कोई न्यायोचित शिकायत हो सकती थी न मुसलमानों को।

सरकारी कथनों के विपरीत, मेहता ने दावा किया कि परिषद में प्रस्तुत किए गए दस्तावेजों से साफ है कि 'भारतीयों का एक बड़ा जनमत' कानून में संशोधन के पक्ष में है। फिर भी विशिष्ट समिति ने घोषणा कर दी कि देश अभी बदलाव के लिए तैयार नहीं है। यह सच था कि समाज का एक अंग इसका विरोध कर रहा था। पर यह अंग तो, जैसाकि आर.सी. दत्त ने कहा, 'सभी सुधारों' का विरोधी और 'विधवाओं को जिन्दा जलाने' जैसी प्रथाओं को पुनर्जीवित करने का इच्छुक था। सरकार कोई कानून बनाने के लिए प्रजा की सर्वसम्मति की प्रतीक्षा नहीं कर सकती थी।

मिलर ने मेहता के प्रस्ताव का खुलकर समर्थन किया। यह एक अनिंदनीय प्रस्ताव था और मिलर के अपने संशोधन के बरक्स इसकी व्यापक आलोचना का

खतरा नहीं था। मोहिनी मोहन रॉय को छोड़कर परिषद के उन सभी सदस्यों ने जो इस विषय पर बोले थे इस प्रस्ताव का सिद्धान्ततः समर्थन किया। मेहता की इस धारणा का समर्थन करते हुए कि मौजूदा कानून एक 'प्रक्षेप' था, मिलर ने परिषद को याद दिलाया कि विधि सदस्य विटली स्टोक्स ने 1877 में धारा 260 में 'अपनी तरफ से कुछ शब्द जोड़ दिए थे', जिनके कारण अदालतों के पास विवेकाधिकार नहीं रहा था। 1855 में ब्रिटिश भारतीय अदालतों में पुनर्स्थापना के मुकदमों की शुरुआत के बाद से अदालतों के सामने कभी कोई कठिनाई नहीं आई थी, फिर भी न जाने क्यों ये शब्द जोड़ दिए गए थे। 1877 तक जो कानून ठीकठाक काम करता रहा था, वह इस प्रक्षेप के कारण और रख्माबाई के मुकदमे के दौरान गम्भीर और व्यापक विवाद का विषय बन गया था। इस मुकदमे से उजागर हो गया था कि यह प्रक्षेप कितनी भयंकर भूल थी। यह सब अंग्रेजी कानून को, उसके मूल सिद्धान्तों की अवहेलना करके, हिन्दू कानून पर थोपने के प्रयासों का दुष्परिणाम था।

मेहता के प्रस्ताव का समर्थन करने वाले एक अन्य सदस्य थे गंगाधर माधव चिटनविस। उन्होंने कहा कि 'पति का घोर समर्थन करने वाला व्यक्ति भी यह स्वीकार करेगा कि ऐसे मामले हो सकते हैं जहाँ पत्नी को जबर्दस्ती पति के पास भेजना क्रूरतापूर्ण हो।' मेहता का 'नरम' प्रस्ताव ऐसे मामलों का ध्यान रखेगा। और फिर, पत्नी के जेल जाने से 'ऊँचे और सम्मानित वर्गों' को अपमान का सामना करना पड़ेगा। इसका अर्थ था कि :

> *अगर मौजूदा कानून का तंत्र काम करेगा तो सिर्फ ऐसे मामलों में जहाँ पत्नी से बदला लेने का, न कि उसका साथ प्राप्त करने का, उद्देश्य हो।*

कानून बनाने वालों को 'किसी ऐसे कृत्य में मदद या प्रोत्साहन देने की आवश्यकता नहीं जिसे हिन्दुओं के अपने कानून और धर्म में घृणित माना जाता है'। 'निम्न वर्गों' से सम्बन्धित तर्क बेमानी था क्योंकि यह प्रस्ताव :

> *मौजूदा कानून में समाज के कुछ खास वर्गों को जो भी सुरक्षा प्राप्त है उसे वापस नहीं लेता। यह सिर्फ उन मामलों में अदालत को विवेकाधिकार देता है जहाँ विशुद्ध द्वेष या प्रतिशोध की भावना से मुकदमा दायर किया गया हो।*

चिटनविस की इस बात से दरभंगा के महाराजा भी सहमत थे, यद्यपि उन्होंने मिलर के प्रस्ताव को निरस्त करवाने में महत्त्वपूर्ण भूमिका निभाई थी। चूँकि 'हिन्दू कानून में ऐसा कुछ भी नहीं था जो एक अनिच्छुक पत्नी को अपने पति के साथ सहवास के लिए बाध्य करता हो, इसलिए उन्हें उन हिन्दू रूढ़िवादियों से किसी विरोध की आशंका नहीं थी जिनके नेताओं में वे स्वयं भी थे। उन्होंने कहा कि 'सिख समुदाय के कट्टरवाद' के 'गम्भीर राजनीतिक परिणामों' की सम्भावना को देखते हुए

ही उन्हें संशोधन का विरोध करने के लिए बाध्य होना पड़ा था।

बंगाल के लेफ्टिनेंट गवर्नर चार्ल्स ईलियट ने महीने भर पहले ही 'हिन्दू समाज के रूढ़िवादी और संरक्षणवादी तत्वों की नाराजगी मोल न लेने' की सलाह दी थी। लेकिन उन्होंने भी माना कि मेहता का प्रस्तावित बदलाव 'उच्च वर्गों के रूढ़िवादी और अधिक उन्नत हिन्दुओं' को आपत्तिजनक प्रतीत नहीं होगा। लेकिन इस बात को नजरअन्दाज करते हुए कि मेहता के प्रस्ताव से किसी के भी पुनर्स्थापना के अधिकारों को कोई खतरा नहीं था, उन्होंने यह बात दोहराई कि सरकार को निम्न वर्गों के हितों का भी ध्यान रखना चाहिए।

सरकारी दृष्टिकोण की सबसे प्रखर अभिव्यक्ति गृह मामलों के सदस्य ए.पी. मैकडॉनेल ने की। उन्हें एक 'उदारवादी प्रशासक' के रूप में देखा जाता था। उन्हें साम्राज्य पर गर्व था और इसे बरकरार रखने के लिए शब्दाडंबर के महत्त्व का भी उन्हें पूरा-पूरा अहसास था। मिलर की सहानुभूति को देखते हुए उन्हें मेहता के प्रस्ताव को ध्वस्त करना ही था। उन्होंने शुरुआत की, 'मैं इस संशोधन की भावना के प्रति पूरी हमदर्दी महसूस कर रहा हूँ।' पर साथ ही यह भी जोड़ दिया कि मेहता की तरह वे सिर्फ 'बम्बई के अति उन्नत जनमानस' के बारे में नहीं सोच सकते थे। उन्हें, 'इस महान साम्राज्य की सरकार से जुड़े सभी लोगों' की तरह, अपनी खुद की भावनाओं से ऊपर उठकर सोचना था :

> *अगर हमें सिर्फ उन्नत वर्गों के बारे में सोचना हो तो भारत पर शासन करना बहुत आसान हो जाएगा। पर भारत में प्रशासन की सबसे बड़ी मुश्किल यह है कि हमें समाज के उन वर्गों और अंगों से निपटना पड़ता है जो उतने उन्नत नहीं हैं, और जिनमें धार्मिक कट्टरवाद की एक लहर थोड़े ही समय में उन्नत वर्गों के पचास वर्षों के किए-कराए पर पानी फेर देगी।*

उन्नत वर्गों की उपलब्धियों को मजबूती प्रदान करने के लिए जो अच्छे काम किए गए थे वे मनमाने तरीके से नहीं हुए थे। मैकडॉनेल ने कहा कि वह अत्यन्त सतर्क रहे थे कि हिन्दुओं की धार्मिक भावनाओं और उनकी विवाह व्यवस्था से जुड़े इस सवाल पर होने वाले निर्णय को प्रभावित न करें। यह निर्णय 'सिर्फ विशिष्ट समिति के देशी सदस्यों' को लेना था। यह महज इत्तिफाक था कि जो निर्णय विशिष्ट समति ने अन्त में लिया, वह सही और देश के हित में होने के साथ-साथ ऐसा भी था जिससे वे स्वयं भी सन्तुष्ट थे। हालाँकि रख्माबाई के मुकदमे के दौरान हिन्दू विवाह व्यवस्था की बड़ी घिनौनी सूरत उभरकर सामने आई थी, लेकिन इस मुकदमे ने कोई ऐसी बुराई उजागर नहीं की थी जिसको हिन्दू व्यवस्था का अंग कहा जा सके। इसी के साथ-साथ यह भी याद रखना जरूरी था कि मुश्किल मुकदमों से बुरे कानून जन्मते हैं। ऐसी स्थिति में 'इस साम्राज्य की सरकार के लिए लोगों की भावनाओं

और इच्छाओं के खिलाफ कोई कानून बनाना उचित नहीं होगा।'

मैकडॉनेल ने जिस भारी-भरकम अन्दाज़ में अपनी बात शुरू की थी उसी तरह उसे खत्म भी किया। व्यावहारिकता पर नैतिकता का मुलम्मा चढ़ाते हुए उन्होंने कहा :

> *हालाँकि मैं, अपने सम्मानित मित्र श्री मेहता के साथ, उस दिन की बाट जोह रहा हूँ जब इस तरह का संशोधन हमारी कानूनी किताबों में दर्ज हो सकेगा, लेकिन एक व्यावहारिक प्रशासक होने के नाते मैं यह महसूस करता हूँ कि वह दिन अभी नहीं आया है।*

मैकडॉनेल साम्राज्यवादी गद्य के मूर्तिमान आदर्श थे। इस गद्य की शक्ति जितनी शासकों के अपने आत्म-विश्वास में थी उतनी ही शासितों पर पड़ने वाले इसके रोबीले प्रभाव में भी। जिन समस्याओं पर यह सारी बहस हो रही थी, उनके किसी भुक्तभोगी का गद्य नहीं था यह। यह उस व्यक्ति का गद्य था जिसे दैवीय रूप में शासितों के बीच मध्यस्थता करने के लिए चुना गया था। इसमें न कोई घटियापन हो सकता था और न ही कोई स्वार्थ। झगड़े में उलझे लोग अपने-अपने संकुचित हितों और मान्यताओं के लिए लड़-मरने के लिए तैयार थे। पर शासक को तो न्याय और व्यावहारिकता के अनुसार मध्यस्थता करनी थी। उसकी व्यावहारिकता भी परोपकार से चालित थी। प्रतिक्रियावादियों के आगे किया गया उसका समर्पण भी उस प्रगति को बनाए रखने के लिए था जिसे साम्राज्यवादी हस्तक्षेप ने सम्भव बनाया था। ऐसे भव्य हस्तक्षेप का दायित्व निभाने वाले व्यक्ति को छोटी-मोटी बारीकियों का हवाला देकर गलत साबित नहीं किया जा सकता था। चूँकि उसे शासितों के परस्पर विरोधी स्वार्थों और अन्तर्द्वन्द्वों का ध्यान रखना पड़ता था, उसके निर्णयों में कुछ विसंगतियों का आना स्वाभाविक था। परिणामतः मैकडॉनेल रख्माबाई के मुकदमे का दोष हिन्दू विवाह व्यवस्था में निहित बुराइयों को दे सकते थे, और साथ ही इस व्यवस्था को सही भी ठहरा सकते थे। इसी तरह, वे रख्माबाई की त्रासदी में अंग्रेजी कानून की भूमिका को भी नजरअन्दाज कर सकते थे, और इस तथ्य को भी कि अदालतों को विवेकाधिकार देने से 'निम्न वर्गों' के हित प्रभावित नहीं होते।

काउंसिल की इस बैठक का चरमबिंदु था वायसराय का मोहक, संक्षिप्त और साम्राज्यवादी चातुर्य से भरा भाषण। वायसराय प्रसन्न थे कि मैकडॉनेल ने उनके विचारों को 'बहुत अच्छी अभिव्यक्ति' दे दी थी। उन्होंने उदारतापूर्वक आगे जोड़ा, 'मेरी उन भावनाओं के साथ गहरी हमदर्दी है जिन्होंने कानून में संशोधन के इस प्रयास को जन्म दिया है, और मुझे आशा है कि वह समय आएगा, कि वह समय ज्यादा दूर नहीं है, जब यह संशोधन किया जा सकेगा।' किन्तु फिलहाल महामहिम 'निश्चित रूप से' इसके विरुद्ध थे।

मेहता का प्रस्ताव दो के मुकाबले—खुद मेहता और चिटनविस—पन्द्रह मतों से

ठुकरा दिया गया। मिलर और दरभंगा के महाराजा उन चार सदस्यों में शामिल थे जिन्होंने मतदान में भाग नहीं लिया।[21]

पूरे एक दशक की बहस के बाद भी प्रशासन उस माँग के एक अंश को भी कानून का रूप देने के लिए तैयार नहीं था जिसे रख्माबाई का मुकदमा न्यायोचित सिद्ध कर चुका था।

6

उन सभी लोगों ने चैन की साँस ली जो रख्माबाई की चुनौती और पिनी के फैसले को हिन्दू/भारतीय परिवार के लिए एक बड़े खतरे के रूप में देख रहे थे। लेकिन मेहता के प्रस्ताव की पराजय के बाद उन्होंने बजाय विजय घोष जैसा कुछ करने के ऐसा भाव दिया कि समाज को धीरे-धीरे बदलाव की ओर ले जाना होगा, और वे भी इसके लिए काम करेंगे। यथास्थिति को भविष्य के बदलाव की तैयारी के रूप में देख रहे लोगों में उपनिवेशीय नौकरशाही अकेली नहीं थी।

फलतः बहुसुरी *मराठा* ने परिषद के उन सदस्यों के सुर-में-सुर मिलाया जो मेहता के प्रस्ताव के साथ सहानुभूति जताने के बावजूद उसका विरोध कर रहे थे। *मराठा* को मैकडॉनेल द्वारा व्यक्त इन आशंकाओं में भी दम नजर आ रहा था कि धार्मिक कट्टरवाद उन्नत वर्गों के किए-कराए पर पानी फेर सकता है। लेकिन जहाँ मैकडॉनेल 'महत्त्वपूर्ण वर्गों' की तरफ से भी विरोध की अपेक्षा कर रहे थे, वहीं *मराठा* ने उनके भाषण को तोड़-मरोड़कर यह दिखाया कि इससे सिर्फ निम्न वर्गों में धार्मिक कट्टरवाद उभरने की सम्भावना थी। साथ ही, अखबार ने 'आम हिन्दुओं' की तरफ से मेहता के प्रस्ताव का विरोध करते हुए यह भी लिखा कि मौजूदा कानून 'समय की कसौटी' पर खरा उतरा था और उसकी वजह से कोई गड़बड़ नहीं हुई थी।[22]

मेहता के प्रस्ताव के प्रति सहानुभूति प्रदर्शित करके संशोधन का विरोध करने में, ज़ाहिर है, समझदारी थी। लेकिन इस समझदारी के बावजूद सुधारवादियों की माँगों को बढ़ा-चढ़ाकर दिखाने के प्रयास जारी थे। इस बात को नजरअन्दाज करते हुए—जैसाकि मेहता के प्रस्ताव से स्पष्ट था—कि उन्होंने अन्ततः क्या स्वीकार कर लिया, *नेटिव ओपीनियन* ने दावा किया कि सुधारवादी शुरू से अन्त तक 'जेल की सजा के उन्मूलन' पर जोर देते रहे थे।[23]

लेकिन कहीं-कहीं खेमसिंह बेदी और मोहिनी मोहन राय जैसी अमर्यादित प्रतिक्रियाएँ भी दिखाई दीं। उदाहरण के लिए, सूरत से छपने वाले एक एंग्लो-गुजराती साप्ताहिक *गुजरात मित्र* ने मौजूदा कानून को सही ठहराते हुए कहा :[24]

भारतीय समाज की वर्तमान स्थिति को देखते हुए, जो अपनी पुरानी शान्त प्रकृति को काफी हद तक खो चुकी है, और जिसके कई ऐसे पुराने सूत्र ढीले पड़ चुके हैं जिनकी जगह नए और बेहतर सूत्रों ने नहीं ली है, हम इसे (मौजूदा कानून को) एक स्वच्छन्द और अनियंत्रित जीवन पर एकमात्र, और कई मामलों में, समुचित अंकुश के रूप में देखते हैं।

जहाँ संगठित रूढ़िवाद, जिसमें कई 'चरमपन्थी' राष्ट्रवादी तत्व भी शामिल थे, सरकार का बचाव करने में व्यस्त था, वहीं 'नरमपन्थी' राष्ट्रवादी रुझान वाले समाज-सुधारक सरकार पर 'स्त्रियों के अत्यन्त मौलिक अधिकारों' को कुचलने का आरोप लगा रहे थे। उनका कहना था कि यह सब 'पूर्णतया अपर्याप्त आधारों' पर और ऐसी बाधाओं को ध्यान में रखते हुए किया गया था जिनका कोई अस्तित्व ही नहीं था। मेहता का प्रस्ताव सनातनी हिन्दुओं के विचारों पर आधारित था, जिनका अपनी जातियों पर बहुत गहरा प्रभाव था। इन हिन्दुओं में 'एक अत्यन्त कट्टर सनातनी हिन्दू न्यायाधीश स्वर्गीय सर मुथुस्वामी अय्यर भी शामिल थे।[25] इतना ही नहीं, 'तथाकथित अशिक्षित वर्गों के विचार भी अपने शिक्षित नेताओं से भिन्न' नहीं थे। और फिर, सिवाय एक अपवाद के, परिषद के सभी सदस्यों ने मेहता के प्रस्ताव का सैद्धान्तिक रूप से समर्थन किया था। फिर भी सरकार ने 'न्याय और जरूरत' और अपने ही 1890 के 'स्पष्ट संकल्प' की परवाह न करते हुए इस प्रस्ताव को ठुकरा दिया। जहाँ तक जनता की भावनाओं का ख्याल रखने की बात थी, तो :[26]

एक तरफ तो सरकार जनता की एकजुट आवाज की परवाह न करते हुए पुलिस संशोधन विधेयक जैसे भयानक प्रस्ताव को भी पारित कर देती है, वहीं दूसरी तरफ वह एक ऐसे मासूम, संक्षिप्त और निरीह-से प्रस्ताव को ठुकरा देती है जिसके पक्ष में बहुत ठोस तर्क जुटाए जा सकते हैं, और जो न्याय, मानवता और सामान्य शालीनता की माँग भी है।

दरअसल 'रूढ़िवादियों के पूर्वग्रहों के प्रति सम्मान अन्य दिशाओं में सरकार की अलोकप्रियता' से ध्यान हटाने का भी एक प्रयास था। सन्देश बिल्कुल स्पष्ट था : 'जहाँ तक समानता या न्याय की दृष्टि से कानून को थोड़ा भी बदलने की बात है तो आप अपनी आखिरी दम तक चिल्लाते रहिए उसके लिए।'[27]

इंडियन स्पेक्टेटर ने अपनी तीखी आलोचना में न तो रूढ़िवादियों को बख्शा, जो किसी तरह के हस्तक्षेप को बर्दाश्त न करने पर अड़े हुए थे, और न ब्रिटिश शासकों को, जो तटस्थता के मुखौटे में 'अपनी शर्मिन्दगी और भारतीय स्त्रियों के प्रति हुए अन्याय' को छिपा नहीं पा रहे थे। उसने लिखा :[28]

1877 में हमारी तथाकथित तटस्थ सरकार के हस्तक्षेप करने से पहले कोई बेवकूफ पति क्या करता था?[83]...क्या उसके बाद जाति मर गई है?...वे अपने घरेलू झगड़े खुद क्यों नहीं निपटा सकते, बजाय एक विदेशी सरकार को—अब हम क्या कहें कि किसकी—

भूमिका सौंपने के? सरकार के लिए यह बहुत शर्मनाक भूमिका है। हिन्दू समाज के लिए यह और भी ज्यादा अपमानजनक है कि वह ईसाई कानून की बैसाखी, जो एक बर्बर युग का अवशेष है और जिसे ईसाई देशों में भी ठुकराया जा चुका है, का सहारा ले– वह भी पति और पत्नी के बीच सम्बन्धों जैसे अत्यन्त नाजुक पारिवारिक मामले में।

इंडियन स्पेक्टेटर ने लिखा कि मोहिनी मोहन रॉय और खेमसिंह बेदी निर्लज्ज हो भूल गए कि वे भारतीयों के धार्मिक-सामाजिक मामलों में सरकारी हस्तक्षेप का विरोध करते रहे हैं, और यह भी कि वे हिन्दू समाज का प्रतिनिधित्व नहीं करते। रॉय सिर्फ अपनी बात कर रहे थे। बेदी को अधिक-से-अधिक सिख समुदाय का प्रतिनिधि कहा जा सकता था। फिर भी वह पूरे पंजाब का प्रतिनिधित्व नहीं कर रहे थे, और उससे भी कम पूरे भारत का।[29] वैसे सच्चाई यह थी कि 'पंजाब में राजनीतिक कठिनाइयों का हौवा' खड़ा करने वाला यह व्यक्ति अपने समुदाय का भी प्रतिनिधित्व नहीं करता था। जल्दी ही बेदी पर यह आरोप भी लगाया जाने लगा– जो सम्भवतः निराधार नहीं था–कि उन्होंने सरकार के उकसाए जाने पर ही मिलर के प्रस्ताव का विरोध किया था।[30]

रख्माबाई के मुकदमे को 'स्त्रियों के अधिकारों और स्वतंत्रता' की लड़ाई मानने वालों के लिए मेहता के प्रस्ताव की पराजय बहुत बड़ा झटका थी। उनकी एक दशक की आशाएँ मिट्टी में मिल गई थीं। सुधारवाद की मुहिम को कई वर्ष पीछे पटक दिया गया था, जबकि आक्रामक रूढ़िवाद और उसके 'मध्ययुगीन बर्बर सोच' को नया जीवन मिल गया था। धारा 260 'देश की कानूनी किताबों पर एक गहरा धब्बा' थी और अन्याय की शिकार स्त्रियों के लिए एक स्थायी खतरा। यह लम्पट से लम्पट और क्रूर से क्रूर पति को भी अपनी पत्नी को किसी गाय-भैंस की तरह अपने कब्जे में रखने की छूट देती थी। स्त्री सशक्तीकरण के अभियान को पुनर्जीवित करने की आवश्यकता थी। अन्यथा इस पराजय को जन्म देने वाली 'बर्बर धारणाएँ' और फैल जाएँगी और सामाजिक प्रगति 'असम्भव' हो जाएगी। इस प्रगति को हासिल करने के लिए 'पुरुष और स्त्री के बीच न्यायपूर्ण और तर्कसंगत समानता' स्थापित करना और 'स्त्रियों की स्वतंत्रता' पर अनावश्यक और क्रूर प्रतिबन्ध हटाना बहुत महत्त्वपूर्ण था।[31]

फिर इस महत्त्वपूर्ण उद्देश्य को हासिल करने में एक बार जुट जाना था। पर यह समझते हुए कि सरकार पर भरोसा नहीं किया जा सकता। सत्ता पर एकाधिकार ने उसे बुद्धि पर एकाधिकार का विश्वास भी दे दिया था। अपनी सत्ता और सुरक्षा के हित में ही उसे हर कदम लेना था, पर इस दावे के साथ कि वही तार्किक, उचित और शासितों के हित में है। अतएव, कानूनी संशोधन के इस निराशाजनक अनुभव के बाद, सुधारवादियों के सामने एक ही रास्ता बचता था : एक ऐसा आन्दोलन जिसका वह प्रभाव न हो सके जिससे डर कर सरकार ने इस बार घुटने टेक दिए थे।

उपनिवेशीय सम्बन्धों को लेकर रख्माबाई प्रकरण की हताशा के बाद जो असमंजस की स्थिति पैदा हो गई थी उसमें उपनिवेशीय हस्तक्षेप की प्रगतिवादी भूमिका को लेकर पुनर्विचार की जरूरत पैदा हो गई थी। तैलंग और रानाडे जैसे सुधारकों ने–जो पश्चिमीकरण के विरोधी नहीं थे–इस सम्बन्ध में पहले भी कुछ टिप्पणियाँ की थीं। यह संयोग मात्र नहीं था कि विधान परिषद में मेहता की पराजय के बाद *इंडियन स्पेक्टेर* ने इन टिप्पणियों पर गम्भीरतापूर्वक विचार करने की जरूरत महसूस की। उसने पाठकों के विचार आमंत्रित करते हुए पूछा कि क्या 'ब्रिटिश राज के कठोर दबाव' ने 'विकास और सुधार की उस सहज प्रक्रिया' को बाधित नहीं कर दिया जो हिन्दू समाज में लम्बे समय से चली आ रही थी।[32] तैलंग इस पुनर्विचार पर जोर देने से पहले ही असमय चल बसे। हालाँकि रानाडे लम्बे समय तक जीवित रहे, उन्होंने इस बहस को ज्यादा आगे नहीं बढ़ाया। 'परम्परा' और 'उपनिवेशीय संस्कृति' दोनों को लेकर इस दुविधा के बावजूद अन्ततः उपनिवेशीय संस्कृति जन-चेतना पर अपना वर्चस्व बनाए रखने में सफल रही। इस दृष्टि से, पुनर्विचार का यह प्रयास उपनिवेशकों और उपनिवेशितों दोनों की ही तत्कालीन समझ के विपरीत था, इसलिए यह एक सतही महत्त्व का प्रयास बनकर रह गया।

यह बात ध्यान देने योग्य है कि मैकडॉनेल की भव्य लफ्फाजी जिस तात्कालिक सन्दर्भ से प्रेरित थी, उस सन्दर्भ में वह प्रभावहीन रही। लेकिन जिस व्यापक आस्था को वह सम्बोधित थी–औपनिवेशिक संस्कृति में आस्था–वह मेहता के प्रस्ताव की पराजय से हुए मोहभंग के बावजूद ज्यों-की-त्यों बनी रही।

आज वह आस्था हमारे सामूहिक अवचेतन में समा चुकी है।

सन्दर्भ टिप्पणी

1. *होम डिपार्टमैंट, जुडीशल प्रोसीडिंग्ज़,* जून 1887, संख्या 189-92 *नेशनल अर्काइव्ज़ ऑव इंडिया।* यह पत्र और तार दोनों ही 30 मार्च को भेजे गए।
2. वही
3. वही, सितंबर 1887, संख्या 299
4. परिशिष्ट-3
5. पशिष्टि-4
6. *बौम्बे गैज़ट,* 7 जुलाई 1888
7. *नेटिव ओपीनियन,* 8 जुलाई 1888
8. वही
9. *बौम्बे गैज़ट,* 7 जुलाई 1888
10. *इंडियन डेजी न्यूज़,* 9 जुलाई 1888
11. *इंडियन स्पैक्टेटर,* 7 जुलाई 1888

12. *होम डिपार्टमैंट, जुडीशल प्रोसीडिंग्ज़,* मार्च 1895, संख्या 1-80
13. वही, मई 1890, संख्या 459
14. वही, संख्या 546
15. वही, संख्या 447
16. वही
17. वही, संख्या 667
18. वही, संख्या 546
19. वही, संख्या 715
20. वही, दुर्भाग्य से संख्या नहीं दे पा रहा।
21. यह पूरा वृत्तांत *होम डिपार्टमैंट, जुडीशल प्रोसीडिंग्ज़,* मार्च 1895, संख्या 1-80, के. डब्ल्यू. पर आधारित है।
22. *मराठा,* 10 मार्च 1895
23. *नेटिव ओपीनियन,* 10 मार्च 1895
24. *गुजरात मित्र,* 17 मार्च 1895, *इंडियन स्पैक्टेटर एंड वॉयस ऑव इंडिया,* 31 मार्च 1895 में उद्धृत
25. कानून में प्रस्तावित संशोधन के सम्बन्ध में मुथुस्वामी अय्यर की 4 अक्तूबर 1887 की 'मिनिट' के लिए, *होम डिपार्टमेंट, जुडीशल प्रोसीडिंग्ज़,* मई 1890, संख्या 411।
26. यह पैराग्राफ *इंडियन मैसेंजर,* 3 मार्च, *इंडियन स्पैक्टेटर,* 10, 17 मार्च, *हिन्दू,* 14 मार्च, *बंगाली,* 16 मार्च, *इन्दु प्रकाश,* 18 मार्च, *ऍडवोकेट,* 12 मार्च, *इंडियन मिरर,* 5 मार्च, *इंडियन सोशल रिफॉर्मर,* 16 मार्च, और *इंडियन स्पैक्टेटर एंड वॉयस ऑव इंडिया,* 31 मार्च, 7 अप्रैल, 1985 पर आधारित है।
27. *इंडियन स्पैक्टेटर,* 10 मार्च 1895
28. वही, 31 मार्च 1895
29. वही, 10, 17, 24 मार्च 1895
30. *बंगाली,* 16 मार्च, 28 अप्रैल 1895
31. *हिन्दू,* 14 मार्च, *सुबोध पत्रिका,* 10 मार्च, *बंगाली,* 16 मार्च, *मैड्रास स्टैंडर्ड,* 11 मार्च 1895
32. *इंडियन स्पैक्टेटर,* 21 अप्रैल 1895

उपसंहार

रख्माबाई का मानना था कि पिनी के 'मानवीय फैसले' को पलटकर एक सुनहरा अवसर खो दिया गया था। अगर इस फैसले को बरकरार रखा जाता तो 'भारत की लाखों-करोड़ों बेटियों की तकदीर बदल सकती थी, और उन्हें वह आजादी आसानी से मिल सकती थी जिसके लिए वे छटपटा रही थीं।'[1] फिर उसने एक आह भरते हुए कहा, 'पर ऐसा लगता है कि ईश्वर की इच्छा कुछ और थी'।[1] रख्माबाई की तरह अन्य बहुत-से लोगों को भी पिनी के फैसले से ऐतिहासिक परिणामों की अपेक्षा थी। इसीलिए इस फैसले को लेकर इतना बड़ा नाटक शुरू हो गया था और परस्पर विरोधी सामाजिक शक्तियों की तरफ से इसको अपने तरीके से सम्पन्न करवाने की कोशिशें होने लगी थीं। उस समय—आज की ही तरह—कानून और अदालती फैसलों को समाज-निर्माण के एक सशक्त उपकरण के रूप में देखा जा रहा था।

आज अगर पीछे मुड़कर देखें तो लगता है कि पिनी के फैसले से लेकर मेहता के प्रस्ताव की पराजय तक के पूरे घटनाक्रम के साथ जो उम्मीदें और डर जुड़े हुए थे, उन्हें बहुत बढ़ा-चढ़ाकर देखा जा रहा था। यह बात थोड़े तिरछे तरीके से इस विडम्बना में भी परिलक्षित होती है कि यह पुस्तक जिस एक ऐतिहासिक क्षण पर केन्द्रित है, वह क्षण अभी तक हमारे साथ है। पिनी के 'मानवीय फैसले' ने जिस बहस को जन्म दिया था, उसे सौ वर्ष बाद स्वतंत्र भारत में एक बार फिर दोहराया गया। इसके पीछे वैवाहिक अधिकारों की पुनर्स्थापना की वैधता को लेकर दो उच्च न्यायालयों के भिन्न-भिन्न फैसले थे। इनका जिक्र हम आगे चलकर करेंगे।

रख्माबाई के मुकदमे ने वैवाहिक अधिकारों की पुनर्स्थापना से सम्बन्धित कानून की कुरूपता को उजागर कर दिया था। इसने वैयक्तिक नैतिक प्रतिरोध की असीम शक्ति को भी उजागर कर दिया था जिसे एक वैकल्पिक, भले ही अल्पसंख्य, जनमानस का समर्थन प्राप्त था। रख्माबाई की व्यथा असाधारण नहीं थी। बल्कि, जैसाकि अबाजी मोदक ने कहा था, बहुत सारी स्त्रियाँ उससे कहीं ज्यादा कष्ट झेल रही थीं। अगर उसने अन्य स्त्रियों की तरह चुपचाप बर्दाश्त करते रहने या कोई कम टकरावपूर्ण रास्ता चुनने की बजाय खुले विद्रोह का फैसला किया था तो इसके पीछे

उसकी असाधारण चारित्रिक शक्ति थी।

उसे अपने सौतेले पिता और बाद में अपने नाना से इस लड़ाई में कितना ही सहयोग क्यों न मिला हो, लेकिन उसके साथ बालपन में निश्चित ही न्याय नहीं हुआ था। अगर उसका अपना मन मजबूत न होता तो उसे इधर-उधर से मिलने वाली मदद इस कठिन मुकदमे में और बाद में उसके चरित्र-हनन के दौर में उसका बहुत ज्यादा साथ न दे पाती।

रख्माबाई की स्व-शिक्षा ने उसे अपनी संस्कृति से जुड़ी मान्यताओं और आदर्शों पर प्रश्न-चिह्न लगाने की अद्‌भुत क्षमता प्रदान कर दी थी। तभी वह अपने निजी कष्टों से ऊपर उठकर विवाह के अर्थ की व्यापक आलोचना विकसित कर सकी और अपने तन-मन पर अपने वैयक्ति अधिकार का दावा कर सकी। स्थापित मान्यताओं के विरुद्ध अपने विद्रोह का ही एक और दृष्टान्त प्रस्तुत करते हुए वह उन तीन शर्तों पर स्वतंत्रतापूर्वक विचार कर सकी जो उसके इंग्लैंड प्रवास के लिए उसके नाना ने रखी थी। ये शर्तें थीं–वह गो-मांस नहीं खाएगी, किसी अंग्रेज से विवाह नहीं करेगी, और ईसाई धर्म नहीं अपनाएगी। उसने अन्तिम दो शर्तें मान लीं, तीसरी नहीं। इंग्लैंड पहुँचने के कुछ ही समय बाद वह गोमांस खाने भी लगी।

फिर कई वर्ष बाद एक ऐसी घटना हुई जो उसकी चारित्रिक शक्ति के साथ मेल खाती नहीं लगती। 1904 में दादाजी की मृत्यु हो गई तो उसने एक हिन्दू विधवा के वस्त्र धारण कर लिए–हालाँकि वर्षों पहले वह उसे अपने पति के रूप में स्वीकार करने से इनकार कर चुकी थी। जिस स्त्री ने उपनिवेशीय सत्ता और देशी समाज के दोहरे अन्याय का बड़े साहस के साथ सामना किया था, और जिसे इंग्लैंड प्रवास के दौरान पश्चिमी नारीवाद के सम्पर्क में आने का भी अवसर मिला था, वह अचानक पुरातन रीति-रिवाजों में आस्था दिखाने लगी। जब उसने यह किया तब उसके ऊपर 1880 के दशक जैसा न कोई कानूनी दबाव था और न सामाजिक।[2]

रख्माबाई का यह कायाकल्प सुधारवाद में उसकी अनिष्ठा का प्रतीक नहीं था। परन्तु इसमें संगठित सामाजिक सत्ता का अप्रत्यक्ष और शक्तिशाली प्रभाव अवश्य दिखाई देता है। दादाजी की मौत के वक्त वह सूरत में एक महिला चिकित्सक के रूप में काम कर रही थी। उसके लिए अपनी छवि का ध्यान रखना जरूरी था ताकि उस छोटे शहर की रूढ़िवादी आबादी अपनी गर्भवती स्त्रियों को उसके अस्पताल में भेजने से हिचकिचाहट नहीं। शहर के हिन्दू-मुसलमान और पारसी वैसे भी अपनी औरतों को प्रसव के लिए अस्पताल भेजना पसन्द नहीं करते थे। अगर उन्हें रख्माबाई के रहन-सहन में कोई खामी नजर आती तो उनका रवैया और ज्यादा कड़ा हो सकता था। अतः रख्माबाई के लिए रूढ़िवादी भावनाओं का ध्यान रखना स्वाभाविक था। अगर वह वैधव्य के बाद विधवा की तरह रहने से इनकार कर देती तो उसकी आठ

वर्षों की मेहनत—जिसने रूढ़िवादियों की काल्पनिक 'स्वर्ण सुन्दरी' को एक सम्मानित डॉक्टर में बदल दिया था—पर पानी फिर सकता था।

और फिर उसके सामने अपनी मित्र पंडिता रमाबाई का भी उदाहरण था, जिन्हें वह हमेशा प्रशंसा की दृष्टि से देखती रही थी। रमाबाई ने ईसाई धर्म अपनाने के बाद भी हिन्दू विधवा की जीवन-शैली का त्याग नहीं किया था। वे जानती थीं कि 'एक हिन्दू स्त्री के रूप में ही' हिन्दू स्त्रियों के हृदय तक पहुँचा जा सकता था। वे और उनके जैसे अन्य लोग, जो अपनी हिन्दू बहनों के उद्धार के लिए काम कर रहे थे, अपने 'नैतिक मूल्यों और आचरण' का बहुत ध्यान रखते थे।[3] रख्माबाई ने सुर्खियों और चकाचौंध से परे रहकर एक शान्त शहर में चिकित्सक के रूप में लोगों की सेवा करने का फैसला किया था। उस समय को देखते हुए यह एक महत्त्वपूर्ण फैसला था। अपने इस ध्येय को सफल बनाने के लिए वह 'सही आचरण' से जुड़े सामाजिक दबावों को नजरअन्दाज नहीं कर सकती थी।

इसके अलावा जहाँ वितृष्णा पैदा करने वाले पति की सहवास की माँग का प्रतिरोध करना जरूरी था, वहीं उसकी मृत्यु के बाद इस प्रतिरोध का कोई अर्थ नहीं रह गया था। मृत्यु रूपी अन्तिम सत्य ने, सम्भव है, उसे यह सोचने के लिए भी प्रेरित किया हो कि कहीं वह इस आदमी के साथ अन्याय तो नहीं कर बैठी थी। मृत्यु हमारी भावनाओं में आश्चर्यजनक परिवर्तन ला देती है। कौन जाने दिवंगत दादाजी ने रख्माबाई के मन में वह कोमलता भर दी हो जो वह जीतेजी नहीं कर पाया था। इस राहत से उपजी कोमलता कि अब, इस आदमी के चले जाने के बाद, वह वही हो सकती थी जो हमेशा से रही थी : विधवा। युवावस्था की वह नैतिक अदम्यता, जिसने ऐसा अभूतपूर्व प्रतिरोध कर दिया था, मुकदमे के बाद के दो दशकों में मन्द पड़ गई होगी। चालीस के ऊपर हो चली रख्माबाई के मन को 'संस्कार' कहा जाने वाला अदृश्य शक्तिपुंज प्रभावित करने लगा होगा।

मृत्यु—शोक और मुक्ति—की इस घड़ी में जो भी रही हों उसकी भावनाएँ, मिश्रित ही रही होंगी। कालिदास ने *रघुवंशम्* में एक ऐसा क्षण रचा है जिसमें स्त्री के मनोभाव दो विपरीत छोरों को छूने लगते हैं। चौदहवें सर्ग में मात्र छह श्लोकों में इस क्षण का चित्रण हुआ है। सीता के सम्बन्ध में फैल रहे प्रवाद की खबर सुनकर राम लक्ष्मण को आदेश देते हैं कि वे सीता को वन में छोड़ आएँ। दूसरे दिन तपोवन दिखाने के बहाने लक्ष्मण सीता को रथ में बिठाकर महल से ले जाते हैं। वन में पहुँचने के बाद लक्ष्मण रुँधे गले से सीता को सच बता देते हैं, और सीता सुनते ही मूर्छित हो जाती हैं।

होश आने पर सीता लक्ष्मण से कहती हैं : 'मेरी ओर से राजा से कहना कि उसने अपने सामने मुझे अग्नि में शुद्ध पाया था। लोगों में फैले प्रवाद को सुनकर

अब वह जो मेरे साथ कर रहा है क्या उसके कुल को शोभा देता है?'

राम को नहीं, अपने पति को नहीं, लक्ष्मण के भाई को नहीं, सीता सम्बोधित करती हैं उस 'राजा' को जिसने सत्य और अपने कुल की मर्यादा को त्याग कर अपयश के डर से ऐसा अन्याय कर डाला है। इतना ही नहीं, उनका 'कहना' सामान्य कहना नहीं है; उनके 'कहने' में भर्त्सना का भाव भरा हुआ है।

फिर सीता कहती हैं कि यदि वह गर्भवती न होतीं तो आत्महत्या कर लेतीं। इस विस्फोट के बाद सीता का आक्रोश दबने लगता है और उनका सन्देश इस इच्छा से समाप्त होता है कि अगले जन्म में भी राम ही उनके पति हों।

कालिदास द्वारा चित्रित यह अद्‌भुत क्षण सदियों से मानवीय चेतना में बहुत गहराई में पैठे और प्रायः अलक्षित अन्तर्विरोध को प्रतिबिम्बित करता है; और दृष्टि प्रदान करता है रख्माबाई के 1884 और 1904 के व्यवहार के विरोधाभास को समझने की।[4]

रख्माबाई में एक साथ लक्षित 'विद्रोह' और 'समर्पण' में कानून, जनमानस और सामाजिक बदलाव के बीच सतत चलता कार्य-कारण सम्बन्ध देखा जा सकता है।

जब तक रख्माबाई विद्रोह पर आमादा थी तब तक प्रतिकूल फैसले का कोई डर उसे अनुशासित न कर सका। कानून की शक्तिहीनता प्रदर्शित कर चुकने के वर्षों बाद ही उसने 'समर्पण' किया। अगर तत्कालीन हिन्दू/भारतीय समाज ऐसी रख्माबाईयों से भरा पड़ा था जिनका सम्भावित विद्रोह दबा का दबा रह जाता था, तो वैसा कानून के डर से नहीं वरन् व्यवस्थित रूढ़िवाद की उस व्यापक शक्ति से होता था जिसका प्रभाव–और स्त्रोत–लोगों के 'संस्कार' में दिखाई देता था। रूढ़िवादी और सुधारवादी शक्तियों के बीच छिड़े संघर्ष में इस बात का महत्त्व गौण था कि कानून किसके पक्ष में था।

एक प्रभावकारी हतोत्साहक के रूप में देखी जा रही जेल की सजा की शक्ति काल्पनिक अधिक थी, वास्तविक कम। अगर हम रख्माबाई के मामले में इसकी प्रभावहीनता को छोड़ भी दें, तो भी इस सजा से जुड़ा कोई डर जनचेतना में दिखाई नहीं देता था। कोई भी कानून जो आपको भयानक न लगे, आपके अन्दर भय पैदा नहीं कर सकता। उदाहरण के लिए, नागपुर डिवीजन के कार्यवाहक कमिश्नर लिंडसे नील ने मौजूदा कानून में प्रस्तावित संशोधनों पर अपनी राय देते हुए कहा था कि वे रख्माबाई के मामले में हो रहे 'इस शोर-शराबे और हंगामे' को नहीं समझ पा रहे थे, क्योंकि :[5]

> *नागरिक आचार संहिता की धारा 260 के प्रावधान अनिवार्य न होकर अनुज्ञात्मक हैं। अगर रख्माबाई अपने पति के पास जाने से इनकार करती रहती है तो उसे जेल भेजना जरूरी नहीं है। अगर यह मामला मेरे हाथ में होता तो मैं उसे कतई जेल न भेजता। शायद कोई भी जज ऐसा न करता।*

नील की यह विश्वास भरी व्याख्या इस कानून को लेकर सर्वोच्च न्यायिक और प्रशासनिक अधिकारियों की व्याख्या का खंडन करती है। क्योंकि विटली स्टोक्स ने, 1877 में, गुपचुप तरीके से अदालतों के विवेकाधिकार को खत्म कर दिया था, इसलिए वे लोग भी इस बदलाव पर ध्यान नहीं दे पाए थे जिन्हें कानूनों का संचालन करना था। वैसे भी नागरिक संहिता की धारा 260 को नील की तरह समझना बड़ा स्वाभाविक था। इसके अनुसार :[6]

जब एक पक्ष के खिलाफ एक अनुबन्ध के विशिष्ट निष्पादन के लिए या वैवाहिक अधिकारों की पुनर्स्थापना के लिए, या किसी अन्य विशिष्ट कृत्य के निष्पादन या उससे बचाव के लिए डिकरी जारी की गई हो, और इस डिकरी या इंजक्शन का पालन करने का मौका दिए जाने के बाद भी जान-बूझकर ऐसा न किया गया हो, तो इस डिकरी को कैद की सजा या सम्पत्ति की कुर्की या इन दोनों द्वारा लागू करवाया जा सकता है। (मोटा टाइप लेखक की तरफ से)

इस प्रावधान में प्रयुक्त 'करवाया जा सकता है' का बड़ी आसानी से यह अर्थ लगाया जा सकता है कि आदेश का पालन न करने के लिए सजा देने के मामले में अदालतें अपना विवेक इस्तेमाल करेंगी। यह भी सम्भव नहीं लगता कि किसी अन्य एंग्लो-इंडियन अधिकारी ने नील की तरह न सोचा हो—भले ही वे नील की तरह आश्वस्त न हों और प्रस्तावित संशोधन के बाद सोचने लगे हों कि वे धारा 260 का अब तक गलत अर्थ लगाते रहे थे। सच्चाई यह थी कि 1887 में बम्बई सरकार का सन्देश प्राप्त करने के बाद गृह विभाग को भी यह समझने में कुछ समय लगा कि 1877 की संशोधित संहिता में अदालतों को उनके विवेकाधिकार से वंचित कर दिया गया था।

जब गृह विभाग तक सम्बन्धित कानून के बारे में अनिश्चित था तो आश्चर्य नहीं कि शासित जनता भी गलतफहमी का शिकार थी। मसलन, जाने-माने पारसी सर जमशेदजी जीजीभाई ने किसी तरह के बदलाव का विरोध करते हुए कहा कि अदालतों के पास 'पर्याप्त विवेकाधिकार' था, और कोई भी अदालत 'इसे उचित न मानने की स्थिति में जेल की सजा देने के लिए बाध्य नहीं थी'। कच्छ और बड़ौदा में प्रशासक के पद पर रह चुके और बम्बई विधान परिषद के सदस्य काजी शहाबुद्दीन का भी यही मानना था कि डिकरी का पालन न करने वाले व्यक्ति को कैद की सजा देने और उसकी सम्पत्ति की कुर्की के मामले में अदालतों के पास विवेकाधिकार था।[7]

अगर कोई चीज हतोत्साहक का काम कर रही थी तो वह संगठित सामाजिक सत्ता की शक्ति थी। यह शक्ति, नए वैचारिक विकल्पों की बढ़ती चुनौतियों के बावजूद, न सिर्फ एक न्यायोचित सीमा तक लोगों से अपनी आज्ञा का पालन करवा

सकती थी, बल्कि सरकार को अपने ही विधि सदस्य के सुझावों को ताक पर रखने के लिए भी बाध्य कर सकती थी–जैसाकि मिलर के प्रस्ताव के मामले में हुआ था।

उच्चस्तरीय न्याय-पालिका की सामाजिक शक्तियों के निरन्तर बदलते सन्तुलन, अर्थात् जनमानस, की पैनी पकड़ थी जो उसके फैसलों में प्रतिबिम्बित होती रहती थी। कार्य-पालिका, जिसके नियंत्रण में कानून बनाना भी था, संवेदनशील सामाजिक मामलों में विस्तृत जानकारी हासिल करने के बाद ही कोई महत्त्वपूर्ण नीति बनाती थी या प्रशासनिक निर्णय लेती थी। न्यायाधीश भी आम तौर से इन मामलों में ऐसे फैसले सुनाते थे जो सरकार के लिए कोई परेशानी पैदा न करें। सरकार के साथ कोई साठ-गाँठ न होने और न ही उसके अधीन होने के बावजूद, और सिर्फ अपने सामने प्रस्तुत तथ्यों की रोशनी में, ये न्यायाधीश कानूनों की ऐसी व्याख्याएँ करते थे जो आमतौर से जन-भावनाओं के साथ मेल खाती थीं।

इस व्यापक समरूपता के बावजूद कभी-कभी मतभेद पैदा होते रहते थे। कई बार किसी कानून की व्याख्या को लेकर या इसमें किए जाने वाले बदलाव को लेकर विभिन्न उच्च न्यायालय एक-दूसरे से उलटे निर्णय ले लेते थे। लेकिन ये मतभेद हमेशा एक मर्यादा में रहते थे। फिर भी, अगर कभी पिनी के फैसले की तरह कोई 'अटपटा' फैसला हो जाता था तो न्यायिक प्रक्रिया में ऐसी भूल को सुधारने का सामर्थ्य था। वह भी शासकों की नैतिक श्रेष्ठता को कोई आँच पहुँचाए बिना। श्रेष्ठता का यह भाव आमतौर से पूरे उपनिवेशीय प्रशासन और एंग्लो-इंडियन और अंग्रेजी जनमानस में मौजूद था। भारत के रूढ़िवादियों की तरह वे भी बहुअर्थी भाषा का प्रयोग करते रहते थे और रूढ़िवादियों के विपरीत उनके पास अपना एक तर्क भी था–स्वामित्व का तर्क–जो उनके किसी भी समझौते या समर्पण को सिद्धान्त का रूप दे सकता था।

स्वतंत्र भारत की उच्चस्तरीय न्यायपालिका को, अन्य बहुत-सी चीजों के साथ-साथ, एक अनूठी व्यावहारिकता भी औपनिवेशिक विरासत में मिली है। रख्माबाई के मुकदमे के बाद पिछले सौ से भी ज्यादा वर्षों के बीच सामाजिक शक्तियों के सन्तुलन में सिर्फ इतना बदलाव आया है कि वैवाहिक अधिकारों की पुनर्स्थापना का मौजूदा भारतीय कानून 1884 के संशोधित अंग्रेजी कानून जितना उदार बन जाए। भले ही यह कोई बड़ा बदलाव न हो, लेकिन इस कानून से जुड़े फैसले बदलते समय को प्रतिबिम्बित करते हैं। इसी का एक उदाहरण 'सहवास' की ऐसी व्याख्या करने की प्रवृत्ति है–हालाँकि यह प्रवृत्ति विवादों से परे नहीं है–जिसमें पति-पत्नी को अलग स्थानों में रहने के लिए बाध्य करने वाली परिस्थितियों का ध्यान रखा जाता है।[8] लेकिन कुल मिलाकर स्त्रियों और वैवाहिक सम्बन्ध में उनके दर्जे को लेकर लगभग वैसा ही रवैया बना हुआ है जिसके कारण पिनी का फैसला पलट दिया गया था।

यह हमें 1980 के दशक में सौ वर्ष पुराने रख्माबाई वाले नाटक की पुनरावृत्ति की दुखद विडम्बना पर ले आता है। यह विडम्बना इस बात की भी प्रतीक है कि कई क्रान्तिकारी प्रतीत होने वाले परिवर्तनों की भीतरी तहों में एक कठोर रूढ़िवाद आज भी जनचेतना का अंग बना हुआ है। 1983 में आन्ध्र प्रदेश उच्च न्यायालय के न्यायमूर्ति चौधरी ने, सरिता बनाम वेंकट सुब्बय्या के मुकदमे में, फैसला सुनाते हुए कहा कि हिन्दू विवाह कानून की धारा 9 में प्रदत्त वैवाहिक अधिकारों की पुनर्स्थापना का समाधान वैध नहीं है। अपने फैसले को भारतीय संविधान के खाके में रखते हुए उन्होंने कहा कि यह समाधान निजता (प्राइवेसी) के अधिकार और मानवीय गरिमा का उल्लंघन करता है। इससे शारीरिक समागम करने या न करने और बच्चे पैदा करने के लिए अपने शरीर का प्रयोग होने देने या न होने देने का चुनाव व्यक्ति की बजाय राज्य के पास चला जाता है।

यह समाधान सिद्धान्तः भले ही पति-पत्नी दोनों को उपलब्ध हो, वास्तव में यह पति द्वारा पत्नी को दबाने का साधन बन गया है। पति और पत्नी दोनों को समान मान लेने के कारण, जबकि वास्तव में वे समान नहीं हैं, यह समाधान कानून द्वारा समान रक्षा के सिद्धान्त का उल्लंघन करता है। साथ ही, चूँकि इससे समाज का कोई भला नहीं होता, न्यायूमूर्ति चौधरी ने इसे मनमाना और अवैध ठहराया। उन्होंने इस प्रावधान की बर्बर और आयातित प्रवृत्ति की ओर भी ध्यान खींचा। भारत में अंग्रेजों द्वारा लागू किए जाने से पहले हिन्दू कानून में ऐसा प्रावधान नहीं था, हालाँकि वह कानून 'पति के सम्मुख पत्नी के समर्पण के कर्तव्य' को पूरी तरह मान्यता देता था। न्यायमूर्ति ने खेद व्यक्त करते हुए कहा कि 1970 में खुद इंग्लैंड में भी इस प्रावधान को निरस्त कर दिया गया था, लेकिन भारत में यह अब भी जारी है।[9]

यह जुलाई 1983 की घटना है। चार महीने बाद, हरबिन्दर कौर बनाम हरमन्दर सिंह मामले में दिल्ली उच्च न्यायालय के न्यायमूर्ति रोहतगी ने अलग दृष्टिकोण अपनाया, और वैवाहिक अधिकारों की पुनर्स्थापना के मुकदमों को वैध ठहराया। उन्होंने कहा कि पुनर्स्थापना का उद्देश्य है पति-पत्नी को साथ रहने और विवाह को बचाने में मदद करना। इस समाधान में पति और पत्नी के बीच किसी तरह का भेदभाव नहीं है। न्यायमूर्ति चौधरी ने वैवाहिक सम्बन्धों में यौन-सम्बन्धों के महत्त्व पर जो जोर दिया था उसे न्यायमूर्ति रोहतगी ने अस्वीकार कर दिया, और कहा कि यौन सम्बन्ध विवाह के बहुत-से घटकों में से केवल एक है और उसका प्रमुख अंग बिलकुल ही नहीं।

पुनर्स्थापना के मुकदमों की वैधता की पुष्टि करने के साथ-साथ न्यायमूर्ति रोहतगी ने इस मुकदमे में शामिल पत्नी को अपने पति के पास जाने का आदेश दिया। यह सब जिन परिस्थितियों में हुआ उससे पता चलता है कि पुरुष, स्त्री और

विवाह को लेकर ऊँचे स्तर की न्यायपालिका भी किस हद तक परम्परागत सोच की शिकार है। इस स्त्री ने अदालत से कहा था कि वह अपने पति के साथ रहने के लिए तैयार है, बशर्ते कि उसका पति एक अलग घर ले ले। उसे सिर्फ अपने पति के संयुक्त परिवार के साथ रहने पर एतराज था, जिससे वह बहुत 'परेशान' थी। न्यायमूर्ति रोहतगी ने इसे 'मामूली बात' ('ट्रिवियल') कहकर खारिज कर दिया और उसे अपने पति के साथ संयुक्त परिवार में रहने का आदेश दिया। यहाँ यह बात ध्यान देने लायक है कि पति की आर्थिक स्थिति ऐसी थी कि अगर वह चाहता तो अलग घर ले सकता था।[10]

न्यायमूर्ति रोहतगी का यह फैसला–जिसमें न्यायमूर्ति चौधरी के तर्कों का खंडन करने में काफी जोर लगाया गया–स्त्रियों की परिस्थितियों, अपेक्षाओं और माँगों में आए बदलाव को लेकर उच्चस्तरीय न्यायपालिका में हावी मानसिकता को दर्शाता है। एक पत्नी और एक संयुक्त परिवार के परस्पर विरोधी दावों से सामना होने पर यह न्यायपालिका संयुक्त परिवार का पक्ष लेती है। बचाती 'संयुक्त परिवार' को है, पर दावा करती है 'विवाह' को बचाने का। अगर 'विवाह' को बचाने का अर्थ 'परिवार' को बचाना है, तो न्यायमूर्ति रोहतगी का फैसला इस बात का भी सूचक है कि न्यायपालिका अब भी 'संयुक्त परिवार' को ही 'परिवार' के रूप में देखती है। हमारे यहाँ संयुक्त परिवार के विचार को बहुत श्रद्धा की दृष्टि से देखने की परम्परा रही है, हालाँकि सच्चाई यह है कि वैवाहिक सौहार्द में सबसे बड़ी बाधा संयुक्त परिवार ही बनता है। डैरैट ने सही कहा है : 'पत्नी का भाग जाना बड़ी आम बात है (अपने निकम्मे या मूर्ख पति से भी ज्यादा अपनी सास को छोड़कर)...'[11]

आन्ध्र प्रदेश और दिल्ली उच्च न्यायालयों के परस्पर विपरीत फैसलों से पैदा हुई अनिश्चितता एक वर्ष के अन्दर ही खत्म हो गई। अगस्त 1984 में सर्वोच्च न्यायालय ने न्यायमूर्ति चौधरी के फैसले को खारिज करते हुए वैवाहिक अधिकारों की पुनर्स्थापना के मुकदमों को वैध ठहराया। शीर्ष अदालत ने कहा कि पुनर्स्थापना के मुकदमे विवाहों को टूटने से रोकते हैं और एक सामाजिक उद्‌देश्य को पूरा करते हैं। अदालत ने यह भी कहा कि हिन्दू विवाह कानून में विवाह को अत्याचार का रूप लेने से रोकने के पर्याप्त उपाय हैं।[12]

सौ साल के अन्तराल में पिनी और चौधरी के जीवन्त फैसलों की एक-सी नियति समाज में कुछ प्रबल रवैयों और विश्वासों की निरन्तरता की सूचक है। इसे देखते हुए रख्माबाई के एक यशस्वी समकालीन गोवर्धनराम माधवराम त्रिपाठी (1855-1907) की डायरी की कुछ पंक्तियाँ सहज ही याद आ जाती हैं। गोवर्धनराम बम्बई उच्च न्यायालय के वकील होने के साथ-साथ प्रख्यात साहित्यकार थे और अपने चारों ओर के अनुभव अपनी निजी 'स्क्रैप-बुक' में दर्ज करते रहते थे। 27 फरवरी 1906 को

उन्होंने लिखा था :[13]

> *नई परिस्थितियाँ शायद किसी सुखद समझौते को जन्म देंगीं। लेकिन तब तक रूढ़िवाद अपनी प्रकृति-प्रदत्त आत्म-संरक्षण की शक्ति का प्रयोग करते हुए फौलाद की दीवार बनकर खड़ा रहेगा और सुधारवादी इस दीवार पर अपना सर पटक-पटक कर ज्यादा समझदार और कम मायूस होते चले जाएँगे—जब तक कि दीवार टूटना न शुरू कर दे और सर ज्यादा मजबूत न हो जाएँ; और जब तक इस द्वन्द्व से परिवार, जाति और न्याय के बीच एक नया तालमेल न स्थापित हो जाए।*

गोवर्धनराम ने सुधारवादियों के साथ थोड़ी सहानुभूति दिखाते हुए जिस प्रक्रिया का वर्णन किया, उसमें उनके लिए ज्यादा आशा दिखाई नहीं देती। यह प्रक्रिया ही ऐसी है कि इसमें कठिन सामाजिक प्रश्नों के निर्णायक समाधान की गुंजाइश नहीं होती। हमें याद रखना चाहिए कि उस एक दशक लम्बे नाटक में, जो इस पुस्तक की विषय-वस्तु है, रूढ़िवादी निरन्तर स्त्रियों के हितों की दुहाई देते रहे थे। एक सदी बाद जब इस नाटक की पुनरावृत्ति हुई तो न्यायमूर्ति चौधरी के आलोचकों को, जिनमें सर्वोच्च न्यायालय भी शामिल था, सबसे ज्यादा परेशानी चौधरी की इस मार्मिक आलोचना से हुई कि वैवाहिक अधिकारों की पुनर्स्थापना स्त्रियों के दमन के लिए एक कानूनी आड़ बन गई है।

यह बिल्कुल स्पष्ट है कि वैवाहिक अधिकारों की पुनर्स्थापना से स्त्रियों को कोई राहत नहीं पहुँची है। हमें जस्टिस हेनन, जिन्होंने विक्टोरिया युगीन इंग्लैंड में पुनर्स्थापना कानून को नरम बनाने में महत्त्वपूर्ण भूमिका निभाई थी, की बात याद रखनी चाहिए। उन्होंने एक भी ऐसा पुनर्स्थापना का मुकदमा नहीं देखा था जो वास्तव में पैसे की माँग से प्रेरित न रहा हो। इस सर्वव्यापी लोभ के साथ-साथ भारतीय सन्दर्भ में—बल्कि सिर्फ यहीं नहीं—पतियों की बदले की भावना और विवाह के दायरे में बलात संभोग की आसान उपलब्धता को भी जोड़ा जा सकता है। इस सबको देखते हुए यह एक विडम्बना ही है कि न्यायमूर्ति चौधरी के आलोचक उन्हें याद दिलाएँ कि यौन-सम्बन्ध वैवाहिक सम्बन्धों का एक घटक मात्र है, खासकर एक संस्कारगत विवाह का। न ही इन दावों में स्त्रियों के प्रति कोई चिन्ता दिखाई देती है।

पुरुष वर्चस्ववादी भ्रान्तियों ने इस धारणा को जीवित रखा है कि वैवाहिक अधिकारों की पुनर्स्थापना का प्रावधान स्त्रियों के भी हित में है। स्त्रियाँ और उदारवादी सुधारक जिस हद तक भी इस धारणा में विश्वास करते हैं, उस हद तक वे एक ऐसे क्रूर कानून को संरक्षण देते हैं जो, और कुछ करे या न करे, औरतों का भला नहीं करता। एक बार यह सच्चाई स्पष्ट रूप से सामने आ जाए, और इसे व्यापक स्वीकृति मिल जाए, तो सामाजिक चेतना में हो रहे परिवर्तनों के प्रति सदा सचेत न्यायालय—उच्च न्यायालय तो अवश्य ही—सहज भाव से समझने लगेंगे कि रख्माबाई की तरह

बलात सहवास से इनकार करना हर स्त्री का कानूनी अधिकार है।

फिलहाल, बाल-विवाह जैसी सामाजिक बुराइयों के निवारण और विधवा-विवाह जैसी अच्छाइयों के प्रोत्साहन के लिए पिछले डेढ़ सौ वर्षों में किए गए कानून सम्बन्धी सुधार दिखाते नहीं कि कानून के सहारे ही सामाजिक समस्याएँ निबट जाएँगीं। यह अलग बात है कि कानूनी सुधार की प्रभावशीलता में लोगों का विश्वास इस ऐतिहासिक अनुभव के कारण कम होता नहीं दिखता।

गोवर्धनराम ने अपनी डायरी में जिस प्रक्रिया का वर्णन किया था उसकी अनिवार्यता से बचना मुश्किल है।

सन्दर्भ टिप्पणी

1. परिशिष्ट-1
2. मोहिनी वर्दे, *डॉ. रख्माबाई : एक आर्त,* बंबई, 1982। रख्माबाई के जीवन पर आधारित सरोजिनी शारंगपाणि का उपन्यास, *मला हा लग्न मान्य नाही,* पुणे, 1983 भी देखें
3. रख्माबाई, *द हाई कास्ट हिन्दू वुमैन,* पृ. XXIII, XVII
4. *ब्रदर्स करमाज़ॉफ* के शुरू में ही दॉस्तोएव्स्की दिखाते हैं कि फ्योडोर पावलोविच करमाज़ॉफ की सुन्दर युवा पत्नी उन्हें छोड़कर चली जाती है। फिर एक दिन उनको अपनी पत्नी के अचानक निधन की खबर मिलती है। पति की प्रतिक्रिया का दॉस्तोव्एस्की का वर्णन देखें : '...कहते हैं कि वह बाहर सड़क पर दौड़ते हुए खुशी से चिल्लाने लगा...लेकिन कुछ और लोग बताते हैं कि वह बच्चे की तरह फूट-फूटकर रोने लगा।...बहुत संभव है कि दोनों ही वृत्तान्त सही हैं।'
5. *होम डिपार्टमैंट, जुडीशल प्रोसीडिंग्ज़,* मई 1890, संख्या 410-715
6. जे. ओ'किनली, *द कोड ऑव सिविल प्रोसीजर, एक्ट XIV ऑव 1882 विद नोट्स एंड ऐपैंडिक्स, कलकत्ता,* 1883, पृ. 239-40, 313
7. होम, जुडीशल, मई 1890, संख्या 410-715
8. देखिए कैलाशवती बनाम अयोध्या प्रकाश में पंजाब और हरियाणा उच्च न्यायालय की व्यवस्था कि पति को वैवाहिक घर की जगह निश्चित करने का अधिकार है और पत्नी को, यदि वह किसी दूसरी जगह काम कर रही है, पति के साथ रहने के लिए अपनी नौकरी छोड़नी चाहिए। *1977 एच.एल.आर,* 175
9. सरिता बनाम वैंकट सुब्बय्या, 1983 ए पी 356
10. 1984 डैलही 66
11. जे.डी.ऐंम. डैरेट, *ए क्रिटीक ऑव मॉडर्न हिन्दू लॉ,* बम्बई, 1970, पृ. 326
12. 1984 ऐंस सी 1562
13. कांतिलाल सी. पंड्या, सं., *गोवरधनराम माधवराम त्रिपाठीज़ स्क्रैप बुक,* 1904-06, बंबई 1958, खंड-III, पृ. 67

परिशिष्ट-1

9 अप्रैल 1887 के 'द टाइम्स' में प्रकाशित रख्माबाई का पत्र

बम्बई, 17 फरवरी, 1887, माय डियर मैडम—आपने मेरे दुर्भाग्यपूर्ण मुकदमे और मेरी भारतीय बहनों में जो दिलचस्पी दिखाई है, उसके लिए आपका बहुत-बहुत धन्यवाद। मुझे अपनी मित्र...से पता चला है कि मैंने अपने पहले पत्र में जो कुछ लिखा था, आप मेरे विचाराधीन मुकदमे के बारे में उससे और ज्यादा विस्तार और बारीकी से जानना चाहती हैं।

अपनी तकलीफों की बात करने से पहले मैं हमारी उस अनर्थकारी बाल-विवाह प्रथा के बारे में कुछ तथ्य प्रस्तुत करना चाहूँगी जिसने सदियों से भारत की बेटियों को (और कुछ हद तक इसके बेटों को भी) गुलाम बना रखा है। हिमालय से लेकर केप कोमोरिन तक हमारे विशाल देश में यह नियम बन चुका है कि हर किसी को विवाह करना होगा, भले ही वह लूला-लँगड़ा हो, अन्धा हो या रोगी हो। इस नियम के कारण, लड़का हो या लड़की, हर बच्चे की पाँच-छह वर्ष की उम्र में सगाई कर दी जाती है। कई ऊँची जातियों में तो यह उम्र एक या दो वर्ष ही होती है और कभी-कभी बच्चों (लड़कियों) के पैदा होने से पहले ही। सिर्फ हिन्दुओं में ही एक हजार से ज्यादा जातियाँ हैं, और इन जातियों में जरा-सा फर्क होने पर भी अन्तर्जातीय विवाहों पर सख्त प्रतिबन्ध है। इसलिए हर बच्चे के माता-पिता पर यह दबाव रहता है कि उम्र की सीमा के भीतर और अपनी जाति की सीमा के भीतर उसका विवाह करना है, भले ही रिश्ता अच्छा हो या बुरा। इस कारण किसी हट्टे-तगड़े, प्रतिभाशाली युवक को मरियल-सी और बीमार पत्नी मिल जाती है, जबकि एक बुद्धिमान लड़की को एक हीन पति से काम चलाना पड़ता है। अब शास्त्रों और हिन्दू कानूनों की बात करें। हमारे धार्मिक ग्रन्थों में बिल्कुल स्पष्ट लिखा हुआ है कि आठ वर्ष की उम्र में जनेऊ संस्कार होने के बाद एक बालक नियमित रूप से शिक्षा प्राप्त करने के योग्य हो जाता है। इसके बाद उसे 12 वर्ष तक अध्ययन करना चाहिए, और फिर चार वर्ष तक जीवन का अनुभव प्राप्त करने के बाद 22 वर्ष की उम्र में, और अपनी इच्छा

से, एक उपयुक्त उम्र की लड़की से विवाह करना चाहिए। लड़कियों के बारे में भी यह लिखा हुआ है कि उनका उपयुक्त उम्र में और उनकी अपनी इच्छा से विवाह होना चाहिए, हालाँकि उनकी शिक्षा के बारे में कुछ नहीं कहा गया है। हम प्राचीन इतिहास में देखते हैं कि युवक और युवतियों का विवाह परिपक्व उम्र में और उनकी अपनी पसन्द से होता था। लेकिन इन अच्छे कानूनों को त्याग दिया गया है और इनकी जगह घृणित प्रथाओं को अपना लिया गया है, जिसका परिणाम कई भयानक रूपों में हमारे सामने है। जहाँ तक जाति की बात है, तो हमारे धर्म में सिर्फ चार वर्णों–ब्राह्मण, क्षत्रिय, वैश्य और शूद्र–का वर्णन किया गया है। लेकिन पिछले दो-तीन हजार वर्षों से इन चार वर्णों को अनेक खंडों में बाँटने का चलन चल पड़ा है, जिसके कारण कुछ जातियों में सिर्फ कुछ सौ लोग हैं। इस तथ्य के कारण, अपने बच्चों के लिए उपयुक्त वर-वधू ढूँढ़ना माता-पिता के लिए बहुत कठिन हो गया है। अपने लड़के या लड़की के लिए वर या वधू की तलाश करने वाला पिता बच्चे के गुणों-अवगुणों की बजाय उसके परिवार की प्रतिष्ठा और स्थिति पर ज्यादा ध्यान देता है।

इधर पिछले कुछ वर्षों से, भारत के ग्रह संकट में होने के कारण, हमारे पवित्र धर्म के सभी श्रेष्ठ निर्देशों और धारणाओं को अज्ञानता और अन्धविश्वास के कारण ताक पर रख दिया गया है, जिसका परिणाम अत्यन्त घातक सिद्ध हुआ है। भारत की भौतिक, शारीरिक और आध्यात्मिक अवस्था पूरी तरह ध्वस्त हो चुकी है और अब उसे अपने ही लोगों की मूर्खताओं से उबरने के लिए याचना भरी और असहाय दृष्टि से विदेशियों का मुँह ताकना पड़ रहा है।

अब मैं अपनी आपदा की बात करूँगी। मैं दूसरी श्रेणी की जाति से सम्बन्ध रखती हूँ, जिसमें सौभाग्यवश विधवाओं के पुनर्विवाह की अनुमति है। मैं सिर्फ ढाई वर्ष की थी जब 1867 में मेरे पिता मुझे अनाथ छोड़कर इस दुनिया से चल बसे। मैं अपनी माँ (जो तब 17 वर्ष की थी) और नाना के संरक्षण में पली-बढ़ी। छह वर्ष बाद मेरी माँ ने बम्बई के एक जाने-माने डॉक्टर के साथ पुनर्विवाह कर लिया, जो मेरे लिए अत्यन्त दयालु सौतेले पिता साबित हुए। उन्होंने जीवन भर मुझे अपनी बच्ची की तरह प्यार और संरक्षण दिया। लेकिन, जैसीकि ईश्वर की इच्छा थी, उनका असमय ही निधन हो गया, और 'डियर लेडी', पिछले 22 महीनों से वे हम सबसे बहुत दूर कहीं विश्राम कर रहे हैं। वे अपने पीछे मेरी विधवा माँ और पाँच बच्चों को शोक-संतप्त छोड़ गए हैं। खैर, उपरोक्त तथ्यों के अनुसार 11 वर्ष की उम्र में (जो लड़कियों के लिए निर्धारित उम्र से कहीं ज्यादा थी) मेरा विवाह कर दिया गया। लड़के की उम्र 19 वर्ष थी। यह विवाह इन शर्तों पर हुआ था कि लड़के का पूरा खर्चा हम उठाएँगे, लेकिन उसे पढ़-लिखकर एक अच्छा आदमी बनना होगा। इन शर्तों

पर उसकी माँ (जिसकी विवाह के कुछ महीने बाद मृत्यु हो गई) और अन्य सम्बन्धियों की पूरी रजामन्दी थी। लेकिन 1876 में हुए इस विवाह के कुछ ही महीने बाद...वह अपने कर्तव्यों से मुँह मोड़ने लगा। उसने स्कूल छोड़ दिया, मेरे पिता और नाना के निर्देशों की अवज्ञा करने लगा, और बुरी संगति में पड़ गया। परिणामतः वह तपेदिक का शिकार होकर तीन वर्ष तक बिस्तर में ऐसी स्थिति में पड़ा रहा कि लगता था मानो बचेगा नहीं। लेकिन भगवान की कृपा से वह धीरे-धीरे ठीक होने लगा...अब, जहाँ तक मेरा सम्बन्ध है, मैं बचपन से ही बहुत अन्तर्मुखी प्रकृति की रही हूँ। मुझे पढ़ने-लिखने का बेहद शौक था, और वैवाहिक जीवन के प्रति गहरी वितृष्णा। हालाँकि मैं इतनी भाग्यशाली नहीं थी कि 11 वर्ष की उम्र के बाद स्कूल जा सकूँ और अपनी मराठी की पढ़ाई पूरी कर सकूँ। स्कूल छोड़ने के बाद मैं घर पर ही अंग्रेजी सीखने लगी। जब भी मेरी यूरोपीय महिला मित्र मुझसे मिलने आती थीं, मैं अंग्रेजी शब्दों के अर्थों और उच्चारण को लेकर उनसे बहुत सारे प्रश्न पूछती थी। दिन-ब-दिन शिक्षा और समाज-सुधार के प्रति मेरा लगाव बढ़ने लगा, और मैं अपनी पढ़ाई जारी रखने की हर सम्भव कोशिश करने लगी। लेकिन इस देश में स्त्री के लिए घर पर शिक्षा प्राप्त करना बहुत मुश्किल है। फिर भी उन लोगों से निरन्तर सम्पर्क के कारण जिन्होंने अपना जीवन समाज-सुधार के लिए समर्पित कर दिया था, और जो थोड़ी शिक्षा मैंने हासिल कर ली थी उसके सहारे, मैं हमारी हिन्दू स्त्रियों की पूर्व और वर्तमान स्थिति के बारे में गम्भीरतापूर्वक सोचने लगी। मैं हमारे वर्तमान कष्टों को दूर करने के लिए जो कुछ मेरे वश में था, करने को आतुर हो उठी। दूसरी तरफ...जिस आदमी के साथ मेरा विवाह हुआ था, उसकी आदतों के कारण विवाह को लेकर मेरी स्वाभाविक वितृष्णा और भी गहरी हो गई। मेरे पिता ने उसके स्वभाव, आदतों और निकम्मेपन को देखकर मुझे उसके पास न भेजने का फैसला कर लिया। खुद उसने भी इस मामले को ज्यादा तूल नहीं दी।...लेकिन हमारी जाति के नेताओं के बीच कुछ पुराने झगड़ों और कुछ धूर्त व्यक्तियों (जिनकी हमारे देश में कमी नहीं है) द्वारा निरन्तर भड़काए जाने के कारण, और कुछ पैसे मिल जाने की उम्मीद में, उसने अदालत में मुकदमा दायर कर दिया कि मैं उसके पास जाकर उसके साथ एक पत्नी की तरह रहूँ। उसने यह मुकदमा 19 मार्च 1884 को बम्बई उच्च न्यायालय में दायर किया। उसका ख्याल था कि उसकी इस कार्रवाई से मेरे पिता अपनी प्रतिष्ठा को लेकर चिन्तित हो उठेंगे (क्योंकि इस तरह के मुकदमे को हिन्दुओं में बहुत बड़े कलंक के रूप में देखा जाता है), और मुझे चुपचाप अपनी सारी जमापूँजी के साथ उसके घर भेज देंगे। लेकिन हमारे पक्ष के लोग बहुत पहले ही मुझे उसके पास न भेजने का संकल्प कर चुके थे, इसलिए उन्हें मुकदमे के इस पहलू की चिन्ता नहीं थी (पर पैसे का महत्त्व तो होता ही है और उसी के साथ मुकदमे के परिणाम की

भी चिन्ता)। हम अपने-आपको अदालत में बचाव के लिए तैयार करने लगे। 21 सितम्बर, 1885 को न्यायमूर्ति पिनी ने हमारे बचाव को सुनने से पहले ही हमारे पक्ष में अपना मानवीय फैसला सुना दिया। अगर इस फैसले को समर्थन मिला पाता तो भारत की लाखों-करोड़ों बेटियों की तकदीर बदल जाती और उनके द्वारा सदियों से चाही जा रही स्वतंत्रता आसानी से मिल जाती। न्यायमूर्ति पिनी का नाम भी अमर हो जाता। लेकिन ईश्वर की कुछ और ही इच्छा थी। उस आदमी ने अदालत के फैसले के खिलाफ अपील कर दी। 2 अप्रैल 1886 को इस अपील पर अपना फैसला सुनाते हुए मुख्य न्यायाधीश सर चार्ल्स सार्जेंट और न्यायमूर्ति बेली ने पहले फैसले को उलट दिया और मुकदमे की फिर से सुनवाई का आदेश दिया। तब से यह मुकदमा अदालत में विचाराधीन है।

हमारे वैवाहिक कानूनों में, या यूँ कहना चाहिए कि हमारे प्रचलित रीति-रिवाजों के अनुसार, एक पुरुष एक साथ, या जब चाहे, कितने ही विवाह कर सकता है, उन सब पत्नियों को अपने साथ रख सकता है, और जब चाहे उनमें से किसी को भी अपने घर से निकाल सकता है। जबकि एक स्त्री का सिर्फ एक बार विवाह होता है। वह अपने पति की मृत्यु के बाद भी दूसरा विवाह नहीं कर सकती। इसी तरह, बहुत उचित कारणों के आधार पर भी वह अपने पति के साथ रहने से इनकार नहीं कर सकती। पति उसके साथ कैसा ही दुर्व्यवहार क्यो न करें, उसे मारे-पीटे, हजार बार घर से बाहर निकाल दे, या भूखा रखे, लेकिन पत्नी को सर झुकाकर उसके साथ रहते रहना होगा (अगर वह उसे रखना चाहे), जब तक कि उसकी स्वाभाविक मृत्यु न हो जाए या उसका पति, उसका इकलौता परमेश्वर और स्वामी, उसे मार न डाले। क्या यह अमानवीय नहीं है कि हमारे हिन्दू पुरुषों को हर तरह की स्वतंत्रता हो, जबकि स्त्रियों के दोनों हाथ हमेशा के लिए बँधे हुए हों? अगर मैं गुलामी की इस व्यवस्था के बारे में सब कुछ लिखना चाहूँ तो इस काम में महीनों लग जाएँगे। लेकिन मैं ऐसा नहीं करूँगी क्योंकि हर किसी को, इंग्लैंड में भी, कुछ हद तक इसकी जानकारी है। मैं सिर्फ यह उम्मीद कर सकती हूँ कि किसी-न-किसी दिन इसे बदला जाना चाहिए। आह! लेकिन किसके पास इतनी शक्ति है कि इतने व्यापक पैमाने की प्रथाओं और धारणाओं में हस्तक्षेप करने का साहस कर सके–सिवा उस सरकार के जो इस देश पर शासन कर रही है? और जब तक यह सरकार इस मामले में उदासीन रहेगी, तब तक भारत की बेटियों को अपने वर्तमान कष्टों से मुक्त होने की उम्मीद नहीं करनी चाहिए। हमारी पुरानी धार्मिक पुस्तकों में दिए गए उद्धरणों से मैंने यह जाना है कि कोई स्त्री पाँच दुर्भाग्यपूर्ण स्थितियों में पुनर्विवाह कर सकती है–(1) यदि वह बाल-विधवा हो; (2) यदि उसके पति ने संन्यास ले लिया हो; (3) यदि उसमें पुरुषत्व न हो; (4) यदि उसने धर्म बदल लिया हो; (5) यदि वह कोढ़ी

हो। इनमें से कोई भी स्थिति मेरे दुर्भाग्यों के साथ मेल नहीं खाती। लेकिन मुझे यह भी पता चला है कि एक स्त्री विवाह की परिणति होने से पहले उस पुरुष की पत्नी बनने से इनकार कर सकती है। दुर्भाग्यवश, हिन्दू कानूनों से सम्बन्धित अंग्रेजी किताब में ये उद्धरण शामिल नहीं किए गए हैं।

मुझे ऐसा लगता है कि (हमारे पुराने कानूनों और रीति-रिवाजों के बावजूद) वर्तमान सरकार का यह अनिवार्य कर्तव्य है कि वह वर्तमान युग और देश की वर्तमान स्थिति को देखते हुए कानून में तत्काल आवश्यक संशोधन करे। हर जगह, कम-से-कम कुछ सदियों बाद, कानून में संशोधन की आवश्यकता होती है, ताकि वह वर्तमान युग के अनुरूप हो। तो फिर हजारों वर्ष पहले बनाए गए हमारे हिन्दू वैवाहिक कानून वर्तमान युग के लिए (जो कि अर्द्ध-यूरोपीयकृत युग है) उपयुक्त कैसे हो सकते हैं? इन कठिनाइयों से निपटने का एकमात्र उपाय है कानून में संशोधन। पिछले कई वर्षों से समाज-सुधारक इन घृणित प्रथाओं को खत्म करने का प्रयास कर रहे हैं, लेकिन वे सफल नहीं हो पाए हैं। हाल ही में श्री मलबारी (जो एक पारसी सज्जन हैं) और उनके साथियों ने इस सम्बन्ध में देश में जागृति पैदा करने के प्रयास किए हैं, हालाँकि उनके विरोधी ज्यादा हैं और समर्थक कम। उन्होंने बाल-विवाह और बलात वैधव्य के उन्मूलन के लिए देश भर में एक हलचल पैदा कर दी है। लेकिन, अफसोस, एकता और समर्थन के बिना एक अकेला व्यक्ति क्या कर सकता है? फिर भी, उनके अथक प्रयासों और निवेदनों के परिणामस्वरूप भारत सरकार ने इस मामले की जाँच करने की कृपा की और तमाम प्रभावशाली हिन्दू सज्जनों की राय माँगी। सुधारकों को यह जानकर बहुत निराशा हुई कि सुधारों के पक्ष में बोलने की तुलना में उनका विरोध करने वाले कहीं ज्यादा थे। इस तरह सुधारों की आकांक्षा करने वालों की आशाएँ मिट्टी में मिल गईं।

हर जगह इसे ईश्वर का परम वरदान माना जाता है कि हम अपनी प्रिय रानी विक्टोरिया की सरकार के संरक्षण में हैं, जो दुनिया भर में सर्वोत्तम प्रशासन के लिए विख्यात हैं। अगर यह सरकार भी हम हिन्दू स्त्रियों की मदद कर उन्हें मुक्त नहीं कर सकती, तो पृथ्वी पर किस सरकार के पास भारत की बेटियों को उनकी वर्तमान दुर्दशा से मुक्ति दिलाने की शक्ति है?

दुनिया के सबसे यशस्वी सिंहासन पर हमारी रानी के राज्याभिषेक का यह 50वाँ वर्ष है। इस स्वर्ण जयन्ती वर्ष में उनके साम्राज्य के हर शहर और गाँव में उनके प्रति अच्छे से अच्छे तरीके से निष्ठा व्यक्त करते हुए उनकी लम्बी आयु की कामना की जा रही है, ताकि वे इसी तरह शान्ति और समृद्धि के साथ हम पर अनेक वर्षों तक शासन करती रहें। ऐसे असाधारण अवसर पर क्या एक माँ अपनी लाखों-करोड़ों हिन्दुस्तानी बेटियों के हृदय की पुकार सुनेगी और हिन्दू कानून से सम्बन्धित पुस्तकों

में थोड़े-से शब्दों का बदलाव करेगी—कि 'अदालत के सामने लाए जाने पर ऐसे विवाहों को वैध नहीं माना जाएगा जिनमें लड़के की उम्र 20 वर्ष और लड़की की उम्र 15 वर्ष से कम हो'। यह छोटा-सा वाक्य फिलहाल पर्याप्त होगा और अज्ञानी जनता को किसी तरह की उलझन में डाले बिना बाल-विवाहों पर अंकुश रखने का काम करेगा।

यह जयन्ती वर्ष हम हिन्दू स्त्रियों पर कुछ-न-कुछ छाप छोड़ जाने वाला वर्ष होना चाहिए, और हमारे लिए कानून की किताबों में इस एक वाक्य के समावेश से अधिक कृपापूर्ण और कुछ भी नहीं होगा। यदि ईश्वर की इच्छा हुई तो यह सिर्फ एक दिन का काम है, लेकिन उसकी मदद के बिना हर प्रयास व्यर्थ प्रतीत हो सकता है। डीयर लेडी, मैं अब तक आपके धैर्य की परीक्षा लेती रही हूँ, जिसके लिए आपसे क्षमा-याचना करना आवश्यक है। शुभकामनाओं सहित,

हमेशा की तरह आपकी शुभाकांक्षी,—रख्माबाई।

द टाइम्स के सम्पादक के नाम

महोदय,—रख्माबाई के मुकदमे को लेकर हाल ही में *द टाइम्स* में छपे एक अग्रलेख के सहानुभूतिपूर्ण स्वर से मुझे यह विश्वास हो चला है कि आप अपने अखबार में संलग्न पत्र प्रकाशित करना चाहेंगे। यह पत्र मेरे परिवार के एक सदस्य को खुद उस दुखिया स्त्री से प्राप्त हुआ है। उसकी व्यथा को उसके अपने शब्दों से बेहतर ढंग से और कोई भी व्यक्त नहीं कर सकता। यहाँ हमारे सामने एक ऐसी स्त्री है जिसके पत्र से उसकी बुद्धिमत्ता, उसकी सुसंस्कृति और उसके ऊँचे चरित्र का पता चलता है, और जो अब जेल की सजा का कलंक झेलने अन्यथा एक ऐसी जिन्दगी बिताने के लिए अभिशप्त है जो उस जैसी स्त्री के लिए जीते-जी मौत है। क्या यह जरूरी है कि सती-प्रथा का उन्मूलन करने वाली सरकार बर्बर और क्रूर परम्पराओं के ऐसे घृणित अवशेषों का सम्मान करे, जो बुद्धिमान और उदार-हृदय न्यायाधीशों को एक अबला स्त्री पर असहनीय अत्याचारों का साधन बनने के लिए बाध्य कर देते हैं? इसमें कोई सन्देह नहीं है कि स्थानीय पूर्वग्रहों और भावनाओं का सम्मान किया जाना चाहिए, लेकिन बर्बर क्रूरता की तरफ ले जाने वाला सम्मान सम्मानजनक नहीं हो सकता। ऐसे कानूनों को हटाकर ईश्वर, अन्तर्रात्मा और मानवता के कानूनों को लागू किया जाना चाहिए।

मैं नहीं जानता कि सुधार के सम्बन्ध में रख्माबाई का सुझाव कहाँ तक सही और अपनाए जाने योग्य है। मैं इसे इसलिए भेज रहा हूँ क्योंकि यह उसके पत्र में

है, न कि इसलिए कि मैं सर्वोत्तम सुझाव के रूप में इसका समर्थन करता हूँ। लेकिन मैं इस बात को लेकर आश्वस्त हूँ कि आप और आपके सभी पाठक इससे सहमत होंगे कि महारानी के नाम इस दुखिया हिन्दू स्त्री की पुकार, खासकर जयन्ती वर्ष के सन्दर्भ में, सचमुच ही बहुत मर्मस्पर्शी है। पिछले कुछ दिनों से आपके कॉलम जयन्ती वर्ष को लेकर विविध सुझावों और अनेक योजनाओं के गुण-दोषों से जुड़ी बहसों से भरे रहे हैं। आपके इन कॉलमों में, या कहीं भी, एक ऐसी जयन्ती योजना की उपयुक्तता और उच्चतम गरिमा को लेकर न तो कोई मतभेद होगा और न बहस, जो हमारी भारतीय बहनों को अत्यन्त अवमाननापूर्ण दासता से मुक्ति दिलाने का काम कर सके।

मैं सिर्फ इतना और जोड़ूँगा कि मैं रख्माबाई का पत्र लगभग ज्यों-का-त्यों भेज रहा हूँ—सिवा कुछेक शब्दों की वर्तनी में सुधार करने और उन एक-दो वाक्यों को हटा देने के जो निजी पत्र में तो ठीक हैं, लेकिन सार्वजनिक अभिव्यक्ति के लिए उपयुक्त नहीं हैं। मैं यह भी कहना चाहूँगा कि इस पत्र के प्रकाशन की जिम्मेदारी मेरे ऊपर है, न कि इसकी लेखिका के ऊपर। वैसे मुझे पूरा भरोसा है कि ध्येय को देखते हुए वे इस स्वतंत्रता के लिए मुझे क्षमा कर देंगी।

आपका आज्ञाकारी सेवक,

हार्वी कार्लाइल

परिशिष्ट-2

द टाइम्स में प्रकाशित न्यायमूर्ति पिनी का पत्र, 27 अप्रैल 1887

महोदय,–रख्माबाई का मुकदमा ब्रिटिश जनता की निरन्तर दिलचस्पी का केन्द्र बना हुआ है। आज के *द टाइम्स* में जाने-माने हस्ताक्षरों 'एफ.एम.एम.' [मैक्स म्युलर : फ्रीडरिख़ मैक्सिमिलियन म्युलर] के अन्तर्गत छपे पत्र ने मुझे इस विषय में अपना योगदान देने के लिए प्रेरित किया है। न सिर्फ इसलिए कि मैं जो कुछ कहना चाहता हूँ वह 'एफ.एम.एम.' के विचारों से मेल खाता है, बल्कि इसलिए भी कि मुझे इस मुकदमे की खास जानकारी है। अब तक इस मुकदमे के सम्बन्ध में सार्वजनिक अखबारों में जो सूचनाएँ छपी हैं वे गुमराह करने वाली हैं, क्योंकि वे अधूरी सूचनाएँ हैं। उदाहरण के लिए, पिछले कुछ दिनों में इस मुकदमे के सम्बन्ध में *द टाइम्स* में जो सूचनाएँ छपी हैं, उन्हें पढ़कर आपके पाठक सम्भवतः इस निष्कर्ष पर पहुँचे होंगे कि श्रीमान न्यायमूर्ति पिनी, जिन्होंने इस मुकदमे की सबसे पहले सुनवाई की थी, ने सिर्फ इसलिए इस मुकदमे को खारिज कर दिया कि उन्हें रख्माबाई से सहानुभूति थी। वे नहीं चाहते थे कि 22 वर्ष की इस युवा स्त्री को, जो एक सुसंस्कृत, बुद्धिमान और प्रतिभासम्पन्न स्त्री थी और जिसका विवाह उसकी सहमति के बिना उसके बचपन में हुआ था, उसकी इच्छा के खिलाफ अपने पति के साथ जाकर रहने के लिए बाध्य किया जाए, जो एक अनपढ़ बढ़ई था, ताकि इस विवाह की परिणति हो सके। उन्हें इस तरह का आदेश देना एक दानवी कृत्य प्रतीत हो रहा था। अखबार पढ़ने वाली जनता को सम्भवतः इसकी कोई जानकारी नहीं है कि श्रीमान न्यायमूर्ति पिनी ने काफी लम्बा फैसला दिया था, जिसमें उन्होंने इस मुकदमे के सम्बन्ध में हिन्दू कानून और अंग्रेजी कानून दोनों के प्रावधानों पर विस्तार से विचार किया था और वादी को डिकरी प्रदान न किए जाने के कारण बताए थे। जनता यह मान रही है कि पहली अदालत ने सिर्फ भावुकता के आधार पर अपना फैसला सुनाया था, और अपील अदालत में जाने के बाद ही इस मामले पर कानूनी दृष्टि से विचार किया गया और श्रीमान न्यायमूर्ति पिनी का फैसला पलट दिया गया। मैं इस भ्रान्ति को दूर करना

चाहूँगा। श्रीमान न्यायमूर्ति पिनी ने न सिर्फ कानून के बारे में बहुत कुछ कहा था, बल्कि उन्होंने जिन आधारों पर इस मुकदमे को खारिज किया था, वे लगभग वही हैं जिन्हें 'एफ.एम.एम.' ने आम बोलचाल की भाषा में उठाया है, और जिन पर प्रिवी काउंसिल में अपील किए जाने की स्थिति में (जैसीकि सम्भावना है) इस मुकदमे की बहस आधारित होगी।

श्रीमान न्यायमूर्ति पिनी ने मुकदमे पर हिन्दू कानून के अनुसार विचार करते हुए कहा था कि हिन्दू कानून में इस तरह का मुकदमा राजा–अर्थात् दीवानी अदालत–के सामने नहीं बल्कि जाति के सामने जा सकता था। अगर जाति यह फैसला करती कि रख्माबाई को अपने पति के साथ जाकर रहना चाहिए तो इस फैसले को लागू करने के लिए वह सामुदायिक प्रतिबन्धों और दंडों अर्थात् जाति से बहिष्कार इत्यादि का प्रयोग करती। क्योंकि मुकदमे से जुड़ी पार्टियाँ हिन्दू थीं, इसलिए उन्हें अपने कानूनों के अनुसार न्याय पाने का अधिकार था–इस मुकदमे को खत्म करने के लिए इतना ही काफी होता। लेकिन वैवाहिक अधिकारों की पुनर्स्थापना के मुकदमों में अंग्रेजी अदालतों के रवैये को देखते हुए ऐसा नहीं किया जा सकता था। पिछले कुछ वर्षों से अंग्रेजी अदालतें हिन्दुओं के वैवाहिक पुनर्स्थापना के मुकदमों को भी स्वीकार करने लगी थीं और यह परम्परा अब इतने समय से जारी थी कि स्थानीय अदालतें ऐसे मुकदमों को मान्यता देने से इनकार नहीं कर पा रही थीं। लेकिन हिन्दुओं के बीच ये मुकदमे अंग्रेजी कानून की उपज थे, इसलिए श्रीमान न्यायमूर्ति पिनी का विचार था कि वे इस मामले में पूर्वस्थापित कानूनी उदाहरणों की सीमा से आगे जाने के लिए बाध्य नहीं थे। उन्होंने यह भी रेखांकित किया कि रख्माबाई का मामला उस अर्थ में पुनर्स्थापना का मामला नहीं था, जैसाकि इसे समझा जाता है, बल्कि यह उसे बाध्यतापूर्वक अपने पति के पास भेजकर एक ऐसे विवाह को पूर्ण करवाने का मामला था जिसके लिए उसने कभी भी अपनी सहमति नहीं दी थी। उन्होंने यह भी रेखांकित किया कि इंग्लैंड या भारत में आज तक किसी भी अदालत ने एक कुँवारी पत्नी को अपने पति के साथ जाकर रहने के लिए बाध्य नहीं किया था, इसलिए वे भी इस तरह का उदाहरण स्थापित करना नहीं चाहते थे। इसके बाद श्रीमान न्यायमूर्ति पिनी ने कहा कि जो राहत माँगी गई थी, उसे कैद की सजा द्वारा लागू करना इंग्लैंड में भी खत्म किया जा चुका था, हालाँकि वहाँ वैवाहिक अधिकारों के मुकदमे कहीं ज्यादा पुराने थे। हाल ही में एक मुकदमे (श्रीमती वेल्डन) में इंग्लैंड की एक अदालत ने अपनी पत्नी के साथ रहने के आदेश की अवज्ञा करने वाले पति को जेल की सजा देने से इनकार कर दिया था और इसके बाद इंग्लैंड की विधायिका ने कानून में संशोधन करके वैवाहिक अधिकारों के मामले में कैद की सजा को पूरी तरह खत्म कर दिया था। अपील अदालत ने रख्माबाई, जोकि एक हिन्दू स्त्री है, के मामले को

अंग्रेजी कानून के प्रावधानों के अन्तर्गत देखे जाने योग्य माना है, और अपने पति के साथ जाकर रहने के अदालत के आदेश की अवज्ञा करने की स्थिति में उसे, भारतीय आचार संहिता के प्रावधानों के अन्तर्गत, कैद की सजा सुनाई है; साथ ही उसे किसी तरह की कानूनी राहत के लाभ से भी वंचित रखा गया है, जिसके बिना इस तरह की डिकरियों को इंग्लैंड में असहनीय माना जाता है।

मेरा ख्याल है कि उपरोक्त वक्तव्य दुर्भाग्यशाली रख्माबाई के मुकदमे पर नई रोशनी डालेगा और ब्रिटिश जनता को उसके प्रति और ज्यादा सहानुभूति महसूस करने के लिए प्रेरित करेगा।

मैं इस मुकदमे के इतिहास की तरफ लौटूँगा। वादी, दादाजी, इस मामले को बम्बई की अपील अदालत में ले गया। अदालत ने कहा कि वैवाहिक अधिकारों की पुनर्स्थापना के मुकदमों को मान्यता देकर अदालत ने वह काम अपने अधिकार-क्षेत्र में ले लिया है जो पहले जाति के हाथ में था, इसलिए इन मामलों में राहत प्रदान करना इस कर्तव्य का तर्कपूर्ण परिणाम था। अदालत ने श्रीमान न्यायमूर्ति पिनी के फैसले को पलट दिया और मुकदमे के गुण-दोष के आधार पर उसकी फिर से सुनवाई के लिए उसे पहली सुनवाई की अदालत के हवाले कर दिया—क्योंकि पहली सुनवाई के दौरान न्यायाधीश ने वादी का पक्ष पूरा होने के तुरन्त बाद मुकदमा रोक दिया था और बचाव पक्ष को सुने बिना ही अपना फैसला सुना दिया था।

इस बीच श्रीमान न्यायमूर्ति पिनी भारत से जा चुके थे, इसलिए यह मुकदमा श्रीमान न्यायमूर्ति फैरन के पास पहुँचा, ताकि बचाव पक्ष की सफाई पर भी विचार किया जा सके। रख्माबाई के बचाव में यह दलील दी गई कि दादाजी का स्वास्थ्य ठीक नहीं था और वह इतना निर्धन था कि अपनी पत्नी का खर्च नहीं उठा सकता था। पहली सुनवाई के दौरान श्रीमान न्यायमूर्ति पिनी ने महसूस किया था कि अगर इस दलील के समर्थन में प्रमाण भी प्रस्तुत किए जाएँ तो भी यह कोई ठोस दलील नहीं थी। एक निर्धन व्यक्ति को भी अपनी पत्नी का साथ प्राप्त करने का उतना ही अधिकार था जितना कि एक धनवान व्यक्ति को। परिणामस्वरूप बचाव पक्ष ने श्रीमान न्यायमूर्ति फैरन के सामने किसी तरह के साक्ष्य प्रस्तुत नहीं किए, और, जैसाकि स्वाभाविक था, विद्वान न्यायाधीश ने अपील अदालत के फैसले को व्यावहारिक रूप देते हुए यह डिकरी जारी कर दी कि रख्माबाई को अपने पति के पास जाना चाहिए।

अब रख्माबाई ने श्रीमान न्यायमूर्ति फैरन के फैसले के खिलाफ बम्बई में अपील अदालत में एक अपील दाखिल की है, जो मामले को प्रिवी काउंसिल की न्यायिक समिति के पास ले जाने के लिए आवश्यक आरम्भिक कार्रवाई है। अपील अदालत स्वाभाविक रूप से इस अपील को खारिज कर देगी, क्योंकि इस मामले में पिछली

अदालत में प्रस्तुत किए गए तथ्यों के अलावा कोई नए तथ्य सामने नहीं आए हैं। जैसे ही बम्बई में अपील अदालत अपनी औपचारिक डिकरी जारी करेगी, वैसे ही इसके खिलाफ प्रिवी काउंसिल में अपील की जाएगी।

रख्माबाई के साधन बहुत सीमित हैं। वे इंग्लैंड से अपील करने के खर्चों के लिए नितान्त अपर्याप्त हैं। यूरोपीय और स्थानीय लोगों ने मिल-जुलकर बम्बई में धन इकट्ठा करने के प्रयास शुरू किए हैं, ताकि रख्माबाई अपना मामला इंग्लैंड में अन्तिम अपील अदालत के सामने ले जा सके। इंग्लैंड में बहुत-से लोग उसके प्रति अपनी सहानुभूति व्यक्त कर चुके हैं। वे क्या करेंगे?

21 अप्रैल

आर.एच.पी.

[रॉबर्ट हिल पिनी]

परिशिष्ट-3

मुकदमे के कुछ तथ्यों का खुलासा

दादाजी बनाम रख्माबाई

दादाजी बनाम रख्माबाई मामले में माननीय न्यायमूर्ति फैरन के हाल के फैसले से अखबारों में और अन्यत्र जो सार्वजनिक उत्तेजना पैदा हुई है, उसे मामूली नहीं कहा जा सकता। जब दूसरे लोग, भले ही उन्हें कोई जानकारी हो या न हो, इस मुकदमे के बारे में खुलेआम टिप्पणियाँ करते रहे हैं तो मैंने अपना मुँह बन्द रखा है और मैं चुपचाप सब कुछ सहता रहा हूँ। जब मामला अदालत में था तो मुझे जनता के सामने अपने विचार रखना उचित और विवेकपूर्ण नहीं लगा। मुझ पर न जाने कितनी बार और कहाँ-कहाँ से कीचड़ उछाला गया। अब चूँकि मुकदमा खत्म हो गया है और उम्मीद के मुताबिक ही फैसला सुना दिया गया है, मैं इस मुकदमे के सम्बन्ध में कुछ तथ्यों का खुलासा करना चाहूँगा और यह दिखाना चाहूँगा कि कुछ एंग्लो-इंडियन और अंग्रेजी अखबारों और मुट्ठी भर स्व-घोषित 'सुधारकों' ने मुझे कितने गलत तरीके से प्रस्तुत किया है। कुछ मामलों में ये गलत प्रस्तुतियाँ अज्ञानतावश हुईं तो कुछ मामलों में जान-बूझकर ऐसा किया गया है। लेकिन दोनों ही मामलों में 'एक निष्पक्ष दृष्टिकोण' का अभाव था। तथ्य इस प्रकार हैं। रख्माबाई के साथ विवाह के समय मेरी उम्र 20 वर्ष थी, जबकि वह 13 वर्ष की थी। जनार्दन पांडुरंग मेरी पत्नी के असली पिता थे। 1867 में उनकी मृत्यु के बाद उनकी विधवा जयन्तीबाई ने डॉ. सखाराम अर्जुन से विवाह कर लिया, क्योंकि हमारी जाति में विधवा के पुनर्विवाह की अनुमति है। जयन्तीबाई के पुनर्विवाह के कुछ समय बाद रख्माबाई के साथ मेरा विवाह हुआ। यह विवाह हमारे धर्म के अनुसार सभी रीति-रिवाजों के साथ और पूर्णतः विधिवत तरीके से सम्पन्न हुआ, जिसमें मेरी पत्नी के सौतेले पिता डॉ. सखाराम अर्जुन, उसकी माँ जयन्तीबाई और उसके नाना श्री हरिचन्द्र जदोजी की पूरी स्वीकृति और सहमति थी। रख्माबाई का परिवार बड़े उत्साह से इस विवाह की कामना करता रहा था। विवाह के सात महीने बाद रख्माबाई वयः सन्धि की उम्र में

पहुँच गई। लेकिन विवाह की तुरन्त परिणति नहीं की गई क्योंकि डॉ. सखाराम अर्जुन का विचार था कि इतनी जल्दी शारीरिक समागम करने से कमजोर सन्तान पैदा होगी। उन्होंने यह सुझाव एक मित्र की तरह दिया था और मित्रता के भाव से ही मैंने इसे स्वीकार कर लिया। परिणामस्वरूप, डॉ. सखाराम अर्जुन की इच्छा का सम्मान करते हुए रख्माबाई को अपनी माँ और सौतेले पिता के साथ रहने की अनुमति दे दी गई। 1884 में मैंने कहा कि अब मेरी पत्नी को मेरे साथ आकर रहने की अनुमति दे दी जानी चाहिए, क्योंकि मेरे विचार में प्रतीक्षा की अवधि काफी लम्बी खिंच गई थी। मुझे यह जानकर बहुत आश्चर्य हुआ कि इस अनुरोध की बहुत कटु प्रतिक्रिया हुई, मेरी पत्नी रख्माबाई की तरफ से नहीं बल्कि उसकी माँ जयन्तीबाई और उसके नाना श्री हरिचन्द्र जदोजी की तरफ से। उन्हें यह डर था कि अगर रख्माबाई मेरे साथ आकर रहने लगी तो वह अपने स्वर्गवासी पिता श्री जनार्दन पांडुरंग की सम्पत्ति पर अपना दावा कर देगी, जिसकी कीमत 25,000 रुपयों से ऊपर होने का अनुमान है। स्वर्गीय सखाराम अर्जुन के साथ जयन्तीबाई के पुनर्विवाह के बाद इस सम्पत्ति पर रख्माबाई का अधिकार हो गया था। अब मेरी सास जयन्तीबाई और उसके पिता हरिचन्द्र जदोजी इस सम्पत्ति का सुख भोग रहे हैं। रख्माबाई के साथ मेरा कभी भी कोई झगड़ा नहीं हुआ और न ही मैंने कोई ऐसा काम किया है कि वह मुझे नापसन्द करने लगे। दादाजी बनाम रख्माबाई के विश्वविख्यात मुकदमे का रहस्य सम्पत्ति के इस छोटे-से इतिहास में छिपा है। इस मुकदमे में एक तो सम्पत्ति है, दूसरे एक सास है, और ये दोनों ही अपने-आपमें बहुत अच्छी चीजें हैं; लेकिन इन दो महान सामाजिक कारणों के अलावा इसमें और कुछ भी विशेष नहीं है, कुछ भी हिन्दू नहीं है। इस तरह का मामला किसी भी गैर-हिन्दू परिवार में हो सकता था, किसी भी जाति या वर्ग के लोगों में हो सकता था, जैसाकि हम कई अन्य वर्गों में देखते हैं और जैसाकि पूरा भारतीय जगत जानता है।

यह साबित करने के लिए कि न तो स्वर्गीय डॉ. सखाराम अर्जुन, न मेरी पत्नी रख्माबाई, न उसकी माँ जयन्तीबाई और न जयन्तीबाई के पिता श्री हरिचन्द्र जदोजी को मेरी शिक्षा या शारीरिक स्वास्थ्य को लेकर रख्माबाई के साथ मेरे विवाह पर कोई एतराज था, मैं यहाँ अपने कानूनी सलाहकारों मैसर्स चॉक एंड वॉकर के नाम डॉ. सखाराम के पत्र की नकल प्रस्तुत कर रहा हू। इस पत्र पर 22 मार्च 1884 की तारीख अंकित है और यह पत्र मेरी पत्नी को मेरे साथ आकर रखने की अनुमति देने के मेरे अनुरोध के जवाब में लिखा गया था :

'सज्जनो,–आपके 19 तारीख के पत्र के जवाब में मैं आपको सूचित करना चाहता हूँ कि रख्माबाई, जिसका आपके पक्ष में उल्लेख किया गया है, को आपके मुवक्किल श्री दादाजी भीकाजी की इच्छा या माँग के खिलाफ मेरे घर में रोककर नहीं

रखा गया है। वह दोनों तरफ के सम्बन्धियों की सहमति से मेरे घर में रह रही है जिसका कारण आपके उक्त मुवक्किल की दुर्भाग्यपूर्ण परिस्थितियाँ हैं।

उसे अपने घर में रखने का मेरा अब भी कतई इरादा नहीं है, और मुझे बड़ी खुशी होगी अगर आपका मुवक्किल उसके लिए एक उपयुक्त घर का इंतजाम करके उसे अपने साथ ले जाए, जो बहरहाल उसके अपने नजरिए की बात है। जहाँ तक मेरा सम्बन्ध है, वह उसे किसी भी समय ले जाने के लिए स्वतंत्र है।

आपका निष्ठावान,

(हस्ताक्षर) सखाराम अर्जुन'

यह बात आसानी से समझी जा सकती है कि रख्माबाई को मेरे अपने खुद के पारिवारिक घर में ले जाने के सम्बन्ध में इस पत्र में सिर्फ मेरी 'दुर्भाग्यपूर्ण परिस्थितियों' और 'एक उपयुक्त घर' के अभाव को लेकर एतराज जताया गया है। ये दोनों ही बातें साफ तौर पर बाद में सोची गई बातें हैं, क्योंकि मेरी 'परिस्थितियों' में कोई बदलाव नहीं आया था और हमारा पारिवारिक घर बिल्कुल वैसी ही हालत में था जैसा रख्माबाई के साथ मेरे विवाह के समय था। ये बिल्कुल वैसे एतराज थे जैसे किसी सही एतराज के अभाव में कोई व्यक्ति पेश कर सकता है। 'दोनों तरफ के सम्बन्धियों की सहमति' का जो सन्दर्भ दिया गया है, वह दरअसल मेरे द्वारा डॉ. सखाराम अर्जुन की यह सलाह मान लेने के बारे में है कि विवाह की परिणति में जल्दबाजी करना ठीक नहीं था, और मेरे विचार में 1884 तक यह अवधि काफी लम्बी खिंच चुकी थी। अगर मुझ पर बाद में लगाए गए आरोपों में रत्ती भर भी सच्चाई होती–जो उन लोगों द्वारा लगाए गए थे जो इस विवाद की आड़ में सम्पत्ति की लड़ाई लड़ रहे थे और जिन्होंने रख्माबाई के भी कान भर दिए थे–तो डॉ. सखाराम अर्जुन जैसे बुद्धिमान और पारखी व्यक्ति ने अपने पत्र में अवश्य ही इनका उल्लेख किया होता। डॉ. सखाराम रख्माबाई को मेरे पास भेजना चाहते थे, लेकिन जैसाकि बादशाह फैरो ने इस्राइलियों के साथ किया था, कोई 'उनके दिल को सख्त बनाने' का काम कर रहा था और उन्हें अपने ढंग से चला रहा था। उन्होंने अपने पत्र अन्त किन शब्दों में किया है? उन्होंने कहा है कि जहाँ तक उनका सम्बन्ध है, दादाजी उसे (रख्माबाई को) किसी भी समय ले जाने के लिए स्वतंत्र हैं। इस वक्तव्य से पता चलता है कि रख्माबाई को मेरे पारिवारिक घर में ले जाए जाने पर सखाराम को कोई एतराज नहीं था; असली अड़चन कहीं और थी, और यह अड़चन सम्पत्ति पर कब्जा जमाए बैठे लोगों द्वारा पैदा की जा रही थी।

इस बात को ध्यान में रखना चाहिए कि मुकदमे के इतिहास के इस चरण में मैंने अपने वकीलों की मार्फत अपनी पत्नी रख्माबाई को अपने घर ले जाने की अनुमति माँगी थी। इसके उत्तर में मुझे टालमटोल, अस्पष्ट और गोल-मोल जवाबों

का सामना करना पड़ा, जिसके बारे में बहुत-से पड़ोसी भी जानते हैं। मुझे नहीं मालूम कि इन सब बातों के कारण, या फिर यह बात फैल जाने के कारण कि अपनी पत्नी को अपने घर ले जाने की मेरी माँग को गैरकानूनी तरीके से ठुकराया जा रहा था, डॉ. सखाराम को कुछ ऐसे गुमनाम पत्र प्राप्त हुए जिनमें मेरी पत्नी को गैरकानूनी तरीके से अपने घर में रखने के लिए उनके आचरण पर छींटाकशी की गई थी। डॉ. सखाराम ने मुझे बुलवाया और मुझसे कहा कि मेरी पत्नी के नाना श्री हरिचन्द्र जदोजी को सन्देह था कि ये पत्र मेरे द्वारा लिखे गए थे। इसके बाद उन्होंने कहा कि मेरी भलाई और हित में यही ठीक होगा कि मैं उन्हें लिखकर दे दूँ कि इन पत्रों में कोई सच्चाई नहीं थी। उन्होंने इस सम्बन्ध में अपने हाथ से लिखा हुआ एक ड्राफ्ट मेरे सामने रख दिया और मुझे उस पर हस्ताक्षर करने के लिए कहा। मुझे क्रोध आ गया। मुझे ऐसा लगा जैसे मुझे फँसाने के लिए कोई जाल फैलाया जा रहा था। मैंने हस्ताक्षर करने से इनकार कर दिया, क्योंकि मैं जानता था कि डॉ. सखाराम को जो गुमनाम पत्र प्राप्त हुए थे उनमें कुछ भी झूठ नहीं था, हालाँकि वे पत्र मैंने नहीं लिखे थे। मेरे हस्ताक्षर करने से मना करने पर डॉ. सखाराम भड़क उठे और उठकर चले गए।

जिस दिन मेरे वकीलों को डॉ. सखाराम का उक्त पत्र प्राप्त हुआ, उससे अगले दिन मैंने अपने भाई श्री दामोदर भीकाजी, अपने मामा श्री नारायण धर्माजी और अपने वकील के एक मुंशी को रख्माबाई को लिवाने के लिए डॉ. सखाराम के घर भेजा, जैसीकि हमारी जाति में परम्परा है। साथ ही मैंने उन्हें यह वायदा करने के लिए भी कहा कि मैं अपनी हैसियत के अनुसार अपनी पत्नी का खर्च उठाऊँगा। लेकिन मेरे भाई और मामा से कहा गया कि उन्हें मेरा निमंत्रण स्वीकार नहीं है और उन्हें खाली हाथ लौटा दिया गया। हमारी जाति में यह बहुत अपमानजनक बात मानी जाती है। मैं डॉ. सखाराम के पत्र के झाँसे में आ गया था, जिसमें उन्होंने साफ लिखा था कि मैं रख्माबाई को 'किसी भी समय ले जाने के लिए' स्वतंत्र हूँ। इस घटना के बाद दोनों परिवारों के सम्बन्ध पहले से भी ज्यादा खराब हो गए। धनवान लोग समझते हैं कि उन्हें निर्धनों का अपमान करने और उन्हें नीचा दिखाने का पूरा अधिकार है। इसके बाद कुछ और पत्र-व्यवहार हुआ और, बादशाह फैरो की तरह, रख्माबाई को मेरे पास भेजने के मामले में उनका रुख और ज्यादा कठोर होता चला गया। मेरे पास अब अदालत का दरवाजा खटखटाने के अलावा कोई और रास्ता न बचा। मैंने वैवाहिक अधिकारों की स्थापना या पुनर्स्थापना को लेकर मुकदमा दायर कर दिया। इसमें मेरी पत्नी रख्माबाई को प्रतिवादी बनाना आवश्यक था। उसने अपने नाना श्री हरिचन्द्र जदोजी और अपनी माँ जयन्तीबाई के प्रभाव में आकर और उनकी सलाह पर अमल करते हुए एक लिखित वक्तव्य दाखिल करके मेरे दावे का विरोध

किया। इस वक्तव्य में बचाव के जो आधार दिए गए थे, उनका प्रयोग पहली बार किया जा रहा था और वे स्वाभाविक रूप से बाद की सोच का परिणाम थे। ये आधार थे–(1) अपने और अपनी पत्नी के समुचित आवास और भरण-पोषण की व्यवस्था करने में वादी का पूरी तरह असमर्थ होना; (2) दमा और टीबी के लक्षणों से बार-बार पीड़ित होने के कारण वादी के स्वास्थ्य की दशा; (3) उस व्यक्ति का चरित्र जिसके संरक्षण और घर में वादी रहता रहा है और अब भी रह रहा है और जहाँ वह प्रतिवादी को भी रखना चाहता है।

खूब सोच-समझकर तैयार किए गए इस वक्तव्य में 'सहमति' या 'घृणा' जैसे शब्द नहीं हैं, इन्हें बाद में जोड़ा गया और जरूरत पड़ने पर इसमें और भी बहुत कुछ जोड़ा जा सकता है।

जहाँ तक पहले आरोप की बात है, मैंने अपनी पत्नी का खर्च उठाने से कभी भी इनकार नहीं किया। अपने परिवार के साधनों से मैं उतना इंतजाम तो कर ही सकता हूँ जितना इस तरह की परिस्थितियों में सैकड़ों अन्य हिन्दू परिवारों में किया जाता है। हिन्दू दृष्टिकोण से, और विवाह हो जाने के बाद, इस तरह का आरोप बेमानी है। हिन्दुस्तान की कोई भी पंचायत इसे फौरन खारिज कर देगी।

दूसरा आरोप पूरी तरह निराधार है। मुकदमे की सुनवाई के दौरान असंदिग्ध चिकित्सीय साक्ष्यों से यह साबित हो गया था कि मेरा स्वास्थ्य तब भी उतना ही अच्छा था जितना कि अब है। बम्बई के एक जाने-माने हिन्दुस्तानी डाक्टर डॉ. गोपाल सेवाराम ने निम्नलिखित गवाही दी थी :

'मैंने कल शाम वादी की जाँच की थी और मैंने उसके फेफड़ों को काफी साफ पाया। साँस की नलियाँ प्रभावित नहीं हुई हैं। मैंने दो सप्ताह पहले उसका इलाज किया था। मैं उसे एक भरपूर तन्दुरुस्त व्यक्ति कहूँगा।'

डॉ. विट्ठल राव ने निम्नलिखित गवाही दी :

'वादी में क्षयरोग की प्रवृत्ति नहीं है, कम-से-कम इस समय ऐसी कोई प्रवृत्ति दिखाई नहीं देती। मैंने निमोनिया के हमले के बाद उसके फेफड़ों की जाँच की है। वे थोड़े कमजोर हैं, और इसका कारण यह है कि हाल ही में उसे सर्दी की शिकायत रही है।"

इस तरह बहुत सावधानीपूर्वक की गई चिकित्सीय जाँच से 'दमा' और 'टीबी' के आरोप गलत साबित हो गए।

जहाँ तक तीसरे आरोप का प्रश्न है, जो हमारे पारिवारिक घर में रहने वाले एक व्यक्ति के चरित्र के सम्बन्ध में है, तो अदालत में इसे साबित करने के सभी प्रयास धराशायी हो गए थे।

मुकदमे की सुनवाई के दौरान और उसके बाद भी मुझे बार-बार एक मूढ़ और

अनपढ़ व्यक्ति के रूप में और मेरी पत्नी रख्माबाई को एक उच्च शिक्षा प्राप्त और बौद्धिक दृष्टि से अत्यन्त परिष्कृत स्त्री के रूप में प्रस्तुत किया जाता रहा है। इन वक्तव्यों से मुझे आघात पहुँचा है और ये तुलनाएँ सिर्फ मुझे हानि पहुँचाने के इरादे से की गई हैं। ये दोनों वक्तव्य झूठे हैं। मेरी शिक्षा मेरी पत्नी रख्माबाई की शिक्षा के बराबर है; इसका फैसला वही लोग कर सकते हैं जो हम दोनों को अच्छी तरह से जानते हैं। मेरे और मेरी पत्नी के बीच तथाकथित बौद्धिक अन्तर को इतना ज्यादा उछाला गया है कि यह बात पूरे भारत और ईसाई जगत में फैल चुकी है। मेरी पत्नी रख्माबाई ने अदालत में एक लिखित बयान दाखिल किया था, जिसे 1884 के मुकदमा संख्या 139 के 12वें पृष्ठ पर देखा जा सकता है। उसके लिए इस बयान को 'अटेस्ट' करना जरूरी था; लेकिन उसने यह किस तरह और किन परिस्थितियों में किया? उसने दो जगह अपने हस्ताक्षर किए, अंग्रेजी में नहीं बल्कि मराठी में। वह अपने ही बयानों का अर्थ नहीं समझ पा रही थी, क्योंकि वे अंग्रेजी में दर्ज किए गए थे, इसलिए 'अटेस्टेशन' के दौरान उसे उनका अर्थ समझाने की आवश्यकता पड़ी। यह बात मुकदमे के रिकार्डों में दर्ज है कि उसे ये बयान 5 जुलाई 1884 को हलफबन्द दुभाषिए नारायण आर. मालपेकर द्वारा पढ़कर समझाए गए।

मैं बेहद हिचकिचाहट के साथ इस कपोल-कल्पना का भाँडा फोड़ रहा हूँ कि मेरी पत्नी रख्माबाई *टाइम्स ऑव इंडिया* में 'ए हिन्दू लेडी' के नाम से छपे अंग्रेजी पत्रों की लेखिका है। लेकिन चूँकि मैं दादाजी बनाम रख्माबाई के मुकदमे के तथ्यों का खुलासा करने के लिए बाध्य हो गया हूँ, इसलिए सच्चाई बतानी ही पड़ेगी, और मुझे कहना पड़ेगा कि मेरी पत्नी रख्माबाई उक्त पत्रों की लेखिका नहीं है। यह बात हिन्दुस्तानी समाज के एक बड़े हिस्से को पता चल चुकी है। झूठे किस्से-कहानियों के शौकीन अखबारों को मुझे बौद्धिक स्तर पर गिरा हुआ दिखाना आवश्यक प्रतीत होता है। अगर नायिका को एक महान विदुषी के रूप में प्रस्तुत करना है तो नायक को महामूर्ख दिखाना ही होगा। मैं बहुत ऊँचे बौद्धिक गुणों का दावा नहीं करता; मैं सिर्फ इतना कहता हूँ कि बौद्धिक दृष्टि से रख्माबाई मुझसे किसी भी तरह श्रेष्ठतर नहीं है। लेकिन इसके साथ ही मैं यह बताना भी अपना कर्तव्य समझता हूँ कि हालाँकि ये टिप्पणियाँ खुद मैंने अंग्रेजी में लिखी हैं, एक पुरुष मित्र ने इनमें संशोधन किए हैं।

कुछ अखबारों ने यह दिखाने का प्रयास किया है कि रख्माबाई 'दादाजी बनाम रख्माबाई' का जो मुकदमा लड़ रही है, वह देश की करोड़ों स्त्रियों की तरफ से लड़ रही है। इस तरह के निष्कर्ष पर पहुँचना जनमानस के इन नेताओं की अज्ञानता भर है। उन्हें मुकदमे की सच्चाइयों की कुछ भी जानकारी नहीं है। मुझे विश्वास है कि मेरे द्वारा मुकदमे के तथ्यों के खुलासे के बाद यह बात बिल्कुल साफ हो जाएगी कि

इस पारिवारिक झगड़े की जड़ श्री हरिचन्द्र जदोजी नामक एक सज्जन हैं। सम्पत्ति के प्रश्न को जनता के सामने हिन्दू विवाह का प्रश्न बनाकर प्रस्तुत किया गया है। क्या शब्दों की कलाकारी का इससे बड़ा कोई उदाहरण मिल सकता है? अगर इस मुकदमे में रख्माबाई के नाम की जगह हरिचन्द्र का नाम लिख दिया जाए तो सच्चाइयों को ज्यादा आसानी से समझा जा सकता है। लेकिन फिर इस मुकदमे से जुड़ी काव्यात्मकता लुप्त हो जाएगी। एंग्लो-इंडियन अखबार कितने सचेत हैं, इसका पता इसी से चल जाता है कि वे जाति विवाद के प्रश्न में उलझ कर रह गए हैं। मैं दृढ़तापूर्वक और तथ्यों की सम्पूर्ण जानकारी के साथ कहना चाहूँगा कि मेरे और मेरी कानूनी पत्नी रख्माबाई के बीच जो दरार पैदा हुई है उसका कारण हमारे बौद्धिक स्तरों में कोई अन्तर, मेरी निर्धनता या मेरे शरीर में किसी प्रकट या अप्रकट रोग की उपस्थिति नहीं है, बल्कि पर्दे के पीछे छिपे कुछ लोगों का लालच और उनकी लिप्सा है। उनमें सामने आने और खुलकर कुछ करने की हिम्मत नहीं है। क्या 'दादाजी बनाम रख्माबाई' मुकदमा एक हिन्दू विवाह का प्रश्न है या यह सिर्फ एक मानवीय कमजोरी का प्रश्न है? पाठक खुद फैसला करें। मैं यहाँ स्वर्गीय जनार्दन पांडुरंग की मराठी वसीयत का अनुवाद प्रस्तुत कर रहा हूँ, ताकि इस मुकदमे के मुख्य पहलू को उजागर किया जा सके।

श्री (लाभ)

वसीयतनामा–वर्ष 1867 के जून महीने की 16 तारीख। इस दिन मैं, जनार्दन पांडुरंग, अपना स्वास्थ्य अच्छा न होने के कारण और यह जानते हुए कि इस शरीर का कोई भरोसा नहीं है, अपने पूरे होशो-हवास में अपनी वसीयत लिख रहा हूँ, जो इस प्रकार है :

मेरे स्वर्गवासी पिता तीर्थरूप पांडुरंग माणिकजी की कुछ सम्पत्तियाँ हैं और कुछ सम्पत्तियाँ मेरी अपनी हैं, जो इस प्रकार हैं :

(1) एक रिहाइशी मकान और उससे जुड़ी एक चाल और नीचे का मैदान, जिनके नम्बर 27 और 28 हैं।

(2) गामदेवी के पीछे की सड़क पर स्थित एक और मकान और जमीन, जिनके नम्बर 21 और 22 हैं।

(3) चौपाटी रोड पर स्थित एक मकान और बाग, जिसका नम्बर 237 है, और जिसका आधा हिस्सा मेरा है और बाकी आधा राजेश्री भास्कर विटोबा का है।

(4) उपरोक्त सम्पत्तियों के अलावा घरेलू फर्नीचर, गहने और अन्य जो भी

वस्तुएँ वहाँ पर हैं।

मेरी पत्नी जयन्ती उपरोक्त सभी भू-सम्पत्तियों और फर्नीचर इत्यादि की वारिस है, और मैंने अपने ससुर राजेश्री हरिचन्द्र जदोजी को अपना कर्ता-धर्ता नियुक्त किया है। वे मेरी पत्नी की सहमति से इन सम्पत्तियों की देखभाल करेंगे। जब भी मेरी पत्नी को सुविधाजनक लगेगा, वह मेरे कर्ता-धर्ता की सहमति से एक अच्छा-सा बेटा गोद लेगी, ताकि वंश का नाम चलता रहे। मेरी सम्पत्तियों पर मेरी पत्नी के अलावा और किसी का भी उत्तराधिकार नहीं है। उपरोक्त सम्पत्ति में से 300 रुपए मेरी बहन लाहुबाई, धर्मपत्नी ढाकजी नानाजी और 300 रुपए दूसरी बहन बेनीबाई, धर्मपत्नी राधोबा भीकाजी को दिए जाएँगे, और 100 रुपए उस व्यक्ति को नकद दिए जाएँगे जो मेरा अन्तिम संस्कार सम्पन्न करेगा। मेरी बेटी रख्माबाई का विवाह संस्कार मेरी प्रतिष्ठा के अनुरूप होगा, और मेरी बहन की बेटी चिरंजीवी गंगाई के विवाह-संस्कार के अवसर पर 200 रुपए दिए जाएँगे। मैंने यह वसीयत अपनी राजी-खुशी से और अपने पूरे होशोहवास में और चार अलग-अलग सम्मानित सज्जनों की उपस्थिति में की है।

(हस्ताक्षरित) जनार्दन पांडुरंग

गवाह
(ह.) विठोबा जीवनजी
(ह.) गणेश रामजी

इस वसीयतनामे से देखा जा सकता है कि मेरी सास जयन्तीबाई अपने पहले पति श्री जनार्दन पांडुरंग की सम्पत्ति की अकेली वारिस रह गई थी। स्वर्गीय डॉ. सखाराम अर्जुन के साथ अपने दूसरे विवाह के कारण वह इस विरासत से वंचित हो गई और मेरी पत्नी रख्माबाई इसकी अकेली वारिस बन गई। अगर इस वसीयत और सम्पत्ति का वजूद न होता तो 'दादाजी बनाम रख्माबाई' नामक मुकदमा भी न होता, और मेरे और मेरी कानूनी पत्नी के बीच कोई अलगाव भी पैदा न होता।

अगर 'दादाजी बनाम रख्माबाई' मुकदमा हिन्दू विवाह को प्रभावित कर सकता है तो सिर्फ इस रूप में कि अधर्मी, अवज्ञाकारी, निरकुंश और अनैतिक लोग इस मुकदमे की राह पर चलने की कोशिश कर सकते हैं। इससे हिन्दू सामाजिक जीवन का क्या भला होगा, और समाज पर इसका क्या प्रभाव पड़ेगा? अगर धार्मिक वचनों का कोई अर्थ नहीं रह जाएगा तो फिर नैतिकता कहाँ से शुरू होगी? यह हिन्दुओं की मान्यता भी है और दैवीय विधान भी कि माता-पिता और सम्बन्धियों की सहमति के बिना वैवाहिक सम्बन्ध बनाना लड़कियों या स्त्रियों के लिए एक दुष्टतापूर्ण और मर्यादाविहीन कृत्य है। जब इस तरह के सम्बन्ध बहुत सावधानी के साथ और खूब

सोच-समझकर स्थापित किए जाते हैं, जैसाकि रख्माबाई के साथ मेरे विवाह के समय हुआ था, तो क्या यह सभी हिन्दू स्त्री-पुरुषों का कर्तव्य नहीं है कि इस विवाह को सफल बनाने का प्रयास करें? गैर-हिन्दू इस बात को नहीं समझ सकते; यह उनके धार्मिक प्रशिक्षण का हिस्सा नहीं है; लेकिन हिन्दुओं के लिए यह अन्तर्रात्मा, तर्क और धर्म का मामला है। गैर-हिन्दू इस व्यवस्था की कितनी ही आलोचना क्यों न करें, इसका कितना ही मजाक क्यों न उड़ाएँ, लेकिन अपने धर्म का मान करने वाला हिन्दू इस सिद्धान्त में गहरी आस्था रखता है और इसे बदला नहीं जा सकता। सच्चा हिन्दू इसके लिए मर-मिटना पसन्द करेगा। मैं अपने सभी सह-धर्मियों से निर्भय होकर अपील करता हूँ, क्योंकि सिर्फ वही मेरी भावनाओं को और उस सिद्धान्त की शक्ति को समझ सकते हैं जिसे स्पष्ट करने का मैंने प्रयास किया है। मेरी पत्नी रख्माबाई से यह कहलवाया गया है कि एक निर्धन और मामूली घर में आपस में प्रेम से रह पाना सम्भव नहीं है। इसीलिए मुझ पर निर्धनता के घोर पाप का आरोप लगाया गया है। मेरी पत्नी के वकील ने खूब मजे ले-लेकर मुझसे ऐसे प्रश्न पूछे जिनसे मेरी निर्धनता जाहिर हो सके और यह साबित हो सके—और शायद उसका ख्याल है कि उसने यह साबित कर भी दिया है—कि रख्माबाई एक निर्धन व्यक्ति के साथ रहने और उससे प्रेम करने में अक्षम है। मैं जानता हूँ कि बहुत-से व्यक्ति अपने माता-पिता, अन्य सम्बन्धियों या अपने संरक्षकों की सलाह और नसीहत के खिलाफ विवाह करते हैं, और इन अति-बुद्धिमान लोगों में कुछ हिन्दू भी होते हैं। लेकिन मैं यह भी जानता हूँ कि इनमें से अधिकांश सम्बन्धों का अन्त जीवन भर के दुखों और यातना के रूप में होता है, अगर कुछ और भी बुरा न घटे तो। क्या इस प्रथा पर मुझे अपने यूरोपीय पाठकों से मदद की अपील नहीं करनी चाहिए? हिन्दू विवाह नागरिक अनुबन्ध नहीं, पवित्र संस्कार है। सात फेरों की रस्म इसे दोनों पक्षों के लिए एक सम्पूर्ण और अटूट बन्धन बना देती है। रख्माबाई के साथ मेरा विवाह ऐसा ही विवाह है। इसलिए अपनी पत्नी के शरीर और सम्पत्ति पर उसके कानूनी पति के रूप में मेरा अधिकार है। अगर मैं पारम्परिक अर्थों में एक निर्धन व्यक्ति हूँ तो क्या मेरी निर्धनता मुझे न्याय के दायरे से बाहर कर देती है? ऐसा नहीं है। अगर मैं कानूनी तौर पर रख्माबाई से विवाहित होने पर भी आज एक अविवाहित पुरुष हूँ, और अगर रख्माबाई एक विवाहित स्त्री होने पर भी आज पति के बगैर है, तो हम इस दुर्भाग्यपूर्ण स्थिति में न तो हिन्दू कानून के कारण हैं और न हिन्दू विवाह व्यवस्था के कारण। इसका एकमात्र कारण वे लोग हैं जिनके आचरण की मैं कोई स्पष्ट आलोचना नहीं करूँगा, सिवा उन तथ्यों के माध्यम से जिन्हें मैंने अपने इस पहले और एकमात्र सार्वजनिक खुलासे में आपके सामने रखा है।

अगर इस मुकदमे के साथ एक स्त्री जुड़ी हुई है तो मुझे इसके लिए बहुत खेद

है। यह स्थिति उस स्त्री पर जबरन मढ़ दी गई थी; यह उसे विरासत में दी गई है; और अब उसे अपनी लाज बचाने के लिए उस भूमिका को निभाना पड़ रहा है जो उस पर थोप दी गई है। यह मेरा दुर्भाग्य है कि मुझे एक स्त्री के खिलाफ एक भी शब्द लिखना पड़ रहा है, और मैंने अपनी तरफ से पूरी कोशिश की है कि मैं नर्म से नर्म शब्दों का इस्तेमाल कर सकूँ। मैं जानता हूँ कि कल्पनावादी, भावुकतावादी और अपने पड़ोसियों के मामलों में दखल देने के शौकीन लोग हर बात पर मेरी आलोचना करने के लिए तैयार बैठे हैं। लेकिन मैं यह सब उन लोगों के लिए लिख रहा हूँ जो 'दादाजी बनाम रख्माबाई' मुकदमे को एक तर्कपूर्ण दृष्टिकोण से देख सकते हैं, और जो हिन्दू धर्म और भावनाओं को अच्छी तरह से समझते हैं; और शायद उन लोगों के लिए भी जो हिन्दू न होने के बावजूद इस मुकदमे के केन्द्रीय और प्रमुख पहलुओं को समझ सकते हैं; और मैं ऐसे ही पाठकों पर अन्तिम फैसला छोड़ना चाहूँगा। जब पूरी दुनिया, जिसमें लन्दन का *टाइम्स* भी शामिल था, मेरे मुकदमे पर बहस कर रही थी तो मैं खामोश रहा, हालाँकि मैं जानता था कि इससे मुझे नुकसान हो रहा था। मेरे मित्रों ने मुझे सलाह दी कि मुझे मुकदमा खत्म होने का इंतजार करना चाहिए और उसके बाद ही जनता की अदालत में जाना चाहिए। मैं मुकदमा खत्म होने का इन्तजार कर रहा था। जहाँ तक मेरा सम्बन्ध है, यह अब खत्म हो चुका है। पर्दे के पीछे से लुक-छिपकर काम करने वाले तीसरे पक्ष के लोगों ने मेरे साथ बहुत क्रूर और द्वेषपूर्ण व्यवहार किया है। उन्होंने मुझे बदनाम करने, मुझ पर कीचड़ उछालने और मेरी खिल्ली उड़ाने में कोई कसर नहीं छोड़ी। इसी तरह चौथे पक्ष अर्थात अखबारों ने भी द्वेषपूर्वक नहीं तो अज्ञानतापूर्वक यह सब किया। और पाँचवें पक्ष ने भी यही सब किया, जिसने दुनिया भर के वैवाहिक मामलों को हल करने के उद्देश्य से अपने पड़ोसी के मामलों की पूरी जिम्मेदारी अपने ऊपर ले ली थी। इस समूचे तांडव के दौरान मैं खामोश रहा और सब कुछ चुपचाप सहता रहा। अब मैं अपना पक्ष इस लिखित खुलासे के रूप में सामने लाने के लिए बाध्य हो गया हूँ। मैं चाहूँगा कि पाठक अपने-आपको मेरी परिस्थितियों में रखकर देखें। मैं ऐसे शत्रुओं से लड़ रहा था जिन्हें मैं जानता तो था, पर देख नहीं सकता था। मैं एक ऐसे मुकदमे में फँस गया था जो बाहर से देखने पर सम्मान और नैतिकता का मामला लगता था, लेकिन भीतर से भ्रष्ट आचरण, लालच और छल-कपट का मामला था। हिन्दू धर्म और हिन्दू विवाह व्यवस्था का इसके साथ कुछ भी सम्बन्ध नहीं था। एक हिन्दू होने के नाते और इस मामले से जुड़ा सबसे पहला व्यक्ति होने के नाते मैं मामले के इस महत्त्वपूर्ण पहलू के बारे में बिल्कुल सही फैसला कर सकता हूँ।

मान्यवर न्यायमूर्ति फैरन ने मुझे इस मुकदमे का खर्चा दिलवाने का आदेश दिया है। मेरे मन में अपने उत्पीड़कों के खिलाफ बदले की भावना नहीं है, इसलिए अगर

मैं ऐसा कर पाने की स्थिति में होता तो मैं यह खर्चा भी न लेता। लेकिन इस मुकदमे ने मुझ पर और मेरे परिवार पर जो बोझ डाला है, उसे मैं नहीं उठा सकता। मेरी परिस्थितियाँ मुझे बाध्य करेंगी कि मैं इसकी भरपाई की माँग करूँ। अगर मेरे उत्पीड़क सारी दुनिया को यह नहीं दिखाना चाहते कि वे रख्माबाई के प्रति स्नेह के कारण नहीं बल्कि धन के लालच में इस मुकदमे से जुड़े रहे हैं, तो उन्हें अपनी जेब से यह लागत चुकानी चाहिए। उन्हें अपने निष्ठुर और स्वार्थपूर्ण आचरण की कीमत रख्माबाई या उसके यूरोपीय मित्रों को अदा करने के लिए नहीं कहना चाहिए। मैं सिर्फ इतना कहूँगा कि न्यूनतम न्याय की माँग है कि मुझे मेरे खर्चे मिल जाएँ, जिनमें अपील का खर्च भी शामिल है, जो काफी भारी-भरकम है और जिसके बारे में अभी तक कोई आदेश नहीं दिया गया है, और इन खर्चों की भरपाई उन लोगों को करनी चाहिए जिन्होंने इस मुकदमे को जन्म दिया है।

बम्बई, 11 अप्रैल 1887

दादाजी भीकाजी

परिशिष्ट-4

दादाजी के 'खुलासे' पर रख्माबाई का 'जवाब'

कुछ समय पहले श्री दादाजी भीकाजी के हस्ताक्षरों से अखबारों में, और अलग से पेम्फलेट के रूप में भी, तथाकथित 'मुकदमे के कुछ तथ्यों का खुलासा : दादाजी बनाम रख्माबाई' छपा था।

चूँकि इस 'खुलासे' में दिए गए अधिकांश तथ्य सीधे-सीधे मनगढ़ंत हैं, मैं उनके नाम से जनता के सामने रखी गई इन जानकारियों का श्रेय दादाजी को देकर उनके साथ नाइंसाफी नहीं करना चाहती थी। श्री दादाजी भीकाजी न तो अंग्रेजी लिख सकते हैं और न ठीक से समझ सकते हैं; वे मिस्र के यहूदियों या फैरो के बारे में कुछ नहीं जानते; इसलिए इन सन्दर्भों से पता चलता है कि इस तथाकथित 'खुलासे' में किसी ईसाई व्यक्ति की मदद का हाथ है। पर मेरे कुछ मित्रों का कहना है कि इस 'खुलासे' में ऐसी बहुत-सी बातें हैं जिनका मुझे सार्वजनिक रूप से खंडन करना चाहिए। मैं उनकी इस इच्छा का पालन कर रही हूँ, हालाँकि यह सब करते हुए मुझे यह भी याद है कि मैं बेहद नाजुक स्थिति में हूँ।

'खुलासे' में निम्नलिखित दावे किए गए हैं, और जनता को इन पर विश्वास करने के लिए कहा जा रहा है :

दावा	खंडन
1. मेरे विवाह के समय मेरी पत्नी 13 वर्ष की थी।	मैं सिर्फ 11 वर्ष की थी।
2. रख्माबाई के परिवार ने इस विवाह की इच्छा जताई थी।	यह इच्छा श्री दादाजी की माँ ने जताई थी, जो कई वर्षों से मेरी माँ और नाना के पीछे पड़ी हुई थी कि वे मेरा विवाह उसके किसी बेटे से कर दें।
3. उसकी माँ और नाना की तरफ से यह खुली दुश्मनी का संकेत था।	श्री हरिचन्द्र जदोजी इन मामलों में दखल नहीं देते थे, क्योंकि तब मेरे

	बारे में सभी फैसले डॉ. सखाराम लेते थे
4. मेरा स्वास्थ्य तब भी उतना ही अच्छा था जितना कि अब है।	बिल्कुल झूठ।
5. सम्पत्ति का मूल्य 25,000 रुपए से ऊपर होने का अनुमान है।	उसका मूल्य इससे आधा भी नहीं था।
6. अब मेरी सास और उसके पिता इस सम्पत्ति का सुख भोग रहे हैं।	इन दोनों में से कोई भी ऐसा नहीं कर रहा।
7. यह आरोप कि मेरी परिस्थितियों में कोई बदलाव आया है, बाद में सोची गई बातें हैं।	ये बाद में सोची गई बातें नहीं हैं; दादाजी की परिस्थितियों में यह बदलाव आया कि विवाह के चार महीने बाद उनकी माँ गुजर गई, उनका पारिवारिक मकान टूट गया, और वे आपत्तिजनक माहौल वाले लोगों के साथ रहने चले गए; उन्होंने पढ़ाई और अच्छी आदतें छोड़ दीं।
8. मैंने अपनी पत्नी को अपने पारिवारिक मकान में ले जाने के लिए कहा।	ये शब्द ही गलत हैं। श्री दादाजी का कोई पारिवारिक मकान था ही नहीं। जैसाकि उन्होंने अपने अभि-योग-पत्र में लिखा है, उन्हें कहना चाहिए कि 'वह मकान जिसमें वे रहते हैं'।
9. मेरा रख्माबाई के साथ कभी कोई झगड़ा नहीं हुआ, और न ही मैंने कोई ऐसा काम किया है कि वह मुझे नापसन्द करने लगे।	पहली बात में कुछ सच्चाई है, लेकिन दूसरी बात झूठ है।

इनमें से कुछ बातों को मैं विस्तार से नीचे लिख रही हूँ।

हम सबको शोक-संतप्त छोड़ जाने वाले मेरे स्वर्गवासी सौतले पिता डॉ. सखाराम अर्जुन और दादाजी की माँ ने मेरा विवाह तय किया था और ये दोनों ही अब इस दुनिया में नहीं हैं।

चूँकि मेरा विवाह डॉ. सखाराम ने किया था और वही मेरी पढ़ाई-लिखाई का ध्यान रखते थे, इसलिए मेरे बारे में हर बात उनके सामने लाई जाती थी। श्री हरिचन्द्र

जदोजी से सिर्फ औपचारिक सलाह ली जाती थी, क्योंकि वे मेरे कुदरती पिता के कर्ता-धर्ता थे।

मेरी माँ और नाना के बारे में कहा गया है कि वे मेरी सम्पत्ति का सुख भोग रहे हैं। मैं समझ नहीं पा रही कि 'सुख' शब्द का प्रयोग किस अर्थ में किया गया है। मेरी माँ का मेरी सम्पत्ति के साथ कोई भी सम्बन्ध नहीं है। मेरे नाना कर्ता-धर्ता होने के नाते लम्बे समय तक किराया वगैरह वसूल करते रहे। लेकिन वे सारा हिसाब मुझे दिखाते थे, जिसकी मैं खुद जाँच करती थी। दादाजी द्वारा मुकदमा दायर किए जाने से बहुत पहले, 1882 में, मैं बैंक ऑव बॉम्बे में अपने खुद के नाम से खाता खोल चुकी थी।

दादाजी की माँ की मृत्यु से उनकी 'परिस्थितियों' में भारी बदलाव आ गया। वे आवारगी और लापरवाही भरा जीवन जीने लगे और अपने मामा के अत्यन्त आपत्तिजनक माहौल वाले घर में रहने लगे। मैं इतना ही कहकर चुप हो जाती, लेकिन दादाजी की तरफ से लिखने वाले व्यक्ति ने यह लिखने का दुस्साहस किया है कि 'जहाँ तक हमारे पारिवारिक घर में रहने वाले एक व्यक्ति के चरित्र का प्रश्न है, तो अदालत में इसे साबित करने के सभी प्रयास धराशायी हो गए'। इस मुकदमे के साक्ष्यों से सम्बन्धित पुस्तक में, जिसे श्री दादाजी के एटोर्नियों की निगरानी में छापा गया है, पृष्ठ संख्या 21, 28 और 31 पर आप देखेंगे कि श्री दादाजी, उनके भाई और उनके मामा ने उस तथ्य को स्वीकार किया था जिसे उनके मामा के घर में रहने वाले व्यक्ति के रूप में वर्णित किया जा रहा है। अगर मेरे पक्ष के गवाहों से पूछा गया होता तो श्री दादाजी के मामा के साथ उस व्यक्ति के सम्बन्ध साबित हो जाते। लेकिन न्यायाधीश ने बचाव पक्ष की बात सुनने की जरूरत नहीं समझी। इसके बाद यह कहना कि सारे प्रयास धराशायी हो गए, भाषा का दुरुपयोग करना है। मुझे बहुत संकोच के साथ यह कहना पड़ रहा है कि 'यह व्यक्ति' कोई और नहीं बल्कि श्री दादाजी के मामा की रखैल है, जो पिछले 14 वर्ष से उस घर में रह रही है, जैसाकि उन्होंने स्वीकार किया है। इस स्त्री के अत्याचारों से तंग आकर कथित व्यक्ति की कानूनी पत्नी ने एक बार कुएँ में कूदकर जान देने की भी कोशिश की। मैं उस घर में नहीं रहना चाहती थी जहाँ एक ऐसी स्त्री भी रह रही हो। अगर श्री दादाजी ने मेरे साथ कभी झगड़ा नहीं किया तो इसका कारण यह है कि मैं विवाह के बाद उनके साथ कभी रही ही नहीं। लेकिन उनका यह कहना सिर्फ उनकी गलतफहमी है कि उन्होंने कभी कोई ऐसा काम नहीं किया कि मैं उन्हें नापसन्द करने लगूँ। उन्होंने मेरी माँ समेत मेरे सम्बन्धियों के साथ ऐसी गाली-गलौज भरी भाषा का प्रयोग किया जो बहुत शर्मनाक थी। उन्होंने मेरे पिता और नाना द्वारा उन्हें पढ़ाने-लिखाने के प्रयासों को लात मार दी और उन रास्तों पर चल पड़े जिनका बयान कोई स्त्री अपने होंठों से नहीं कर सकती। श्री दादाजी ने वह हर रास्ता अपनाया जो पतन की ओर जाता

है, और अन्ततः मेरे मन में उनके प्रति बहुत गहरी वितृष्णा पैठ गई। पिछले पाँच-छह वर्षों से उनकी हरकतों को देखने के बाद मैंने उसके सुधरने की सारी उम्मीदें छोड़ दीं, *और हमेशा के लिए उनसे पल्ला झाड़ने का निश्चय कर लिया।*

श्री दादाजी का 'खुलासा' लिखने वाले व्यक्ति का कहना है कि मैं दूसरों के हाथों की कठपुतली हूँ, और मुझे यह मुकदमा लड़ने के लिए उन लोगों द्वारा मजबूर किया जा रहा है जो पर्दे के पीछे हैं और मेरी सम्पत्ति पर काबिज हैं। इसमें रत्ती भर भी सच्चाई नहीं है। मेरे पिता की वसीयत के अनुसार मेरी माँ इस सम्पत्ति की इकलौती वारिस थी, और माँ के स्नेह के कारण ही यह मुझे प्राप्त हुई है। अगर वह चाहती तो स्वर्गीय डॉ. सखाराम से पुनर्विवाह करने से पहले इस सम्पत्ति पर दावा करके इसे बेच सकती थी।

श्री दादाजी के लेखक ने मेरे पिता की वसीयत में से कुछ शब्द बड़ी होशियारी से गायब कर दिए हैं, ताकि बात का कुछ और मतलब निकाला जा सके। इस वसीयत में मेरे सन्दर्भ में लिखा हुआ है कि 'मेरी बेटी रख्माबाई का विवाह-संस्कार मेरी प्रतिष्ठा के अनुरूप होगा और *उसे 200 रुपए की धरोहर दी जाएगी'*। श्री दादाजी ने इटैलिक्स शब्द जान-बूझकर गायब कर दिए हैं।

एक अन्य व्यक्ति ने मेरे नाना रायबहादुर हरिचन्द्र जदोजी पर दखलंदाजी का लांछन लगाया है। जब मेरे सौतेले पिता डॉ. सखाराम जीवित थे और मुझे उनके नेतृत्व और परामर्श का लाभ प्राप्त था, तब भी श्री हरिचन्द्र जदोजी मेरी सम्पत्ति की देखभाल करते थे और मुझे किराए वगैरह का हिसाब-किताब देते थे। वे ऐसा मेरे कर्ता-धर्ता होने के नाते करते थे। यह मुकदमा जब दायर किया गया तब डॉ. सखाराम जीवित थे। श्री दादाजी यह बात जानते हैं। वे यह भी जानते हैं कि मेरी माँ मेरे पिता डॉ. सखाराम की सम्पत्ति की वारिस है, जो उस विरासत से कहीं ज्यादा है जो मुझे अपने कुदरती पिता से प्राप्त हुई है। वे यह भी जानते हैं कि उनके सभी बच्चे मुझसे बेहतर आर्थिक स्थिति में हैं। वे यह भी जानते हैं कि श्री हरिचन्द्र जदोजी एक सम्पन्न व्यक्ति हैं, जिनकी लम्बी और निष्ठापूर्ण सेवा को देखते हुए सरकार ने उन्हें विशिष्ट उपाधि और पेंशन के अलावा एक विशेष भत्ता भी प्रदान किया है। यह सब जानते हुए भी श्री दादाजी जनता को यह विश्वास दिलाना चाहते हैं कि इन दोनों ने मेरी सम्पत्ति को हड़पने के घृणित इरादे से विवाह को तुड़वाने की चाल रची है।

एक अन्य गैरजिम्मेदार पार्टी ने यह नीचतापूर्ण आरोप लगाया है कि डॉ. सखाराम मेरे पैसों को अपने परिवार पर खर्च करना चाहते थे। क्या मुझे यह बताने की जरूरत है कि सम्पत्ति को लेकर इस तरह के सभी लांछन पूरी तरह झूठे हैं और जनता का ध्यान वास्तविक मुद्दों से हटाने के लिए लगाए जा रहे हैं? मैं अपनी सम्पत्ति की देखभाल से पूरी तरह सन्तुष्ट हूँ और मुझे इन वक्तव्यों को हिकारत की नजर से देखने में कोई हिचकिचाहट नहीं है। श्री दादाजी जनता को यह विश्वास दिलाना चाहते हैं

कि वे मेरे लिए एक उपयुक्त घर की व्यवस्था करने की स्थिति में थे और हैं। इसलिए मेरे लिए जनता को यह बताना जरूरी हो गया है कि श्री दादाजी ने अदालत में अपनी गवाही के दौरान अपनी आमदनी के बारे में क्या कहा था। 'अपने मामा के अलावा मैंने पिछले साल के दौरान मसौदे तैयार करने के बदले में किसी से 2-4 रुपए ले लेने के अलावा और कुछ नहीं कमाया। मैंने नारायण विठोबा के लिए काम किया और उसने मुझे 5 रुपए दिए। मुझे किसी बाहरी व्यक्ति से मिलने वाली यह सबसे बड़ी रकम थी।' श्री दादाजी ने यह दिखाने की कोशिश की कि वे अपने मामा के लिए काम करके सालाना 500-600 रुपए कमा लेते हैं। लेकिन जब उन्हें सबूत देने के लिए कहा गया तो वे अपने बयान के समर्थन में कागज का एक छोटा-सा पुर्जा भी पेश नहीं कर सके।

इसी मामा ने कई महत्त्वपूर्ण मुद्दों पर श्री दादाजी की बात काटने के बावजूद कहा कि वे राजगीरों, बढ़इयों और मजदूरों के काम की निगरानी के लिए उन्हें सालाना 450-500 रुपए देते थे। लेकिन जब उनसे दादाजी को दिए गए पैसों का हिसाब दिखाने के लिए कहा गया तो उनका आसान-सा जवाब था कि वे न कोई हिसाब रखते थे, न कुछ बही-खाते में दर्ज करते थे और न कोई रसीद लेते थे। इस मुद्दे पर साक्ष्यों के सम्बन्ध में टिप्पणी करते हुए विद्वान न्यायाधीश ने कहा था, 'वादी ने अपनी आर्थिक स्थिति को लेकर कई झूठे बयान दिए हैं, और उनके मामा, जिनसे इस मुद्दे पर वादी के हवाले से जिरह की गई थी, ने तो और भी ज्यादा अविश्वसनीय बयान दिए हैं।' लेकिन अगर यह मान भी लें कि श्री दादाजी को वे पैसे मिलते थे जिनका वे दावा कर रहे हैं, तो भी यह देखा जा सकता है कि वे अपनी आमदनी के लिए पूरी तरह अपने मामा के रहमोकरम पर निर्भर थे, क्योंकि किसी भी अन्य स्रोत से वे साल भर में 5-10 रुपयों से ज्यादा नहीं कमा पाते थे। इसलिए यह स्वाभाविक है कि श्री दादाजी अपने मामा के नियंत्रण में हों, जिनके माहौल के बारे में कुछ न कहना ही बेहतर है। इस मामा के पास श्री दादाजी को कभी भी घर से बाहर निकालने की शक्ति है। तो फिर दादाजी का परिवार कहाँ जाएगा और अपनी पत्नी के लिए उपयुक्त घर की व्यवस्था करने की उनकी क्षमता का क्या होगा। हाल ही में यह दिखाने का प्रयास किया गया है कि श्री दादाजी 35 रुपए महीना कमाते हैं, जो उनके एक मित्र के शब्दों में 'इन दिनों एक कुली की नहीं बल्कि एक स्नातक की तनख्वाह है'। अगर इस नौकरी की परिस्थितियों, प्रकृति और अवधि का विस्तार से वर्णन किया जाए तो हम देखेंगे कि ऐसे कृपालु मित्र हमेशा आराम मुहैया नहीं करा सकते। मैंने सुना है कि श्री दादाजी अब फिर से अपने मामा पर निर्भर हो गए हैं।

श्री दादाजी ने अपनी तरफ से बुलाए गए दो देशी डाक्टरों की गवाही का हवाला दिया है, जिन्होंने अदालत में कहा था कि जिस समय उन्होंने उनकी जाँच की थी,

उस समय उनके फेफड़े प्रभावित नहीं पाए गए थे। इन गवाहियों के आधार पर उन्होंने कहा है कि बहुत सावधानीपूर्वक की गई इस चिकित्सीय जाँच के बाद 'दमा और टीबी' के आरोप पूरी तरह गलत साबित हो गए।

मेरे स्वर्गवासी पिता डॉ. सखाराम पिछले कई वर्षों से समय-समय पर श्री दादाजी का इलाज करते रहे थे। वे दादाजी के सामान्य स्वास्थ्य के बारे में कहीं बेहतर ढंग से बता सकते थे, बनिस्बत उन दो डॉक्टरों के, जिन्हें किसी खास अवसर पर बुलाया गया था, और जिन्होंने मोटी-मोटी-सी राय दे दी थी। मेरे वकीलों ने दिनांक 25 जुलाई 1884 के अपने पत्र में श्री दादाजी को चिकित्सीय जाँच के लिए आमंत्रित किया था, लेकिन वे इस जाँच से कतराते रहे। पहले तो श्री दादाजी के वकीलों ने जानना चाहा कि मेरे विचार में श्री दादाजी ठीक-ठीक किस बीमारी से पीड़ित थे। जब उन्हें एक स्पष्ट वक्तव्य जारी किया गया तो श्री दादाजी ने अपनी जाँच करवाने से साफ मना कर दिया। एक खास हिन्दू डॉक्टर, जिनकी श्री दादाजी के प्रति हमदर्दी मुझे गालियाँ देने और मुझ पर लांछन लगाने के उनके शौक से जरा सी कम है, इस सम्बन्ध में कह चुके हैं, 'डॉ. सखाराम बड़ी-बड़ी उम्मीदें पाले बैठे थे कि दादाजी आम स्कूली लड़कों की तरह निकलेगा, लेकिन *बीमारी ने उसे कमजोर कर दिया,* या यूँ कहना चाहिए कि विकृति, काहिलपन या मूढ़ता ने उसे आरम्भिक शिक्षा का लाभ उठाने से वंचित कर दिया।' इतना ही नहीं, श्री दादाजी के भाई ने अपनी गवाही में कहा था, 'पिछले कुछ वर्षों से वादी की सेहत गिरती चली गई है।' यह एक ऐसे आदमी की गवाही है जिससे मेरे पक्ष में कुछ कहने की उम्मीद नहीं की जा सकती थी, और जिसे श्री दादाजी के सम्पर्क में आने के कहीं बेहतर और कहीं ज्यादा अवसर मिलते रहे थे, बनिस्बत उन दो डॉक्टरों के जिनकी गवाहियों को उन्होंने उद्धरित किया है।

श्री दादाजी के लेखक ने इस बात को बहुत तूल दी है कि मैंने अपने लिखित बयान पर मराठी में हस्ताक्षर किए थे। साथ ही उन्होंने यह घोषणा भी कर दी है कि मैं अपने ही बयान को समझ नहीं पाई, मुझे इसका मतलब समझाया गया और इसके बाद मैंने इस पर मराठी में हस्ताक्षर किए। मेरा बयान मुझे पढ़कर सुनाया जाना मात्र एक औपचारिकता थी और मुझे इस पर अपने आम हस्ताक्षर करने के लिए कहा गया था। जैसाकि स्वाभाविक था, मैंने ये हस्ताक्षर मराठी में किए। अगर मैंने इस बात को कोई महत्त्व दिया होता तो मैं अंग्रेजी में हस्ताक्षर करती। अगर मेरा बयान मुझे इसलिए पढ़कर सुनाया गया कि *मैं अंग्रेजी नहीं समझती थी,* तो फिर यह श्री दादाजी को क्यों पढ़कर सुनाया गया, जिनमें 'खुलासा' लिखने की क्षमता है और जो छठी जमात तक पढ़े होने का दावा करते हैं। अगर पाठक 1884 के मुकदमा नं. 139 की फाइल खोलकर देखेंगे, तो वे पृष्ठ पाँच पर पाएँगे कि श्री दादाजी को भी मुकदमे का रिकार्ड उसी तरह पढ़कर सुनाया गया था जिस तरह मुझे, और इस पर हल्फबन्द दुभाषिए श्री नारायण

आर. माल्पेकर ने 24 अप्रैल 1884 को हस्ताक्षर किए थे। श्री दादाजी कितनी अच्छी अंग्रेजी या मराठी समझते हैं, यह उनकी गवाही के निम्नलिखित अंश में देखा जा सकता है। इससे यह भी पता चलता है कि उन्हें बिना सोच-समझे दावे करने और फिर उनसे पीछे हट जाने की आदत है। उन्हें जो अभियोग-पत्र पढ़कर सुनाया गया, उसमें उन्होंने कहा था कि मेरी माँ और नाना मुझे उनके पास जाने से रोक रहे थे, क्योंकि उस स्थिति में वह 'अपने स्वर्गवासी पिता की सम्पत्ति पर अपने अधिकार का दावा करेगी', जो वादी के अनुसार, *डॉ. सखाराम के साथ जयन्तीबाई के पुनर्विवाह के बाद उसकी (जयन्तीबाई की) नहीं रही थी।* जब इस नुक्ते पर श्री दादाजी से अदालत में पूछा गया तो उन्होंने जवाब दिया (मुकदमे की पृष्ठ संख्या 23 और 25 देखें) :

'मैंने वसीयत को ध्यान से नहीं पढ़ा है और मैं नहीं कह सकता कि क्या इसके अनुसार प्रतिवादी को विवाह के खर्चों के अलावा सिर्फ 200 रुपए की धरोहर मिलेगी।' 'मैंने वसीयत पढ़ी है, लेकिन मैं भूल गया हूँ कि इसमें क्या है। जहाँ तक मुझे मालूम है, मैंने अपने अभियोग-पत्र के बारे में कुछ निर्देश दिए थे। मैंने ये निर्देश मैनेजिंग क्लर्क को दिए थे, और उसी ने यह अभियोग-पत्र लिखा था। मैंने इस पैरा के बारे में भी क्लर्क को कुछ निर्देश दिए थे, जिसे क्लर्क ने अपने ढंग से लिखा था। मैंने उससे यह नहीं कहा था कि डॉ. सखाराम से जयन्तीबाई के पुनर्विवाह के बाद मेरी पत्नी के पिता की सम्पत्ति पर मेरी पत्नी का अधिकार हो गया। मुझे नहीं मालूम कि यह सम्पत्ति मेरी पत्नी को मिली थी या नहीं। मैं ऐसा कोई दावा नहीं कर रहा। इसे मैनेजिंग क्लर्क ने अभियोग-पत्र में डाल दिया है।'

पाठकों को शपथ लेकर दिए गए इन बयानों की तुलना 'खुलासा' के वक्तव्य से करनी चाहिए और श्री दादाजी की सच्चाई को खुद परखना चाहिए। 'खुलासा' के पृष्ठ 2 पर कहा गया है, 'मेरी पत्नी की माँ जयन्तीबाई ने स्वर्गीय डॉ. सखाराम के साथ पुनर्विवाह कर लिया तो यह सम्पत्ति मेरी पत्नी रख्माबाई को मिल गई। अब मेरी सास जयन्तीबाई और उसके पिता हरिचंद्र जदोजी इस सम्पत्ति का सुख भोग रहे हैं।' इन दोनों में से कौनसा बयान सही है? वह जो शपथ लेकर अदालत में दिया गया था या वह जो जनता की आँखों में धूल झोंकने के लिए 'खुलासा' में दिया गया है। मैं इससे पहले यह दिखा चुकी हूँ कि श्री दादाजी ने कितनी होशियारी से मेरे पिता की वसीयत की एक पंक्ति गायब कर दी थी, जिसके अनुसार मुझे सिर्फ 200 रुपए की धरोहर दी गई थी, जबकि मेरी माँ इस सम्पत्ति की अकेली वारिस थी। मेरे खिलाफ यह भी कहा जा रहा है कि मैंने अपने वकील को श्री दादाजी को 'कुली' कहने का निर्देश दिया था। मुझे यह कहने की जरूरत नहीं है कि मैंने ऐसा कोई निर्देश नहीं दिया। अगर मेरे वकील ने इस शब्द का प्रयोग किया तो उन्होंने अपनी इच्छा से ऐसा किया होगा, और मुझे पहले से इसकी कोई जानकारी नहीं थी।

श्री दादाजी इस 'कपोल-कल्पना का भाँडा फोड़' करना चाहते हैं कि दो वर्ष पहले *टाइम्स ऑव इंडिया* में 'ए हिन्दू लेडी' के नाम से जो पत्र छपा था, वह मैंने लिखा था। क्या श्री दादाजी उन शब्दों का अर्थ जानते हैं जिनका उन्होंने प्रयोग किया है? क्या श्री दादाजी ने मेरे पत्र पढ़े हैं? मैं उनकी सुविधा के लिए अपने पहले पत्र का पहला पैरा यहाँ उद्धरित कर रही हूँ।

'अंग्रेजी में लिखने का ज्यादा अभ्यास न होने के कारण, खासकर अखबारों के लिए, मैंने यह पत्र एक मित्र को देखने के लिए दिया था, जिन्होंने *इसे देखने और जहाँ-जहाँ उन्होंने जरूरी समझा, इसमें संशोधन करने की* कृपा की है। अगर इस मित्र की कृपा न होती तो मैं *आपको लिखने की हिम्मत ही न जुटा पाती।* मैं इन सज्जन का धन्यवाद करना चाहती हूँ, न सिर्फ उनकी *साहित्यिक मदद* के लिए, बल्कि हमारी दशा को लेकर उनकी सच्ची सहानुभूति के लिए भी। (मैंने कुछ शब्दों को अब रेखांकित कर दिया है।)

इस तरह जनता देखेगी कि मैंने एक मित्र की मदद के लिए विनम्रतापूर्वक आभार व्यक्त किया है। जहाँ तक पत्र की भावनाओं का प्रश्न है, मैं *इसी विषय पर* भाषायी अखबारों में लिखती रही हूँ, श्री मलबारी द्वारा उन्हें सामने लाए जाने से बहुत पहले से।

मेरे पिता द्वारा श्री दादाजी के वकीलों को लिखे गए पत्र की कुछ महत्त्वपूर्ण पंक्तियाँ हटाकर, और सिर्फ उन शब्दों को उद्धरित करके जिन्हें सन्दर्भ से हटाकर देखने पर उनका कुछ भी मतलब निकाला जा सकता है, श्री दादाजी कहते हैं कि डॉ. सखाराम के पत्र के झाँसे में आकर उन्होंने अपनी पत्नी को लिवाने के लिए अपने आदमी भेज दिए। श्री दादाजी के मामा ने अपनी गवाही में यह बात मानी थी कि जब वे मुझे दादाजी की तरफ से लिवाने आए थे तो उनसे कहा गया था कि 'अगर श्री दादाजी एक अलग घर की व्यवस्था कर दें तो मैं चलने के लिए तैयार हूँ'। श्री दादाजी बड़ी होशियारी से इस छोटी-सी बात का जिक्र करना भूल गए हैं और कहते हैं, 'मुझे अपनी जाति में सार्वजनिक अपमान का सामना करना पड़ा।' मुझे ऐसा लगता है कि श्री दादाजी ने खुलेआम मुनादी करवा दी थी कि वे मुझे लिवाने के लिए अपने आदमियों को भेज रहे थे। क्या हमारी जाति में बीसियों ऐसे मामले नहीं हुए हैं जहाँ पत्नियों ने अपने पतियों के साथ रहने से इनकार कर दिया है? लेकिन उन पतियों ने श्री दादाजी की तरह न तो अपनी पत्नियों को अदालत में घसीटा और न उन्हें वकीलों के नोटिस भिजवाए।

'खुलासा' के पृष्ठ 10 और 11 पर श्री दादाजी ने मुझे और मेरे शुभचिन्तकों को नैतिकता और हिन्दू वैवाहिक कानून पर भाषण दिया है। लेकिन मुझे उम्मीद है कि मैं यह दिखाने में सफल रही हूँ कि उन्होंने और उनके सलाहकारों ने मुझे जो यातनाएँ पहुँचाईं, उनकी जड़ में सिर्फ पैसा और सम्पत्ति सम्बन्धी प्रलोभन थे।

जब मैंने श्री दादाजी से हमेशा के लिए पीछा छुड़ाने का मन बना लिया, तो खुद मैंने ही अपनी माँ और नाना को समझा-बुझाकर अपने साथ खड़े रहने के लिए राजी कर लिया। हालाँकि मेरे स्वर्गवासी पिता डॉ. सखाराम इस मामले में मेरे साथ सहानुभूति महसूस करते थे, मेरी माँ और नाना के जोर देने पर उन्होंने मेरे दुर्भाग्यपूर्ण मामले को अदालत से बाहर सुलझाने के कई प्रयास किए थे। लेकिन अपने दुष्ट सलाहकारों के बहकावे में आकर श्री दादाजी ने इन सभी प्रयासों को दुत्कार दिया। वे यह भी भूल गए कि मेरे इसी पिता ने बहुत उदारतापूर्वक वर्षों तक उनका और उनके भाइयों का भरण-पोषण किया था।

रख्माबाई

पुनश्च : लगभग उसी समय जब श्री दादाजी ने यह 'खुलासा' प्रकाशित किया, और लगभग उसी अन्दाज में, एक नौजवान हिन्दू डॉक्टर ने मेरे और मुझसे सहानुभूति रखने वालों के खिलाफ बहुत-सी अनर्गल बातें कहीं। कुछ लोगों का ख्याल है कि उनकी यह अभिव्यक्ति और श्री दादाजी का 'खुलासा' एक संयुक्त प्रयास की उपज हैं। दोनों के विचार और लेखन शैली भी बहुत ज्यादा मिलती-जुलती है। मुझसे इसका भी जवाब देने की अपेक्षा की जा सकती है। लेकिन मेरा विनम्र विचार है कि जहाँ श्री दादाजी का 'खुलासा' जवाब की माँग करता था, क्योंकि वे इस विवाद से सीधे जुड़े हुए हैं, वहीं दूसरी अभिव्यक्ति के बारे में यह बात नहीं कही जा सकती। इसलिए मैं इसे कोई महत्त्व देने की जरूरत महसूस नहीं करती। इसके अलावा, मुझे यह भी याद है कि मेरे मृत पिता के खिलाफ गालियों से भरी इस अभिव्यक्ति का लेखक वही व्यक्ति है, जो कुछ वर्ष पहले जब वह कॉलेज में पढ़ता था तो मेरे पिता की सद्भावना पर निर्भर था, जो तब जीवित थे। डॉ. सखाराम अर्जुन के नाम इस लेखक के पत्रों के ये उद्धरण देखिए : 'आपने मुझे एक और उपकार के बोझ तले दबा दिया है, जिसका बदला चुका पाना मेरे लिए लगभग असम्भव है। लेकिन आज के बाद आप मुझे एक कृतज्ञ मित्र के रूप में अपने साथ जुड़ा हुआ पाएँगे...मुझे इस बात का बहुत गहराई से अहसास है कि आपके साथ मेरा सम्पर्क मेरे लिए और मेरे निकटजनों के लिए निरन्तर लाभदायक रहा है।' जब मैं अपने और अपने मृत पिता के इस वर्तमान निन्दक के इन और इसी तरह के मिलते-जुलते आश्वासनों को याद करती हूँ, और देखती हूँ कि पिछले दो वर्षों से वह किस तरह की भूमिका निभा रहा है, तो मैं उसे और उसके इस मिथ्या प्रचार को निन्दा किए जाने के योग्य भी नहीं समझती।

रख्माबाई

परिशिष्ट-5

बाबा खेमसिंह बेदी, सी.आई.ई. की टिप्पणी

नागरिक आचार संहिता की धारा 260 में संशोधन के सम्बन्ध में मैं आदरपूर्वक यह कहने की आज्ञा चाहूँगा कि मैं उक्त संशोधन का कड़ा विरोधी हूँ। वैवाहिक अधिकारों की पुनर्स्थापना की डिकरी को कम-से-कम कैद की सजा का डर दिखाए बिना लागू नहीं किया जा सकता।

हिन्दू के लिए पत्नी उसकी सम्पत्ति होती है। धर्म-शास्त्रों का भी यही आदेश है। उसे उसके माता-पिता द्वारा 'दान' में दिया जाता है और विवाह के बाद उसके साथ उनका कोई सम्बन्ध नहीं रह जाता। इसलिए जब तक पति जीवित है, उसके साथ रहना पत्नी का नैतिक, कानूनी और धार्मिक कर्तव्य है।

अगर वह विवाहित है और पति के साथ कुछ समय रहने के बाद उसे छोड़कर चली जाती है, और दुर्व्यवहार न किए जाने की गारंटी के बावजूद उसके पास वापस जाना नहीं चाहती, तो कानून को उसे अपने पति के पास लौटने या जेल जाने के लिए बाध्य करना चाहिए।

मैं यह मानने के लिए बिल्कुल तैयार हूँ कि ऐसे मामलों में जहाँ पति ने कोई दूसरा धर्म अपना लिया हो, या वह कोढ़, पागलपन या ऐसी ही किसी अन्य परिस्थिति का शिकार हो, तो स्त्री को अपने पति से दूर रहने की अनुमति मिलनी चाहिए, और कुछ हद तक यही परम्परा भी है, लेकिन तब भी हिन्दू कानून के अनुसार वह पुनर्विवाह नहीं कर सकती। तलाक की अनुमति नहीं है, और पति की मृत्यु के बाद दूसरे विवाह की अनुमति भी सिर्फ छोटी जाति के हिन्दुओं तक सीमित है। ऊँची जाति के हिन्दू इसे तिरस्कार और घृणा की दृष्टि से देखते हैं और ऐसा करने वाले व्यक्ति को जाति से बाहर कर देते हैं। इसे एक विवाह की तरह धूमधाम से नहीं मनाया जाता, बल्कि इसे 'चादर ओढ़णी' कहा जाता है।

इस देश की स्त्रियाँ 'अमला' (हमेशा परतंत्र) हैं। विवाह से पहले वे माता-पिता के अधीन होती हैं, विवाह के बाद अपने पति के अधीन, और पति की मृत्यु के बाद

अपने बच्चों के अधीन। जब तक उनके पति जीवित हैं, उन्हें उनको छोड़कर जाने का कोई अधिकार नहीं है। जेल की सजा उन्हें अपने पतियों के पास लौटने के लिए बाध्य करने के लिए एक धमकी मात्र है, क्योंकि सौ में से एक-दो मामलों में ही यह सजा सचमुच दी जाती है। वे हमेशा अपने पतियों के पास लौटना पसन्द करती हैं, और मैंने ऐसे बहुत-से मामले देखे हैं जहाँ अपने पतियों के पास लौटने के लिए बाध्य किए जाने के बाद उन्होंने सुख-शान्ति से जीवन बिताया और कई सन्तानों की माँ बनने का सौभाग्य पाया। अगर वे न लौटतीं तो वे पाप के दलदल में फँस जातीं और इसके लिए कानून जिम्मेदार होता।

अगर कोई पुरुष अपनी पत्नी को अपने साथ नहीं रखना चाहता, तो उसे अपनी इच्छा के खिलाफ उसे गुजारा देना पड़ता है। तो फिर जो स्त्रियाँ अपने पतियों के पास नहीं जाना चाहतीं, उन्हें कानून द्वारा पति के पास लौटने के लिए बाध्य क्यों नहीं किया जाना चाहिए?

मेरा विचार है कि जनता, धर्म-शास्त्र और हमारी परम्परा इसके खिलाफ है। फिर भी, शहरों और गाँवों के जनमानस की व्यापक स्तर पर जानकारी प्राप्त करने के बाद ही इस तरह का संशोधन किया जाना चाहिए, क्योंकि इससे दुष्ट स्त्रियों को प्रोत्साहन मिल सकता है और लोगों को कष्ट भोगने पड़ सकते हैं।

(Home Department, Judicial Proceedings, Mar. 1895, nos.1-80, K.W.)

●●●